BACCALAURÉATS DE L'ENSEIGNEMENT SECONDAIRE
CLASSIQUE ET MODERNE
SECONDE PARTIE, 1re SÉRIE, PHILOSOPHIE

LA
COMPOSITION PHILOSOPHIQUE

OUVRAGE CONTENANT

DEUX CENTS DÉVELOPPEMENTS

DE

SUJETS DONNÉS DANS LES FACULTÉS

PUBLIÉS SOUS LA DIRECTION DE

M. Albert LE ROY

AGRÉGÉ DES CLASSES SUPÉRIEURES

CLASSÉS DANS L'ORDRE DU PROGRAMME DE 1890
ET SUIVIS DES TEXTES DES DISSERTATIONS
DONNÉES DANS LES FACULTÉS DES DÉPARTEMENTS
DE 1888 A 1892

PARIS
LIBRAIRIE CROVILLE-MORANT
20, RUE DE LA SORBONNE, 20
1893

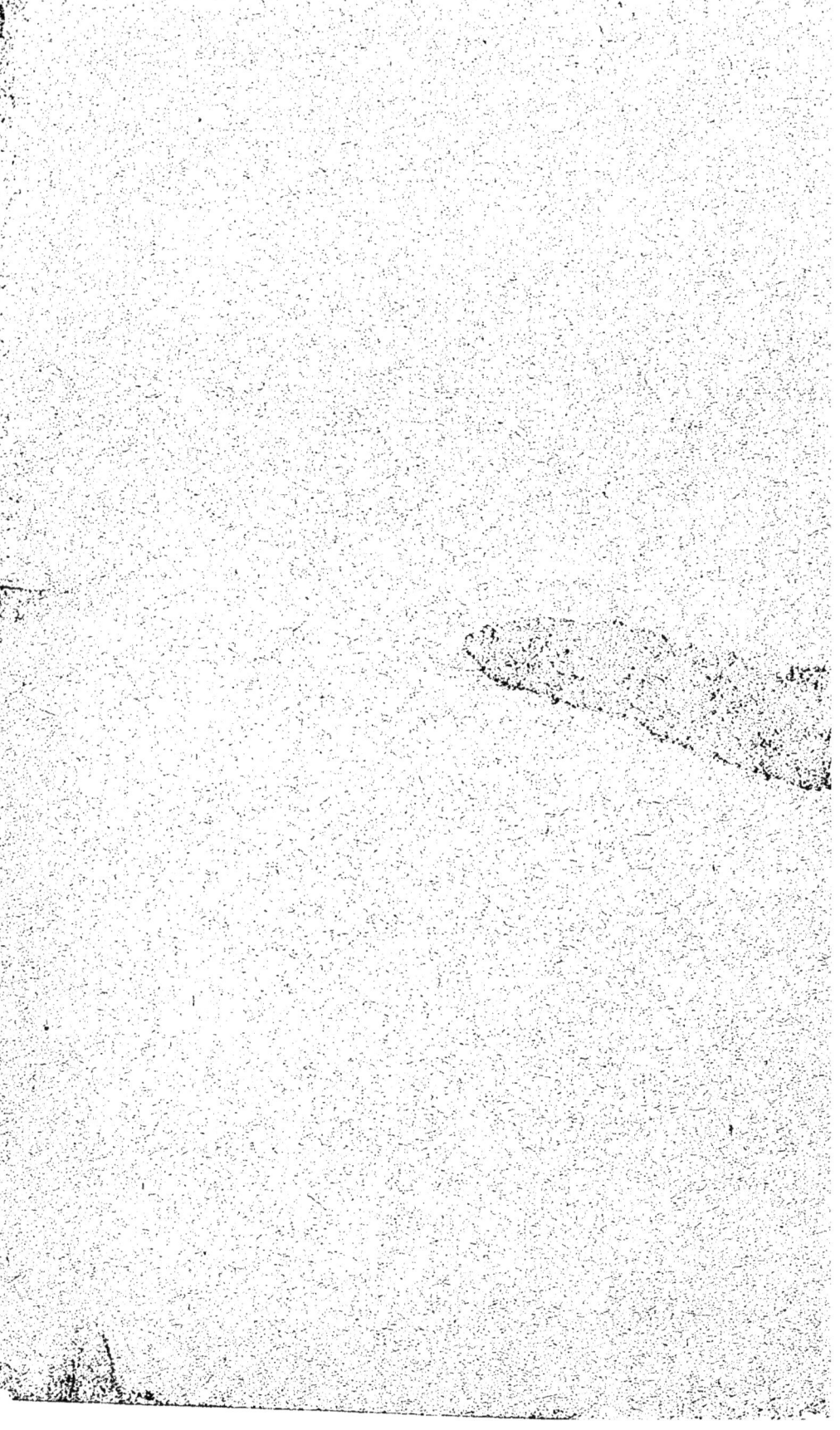

LA
COMPOSITION PHILOSOPHIQUE

IMPRIMERIE ACHARD, 10, RUE DE FLANDRE, DREUX

BACCALAURÉATS DE L'ENSEIGNEMENT SECONDAIRE
CLASSIQUE ET MODERNE
SECONDE PARTIE, 1re SÉRIE, PHILOSOPHIE

LA
COMPOSITION PHILOSOPHIQUE

OUVRAGE CONTENANT

DEUX CENTS DÉVELOPPEMENTS

DE

SUJETS DONNÉS DANS LES FACULTÉS

PUBLIÉS SOUS LA DIRECTION DE

M. Albert LE ROY

AGRÉGÉ DES CLASSES SUPÉRIEURES

CLASSÉS DANS L'ORDRE DU PROGRAMME DE 1890
ET SUIVIS DES TEXTES DES DISSERTATIONS
DONNÉES DANS LES FACULTÉS DES DÉPARTEMENTS
DE 1888 A 1892

PARIS
LIBRAIRIE CROVILLE-MORANT
20, RUE DE LA SORBONNE, 20

AVERTISSEMENT

L'épreuve de la dissertation philosophique a toujours été très importante ; mais elle l'est maintenant plus que jamais puisqu'elle constitue la seule épreuve écrite de la seconde partie (*première série*) du baccalauréat de l'enseignement classique ou de l'enseignement secondaire moderne : tout candidat qui n'obtiendra pas au minimum 10 points, ne pouvant compenser son insuffisance par une bonne note dans une autre composition, sera éliminé.

Il importe donc que les jeunes gens soucieux de leur avenir qui, dans l'état actuel de la législation militaire, peut être compromis par un échec, se préparent fort sérieusement à cette épreuve. Il ne suffit pas pour bien traiter un sujet de posséder convenablement le cours de philosophie, il faut de plus connaître les règles de la dissertation et surtout se les assimiler par une pratique assidue.

Pour la théorie, nous renvoyons à l'excellent précis de M. GASC-DESFOSSÉS (1) et nous présentons ici aux élèves de philosophie la *partie pratique*.

Le Recueil que nous leur offrons contient DEUX CENTS DÉVELOPPEMENTS de dissertations données aux examens du baccalauréat ès lettres et plus de *quatre cent cinquante textes* proposés depuis 1888 par toutes les Facultés des Départements.

Les développements sont classés d'après le programme de 1890 dans l'ordre adopté par M. Suard pour la *Sorbonne philosophique* (2) dont ce recueil forme, pour ainsi dire, le complément ; ils sont pour la plupart extraits des publications que M. ALBERT LE ROY a fait paraître à la librairie Croville-Morant. Toutefois pour ne point laisser de lacune et suivre le programme pas à pas, nous avons emprunté quelques déve-

---

1. Règles pratiques pour la Dissertation philosophique par Ed. Gasc-Desfossés, in-16 de 64 pages *(Paris. Librairie Croville-Morant.)* 1 fr. 25.
2. *Sorbonne philosophique*. Recueil de toutes les dissertations philosophiques données à la Sorbonne de 1886 à 1893, classées dans l'ordre du programme de 1890 par M. Suard, professeur de philosophie, suivies de plans, etc, 1 volume in-18, neuvième édition 1 fr. 50.

loppements au *Journal des Examens de la Sorbonne* publié par la même librairie, et, pour les distinguer des précédents, nous les avons fait suivre du nom ou des initiales de l'auteur.

On sait quel remarquable professeur fut M. Albert Le Roy, aussi nous ne nous attarderons pas à un éloge qui n'est plus à faire. Les autres collaborateurs de cet ouvrage sont non seulement des professeurs éprouvés, mais encore des écrivains estimés du public savant ou lettré, ce qui est une garantie pour la valeur de ce Recueil.

Quant aux textes qui forment la seconde partie de ce volume, pour répondre à un désir souvent exprimé, nous les avons classés par Académie et par ordre de date, ce qui a l'avantage de conserver à chaque Faculté sa physionomie propre. Des chiffres, placés à la suite de ces énoncés, renvoient aux numéros des développements où le sujet proposé se trouve traité en entier ou en partie.

C'est donc un cours de philosophie complet que nous offrons aux élèves sous forme de développements et de sujets à traiter. Il doit leur servir d'abord de comparaison pour leurs propres travaux et aussi de livre de lecture : toutes les compositions que l'élève n'aura pas traitées lui-même, il devra les lire avec attention et en faire un canevas ou plan pour fixer les idées et leur disposition. La lecture des textes eux-mêmes sera profitable aux élèves attentifs : les mêmes énoncés reviennent fréquemment, mais sous des formes différentes qui, se complétant mutuellement, indiquent souvent la réponse à la question proposée.

Ce livre a été publié dans le désir de faciliter aux maîtres leur tâche, aux élèves leur travail, aux candidats le succès à l'examen. Puisse cet espoir se réaliser !

ERRATA

PAGES	LIGNES	AU LIEU DE :	LIRE :
11	43	leur	leurs
19	34	systèmes	système
33	40	intellellectuel	intellectuel
36	40	plaisis	plaisirs
43	17	jugement.	jugement *comparatif*.
52	30	S'en suit-il	S'ensuit-il
96	13	succintement	succinctement
143	9	au-dessus,	supprimer la virgule
158	15	bannit	bannit
293			intervertir l'ordre des deux développements 174 et 175

Nous avons relevé les fautes que nous a montrées une lecture attentive ; si quelques-unes nous ont échappé elles doivent être si peu importantes que nos lecteurs les rectifieront d'eux-mêmes.

INTRODUCTION

1. — Expliquer et apprécier cette proposition de Socrate et de ses successeurs : *qu'il n'y a de science que du général.*

La science est la connaissance logiquement organisée. Nous allons montrer que, soit que l'on considère une science au point de vue du sujet qui connait, soit qu'on la considère au point de vue de l'objet connu, elle ne s'accomode pas de ce qui est individuel et passager, et qu'elle contient nécessairement des éléments de permanence et de stabilité.

D'abord, on ne peut nier que le sujet qui pense s'affirme comme pensant dans chacun de ses jugements. Or, s'affirmer comme pensant, c'est s'affirmer comme doué de facultés tout à la fois individuelles et universelles, propres à un seul homme et communes à tous, facultés constituant la raison innée selon les uns, les prédispositions intellectuelles héréditaires selon les autres. Sur tout ce qui parait et disparait, sur les phénomènes que nous révèlent nos perceptions, le sens commun (disons, si l'on veut, la raison) reflète ce quelque chose d'impersonnel qui se trouve dans chaque intelligence humaine. Plus s'y ajoute cet élément en quelque sorte stable et permanent, plus la connaissance s'élève jusqu'à la science. Par exemple, l'opération qui classe dans un certain ordre les phénomènes observés a déjà un caractère plus scientifique que la pure et simple perception ; le jugement comparatif et le raisonnement en faisant participer la connaissance à cette généralité qui est une forme de l'esprit, introduisent à un plus haut degré la science dans cette connaissance. Le sujet met donc de sa propre universalité dans tout ce qu'il pense, et, plus il y en met, plus on peut dire que pour lui la science existe.

Envisageons maintenant l'objet de la connaissance, et nous y retrouverons peut-être ces mêmes caractères de permanence et de stabilité. *A priori*, n'est-il pas tout simple de penser que ces jugements essentiels, ces formes subjectives de la pensée, cette raison humaine, ont pour correspondant l'ordre qu'il nous est donné d'observer dans les choses? Eh bien! que voyons-nous dans la nature? Les individus paraissent seuls exister, comme Aristote le supposait, mais ils périssent. Les espèces restent, non point qu'on puisse les considérer comme des types absolument constants, ni surtout comme ayant une existence distincte et concrète. L'idée que nous en avons équivaut seulement à celle d'un ordre plus ou moins fixe dans lequel se passent les faits observés dans les individus. Chaque type se réduit, selon Claude Bernard, à « une idée organique qui passe de génération en génération, de laquelle tout dérive dans l'être vivant. Les moyens de manifestation physico chimique sont communs à tous les phénomènes de la nature, et restent confondus pêle-mêle comme les lettres de l'alphabet dans une boîte où cette force va les chercher pour exprimer les pensées et les mécanismes les plus divers. » Il y a donc dans la nature une certaine stabilité qui justifie celle que notre esprit lui attribue. Si cet ordre n'est pas aussi uniforme qu'il peut nous sembler, il ne faut s'en prendre qu'à notre science imparfaite. Plus les observations s'entassent, plus les divergences s'accusent entre les êtres, et plus on découvre que cette diversité et cette complexité se peuvent ramener à l'unité et à la simplicité. C'est pourquoi Bacon avait sagement recommandé de ne pas faire des cadres trop étroits, que la multiplicité des faits nouveaux ferait éclater. Les généralisations les plus compréhensives sont aussi celles qui durent le plus longtemps, et qui durent même toujours; car, reconnues un jour insuffisantes, il est toujours possible de les faire rentrer dans des inductions plus récentes et plus larges. C'est ainsi que les monstruosités organiques, après avoir été longtemps un objet de terreurs superstitieuses, sont devenues un objet de curiosité, et elles ont ensuite donné lieu à une véritable science, la *tératologie* : ces déviations apparentes des règles ordinaires s'opèrent d'après certaines lois qui ne sont nullement en désaccord avec les lois qui président à l'ordre le plus général, et en apparence le plus fixe, de la nature.

L'individuel et le particulier sont donc la base et la condition de la science, l'esprit, comme l'a dit Bacon, travaillant sur une matière. Mais la science a un objet plus étendu, et plus permanent, sinon un objet immuable, et en cela nous voyons la nature et l'esprit obéir aux mêmes lois, qui sont tout à la fois la diversité et l'universalité.

B. P.

2. — Quel est le sens de cet aphorisme de Bacon : « *Vere scire, per causas scire* **» ?**

Cet aphorisme de Bacon rappelle les premières pages de la métaphysique d'Aristote consacrées au développement de la même pensée. *L'expérience*, suivant Aristote, observe au moyen des sens et rapproche par la seule mémoire les phénomènes particuliers : c'est la *science* qui en connait les causes, qui les rattache à certains principes et à certaines fins d'après un ordre logique. L'homme d'expérience ne sait que ce qui a lieu, le fait, l'homme de science en recherche et en trouve la raison, le pourquoi et le comment.

Telle est aussi la pensée de Bacon, et il est d'autant plus important de la mettre en lumière qu'on est souvent tenté d'attribuer à ce philosophe une opinion toute contraire. On sait, en effet, qu'il s'est vivement élevé contre l'abus des causes finales, qu'il a nié la légitimité de cette recherche dans la physique et qu'il a recommandé de faire de la science une étude purement expérimentale. Aussi oublie-t-on aisément que, si quelquefois l'expression a dépassé sa pensée, Bacon n'en est pas moins resté dans le fond intime de ses convictions un véritable philosophe, et non un partisan fanatique de l'aveugle empirisme. Le mot que nous venons de citer en serait une preuve suffisante : il demande, en effet, qu'à l'expérience on ajoute des données que la raison seule peut fournir, il fait appel à tout un ordre de vérités et de recherches qui dépasse autant l'expérience que l'esprit est au-dessus de la matière.

Qu'est-ce donc que « savoir par les causes » et que serait le savoir sans cette connaissance des causes ? Les philosophes du moyen âge le disaient déjà, après Aristote : *Nulla est fluxorum scientia*. Or, sous ce nom de « fluxorum », de faits qui passent, il faut entendre tous les phénomènes pris en eux-mêmes, isolément, sans rapport entre eux et avec un principe à la fois causal et final.

Les scolastiques avaient raison : on ne peut faire la science des faits qu'au moyen de la connaissance de ces rapports nécessaires qui les lient et qu'on nomme des lois. Le propre de la science, sa condition *sine qua non* est d'arriver à reconnaitre, dans la multiplicité confuse des perceptions, une liaison logique de cause à effet, de principe à conséquence, de moyens à fin. Là où il n'y avait que des faits, la science découvre des vérités, c'est-à-dire des faits intelligibles. Un fait n'est pas par lui-même et à lui seul intelligible, il est sensible et rien de plus. Il devient une vérité quand la raison, l'ayant reçu de l'expérience et l'ayant dépouillé de tout ses caractères accidentels, le rattache aux autres faits analogues dont elle constitue un ordre ou un groupe méthodique, ayant ses caractères, son essence, ses lois, ses causes.

Pour l'expérience, tout dans le monde est phénomène ; pour la raison, tout est cause et effet ; la science voit un système de causes secondes dans la série des choses sensibles que l'expérience nous faisait entrevoir comme une collection fortuite et sans lien.

Cette vertu qu'a la raison de changer tout ce qu'elle touche en un système de causes secondes, dépendant les unes des autres et dérivant toutes d'une cause première, voilà ce que Bacon avait en vue quand il disait si nettement : *Vere scire, per causas scire.*

On peut ajouter, pour analyser plus entièrement l'idée de cause, qu'elle se présente à nous, comme l'a montré Aristote, sous quatre aspects : la cause *matérielle*, c'est-à-dire la substance dont une chose est faite; la cause *formelle* ou la forme suivant laquelle cette matière est organisée; la cause *finale* ou le but en vue duquel la matière a reçu cette forme plutôt que toute autre; enfin la cause *motrice* ou efficiente, c'est-à-dire la force interne ou externe qui a constitué l'objet tel qu'il est.

Dans ces quatre sens, on doit reconnaître que la science est la recherche des causes. Sous tout phénomène elle cherche la substance; dans tout objet elle cherche une forme constitutive; à toute forme elle cherche une raison d'être; en tout ce qui commence d'exister, une force productrice qui en explique l'existence. Savoir vraiment, c'est pouvoir constituer, dans ces quatre ordres de régression, ce que Kant a nommé le *nexus causal* c'est-à-dire la relation de cause à effet, formant un enchaînement continu depuis le plus humble des phénomènes jusqu'à la cause première, qui est à la fois la raison suprême de la substance et de la forme, de l'origine et de la fin des choses.

3. — De la classification des connaissances humaines chez les anciens et chez les modernes.

Aussitôt que l'esprit a acquis un certain nombre de notions sur quelque objet que ce soit, il éprouve le besoin de les disposer dans un ordre déterminé pour les mieux posséder, les approfondir, les retrouver au besoin. Telle est l'origine des classifications, voilà pourquoi tant d'hommes de génie ont cherché à établir une coordination rationnelle des sciences. Les essais de ce genre qui ont été les plus célèbres sont ceux d'Aristote dans l'antiquité, de Bacon et de d'Alembert dans les temps modernes, et plus récemment celui d'Ampère.

Aristote divisait les sciences en deux grands groupes : les sciences spéculatives et les sciences pratiques. Les premières comprenaient ce que l'on appelait alors la physique, c'est-à-dire l'ensemble des sciences ayant pour objet soit l'univers, soit l'homme, la métaphysique et les mathématiques. Les sciences pratiques étaient la morale, la politique et l'économie privée. En dehors, se trouvait la logique, science à part, parce qu'elle était l'instrument (*organum*) de toutes les connaissances. Cette division est évidemment défectueuse, en ce sens qu'elle repose uniquement sur le but atteint par chaque science. Or, toute science est nécessairement spéculative : les sciences naturelles et la morale reposent sur des principes différents, il est vrai, mais dont elles tirent des conséquences de la même manière Le caractère plus ou moins pratique de ces conclusions n'appartient que très indirectement à la science elle-même et ne peut en déterminer le signe spécifique.

Bacon, abandonnant la méthode d'Aristote, forma une nouvelle division des sciences en les rapportant aux trois facultés qui lui paraissaient primordiales et irréductibles dans l'esprit humain : la mémoire, l'imagination et la raison. A la mémoire il rattachait l'histoire qu'il divisait en histoire civile et en histoire naturelle. L'imagination était la base de la poésie. Enfin la raison était le fondement de la théologie, de la science des axiomes et de la philosophie proprement dite qui se divisait en science de Dieu, science de la Nature, science de l'Homme soit en lui-même, soit dans la société. A la science de la Nature. Bacon rattachait les sciences mathématiques, pures ou appliquées.

D'Alembert, dans son discours préliminaire de l'Encyclopédie, admet la même division générale que Bacon; il divise aussi les sciences en sciences de la mémoire, sciences de la raison, sciences de l'imagination. Mais il ne se conforme pas aux mêmes divisions secondaires, principalement en ce qui concerne la seconde catégorie de connaissances. La philosophie embrasse, à ses yeux, toutes les connaissances rationnelles ; elle englobe même la théologie dont Bacon, suivant les erreurs des scolastiques du moyen âge, avait fait une science à part D'Alembert distingue dans la philosophie les sciences suivantes : métaphysique générale ou ontologie; science de Dieu; science de l'homme qu'il divise en pneumatologie, logique et morale; science de la nature qui comprend les mathématiques et les sciences physiques particulières.

A ces deux classifications nous ferons le même reproche, c'est de n'avoir pas su distinguer ce que l'on peut appeler les deux grandes facultés de l'esprit, la déduction et l'induction, et d'avoir, par suite de cette confusion, réuni ensemble des sciences parfaitement distinctes, d'avoir par exemple confondu sous le titre de sciences de la nature les mathématiques et les sciences physiques dont les principes, dont la méthode correspondent, s'il est permis de s'exprimer ainsi, aux deux pôles de l'esprit humain. Cette erreur fondamentale a entraîné une foule d'erreurs de détail qu'il serait trop long d'énumérer. Néanmoins ces deux classifications resteront comme deux monuments d'une puissante synthèse philosophique.

C'est sur des principes tout différents que, au XIXe siècle, Ampère a essayé une nouvelle classification des sciences. Son système, très ingénieux, a été condensé par lui dans un poème latin qui n'en est pas la partie la moins curieuse. Adoptant les termes usités dans les sciences naturelles, Ampère divise les connaissances humaines en règnes, sous-règnes, embranchements, familles, etc. Il distingue d'abord les sciences cosmologiques et les sciences noologiques; les premières ayant pour objet le monde matériel, sous quelque forme qu'on le considère, les secondes se rapportant à la pensée, quelles qu'en soient aussi les modifications. Les sciences cosmologiques comprennent les sciences cosmologiques proprement dites, c'est-à-dire les mathématiques et les sciences physiques; et les sciences physiologiques c'est-à-dire les sciences naturelles et médicales. Les sciences noologiques se divisent en deux sous-règnes : sciences noologiques proprement dites, c'est-à-dire les sciences philosophiques et les sciences nootechniques; sciences sociales qui comprennent les sciences ethnologiques et les sciences politiques.

A part le reproche de néologisme que l'on pourrait adresser aux termes dont Ampère se sert parfois, nous pouvons, sans le suivre dans les subdivisions de sa classification, faire à sa méthode la même objection qu'à celles de Bacon et de d'Alembert. Il se préoccupe trop de l'objet des sciences et pas assez de la méthode employée dans chacune d'elles. Il arrive ainsi à réunir des sciences qui n'ont presqu'aucun rapport entr'elles, à en séparer d'autres qui ont au contraire les plus grandes connexions. C'est pourquoi nous préférerons à sa classification comme aux précédentes, la division généralement adoptée aujourd'hui.

Si les sciences sont distinctes par leurs objets, elles le sont encore plus par les principes sur lesquels elles reposent. Les sciences sont en effet contenues dans leur principe. Or, il y a trois principes que tout le monde reconnait comme irréductibles dans l'esprit humain : le principe de l'évidence, celui de l'induction, celui de l'autorité. Donc trois classes de sciences parfaitement distinctes : 1° Sciences évidentielles fondées sur la méthode de déduction et qui comprennent les sciences métaphysiques et les sciences mathématiques; 2° Sciences inductives ou expérimentales qui se divisent en sciences physiques étudiant les lois de la nature organisée et inorganique, et en sciences morales étudiant les lois de la nature spirituelle; 3° Sciences historiques reposant sur l'autorité du témoignage des hommes.

Cette classification nous semble la meilleure, parce qu'elle possède les véritables caractères d'une classification naturelle; elle repose, en effet, sur un caractère unique, constant, important, simple et facile à constater.

4. — Que doit-on entendre par l'expression *sciences morales*, **et en quoi les sciences morales diffèrent-elles des** *sciences physiques ?*

La science est une, mais les sciences sont multiples. La science peut se définir la connaissance universelle et parfaite, embrassant l'ensemble et les parties des êtres dans leurs moindres détails et dans leurs rapports. Mais une semblable science est impossible à l'homme, borné qu'il est de tous côtés dans ses facultés. De là, des délimitations nécessaires qui constituent les différentes sciences, lesquelles se distinguent les unes des autres par leur objet, leur point de départ, leur méthode ou leur fin.

Celles qui ont pour objet l'étude de l'homme dans les facultés de son âme, les lois de sa vie intellectuelle, morale ou sociale, ont reçu le nom de *sciences morales*. Leur objet est vaste : il embrasse tous les points de vue sous lesquels l'âme humaine doit être considérée, et le nombre de ces aspects est presque infini.

L'étude spéciale des facultés de l'âme, de son intelligence et de sa sensibilité en particulier, donne naissance à la psychologie, à la logique et aux sciences qui en dérivent. La volonté et la manière de la régler sont l'objet de la morale proprement dite ; puis, la famille, la société, leur constitution, leur histoire et leur but, donnent lieu à autant d'autres branches des sciences morales qui prennent les noms d'*économie sociale* ou *politique*, de *droit civil*, de *pédagogie*, d'*éducation*, etc.

Les principes qui servent de bases à ces sciences sont de deux sortes : les uns, qui leur sont communs avec les autres sciences, concernent et restreignent la possibilité des choses soumises à la fatalité ; les autres s'imposent comme règles de la liberté, et c'est là un des plus grands objets de la science morale de démêler le principe nécessaire du devoir, de nous apprendre que tout ce qui est conforme à l'ordre universel dans les idées, dans les sentiments, dans les institutions, est beau, que tout ce qui y est conforme dans les actions, dans les entreprises, est bon, et de fixer ainsi la destinée de l'homme et de la société. — Leur méthode est la méthode d'induction ; elles s'élèvent de l'observation des faits attestés par la conscience, ou recueillis dans la vie sociale, aux lois qui les régissent, et des lois aux forces qui les produisent. Elles possèdent donc, tant qu'on se borne à l'observation exacte des faits et aux conclusions rigoureuses qu'on en peut tirer, le même degré de certitude que toutes les autres sciences inductives.

A côté des sciences morales, s'étend le domaine des sciences qu'on appelle *physiques*. Celles-ci ont pour objet l'étude des êtres qui composent le monde matériel, des êtres vivants aussi bien que des êtres inorganiques. Elles partent de l'observation patiente et quotidienne de la nature, appellent au secours de l'expérience les notions générales de la raison, la foi en la constance des lois de l'univers, étendent à tous les lieux et à tous les temps les phénomènes observés, puis découvrent les lois qui les régissent.

Les sciences physiques suivent donc la même marche que les sciences morales; mais elles s'en distinguent par leur objet. Les sciences physiques s'arrêtent aux êtres matériels; les sciences morales montent plus haut et étudient les lois du monde immatériel et pensant. Les premières, après avoir constaté les lois qui gouvernent le monde, peuvent les combiner et reconstruire l'histoire de l'univers, en prédire même l'avenir; les secondes ne peuvent se proposer un pareil but : l'avenir de l'homme, celui de la société, dépendent de cette force spontanée, la liberté, dont aucune loi mathématique ne peut prévoir la direction, qu'aucun frein ne peut arrêter.

Ces deux branches de la science se rencontrent cependant dans l'étude de l'homme. Celui-ci, en effet, n'est pas un pur esprit, indépendant de la nature corporelle; il y est, au contraire, intimement lié : par ses organes, instruments obligés de ses opérations même intellectuelles, par ses besoins, par ses penchants, par toute son activité intellectuelle et morale. Soit donc qu'on veuille seulement constater les rapports du physique et du moral, soit qu'on essaye de les expliquer, on est obligé de faire sans cesse intervenir dans l'étude de nos facultés les faits observés dans les sciences physiques.

De même les sciences physiques ont besoin des sciences morales. Elles sont faites par l'homme et pour l'homme; elles supposent donc une certaine connaissance de nos facultés intellectuelles et de leurs lois; de plus, elles ont pour bases certains principes rationnels, certaines notions philosophiques dont les sciences morales nous donnent seules la connaissance. L'étude de l'homme est donc en quelque sorte le point de rencontre nécessaire des sciences physiques et des sciences morales; elles s'y pénètrent sans se mélanger, et de cette combinaison mutuelle jaillit la plus grande lumière. Aussi, les plus puissants génies, les Descartes, les Newton, les Leibnitz, ont-ils toujours mené de front leurs recherches de ces deux côtés, et ils semblent n'avoir fait de grandes découvertes dans l'une de ces parties de la science, que pour en faire d'aussi belles dans l'autre.

La science est donc une et multiple tout ensemble; ses différentes parties, en se développant, se rapprochent et se combinent; et leur pénétration mutuelle a toujours produit le plus puissant foyer de lumière intellectuelle. Il est à croire qu'il en doit toujours être ainsi et que c'est de la comparaison des sciences particulières, de leur application les unes aux autres, que la science générale tirera ses aperçus les plus vastes et les plus féconds.

5. — Même sujet. — Seconde manière

Les sciences morales sont celles qui s'occupent de la nature spirituelle et de ses diverses manifestations.

Les trois facultés de l'âme : sensibilité, intelligence, volonté, ont chacune une double activité, intérieure et extérieure; celle-ci procédant de celle-là, puisque l'homme est une intelligence servie par des organes. Les phénomènes de notre activité intérieure sont l'objet propre de la psychologie; la morale doit régler l'emploi de nos facultés soit par rapport à nous, soit par rapport à nos semblables; et la morale considérée non plus d'individu à individu, mais de peuple à peuple ou dans les relations des citoyens d'un même pays, donne naissance à d'autres sciences appelées droit public, droit des gens, législation; l'homme est doué d'activité pour perfectionner non-seulement sa vie morale, mais encore sa vie matérielle : de là une science nouvelle, l'économie politique ou sociale recherchant les conditions du travail et la répartition de plus en plus équitable des richesses créés par le travail; enfin, l'expérience étant la grande maitresse de la vie humaine, il importe que chaque génération qui survient sache comment ont vécu ses ainées, d'où la nécessité de l'histoire.

Nous pouvons donc comprendre parmi les sciences morales : 1° la Psychologie; 2° la Morale proprement dite; 3° le Droit et la Législation; 4° l'Economie politique; 5° l'Histoire.

Cette énumération n'est pas complète, mais elle suffit pour le sujet qui nous occupe.

Une science se distingue d'une autre par son objet, par sa méthode et par ce que j'appellerai son instrument principal, c'est-à-dire les facultés ou les organes qui nous servent principalement à l'acquérir.

Par leur objet, les sciences morales diffèrent des sciences physiques autant que l'esprit diffère de la matière. Les sciences physiques étudient des agents aveugles, elles constatent indéfiniment la reproduction tout à fait identique des mêmes phénomènes dans des circonstances données; les sciences morales étudient un agent libre, cause mobile des effets les plus variés et quelquefois les plus imprévus. D'un autre côté, si les sens externes sont le grand auxiliaire des sciences physiques, les sciences morales ont pour instrument principal, et quelquefois pour instrument exclusif, le sens intime ou la conscience.

Mais la différence cesse lorsqu'il est question de méthode. Le monde moral, en effet, est réel tout aussi bien que le monde physique; loin d'être morne et silencieux, le monde moral est vivant et plein de faits, car le principe de toute activité réside en lui. Nous avons, de plus, nommé l'instrument à l'aide duquel nous percevons les phénomènes qui lui sont propres. Nous pourrons donc les étudier ensemble ou séparément, recourant, comme dans les autres sciences, tantôt à l'analyse, tantôt à la synthèse; qui nous empêchera ensuite de classer les résultats de nos observations, de nous livrer à l'induction et à l'hypothèse pour formuler les lois du monde moral? La raison, pour nous guider dans les sciences naturelles, nous révèle ce principe que le monde est gouverné par des lois; dans les sciences morales, nous marcherons, à l'aide de la même lumière, qui n'est que la *notion première* d'ordre et d'harmonie. Le hasard n'est nulle part; puisqu'il y a des faits et des phénomènes dans le monde moral, il doit y avoir des lois qui, pour être d'une autre nature que celles du monde physique, n'en sont pas moins réelles.

Ainsi, les termes désignant les diverses parties de la méthode dans les sciences physiques, nous pouvons les transporter dans les sciences morales en leur gardant la même signification. Descartes n'a-t-il pas analysé et observé? Est-ce que la révolution psychologique dont il est l'auteur n'a pas été aussi féconde que celle de Bacon? Dire que l'âme a trois facultés n'est-ce pas procéder à une classification qui repose sur l'observation des divers phénomènes par lesquels se révèle son activité?

La morale suppose la connaissance exacte de l'homme, d'où se déduit sa destinée. Moraliste et observateur sont presque synonymes dans la langue française; les moralistes, dit-on encore, fouillent le cœur humain.

Si la législation doit avoir des dispositions particulières, elle a aussi, elle a surtout des principes qui doivent convenir à *l'homme*, puisqu'il y a des hommes sous tous les climats; de là pour le législateur la même obligation, la même nécessité de faire reposer ses prescriptions sur une observation réfléchie.

L'économie politique tient de trop près à la morale et à la législation pour ne pas bénéficier de ce qui concerne celles-ci.

Quand nous ne verrions dans l'histoire qu'une succession de faits, il faudrait encore, pour les étudier avec soin, recourir à nos facultés d'analyse et de généralisation. Mais l'histoire est mieux que cela : l'observateur attentif peut indiquer les lois de son évolution; la philosophie de l'histoire exerce merveilleusement l'observation et l'induction rationnelle.

Aucune de ces sciences ne comporte, il est vrai, une expérimentation semblable à celle des physiciens. On ne peut disposer de la personne humaine pour la cornue ou l'alambic. Mais, dans un sens plus général, l'humanité ne nous apparaît-elle pas comme un vaste sujet d'expérimentations morales? Et quel spectacle pour l'historien, pour le philosophe! Quel attrait de chercher à démêler, sous l'infinie variété des institutions et des mœurs, ce qu'il y a d'universel et de permanent dans la nature humaine!

6. — Déterminer exactement l'objet de la philosophie et sa place parmi les sciences

I. — La philosophie est la science qui s'occupe des plus grands problèmes qui puissent intéresser la curiosité de l'homme. Elle correspond à cette soif jamais assouvie de savoir et de comprendre, à ce besoin de tout expliquer et de reculer sans cesse les limites de l'inconnu. « Qu'en est-il de toutes choses ? » Toute sa fonction logique peut se résumer dans cette simple et compréhensive formule. « Quelles règles de conduite nous dicte la connaissance de toutes choses ? » Dans cette grave question se résume sa fonction éthique. De toute manière, c'est l'absolu, le parfait, l'au-delà qu'elle cherche. Et, quoique nous fassions, c'est l'unité du savoir qui peut seule satisfaire jusqu'à un certain point notre soif infinie de vérité. Au problème de notre existence et de notre nature se rattache donc celui de l'existence et de la nature de tous les êtres. Une science particulière et supérieure réunit ces deux sortes de questions pour les résoudre dans leur plus haute généralité : cette science, c'est la philosophie.

II. — Il nous faut déterminer avec précision le véritable objet de cette science. Le nom de philosophie désigne souvent cette branche de sciences morales qui s'appellent du nom commun de sciences psychologiques, c'est-à-dire, la psychologie proprement dite, qui analyse et décrit les facultés mentales de l'homme ; la logique et la morale, sciences directrices de ces facultés. On peut y joindre l'esthétique, science des conditions du beau dans la nature et dans l'art. Mais le nom de philosophie s'applique bien plus exactement à la plus élevée des sciences philosophiques, à la métaphysique. A elle de rechercher les raisons premières et dernières de toutes choses. Tandis que toutes les autres sciences de la nature ou de l'esprit sont des sciences de faits ou de formes, elle veut aller toujours plus loin et pénétrer autant que possible dans la nature des êtres. Elle veut expliquer tout à la fois l'homme, le monde et leur principe commun. Tel est l'objet de la philosophie dite première, de la métaphysique, qui se subdivise en métaphysique de la nature, métaphysique de l'esprit et métaphysique de l'absolu.

III. — La philosophie, on le voit, de nos jours, comme aux temps anciens, revendique le titre de science des sciences, de science universelle. Justifiera-t-elle de si hautes prétentions mieux qu'elle n'a pu le faire autrefois ? Sans nul doute, si son ambition sait, malgré tout, être modeste. Son rôle est assez beau d'ailleurs. A côté et au-dessus des sciences particulières qui atteignent par fragments la vérité, elle ne se borne pas à résumer, à harmoniser entre eux leur résultats généraux, synthèse d'ailleurs interdite à ces sciences, qui, si elles la cherchaient, cesseraient d'être des sciences spéciales. Non seulement elle les unifie, mais elle les continue, elle les achève. Elle pose, sur leurs bases vérifiées et assurées, une conception cosmique. Elle éclaircit leurs méthodes, explique leurs principes, et leur donne à elles-mêmes leur propre explication. Il y a entre elles une action réciproque : elle n'est rien que par elles, mais elle contribue à leur perfectionnement en préparant ces grandes vues unitaires, ces grandes hypothèses dont aucune science ne peut se passer. Elle reprend donc avec plus d'autorité le rôle universel de l'ancienne métaphysique. Elle réussira d'autant plus sûrement à le remplir, qu'elle y mettra plus de mesure et de sagesse. Il y aurait, au contraire, péril pour elle à vouloir être autre chose, comme le dit M. Janet, que « la science relative de l'absolu ». Elle sera la science du tout, mais une science formée de vérités approximatives et d'hypothèses plus ou moins plausibles. Encore est-il que ces hypothèses seront toujours fondées sur des faits certains. Il en est ainsi, par exemple, à propos de la question du libre arbitre ou de celle de l'immatérialité de l'esprit : de quelque manière que vous les expliquiez, voilà deux faits que nul ne peut nier comme tels : la détermination personnelle, la distinction des attributs mentaux et des attributs physiologiques.

IV. — La philosophie peut donc hautement réclamer sa place parmi les autres sciences. Elle est elle-même une science particulière, en tant qu'elle étudie les fonctions morales de l'homme. Elle devient nécessairement la science généralisée, unifiée, disons le vrai mot, universelle, en poussant jusqu'à ses dernières limites la connaissance de l'homme dans ses rapports avec tous les autres êtres. Si nous avons encore égard aux précieux services qu'elle rend aux sciences particulières, nous pourrons, sans la surfaire, lui donner encore son vieux nom de science première, de science par excellence.

B. P.

---

7. — Indiquer et décrire quelques unes des qualités que l'étude de la philosophie fait acquérir à l'esprit.

Fontenelle a dit avec raison que l'art d'inventer est préférable aux choses mêmes que l'on invente. On peut dire, à plus juste titre peut-être, que l'esprit philosophique surpasse en valeur toutes les connaissances fournies par la philosophie.

Aussi n'y a-t-il rien de plus propre à faire comprendre l'importance des études philosophiques qu'un aperçu même très-rapide des qualités intellectuelles qu'elles supposent ou qu'elles développent.

Comme genre d'étude, comme exercice de la pensée, la philosophie donne à l'esprit de la *force*, de *l'exactitude* et de *l'étendue*.

1° *De la force*. La force de l'esprit consiste dans la puissance plus ou moins grande que nous possédons de concentrer notre attention sur un objet. Lorsque, au contraire, l'esprit ne peut s'appliquer sérieusement à rien, on dit qu'il y a en lui faiblesse, légèreté. L'esprit doué de force suit avec facilité le développement et l'enchaînement des pensées, il arrive à les combiner régulièrement, suivant les lois rigoureuses de la logique ; celui qui est dépourvu de cette puissance d'attention se laisse distraire, à chaque instant, dans sa recherche, et manque le but qu'il poursuit. En philosophie, les difficultés mêmes que présentent les questions à résoudre provoquent l'effort de l'esprit et lui font acquérir, par un travail qui réclame toute son application, une énergie supérieure.

2° *De l'exactitude.* Un esprit est exact lorsqu'il met un sens précis sous les mots qu'il emploie, lorsqu'il détermine nettement les objets dont il s'occupe. Il est impossible de traiter les matières philosophiques sans remplir cette condition. Si l'on venait à y manquer, en effet, on ne saurait se comprendre soi-même, ni se faire entendre d'autrui.

La surveillance sur soi-même, à laquelle on est obligé de s'astreindre, sous ce rapport, a pour résultat de développer de plus en plus en nous cette qualité; car toutes nos qualités se perfectionnent par l'exercice, au moral comme au physique.

3° *De l'étendue.* Un esprit est étendu lorsqu'il peut combiner sans peine un grand nombre de connaissances, surtout si ces connaissances sont de différents ordres. Un esprit est étroit, au contraire, lorsqu'il ne peut opérer que sur un petit nombre de notions, sur un ordre tout spécial de pensées; de telle sorte qu'il est comme dépaysé lorsqu'on l'appelle sur un autre terrain.

Il arrive, en effet, que des esprits qui font preuve de force et de profondeur dans certaines études particulières, ne procèdent plus qu'avec beaucoup d'embarras ou émettent des assertions bizarres, en désaccord avec les faits et l'observation, lorsqu'on veut les attirer dans une sphère de connaissances avec lesquelles il ne sont pas familiarisés. Celui qui n'aurait jamais étudié que les questions mathématiques, par exemple, et qui tout-à-coup voudrait traiter des sciences morales avec les habitudes exclusives d'esprit contractées antérieurement et en prenant pour seul guide la méthode des sciences exactes, risquerait fort d'arriver à des résultats étranges. Pour éviter ce danger, il devrait d'abord s'exercer à appliquer la méthode suivie en philosophie.

Les questions philosophiques sont d'un autre ordre que les questions mathématiques ; elles sont en général beaucoup plus complexes.

Elles exigent pour la plupart la mise en œuvre simultanée d'un grand nombre de notions empruntées à plusieurs sciences distinctes. On est souvent obligé, dans l'examen de ces problèmes, de grouper avec rapidité des considérations multiples qu'il faut embrasser d'un seul regard de l'esprit, pour s'élever jusqu'aux solutions cherchées. Pour rendre cette vérité sensible, il suffira de rappeler les questions si complexes de l'existence et de l'immortalité de l'âme, comme aussi celle des rapports de l'esprit et du corps.

Il y a donc dans la philosophie un travail qui est éminemment propre à donner de l'étendue à l'esprit.

Toutes les qualités que nous venons de décrire ont leur source dans la réflexion qui est la condition de toute investigation philosophique.

8. — Quels sont les rapports de la philosophie et de l'histoire ?

L'histoire et la philosophie appartiennent toutes deux à la classe des *sciences morales*. Toutes deux étudient l'homme comme être spirituel, mais elles ne l'envisagent pas de la même manière. Le philosophe analyse les phénomènes constants et les facultés de l'âme humaine, dont il détermine la nature, la destinée et la fin sans sortir de la conscience. L'historien suit, *du dehors* pour ainsi dire, la marche et les développements de l'homme dans le temps et dans l'espace, et il cherche les lois cachées qui en règlent les vicissitudes : l'histoire étudie *les hommes*, la philosophie étudie *l'homme*.

Il suffit d'avoir bien saisi l'objet et le caractère de chacune de ces deux sciences pour en conclure que la philosophie doit donner des *principes* à l'histoire et que celle-ci, en retour, peut lui fournir de précieux éléments de contrôle : double et réciproque service qui peut déterminer le rapport de ces deux sciences. Ce rapport se fait nettement saisir dans toutes les parties de la philosophie, mais nulle part il n'éclate plus visiblement que dans la psychologie.

Tous ceux qui ont écrit l'histoire, les anciens mêmes, qui la traitaient plutôt comme un art que comme une science, sont convenus qu'il faut connaître profondément le cœur humain pour raconter le drame dont il est l'acteur principal. Qui veut entendre à fond les choses humaines et pénétrer le secret du *caractère* des hommes et des *mœurs* des peuples, doit apprendre tout d'abord ce qu'est l'homme et quelles lois président à son développement. L'historien ne doit se jeter dans la mêlée humaine, dans cette confusion, en apparence inextricable, d'hommes et de choses, d'idées et de passions, qu'avec des notions précises et sûres, qu'aucune illusion ne puisse égarer et qui lui fassent démêler, au milieu de ce chaos même, les immuables caractères de l'humanité. Plus il sera exercé à suivre le jeu naturel de nos facultés dans leurs conditions normales et pour ainsi dire théoriques, plus il sera capable d'en analyser finement, dans l'histoire, les combinaisons compliquées, les égarements étranges et les mouvements mystérieux.

Mais l'historien n'a pas achevé sa tâche quand il nous a montré l'homme et la part qui lui revient dans la direction des événements : il faut faire voir comment, de sa libre action, naissent des conséquences fatales, comment se produit, à côté de la logique des hommes, la logique des faits. Il faut développer sous nos yeux cet ordre, cette suite et ces proportions qui font, dit Bossuet, l'enchainement des grandes affaires de ce monde. Pour montrer ainsi les chaînes invisibles qui attachent l'homme aux choses et l'avenir au passé, l'historien a besoin, non pas sans doute des curieuses et vaines subtilités de la scolastique, mais assurément de la forte discipline de la logique et d'une pleine intelligence des méthodes qu'elle met au service de la pensée. Il doit enfin lui emprunter ces règles sévères de la critique des témoignages, qui, appliquées de nos jours avec plus de précision dans le domaine historique, y ont créé une science nouvelle et ont transformé toutes les autres.

A côté des principes que l'histoire doit tirer de la science de la pensée et qui servent à tracer, si l'on peut ainsi parler, les cadres et les grandes lignes de ses récits, il est des principes d'un autre ordre sans lesquels elle n'aurait ni valeur ni dignité : ce sont ceux de la morale. Une histoire qui ferait abstraction de la moralité des actions ne nous semblerait plus une histoire humaine : autant vaudrait nous faire l'histoire des pierres et des plantes. Aussi n'est-il guère plus facile de trouver un historien qui ne soit pas un moraliste que de rencontrer un homme absolument dépourvu de la notion du bien et du mal.

Si nombreux et si intimes que soient tous ces rapports entre les différentes parties de la philosophie et celles de l'histoire, ils peuvent se resserrer encore et se transformer en une alliance régulière de ces deux sciences. L'application à l'histoire, non plus seulement des *principes,* mais des *méthodes* mêmes de la philosophie, a engendré de nos jours tout un ordre de sciences spéciales, « sciences réelles et rationnelles tout à la fois, où les lois se font jour sous les faits, et les idées, sous les réalités ». Mentionnons d'une part la philosophie de l'histoire, et de l'autre l'histoire de l'esprit humain dans ses différents ordres d'activité : histoire des arts, de l'industrie, des langues, des littératures, des religions et des philosophies.

Après avoir montré, comme nous venons de le faire, que l'histoire est dans une si grande dépendance de la philosophie, il serait injuste d'oublier ce que lui doit à son tour la science de l'esprit humain. Aux révélations directes que le psychologue a trouvées dans la conscience, l'historien vient ajouter les observations qu'il a recueillies dans la vie générale des sociétés. La connaissance de *l'espèce* sert ainsi de contrôle à celle de l'individu, « l'histoire nous fait revoir en gros et solides caractères ce que l'analyse psychologique nous a fait lire en traits plus fins et plus délicats ». C'est là une sorte de contre-épreuve qui n'est point à dédaigner.

Toutefois il ne faudrait pas, comme on est trop porté à le faire aujourd'hui, exagérer les mérites philosophiques de l'histoire. S'il est vrai de dire que, séparée de l'histoire, la philosophie perdrait son couronnement naturel, il n'est pas moins certain que, séparée de la philosophie, l'histoire n'aurait même plus de fondements. La philosophie ne peut achever son œuvre sans l'histoire; mais, sans la philosophie, l'histoire ne pourrait même commencer la sienne. L'âme humaine, comme l'a dit un philosophe contemporain, l'âme humaine, dans la simplicité abstraite où la considère la philosophie, peut sembler un point à côté du vaste monde que l'histoire explore en tous sens : mais de ce point seul jaillissent et la lumière qui éclaire ce monde et la flamme qui l'échauffe.

PSYCHOLOGIE

9. — Par quels caractères se distinguent les phénomènes psychologiques des phénomènes physiologiques ?

Il y a d'étroits rapports entre la science du corps et la science de l'âme, entre la physiologie et la psychologie : aussi a-t-on parfois essayé de confondre ces deux sciences en une seule. Il suffit pourtant d'examiner attentivement les caractères particuliers des phénomènes qui sont l'objet de chacune de ces deux sciences, pour se convaincre qu'elles sont très différentes, et qu'il y a lieu de maintenir entre elles la distinction adoptée par le sens commun, et consacrée par l'usage.

Les phénomènes physiologiques, comme la circulation du sang, la sécrétion de la bile, etc., sont toujours circonscrits dans une portion de l'espace : on peut indiquer la partie de notre corps où ils s'accomplissent. Au contraire, quand nous pensons, quand nous voulons, quand nous éprouvons un sentiment de joie ou de tristesse, qui pourra indiquer avec précision l'endroit de notre corps qui est le théâtre de ces phénomènes ?

De plus, les phénomènes physiologiques ne nous sont jamais connus directement. Nous ne savons pas de prime abord que le sang circule dans nos veines; beaucoup de gens ignorent et ignoreront toujours les fonctions du système nerveux; sans l'intermédiaire des sens, il nous est toujours impossible de savoir ce qui se passe à l'intérieur de notre corps. Même les sens sont le plus souvent insuffisants, et il faut presque toujours appeler à notre secours des instruments tels que la loupe, le microscope ou le scalpel. Au contraire, nos pensées, nos sentiments et nos actes de volonté nous sont révélés à chaque instant sans aucun intermédiaire : il nous suffit d'être attentifs et de nous recueillir en nous-mêmes; et la conscience, comme un miroir fidèle, nous apprend avec la dernière exactitude tout ce qui se passe dans notre âme.

Les phénomènes qui dépendent de notre corps s'accomplissent le plus souvent à notre insu : nous sommes toujours avertis des pensées ou des sentiments qui se succèdent dans notre âme. Cette grande vérité que Harvey a découverte, la circulation du sang, a été longtemps ignorée de l'humanité : à quelle époque un homme n'a-t-il pas connu ce qu'il pensait ou ce qu'il voulait? Nous ne connaissons les phénomènes de notre corps que par induction, en faisant des expériences sur les animaux ou sur les cadavres de nos semblables : mais ce n'est pas l'induction qui nous révèle les phénomènes psychologiques; nous les découvrons directement en nous-mêmes.

Enfin quelle est la cause de tous les phénomènes qui s'accomplissent dans notre corps? On les rattache à un principe unique qu'on appelle le principe vital : mais les savants discutent encore sur la nature de ce principe, et n'ont pu parvenir à se mettre d'accord. Au contraire, le principe des phénomènes psychologiques nous est parfaitement connu : à mesure que ces phénomènes se produisent et que nous les connaissons, nous connaissons par une intuition directe la cause qui les produit, la substance à laquelle ils se rattachent; cette cause et cette substance, c'est *le moi*.

Des phénomènes si différents doivent être l'objet de sciences différentes : la physiologie est donc et doit rester distincte de la psychologie. Mais, si ces deux sciences ne doivent pas être confondues, il ne faut pas non plus creuser entre elles un abîme : elles se touchent par bien des points; suivant l'expression de M. Jouffroy, elles sont sœurs, et loin de se combattre, elles doivent se prêter un mutuel concours.

---

10. — Décrire l'impression et le mouvement organique, et les comparer.

On appelle *impression*, dans le langage de la psychologie, une série de mouvements qui s'accomplissent dans le système nerveux et se dirigent d'ordinaire de l'extérieur à l'intérieur, de la circonférence au centre de ce système, sous l'action du monde *physique*. Ainsi l'*impression* est un fait corporel, un fait *physiologique*.

Pour mieux caractériser ce phénomène, il n'est pas inutile d'entrer dans quelques détails. Le système nerveux est considéré généralement comme ayant son centre dans le cerveau et la moelle épinière. De là, il se ramifie dans toutes les parties du corps et vient s'épanouir à toutes les surfaces de l'organisme, de telle sorte que nous ne pouvons mettre notre corps en contact avec un objet extérieur sans que les nerfs qui viennent s'épanouir dans la partie du corps touchée soient mis en mouvement. On distingue trois moments dans l'*impression*, quand on en fait l'analyse : le moment du *contact*, celui du *mouvement nerveux* proprement dit, et l'*ébranlement cérébral* ou mouvement du centre nerveux. Ainsi j'appuie ma main sur du marbre, les nerfs qui viennent aboutir à mes doigts sont mis en mouvement (moment de contact); le mouvement se propage le long de mon bras en suivant les nerfs (mouvement nerveux proprement dit); le cerveau ou centre nerveux reçoit à son tour l'impulsion (ébranlement cérébral). C'est là le dernier terme du phénomène. Ici le rôle du corps finit et celui du *moi* commence. Une sensation désagréable a lieu, une perception de froid se produit. L'impression provoque toujours dans le *moi* une *sensation* et une *perception*.

Remarquons aussi en passant que le contact peut-être *médiat* ou *immédiat*. Dans le cas que nous venons de citer le contact était immédiat, mais lorsque nous éprouvons une perception d'odeur, le contact a lieu au moyen des particules odorantes qui se détachent de certains objets; quand nous éprouvons une perception de son, le contact a lieu au moyen des ondes sonores ; une perception de la vue, le contact se fait, sur la rétine au moyen des rayons lumineux; dans tous ces cas le contact est médiat.

On appelle *mouvement organique* une série de mouvements qui s'accomplissent dans le système nerveux et qui se dirigent du centre à la circonférence, de l'intérieur à l'extérieur sous l'influence de notre volonté. Ainsi, quand je désire mouvoir ma main, *l'effort physique* produit par ma volonté met d'abord en mouvement le cerveau (ébranlement cérébral); le mouvement se transmet ensuite le long de mon bras (mouvement nerveux proprement dit); puis ma main exécute le mouvement qui lui est imprimé.

Les deux phénomènes que nous venons de décrire très-brièvement, présentent certaines ressemblances. Ils sont l'un et l'autre des faits corporels, des phénomènes physiologiques. Ils ont leur siège dans le systèmes nerveux. On peut y distinguer trois phases successives. Mais ils présentent aussi des différences caractéristiques : l'un s'accomplit du dehors au dedans; il transmet au *moi* l'action du monde extérieur, l'autre s'accomplit du dedans au dehors, il transmet au monde physique l'action du *moi*. Lorsque le premier de ces faits se produit, nous sommes *passifs*; l'autre ne peut être produit que par un déploiement de notre *activité*.

La comparaison de ces deux phénomènes est éminemment propre à faire distinguer le *moi*, principe intérieur, du corps qui lui sert d'instrument, soit pour recevoir l'influence du monde matériel, soit pour agir sur ce dernier et le transformer selon les besoins et les désirs de l'homme.

Nous ferons aussi remarquer que dans les deux cas, ce ne sont pas les mêmes nerfs qui sont en exercice. Dans *l'impression* ce sont les nerfs *conducteurs de la sensation* qui sont en fonction; dans le mouvement organique ce sont le nerfs appelés *moteurs*. Les physiologistes sont arrivés à établir nettement cette distinction en constatant que dans certaines maladies les nerfs conducteurs de la sensation appelés aussi *sensitifs*, sont paralysés, tandis que les nerfs moteurs accomplissent encore leur fonction, et *vice versa*. La sensibilité physique peut-être détruite pendant que le mouvement continue à s'effectuer; le mouvement peut avoir disparu, quoique la sensibilité se manifeste encore.

11. — Etablir la légitimité de la distinction entre la psychologie et la physiologie.

Etablir la distinction des faits psychologiques et des faits physiologiques, c'est établir en même temps la légitimité de la distinction faite entre les deux sciences qui ont pour objet ces deux ordres de faits. Essayons de montrer que, malgré leurs rapports nombreux, la psychologie et la physiologie diffèrent entre elles autant par leur méthode que par leur objet.

Pour les spiritualistes de notre temps, comme pour Bossuet, l'homme est composé d'une âme et d'un corps, dont l'union forme en lui un véritable *tout organique*. La partie pensante saisit immédiatement, et sans le moyen des sens, les faits qui lui révèlent sa propre existence : dans l'acte de la conscience, l'âme est sujet et objet tout à la fois. Mais l'observation s'applique-t-elle aux faits de ce corps dont l'âme se distingue en disant : « ce corps est mien », elle ne connait aucun de ces faits que par l'intermédiaire des sens et encore ne saisit-elle ainsi que les plus extérieurs. Les autres, les plus nombreux, elle ne les connait qu'indirectement par analogie et par conjecture. Il faut déchirer avec le scalpel les tissus organiques, et même y détruire la vie, pour surprendre par l'analyse anatomique, s'aidant de la loupe et du microscope, le secret de toutes les fonctions et de tous les mouvements qui se passent dans ces organes. La manière dont les faits de la vie spirituelle et les faits de la vie organique sont connus, telle est la première différence que la psychologie spiritualiste a notée entre ces deux ordres de faits.

Cette distinction en implique une autre dans la méthode relative à l'étude de ces faits. La physiologie, comme toutes les sciences physiques et naturelles, ne saisit partout et toujours que des faits. Les sciences expérimentales ont exclu de leur domaine tout ce qui rappelle les forces occultes du Moyen Age, les entités idéalistes, les abstractions réalisées, les forces simples, les causes irréductibles, et leur prétention ne va plus qu'à monter graduellement de faits généralisés à des généralisations de plus en plus vastes. Que sont aujourd'hui, pour nos physiciens, la chaleur, l'électricité, la lumière, la pesanteur? Des formules de notation équivalant à des faits qui se réduisent en d'autres faits. De même, nos physiologistes riraient au nez de celui qui leur parlerait sérieusement de force vitale ou d'esprits animaux. Quant à la psychologie, elle est bien, jusqu'à un certain point, une science expérimentale : l'observation interne en est le procédé fondamental. Mais les faits observés, classés et généralisés, elle a une ambition plus haute encore : c'est d'en saisir, sinon directement, comme le croient certains psychologues, au moins, comme d'autres le croient, sûrement la cause. C'est encore là une différence, et une différence essentielle, entre la psychologie et la physiologie.

Est-ce à dire que ces deux sciences n'aient pas entre elles des rapports plus intimes que les rapports généraux, mais limités, dont nous venons de parler? Les facultés morales, tous les psychologues le reconnaissent, ont pour condition un certain état des organes, et les mouvements organiques entraînent un grand nombre de modifications psychologiques : de là un mélange, une action et une réaction continuelles des faits psychologiques et des faits physiologiques, et qui indiquent les points par où confinent la psychologie et la physiologie. Sans la connaissance assez approfondie des organes et de leurs fonctions, le philosophe réduit à l'étude abstraite de l'âme, ne fera que de la bien pauvre psychologie. Comment par exemple, pourra-t-il expliquer et décrire exactement des phénomènes tels que la perception, la mémoire, l'association des idées, l'imagination, s'il ne sait rien des faits physiologiques qui ont une si grande influence sur la production, l'enchaînement et le renouvellement des faits intellectuels? D'autre part, il est superflu de montrer par des exemples les services que les sciences physiologiques, et en particulier la médecine et l'anthropologie naturelle, peuvent retirer de la psychologie, cette science de l'homme intellectuel et moral.

C'est ainsi qu'après avoir indiqué les différences essentielles qui existent entre la psychologie et la physiologie, il nous restait à démontrer comment elles peuvent jusqu'à un certain point s'unir l'une à l'autre.

B. P.

---

12. — De la science psychologique. Rapports et différences de la méthode psychologique avec la méthode des autres sciences.

N. B. Comme la première partie de la question à traiter, qui consiste à montrer comment et pourquoi la psychologie est une science, présente le plus de difficultés aux candidats, sans qu'ils puissent en trouver facilement la solution satisfaisante dans un ouvrage élémentaire, nous lui avons, à dessein, donné une certaine étendue, pour que le développement en soit suffisant, si on proposait, comme unique sujet, cette question : PROUVER QUE LA PSYCHOLOGIE EST UNE SCIENCE.

La psychologie a pour objet l'étude de l'homme intellectuel et moral, c'est-à-dire des faits, des lois, des facultés et de la nature propre du sujet en qui réside la pensée. Elle étudie le principe pensant à l'exclusion de toute autre chose, même des appareils organiques dont l'ensemble constitue le corps, et des fonctions qui s'y accomplissent. L'étude de l'organisme, en effet, est du domaine de deux autres sciences, de l'anatomie et de la physiologie. La psychologie ne s'en occupe qu'accessoirement et seulement à cause des rapports qui existent entre les phénomènes physiologiques et les phénomènes qui manifestent l'homme intellectuel et moral. On dit par suite que la psychologie est la science de l'homme intellectuel et moral, ou du *principe pensant*, ou du *moi*, ou encore de *l'âme*, de *l'esprit*, ces diverses expressions étant employées dans le langage de la philosophie pour désigner le sujet de la pensée, c'est-à-dire, l'homme en tant qu'il est doué des facultés de *sentir*, de *connaître* et de *vouloir*. D'après l'étymologie même du mot qui sert à la désigner, la psychologie est la *science de l'âme*.

Mais est-on bien en droit de lui donner le nom de *science*? Mérite-t-elle ce titre? Oui, assurément. Une science est un ensemble de connaissances liées entre elles, en vertu des rapports tirés de la nature même des choses, et qui explique un ordre de phénomènes, une portion de la réalité, ou bien coordonne et développe certaines conceptions de l'esprit. Toute science a un *objet*, des *moyens de connaître* qui lui sont propres, une *méthode* et des *applications*. Elle nous dévoile quelque aspect de la réalité que nous ne connaîtrions que d'une manière confuse sans l'élaboration scientifique; elle nous donne puissance pour *percevoir* et pour *agir*. Or, tous ces caractères, inhérents à la science en général, se trouvent dans la psychologie. Son objet, c'est l'homme intellectuel et moral; et nos pensées ne sont pas des faits moins réels que la respiration, la digestion, la circulation du sang, etc. Les phénomènes moraux se distinguent très nettement des phénomènes physiques. Car ces derniers se réduisent tous au mouvement, et les premiers à la pensée. Or, la pensée ne saurait être assimilée à un mouvement. Tout mouvement s'exécute en un lieu déterminé, il a une direction particulière, une vitesse plus ou moins grande. On peut constater l'endroit où il commence, et celui où il finit. On peut en mesurer la marche. Rien de semblable n'existe pour la pensée. L'objet de la psychologie est donc bien distinct de celui des sciences appelées physiques et naturelles. Cet objet, elle le perçoit à l'aide de la *conscience* ou sens intime. Elle l'étudie à l'aide de l'*observation* interne qui s'effectue au moyen de la *réflexion*. Elle emploie la méthode expérimentale (observation et induction) pour constater les *faits*, les *lois* et les *facultés* du *moi* et pour former les théories qui en rendent compte; elle a recours au *raisonnement* dans d'autres questions où l'observation directe n'est point applicable, dans la question de la nature du *principe pensant*, par exemple, ce qui a fait diviser la psychologie en deux parties : la *psychologie expérimentale*, qui traite des faits, des lois et des facultés du moi, et la *psychologie rationnelle* ou transcendante, qui traite de la nature propre du moi ou de la spiritualité de l'âme. La psychologie nous donne le moyen de prévoir la reproduction des phénomènes intérieurs quand certaines circonstances sont réalisées, puisqu'elle nous conduit à la connaissance des lois qui régissent ces phénomènes.

Par suite aussi, grâce aux données qu'elle nous fournit, nous pouvons agir sur nous-mêmes et sur nos semblables de manière à provoquer tel ou tel résultat, pour régulariser, par exemple, les phénomènes de tel ou tel ordre en nous-mêmes, pour discipliner notre intelligence ou notre volonté, ou même notre sensibilité.

Il existe un grand nombre d'autres applications de la psychologie, car beaucoup d'autres sciences relèvent d'elle. La *Logique*, la *Morale*, la *Théodicée* reposent sur la psychologie comme sur leur fondement, car pour régler l'*intelligence* et la *volonté*, il faut les connaître ; et, pour nous élever à la connaissance de Dieu et de ses attributs, nous ne pouvons mieux procéder que par la connaissance de nous-mêmes, de notre être spirituel. — La *Grammaire générale*, la *Philosophie de l'histoire*, l'*Esthétique*, le *Droit*, la *Politique* et même l'*Economie politique* sont dans la dépendance de la psychologie et forment, avec les différentes branches de la philosophie, dont nous venons de rappeler les noms, l'ensemble des sciences morales.

Une objection très grave s'élève pourtant : l'observation interne est-elle possible, et, quand l'homme veut s'observer, ne fait-il pas par cela même évanouir les actes qu'il veut étudier? N'est-il pas dans la situation de l'acteur qui se placerait dans une loge pour se voir sur la scène, ou d'une personne qui se mettrait à la fenêtre pour voir quel air elle a quand elle passe dans la rue? Cette objection est plus plaisante que sérieuse. En fait, l'acteur s'observe sur la scène. Il observe aussi les spectateurs et modifie son jeu suivant l'émotion produite. Il en est de même de l'orateur qui est surtout puissant quand il improvise, parce qu'il peut suivre alors tous les mouvements de l'auditoire et les diriger. D'ailleurs, il n'est pas indispensable d'observer les faits au moment où ils se produisent ; la mémoire nous fournit une riche mine à exploiter pour arriver à la connaissance des phénomènes intérieurs.

On a aussi demandé si la psychologie nous fournit des connaissances certaines. C'est demander si nous devons avoir foi au témoignage de la conscience. Or, en fait, nous ne doutons jamais du témoignage de la conscience ; les sceptiques eux-mêmes sont obligés de l'invoquer : car tout ce qu'ils disent de nos facultés intellectuelles suppose la certitude de la conscience. Enfin, nous pouvons nous expliquer pourquoi le témoignage de la conscience ne saurait être révoqué en doute. C'est que, lorsqu'elle est en exercice, il y a identité entre le sujet et l'objet de la connaissance. Quand je dis : *Je souffre*, par exemple, c'est moi qui suis le *sujet* de la connaissance, c'est moi qui en suis l'*objet*; l'être qui connaît et la chose connue sont un seul et même être. Par suite l'erreur ne saurait exister ici, et quand, dans le travail de la réflexion, nous n'altérons pas les données de la conscience psychologique, nous atteignons sûrement la vérité.

Maintenant que nous avons déterminé les caractères de la science psychologique, nous pourrons sans peine marquer sommairement les rapports et les différences de la méthode psychologique avec la méthode des autres sciences.

Nous savons que, outre les sciences *morales* qui ont leur base dans la psychologie, il y a deux autres groupes de sciences, les sciences *physiques* et *naturelles*, et les sciences *exactes*.

Les sciences physiques et naturelles suivent la méthode d'observation ou méthode expérimentale qu'il ne faut pas confondre avec l'*empirisme*, la méthode expérimentale n'excluant pas les éléments rationnels de la connaissance, sur lesquels elle s'appuie, au contraire, dans une certaine mesure, tandis que l'empirisme nie l'existence de ces éléments rationnels de la connaissance, et par suite n'en tient pas compte ou les dénature.

Les procédés de la méthode expérimentale sont l'*observation*, l'*expérimentation*, la *généralisation*, la *classification* et l'*induction*.

Dans les parties expérimentales de la psychologie on applique aussi ces procédés, et, sous ce rapport, le psychologue et le physiologiste procèdent de même. Mais la faculté à l'aide de laquelle les sciences naturelles atteignent leur objet n'est pas la même que celle qui est appliquée par la science psychologique. Les premières ont recours à la *perception extérieure*; la science psychologique se sert de la *conscience* et de la *réflexion*. L'observation intérieure demande une force d'esprit et une puissance de se posséder soi-même que l'observation extérieure ne réclame pas au même degré. Le psychologue porte toujours en lui-même l'objet de son étude; le naturaliste est souvent obligé de le chercher fort loin. La *conscience* ne nous trompe pas sur nous-mêmes; nous arrivons sûrement à la vérité, si nous restons fidèles à son témoignage, le témoignage des *sens* ou de la perception extérieure a souvent besoin d'interprétation. La nature nous présente souvent des apparences qui nous trompent, et qu'il faut apprendre à démêler pour arriver à la bien connaître.

Les sciences exactes emploient le raisonnement pour construire leurs théories. Les axiomes, les définitions, la déduction et la démonstration, voilà les éléments de la méthode par laquelle elles conduisent l'esprit à la vérité.

La science psychologique emploie aussi cette méthode dans les questions où l'observation directe n'est plus applicable : ainsi, en psychologie, pour déterminer la nature propre du moi, du principe pensant; en théodicée, pour traiter de l'immortalité de l'âme.

La différence entre la science psychologique et les sciences exactes dans l'application de cette méthode, consiste en ce que la plupart du temps les sciences exactes appliquent les axiomes à de purs *concepts* de l'esprit, comme le triangle et le cercle en géométrie; tandis que la science psychologique est obligée de construire ses définitions en les tirant de l'observation de la nature humaine. La sûreté des déductions mathématiques tient à ce que la science mathématique applique les principes à des idées rigoureusement vraies, parce qu'elles sont des *concepts* de l'esprit, comme l'a fait remarquer Kant, tandis que la science psychologique, s'appuyant sur des connaissances qui ont leur base dans l'observation de la nature humaine, ses déductions n'ont pas toujours la même précision.

Ce que nous venons de dire montre aussi l'étroit lien de parenté qui relie toutes les sciences, et l'unité de l'esprit humain sous ses modes divers de développement.

13. — La psychologie est-elle une science d'observation ou une science de raisonnement?

On appelle science d'observation celle qui, après avoir constaté par l'attention certains phénomènes, procède, par l'abstraction et la généralisation, à réunir sous un même point de vue ce que ces phénomènes ont de commun, et à l'exprimer en formules générales ou en lois. C'est la méthode des sciences physiques et naturelles. On appelle sciences de raisonnement celles qui, comme la géométrie, partent d'une idée générale, conçue par la raison, pour en déduire toutes les applications particulières.

Pour décider si la psychologie est une science d'observation ou une science de raisonnement, nous n'avons qu'à nous représenter le travail que nous avons fait pour établir l'existence de l'âme, de ses facultés, de ses opérations et des procédés de l'intelligence. Notons d'abord que nous n'avons pas commencé par dire : l'homme *doit* être composé d'une âme et d'un corps; cette âme *doit* avoir tel ou tel nombre de facultés; pour arriver à la vérité, l'esprit *doit* se livrer à telles ou telles opérations, user de tels ou tels procédés; nous n'avons pas même établi en principe l'existence de l'âme. Elle ne nous est apparue que comme la conséquence d'une série d'études, comme la cause à laquelle il faut attribuer les phénomènes psychologiques, qui sont des effets. Si nous avons reconnu que l'âme est simple, qu'il est impossible qu'elle soit composée de parties, cette simplicité n'a pas été affirmée par nous comme une déduction tirée de la seule idée d'âme ou de substance, mais comme une induction reposant sur les opérations de cette subtance : pour penser, pour comparer, pour juger, il faut un être non composé de parties.

C'est donc après avoir observé que nous avons conclu.

Le caractère premier de l'âme, celui sous lequel elle nous apparaît avant tout, c'est l'activité. Mais, nous nous sommes bien gardé de dire : Nous avons une âme, donc elle doit être active. Au contraire, remarquant la part que nous prenons à la production des phénomènes psychologiques; constatant que, sans l'attention, tous seraient impossibles ou nuls pour nous, parce que nous n'en aurions pas conscience; voyant enfin que, même dans la sensibilité, les impressions seraient non avenues et ne se transformeraient jamais en sensations si notre énergie personnelle n'intervenait pas, nous avons conclu que l'âme est surtout une force, que cette force se rencontre dans l'exercice de toutes nos facultés.

Mais c'est par l'observation que nous sommes arrivés à constater cette force.

Enfin, dans le problème qui consiste à déterminer la nature des facultés et leur nombre, comment avons-nous procédé? Remarquant parmi les phénomènes psychologiques des ressemblances, nous formons un groupe de tous ceux qui présentent des analogies, et nous rattachons ce groupe à un pouvoir spécial de l'âme que nous nommons faculté. C'est par l'abstraction que nous saisissons l'analogie des caractères, c'est par elle encore que nous donnons un nom à ce pouvoir de l'âme. Remarquant en outre que, si certains phénomènes psychologiques ont un air de famille très prononcé, il y a au contraire des phénomènes qui, à part le caractère commun de l'activité, sont marqués par des différences bien accusées et ne sauraient rentrer les uns dans les autres, nous disons qu'un même groupe ne peut pas les comprendre tous. De là, autant de groupes distincts que la classification des phénomènes le comporte. C'est pourquoi nous arrivons à compter trois facultés, parce qu'il y a assez de phénomènes divers pour constituer trois groupes ou trois classes; et à ne compter que trois facultés, parce qu'il n'y a pas un seul des phénomènes observés qui ne dépende soit de la sensibilité, soit de l'intelligence, soit de la volonté.

Comme, dans ce travail, pour arriver à connaître l'âme et ses facultés, nous avons constamment suivi la méthode inductive, nous appelons la psychologie une science d'observation et non une science de raisonnement.

BERAUD.

---

14. — En quoi consiste la méthode de la psychologie? Qu'a-t-elle de commun et de différent avec la méthode des sciences physiques?

Chaque science a sa méthode, comme chaque science a son objet. La psychologie n'a commencé à être une science que le jour où Socrate lui a donné une méthode. En quoi consiste cette méthode? Quels en sont les instruments, les procédés, les conditions? Par où se rapproche-t-elle, par où se distingue-t-elle des méthodes analogues? Ce sont là autant de questions auxquelles nous ne pouvons répondre ici que très superficiellement.

La méthode qui convient à la psychologie, ce n'est ni la méthode déductive, ni la méthode inductive proprement dite. Elle a un instrument qui lui appartient exclusivement, la conscience; elle a pour opération essentielle la réflexion ou l'interrogation directe de la conscience. Elle est à la fois rationnelle et expérimentale : rationnelle, car elle n'enregistre les faits psychologiques qu'à la lumière de la raison et de ses principes suprêmes; expérimentale, car elle ne cherche pas à déduire de ces seuls principes les vérités et les notions dont se composera la science. Un psychologue ne procède ni comme un géomètre ni exactement comme un naturaliste.

Que la méthode de la psychologie ne puisse pas se ramener à celle des mathématiques, c'est ce qui se comprend tout naturellement : le mathématicien passe d'un axiome à ses conséquences, d'une loi générale à ses applications particulières ; il se meut dans le domaine de l'abstraction pure et il se borne à analyser des idées, pour en faire sortir explicitement d'autres idées qui s'y trouvent implicitement comprises. Le psychologue, au contraire, loin de tirer une vérité d'une autre vérité plus générale, s'applique à *observer* des vérités particulières, des *faits*. La psychologie est une science d'observation, et sa méthode consiste en un certain art d'observer.

S'il en est ainsi, on comprend sans peine que bien des philosophes aient incliné à confondre absolument la méthode psychologique avec les autres méthodes expérimentales ; il est, en effet, bien plus difficile de la distinguer de celle des sciences physiques et naturelles que de la méthode déductive. Voici cependant quelques-uns des traits principaux par où cette distinction peut s'établir. — D'abord la méthode expérimentale, telle qu'elle est employée dans les sciences de la nature, procède par une observation indirecte. Un botaniste, un géologue, un physicien, un chimiste, observent ou expérimentent à l'aide d'instruments, qui servent à augmenter la portée ou à seconder la faiblesse des sens. C'est l'expérience faite par le dehors, ne s'attaquant qu'à la surface des choses, c'est-à-dire aux phénomènes, ne parvenant jamais à en saisir l'essence intime et profonde. Tout autre est l'expérience psychologique : elle se fait directement, sans intermédiaires, sans secours étranger ; c'est l'observation immédiate et par le dedans ; c'est la perception interne. Quand on dit que la conscience en est l'organe, il faut lire : c'est l'âme qui se connait elle-même par elle-même. L'homme qui s'observe est le même qui est observé ; le sujet et l'objet, le spectacle et le spectateur se confondent. Nous n'avons pas ici à démontrer que cette identité même de l'observateur et de l'objet observé est un précieux avantage pour l'expérience psychologique, ni à réfuter les objections qu'on a opposées à ce mode d'observation directe ; nous n'avions qu'à en indiquer l'emploi dans la psychologie pour établir une grave différence entre la méthode de cette science et celle des autres sciences positives.

De cette différence découlent toutes les autres. La méthode des sciences physiques ne leur permet de rechercher et d'atteindre que des faits dont l'expression généralisée s'appelle une *loi*. Une science physique ne saurait remonter plus haut. Au contraire, la psychologie peut, grâce à sa méthode d'observation sans intermédiaires, atteindre des faits, des lois et leur *cause*. Le psychologue n'a pas besoin d'observer et de grouper un certain nombre de phénomènes pour leur chercher une cause hypothétique, du même coup et dans la même intuition, il observe, il connait le fait et sa cause, qui est le *moi*. La causalité, qui, dans tous les autres domaines, ne peut être conclue que par un raisonnement, est ici saisie et mise à nu dans son exercice même, le moi est aperçu aussitôt et aussi directement que ses actes et ses émotions particulières. « Ce que l'esprit trouve d'abord quand il rentre en soi, c'est lui-même. »

Enfin la méthode baconienne s'applique exclusivement à des faits sensibles, susceptibles d'une vérification sensible. Les fameuses règles de Bacon, *variatio, productio, translatio, conversio*, etc., supposent une matière qui se laisse traiter au gré de l'observateur et qui soit accessible à l'investigation des sens. La méthode psychologique, au contraire, ne convient qu'à un ordre de faits spirituels et suprasensibles : aussi ne comporte-t-elle pas les mêmes moyens de vérification matérielle qu'admettent les sciences physiques. Le seul juge, le seul arbitre suprême en ces matières, c'est la conscience elle-même, c'est cette lumière intérieure, à la fois si familière et si mystérieuse, qu'un grand psychologue, Maine de Biran, nous montre rayonnant au fond de toute âme humaine et suffisant à elle seule à en illuminer les ténèbres.

---

15. — Comparer l'expérience en physique et l'expérience en psychologie. Montrer les analogies et les différences.

La méthode expérimentale, appliquée aux sciences physiques d'après Bacon, a amené les belles découvertes des derniers siècles. Les philosophes modernes ont compris que les phénomènes de la conscience peuvent être étudiés de la même façon que les phénomènes du monde extérieur ; et ils ont appliqué à la science de l'âme la méthode que les savants avaient si heureusement appliquée à la science de la nature. Mais comme l'objet de la science était différent, cette méthode, tout en restant la même au fond, a dû subir certaines modifications : de là des analogies et des différences que nous allons rechercher.

La méthode expérimentale comprend trois parties : l'observation, l'expérimentation et l'induction ; il faut les étudier successivement.

L'observation est également nécessaire dans la psychologie et dans les sciences physiques. Des deux côtés, ce sont des faits qu'il s'agit de constater : le procédé de l'esprit qui les constate est le même. Aussi les mêmes règles sont-elles applicables dans les deux sciences : le psychologue doit être aussi attentif et aussi exact que le savant.

Mais à côté de cette ressemblance, signalons une différence : dans les sciences physiques, l'observation se fait au moyen des sens et des instruments qui suppléent à leur faiblesse ; en psychologie c'est la conscience seule qui nous fait connaitre les phénomènes dont notre âme est le théâtre. Il résulte de là des différences importantes. L'observation par les sens n'est pas toujours possible ; mais notre conscience nous appartient toujours et nous pouvons toujours apercevoir ce qui se passe en nous. De plus, comme l'a montré Descartes dans *le Discours de la Méthode*, la certitude est plus grande quand l'esprit se connait lui-même que quand il connait les choses extérieures.

Une des conditions indispensables de l'expérience en physique, c'est l'expérimentation. Le savant n'attend pas que la nature vienne d'elle-même et spontanément lui découvrir ses secrets : il la sollicite et la contraint. Ce procédé ne peut être appliqué en psychologie. Nos pensées, nos sentiments surtout ne dépendent pas uniquement de nous : nous ne pouvons pas, quand il nous plait, ressentir de la colère ou éprouver de l'admiration. Nous devons attendre que ces sentiments se produisent en nous ; nous ne les faisons pas naître à volonté. Il nous est possible, il est vrai, de nous placer dans certaines situations par l'imagination ou par le souvenir ; mais ce procédé ne peut être comparé à l'expérimentation directe que le physicien pratique sur des choses réelles. Le psychologue doit donc presque toujours se borner à la seule observation.

Une fois les phénomènes connus par l'expérimentation ou l'observation, la méthode expérimentale en détermine la loi ou la cause ; c'est ici que nous trouvons la plus grande différence entre la physique et la psychologie. Le savant se borne à rattacher les phénomènes à leurs conditions ; il en indique la loi, il n'en pénètre pas la cause. Il peut bien dire, par exemple, que le frottement produit l'électricité : mais il se borne à constater deux faits qui s'accompagnent toujours dans la nature. Quelle est la force, la cause secrète qui du frottement de deux objets fait sortir l'électricité ? Il ne peut l'indiquer ; il renonce même à la chercher, et il fait sagement. En psychologie, au contraire, à mesure que nous connaissons un phénomène qui se produit en nous, nous avons l'intuition directe de la cause qui le produit : cette cause est le moi. La psychologie est la seule science où l'homme puisse connaître des causes. C'est ce qui fait son caractère particulier, et sa grande importance au point de vue philosophique.

Telles sont les principales ressemblances et les importantes différences qu'on peut remarquer entre la méthode des sciences physiques et celle de la psychologie. En réalité on voit que l'esprit procède de la même manière dans les deux cas : les différences viennent, non pas de lui, mais des objets différents auxquels il s'applique.

16. — Avantages que le psychologue peut retirer de la lecture des historiens.

Quels avantages le philosophe peut-il retirer de la lecture des historiens? Pour résoudre cette question, il ne faut que réfléchir aux rapports qui unissent la philosophie à l'histoire. Ces rapports peuvent se ramener à une expression bien simple : la philosophie est l'étude de l'homme *abstrait*; l'histoire est celle de l'homme *concret*. L'une cherche les principes et les lois de la nature humaine; l'autre montre cette nature agissant et se déployant dans le temps et dans l'espace.

Dès lors, il est évident que l'histoire peut servir, en quelque sorte, de contre-épreuve et de vérification expérimentale aux théories qu'élabore la philosophie. Et tout philosophe qui voudra se rendre compte à lui-même de la valeur de son système, tout psychologue, tout moraliste ou tout métaphysicien qui voudra comparer ses idées aux faits, contrôler les uns par les autres, devra étudier à fond l'histoire.

Sans doute l'historien n'a pas pour fonction de donner une philosophie toute faite; sans doute il n'est pas chargé de fournir au psychologue des vues profondes sur les secrets de notre nature, ou de le faire pénétrer jusque dans le fond intime ou mystérieux de l'âme humaine. C'est à la réflexion, c'est à l'abstraction, c'est à l'observation et à l'analyse de la conscience par elle-même qu'il appartient de découvrir, pour ainsi parler, le dessous de l'humanité, et les invisibles principes qui échappent à toute expérience interne. Mais de même qu'il ne faudrait pas se borner à faire de la psychologie par l'histoire seule, de même il serait dangereux de la faire sans l'histoire. Le temps des grandes constructions métaphysiques sans base expérimentale est heureusement passé, et aucun philosophe ne souscrirait aujourd'hui au jugement de Malebranche, qui préférait, disait-il, un seul principe de métaphysique à toute l'histoire grecque et romaine. On comprend, en effet, que si l'abstraction est nécessaire à la philosophie comme à toutes les sciences, elle est cependant la source des plus graves inconvénients, quand elle est exclusive et sans contre-partie. A force d'abstraire, on peut sortir de la réalité. A force de parler de l'homme en soi, de l'homme en général, c'est-à-dire de l'homme qui n'existe que dans la pensée, on risque d'oublier les hommes, c'est-à-dire la seule humanité réelle. C'est l'écueil que la psychologie n'a pas toujours assez soigneusement évité, et de là vient le reproche qu'on a pu parfois lui faire, d'avoir créé, à côté de l'homme de l'histoire, l'homme de la philosophie.

Que le philosophe apprenne donc à connaître dans les livres des historiens la vraie humanité; s'il veut que ses observations psychologiques acquièrent quelque justesse et quelque solidité, qu'il les appuie sur l'expérience moins fine et moins délicate sans doute, mais aussi plus générale, plus sûre et plus concrète que l'histoire lui fournit. Il trouvera, il est vrai, peu de lumière dans l'histoire générale, comme on l'a trop souvent écrite, dans ce récit sans fin de règnes et de batailles, qui n'aura pour lui d'autre intérêt que de lui montrer à satiété combien de temps l'humanité a ressemblé à une société de bêtes farouches. Mais qu'il lise, de préférence à l'histoire militaire et aux généalogies des monarques, l'histoire comme les anciens l'entendaient, comme un Thucydide et un Tacite l'ont écrite; qu'il lise surtout l'histoire des grands hommes, les biographies de Plutarque, si précieuses dans leur infidélité même : c'est là qu'il apprendra le mieux à connaître l'homme vraiment digne de ce nom. Enfin et surtout, qu'il se nourrisse de l'histoire traitée par les modernes, non plus comme un art, comme une œuvre de littérature, mais comme une science à la fois rationnelle et réelle, où les lois se font jour sous les faits, et où la trame serrée de la réalité laisse transparaître la suite des idées. Il y puisera la connaissance exacte des hommes et des sociétés; il observera, au lieu de l'inventer, la vraie philosophie des choses, et c'est en étudiant ce spectacle vraiment digne de ses plus profondes réflexions, qu'il pourra saisir, dans le plus vif détail, la lutte incessante des forces libres de l'âme humaine, et de cette fatalité puissante que l'histoire appelle la logique des faits.

17. — De l'expérimentation en psychologie.

1° Le procédé de l'expérimentation peut être défini en général une observation provoquée (Cl. Bernard). C'est le procédé par excellence des sciences physiques et naturelles, et le plus fécond de ceux qu'emploie la méthode de ces sciences; mais la psychologie s'en sert aussi, parce que, si elle n'est pas exclusivement une science de faits, elle doit indispensablement prendre comme point de départ et comme texte perpétuel de développement les phénomènes de l'âme.

2° L'expérimentation sera diversement appliquée en psychologie, selon que l'on emploiera l'une ou l'autre des méthodes qui président à ses recherches : méthode subjective (étude du moi par la conscience), méthode objective (observation extérieure des autres hommes).

A. *Expérimentation dans la méthode subjective.* Le procédé qui consiste à isoler les phénomènes psychologiques, à en modifier les circonstances, à en faire varier les aspects, etc., n'est certes pas sans difficultés : mais il n'est pas pour cela impossible. Quiconque a acquis une certaine habitude de la méditation intérieure, et possède déjà une connaissance assez exacte et complète de la nature des faits psychiques, des circonstances et des causes de leur production, saura se placer artificiellement dans les conditions où il sait que les phénomènes apparaissent d'ordinaire; il pourra faire des raisonnements, pour en étudier les lois, exercer ses sens de différentes manières, pour connaître le détail et toutes les particularités des perceptions qu'ils sont susceptibles de lui donner, se mettre idéalement, par l'imagination, dans la situation d'un homme qui éprouve telle sensation, etc. : c'est ce que font les savants, les philosophes, les romanciers, les dramaturges, les acteurs, les critiques d'art..., etc. L'expérimentation étend ainsi singulièrement le terrain d'exploration de la science de l'âme.

B. *Expérimentation dans la méthode objective*. — On peut de même faire naître dans les autres hommes la colère, exciter leurs passions; contribuer, pour une bonne part, à la formation d'une âme et d'un caractère par l'éducation; provoquer artificiellement des crises psychologiques morbides (hypnotisme) pour en étudier à loisir les manifestations et les effets, etc. Une science nouvelle et non encore définitivement constituée, la psychophysique, prétend même arriver à des résultats absolument rigoureux et mathématiques en expérimentant sur des phénomènes mixtes et limitrophes, participant à la fois de la physiologie et de la psychologie, comme la sensation; ses expériences intéressantes révèlent des faits importants, mais auxquels on ne saurait attribuer la portée absolue de lois mathématiques, comme les psychophysiciens en ont l'ambition : on ne saurait, en effet, appliquer le calcul à la psychologie, parce que les phénomènes de l'âme sont seulement discernables par leurs qualités. — Toutes ces expériences objectives viennent apporter un contingent d'informations précieuses à ajouter aux résultats de la méthode subjective; mais il ne faut pas oublier que tous les phénomènes qui nous sont ici connus doivent être interprétés par ceux que nous fournit la méthode subjective.

3° Conclusion. Ici comme partout, l'expérimentation est un auxiliaire précieux de l'observation, et grâce à elle le domaine des faits à connaître est considérablement étendu. E. G. D.

---

18. — Déterminer les principaux caractères des facultés du *moi* et montrer comment chacune d'elles se distingue des autres.

Toute théorie des facultés du *moi* doit reposer sur l'étude des phénomènes dont elles sont la source; de même pour déterminer les caractères des facultés, ce sont les caractères des phénomènes qu'il faut examiner; car nous ne connaissons les facultés que par les phénomènes qu'elles produisent. Les faits seuls manifestent les puissances du *moi* qui, sans eux, resteraient à l'état latent, et seraient pour nous comme si elles n'existaient pas.

Les trois facultés fondamentales du *moi*, la sensibilité, l'intelligence et la volonté, correspondent à trois classes de faits irréductibles ou *sui generis*.

I. Les *faits sensibles* présentent deux caractères : la passivité et la subjectivité.

Les phénomènes sensibles sont *passifs*, cela signifie que ces faits se produisent en nous, même malgré nous, quand certaines circonstances sont réalisées. Ainsi, lorsque ma main est en contact avec un objet d'une température élevée, j'éprouve une sensation désagréable, et il ne dépend pas de moi de ne pas l'éprouver. Quand je songe à un malheur qui a frappé un de mes parents ou de mes amis, je suis en proie à un sentiment douloureux, et je ne puis empêcher que cette peine m'atteigne. Par suite, nous ne pouvons influer sur nos sensations et sur nos sentiments que d'une manière indirecte, en réagissant contre les circonstances qui les provoquent en nous. Nous ne pouvons ni les produire, ni les faire cesser à volonté.

Les phénomènes sensibles sont aussi subjectifs ; pour expliquer ce caractère, il est nécessaire d'entrer dans quelques détails. Lorsqu'un phénomène de cette nature, sensation ou sentiment, se produit, il y a une certaine modification dans le moi. Mais la nature de cette modification ne dépend pas essentiellement des objets avec lesquels nous sommes en rapport, elle dépend des dispositions internes du principe pensant. Le fait qui se passe dans le *moi* n'est pas, comme le phénomène intellectuel, la reproduction d'un objet. Il est tout simplement une modification du sujet où il se manifeste. Voilà pourquoi on dit que le phénomène sensible est subjectif.

Il résulte de là deux conséquences : 1° Le même individu, en présence des mêmes objets, peut être le théâtre de phénomènes sensibles ayant des caractères opposés ; en d'autres termes, le même objet peut tour à tour nous plaire ou nous déplaire, sans qu'il ait changé de nature. — 2° Des individus différents, en présence du même objet, peuvent être au même moment affectés diversement, ce qui revient à dire que ce qui plaît à l'un de nous peut déplaire, dans le même temps, à un autre. Ces faits seraient inexplicables si le phénomène sensible ne dépendait pas des dispositions du sujet où il se passe.

II. Les *faits intellectuels* ont aussi deux caractères :

1° Ils sont *passifs* comme les phénomènes sensibles. Ainsi, par exemple, quand l'impression a eu lieu, la perception se produit immédiatement, fatalement.

2° Ils sont, en outre, *objectifs*, ce qui veut dire qu'ils sont la reproduction dans l'esprit d'objets avec lesquels nous sommes en rapport quand la connaissance se forme dans le *moi*.

Il découle de ce dernier caractère deux conséquences inverses de celles que nous avons signalées pour les phénomènes sensibles : 1° En présence du même objet, le même individu est le théâtre du même fait intellectuel. 2° En présence du même objet, des individus différents sont le théâtre du même fait intellectuel dans ce qu'il a d'essentiel. La diversité ne se manifeste que sous le rapport de l'étendue et de la profondeur.

III° Les phénomènes *volontaires* offrent un caractère qui peut être désigné sous le nom d'activité. Ce qui veut dire que lorsque ces phénomènes ont lieu, l'initiative appartient au *moi*. Il peut les réaliser ou les faire cesser à son gré. Ici le *moi* ne reçoit pas, mais il fait une action.

Maintenant il est facile de montrer comment les trois facultés fondamentales du *moi* se distinguent l'une de l'autre.

La *subjectivité* distingue la sensibilité de l'intelligence qui est *objective*.

La *passivité*, caractère commun à la sensibilité et à l'intelligence, les distingue de la volonté qui est essentiellement *active*.

---

19. — Après avoir distingué les trois facultés principales de l'âme, *sensibilité, entendement, volonté***, montrer comment elles s'unissent et s'associent pour former l'unité de la vie morale.**

Suivant le milieu qui m'environne, je suis en proie au malaise, ou tout me porte au contentement; — en me repliant sur moi-même, je revois les lieux, j'entends encore les personnes avec lesquelles j'ai été en rapport; je compare ces lieux, ces personnes à d'autres lieux, à d'autres personnes, je les juge, je les apprécie; — je prends des résolutions pour l'avenir; je suis attiré par tel objet que j'ai saisi dans mon esprit, ou j'éprouve pour lui de l'éloignement : voilà autant de faits que je constate sur le théâtre intérieur de ma personne. Et voilà aussi autant de faits différents, qu'un peu d'attention m'empêche de confondre. Ils ont des analogues, auxquels je les joins en vertu de cet air de famille qui me frappe. Les premiers et tous ceux qui leur ressemblent, je les appelle faits sensibles, et je donne à la faculté qui les rend possibles le nom de *sensibilité*, j'attribue les seconds à l'*entendement*, les troisièmes à la *volonté*.

Mais je remarque qu'indépendamment de ces trois pouvoirs qu'a mon âme, de rendre perceptibles ces trois espèces de phénomènes, il y a en elle un autre pouvoir, constant, toujours le même, celui de saisir successivement ces phénomènes et de constater qu'elle les saisit. De sorte que, pour chacun d'eux, il se produit deux actes enregistrés fidèlement par le sens intime : l'acte du phénomène lui-même et l'acte par lequel j'ai conscience de ce phénomène. Il y a plus. Mon âme ne se borne pas à constater chaque phénomène, elle en embrasse la série. Je vois un objet, je l'étudie dans ses qualités, je désire le posséder, ou il me paraît repoussant. Le même agent intérieur qui a vu l'objet, qui l'a jugé et qui le veut, ou en a horreur, est encore celui qui d'un seul coup d'œil aperçoit à la fois l'objet, le jugement qu'il en porte et le mouvement par lequel il se sent entraîné ou non vers l'objet.

C'est ce pouvoir de l'âme, embrassant chaque phénomène et la série des phénomènes, qui constitue l'unité de la vie morale. L'activité qui produit les phénomènes et qui en a conscience entretient aussi l'harmonie entre ces phénomènes. Je ne puis vouloir que ce que je connais, et mon entendement n'entre en exercice que provoqué par la sensation. Les objets extérieurs pourraient faire impression sur mes organes. Cela ne constituerait pas la sensation, si mon âme, avertie par la transmission de cette impression, ne s'occupait de l'objet qui l'a provoquée.

L'expérience apprend que les milieux auxquels nous sommes habitués ne produisent plus d'impressions dont nous ayons conscience, c'est-à-dire de sensations. Entre deux impressions d'inégale force, la plus faible n'est pas perçue, n'arrive pas à la sensation. Il y a donc de l'activité, même dans la sensation. Il y a de l'activité, c'est trop évident, dans l'intelligence; il y en a dans la volonté. L'âme nous apparait donc avant tout comme une force, une énergie, et une énergie consciente : *Vis sui conscia*.

C'est donc au caractère conscient de cette énergie qu'est due l'unité de la vie morale.

BERAUD.

20. — De l'utilité du plaisir et de la douleur.

Tout ce qui répond à nos besoins, à nos inclinations, à nos instincts, en un mot, à notre nature, nous cause une sensation agréable; tout ce qui contrarie nos besoins, nos inclinations, nos instincts, ce qui est opposé à notre nature, nous cause une sensation désagréable.

Si les sens ont autant de part que l'âme à cette sensation, agréable, elle reçoit le nom de *plaisir*, désagréable, de *douleur*. Si l'âme y est particulièrement intéressée, on dit qu'elle éprouve de la *tristesse*, du *chagrin*, de la *peine*, si elle souffre; de la *joie*, du *contentement*, si elle jouit.

La nature, en mère prévoyante, nous conduit à ses fins par l'attrait du plaisir, et nous y ramène par le sentiment de la douleur. A l'accomplissement de chacune des fonctions de notre organisme, correspond un sentiment de bien-être. Nous éprouvons du plaisir à prendre une nourriture qui répare nos forces épuisées, à goûter un sommeil qui permette à la substance du cerveau de se nourrir, de se refaire et de se préparer aux fatigues intellectuelles du lendemain, etc. Si l'attrait du plaisir est impuissant à obtenir de nous la satisfaction de ces besoins qui nous sollicitent périodiquement à maintenir le bon état de notre organisme, c'est alors que l'aiguillon de la douleur nous stimule à l'accomplissement des fonctions relatives à la conservation de notre individu. De là, les tortures de la faim, les angoisses de la soif, etc. Le malaise que nous cause l'impression du froid a pour but de nous déterminer à nous approcher du feu en hiver, pour que l'exhalation cutanée s'opère en temps opportun.

Il en est de même pour l'âme. Chacun de ses besoins satisfait engendre une joie; contrarié, une peine. La *curiosité*, l'*amour-propre*, la *sociabilité*, le *sentiment religieux*, sont des inclinations primitives et fondamentales, communes à tous les hommes, bien qu'à divers degrés, et composent réellement le fond de notre nature morale. Notre intelligence poursuit le vrai, le beau, le bien, et quand elle le saisit dans une de ses manifestations, quand elle est éclairée d'un rayon de ce foyer de vérité, de justice, de beauté, elle s'épanouit, se dilate, à la lumière de Dieu, comme la plante, à la lumière du soleil. Quelle douceur dans les joies qui découlent de l'épanchement de notre sociabilité! Que de charme dans les sentiments affectueux de l'amitié, de la bienveillance, de la commisération, du dévouement! Quel malaise au contraire ne ressentons-nous pas, si le développement de nos inclinations naturelles est arrêté par quelque obstacle! Quelle inquiétude dans le doute, c'est-à-dire dans la conscience que nous avons de l'insuffisance de nos lumières pour saisir clairement une vérité qui nous échappe!

Combien nous sommes malheureux, privés de la société de nos semblables, ou seulement éloignés de ceux auxquels nous tenons par les liens de la famille ou de l'amitié! Quelle amertume que celle du remords!

Toutes ces souffrances ont pour fin de nous rappeler à la satisfaction des besoins moraux qui, négligés, entraineraient la dégradation de notre individu ou la désorganisation de la société. Elles nous décident à sortir du doute, de la solitude, du vice, par l'étude de la vérité, la recherche de nos semblables, la pratique du bien. La douleur a en outre cet avantage, qu'elle élève presque au-dessus de la condition humaine les âmes viriles, en leur enseignant que l'estime de soi-même, la paix intérieure, une juste appréciation des choses, la considération de nos semblables, dépendent de la bonne direction que nous donnons à notre esprit et à notre volonté; en sorte que, pour être en possession du vrai bien, il suffit de le vouloir fortement.

Ainsi la douleur, qui dans l'ordre physique est protectrice de la vie, peut être considérée, dans l'ordre moral, comme mère de la vertu.

Le plaisir et la douleur, bien qu'ils affectent diversement notre âme, ne lui sont pas moins salutaires l'un que l'autre. Ils conspirent tous deux pour la conservation de l'individu et de la société, et, par des moyens différents, concourent à une même fin, qui est l'harmonie universelle. Aussi devons-nous, en présence de cette admirable économie du plaisir et de la douleur, proclamer l'existence d'un être supérieur et prévoyant, en nous écriant avec le poète philosophe :

> Mortels, à vos plaisirs reconnaissez un Dieu.
> Que dis-je? à vos plaisirs! c'est à la douleur même
> Que je connais ce Dieu, la sagesse suprême,
> Ce sentiment si prompt dans nos corps répandu,
> Parmi tous nos dangers protecteur assidu,
> D'une voix salutaire incessamment nous crie :
> Ménagez, défendez, conservez votre vie!

21. — Quelle différence y a-t-il entre une sensation et un sentiment?

L'homme parle sans cesse de *plaisir* et de *douleur*, de *joie* et de *tristesse*; il est sujet à des émotions agréables et pénibles. Ces émotions, on les appelle *sensations* et *sentiments*.

Mais ces deux mots s'emploient-ils indifféremment? N'est-il pas des cas où nous disons l'un plutôt que l'autre? Et chacun d'eux ne correspond-il pas à un ordre particulier de phénomènes? Pour nous en assurer, il suffit de voir comment, dans l'usage journalier de la vie, nous employons ces deux mots : sensations et sentiments. Cet examen ne sera point inutile, car le langage n'est point formé par convention pure, ou par hasard : il est le résultat de cette logique commune à tous les hommes, de cette philosophie instinctive et éternelle dont parle Leibnitz, *perennis quædam philosophia*, qui régit et guide toujours l'esprit humain, même à son insu.

Or, que nous apprend le langage? — Pour ne point rester dans l'abstraction, prenons des exemples.

Me voici en vagon : tout à coup le sifflement de la vapeur qui s'échappe vient frapper mon oreille. *L'impression* faite par le son sur mes organes est pénible; mais, si je veux traduire par le langage ce que j'ai éprouvé, que dirai-je? — Assurément je dirai sans hésiter que ce bruit m'a causé, non un *sentiment*, mais une *sensation* désagréable.

Second cas : je suis encore en vagon; j'attends avec impatience le départ du train; car de graves intérêts m'appellent ailleurs. Un retard inattendu vient redoubler mon impatience. Enfin le coup de sifflet, signal du départ, a retenti. Chose singulière! ce bruit strident, si désagréable, me cause pourtant de la joie; il affecte péniblement mon oreille, et cependant je me suis réjoui en l'entendant. Comme tout à l'heure, j'ai eu une sensation pénible, mais en même temps j'ai éprouvé un *sentiment* agréable; ici, je dis *sentiment* et non plus *sensation*.

Cette distinction que fait le langage dans l'emploi de ces deux mots nous semble marquer nettement la différence qui existe entre les deux phénomènes qu'ils désignent. On voit en effet que la sensation est simplement le plaisir ou la peine que nous ressentons à la suite d'une impression organique, et que la sensation est toujours précédée d'une action physiologique, soit contact entre nos organes, et un agent extérieur, soit ébranlement du système nerveux allant aboutir au cerveau. — Au contraire les *sentiments* nous affectent sans être produits par une action physiologique. Si, en reprenant l'exemple cité plus haut, j'ai eu d'abord une sensation pénible en entendant le coup de sifflet, c'est qu'il y avait eu une impression désagréable faite sur mon organisme; mais ensuite, si j'ai éprouvé un sentiment de joie en entendant le même bruit, ce n'est point parce que l'impression a été moins désagréable, mais seulement parce que j'ai compris le sens de ce bruit, et que j'en ai saisi les conséquences.

Voilà une première différence; en voici une seconde : dans la sensation, le corps agit sur le *moi* : j'ai reçu un coup — phénomène *physiologique*, — et je souffre, — phénomène *psychologique*. Au contraire, dans le sentiment, le *moi* agit sur le corps : j'ai appris une mauvaise nouvelle, et je suis triste, — phénomène *psychologique*; la tristesse du *moi* se traduit au dehors : je pleure, — phénomène *physiologique*.

En troisième lieu, remarquons que l'influence de l'habitude n'est point identique pour les deux phénomènes. Par l'habitude en effet, c'est-à-dire par la répétition fréquente des mêmes actes, la sensation s'émousse. Cet exercice, qui me semblait fatigant autrefois, m'est devenu facile et indifférent à force de se répéter. Rien de semblable pour le sentiment. Au contraire; plus je vois une belle œuvre d'art, plus mon admiration est grande.

Indiquons enfin les conséquences auxquelles ont mené les systèmes de philosophie qui accordaient trop de place soit à la sensation soit au sentiment. L'empire exagéré de la sensation a conduit au *matérialisme*, celui du sentiment, au *mysticisme*, c'est-à-dire à des excès plus ou moins excusables, mais également dangereux.

Malgré ces différences, la sensation et le sentiment sont des phénomènes de même nature : tous deux sont du domaine de la psychologie, tous deux tombent sous l'observation de la conscience. Que je souffre d'une brûlure ou d'un remords, c'est toujours le *moi* qui souffre dans les deux cas : seule la cause de la souffrance diffère.

22. — L'amour de soi est-il le principe de toutes nos inclinations ?

IDÉES A DÉVELOPPER

I. 1° En remontant à la source de toutes nos facultés, nous trouvons en nous-mêmes certaines inclinations premières, certaines tendances innées et vraiment naturelles, qui nous poussent à accomplir tels actes plutôt que tels autres, à rechercher telles fins de préférence à d'autres. C'est ce fonds de notre nature qu'on appelle inclinations.

2° Elles sont de plusieurs sortes :

A. *Egoïstes ou personnelles* : amour de l'être et du bien être, plaisir, intérêt. — Ces inclinations sont légitimes, comme tout ce qui est naturel en nous; mais elles ne doivent pas accaparer à elles seules notre vie psychologique et morale. Réponse aux morales du plaisir et de l'intérêt : (Aristippe et les Cyrénaïques; Hobbes et les Sensualistes; — La Rochefoucauld; utilitarisme de Stuart Mill). En effet, (a) contradiction entre la recherche de notre plaisir ou de notre intérêt et l'emploi de notre raison; — (b) il ne dépend pas toujours de nous de pouvoir nous procurer la satisfaction que nous désirons; — (c) l'habitude nous blase, et nous cherchons toujours de nouvelles formes de satisfaction sans être jamais satisfaits.

B. Inclinations *sympathiques* ou *altruistes*. Besoin de la vie sociale ; — tendances philanthropiques, patriotisme, amour de la vie de famille, inclinations électives (amitié, amour). Ces inclinations ne suffisent pas, et les morales fondées sur l'intérêt d'autrui sont encore des morales positives, c'est-à-dire manquent des principes plus élevés dont nous trouvons au fond de notre nature le besoin et l'instinct.

C. Nous arrivons ainsi aux inclinations absolument indépendantes de toute préoccupation d'intérêt soit individuel, soit général. *Inclinations supérieures* : amour du Vrai (science), du Beau (esthétique), du Bien (morale du Devoir), de Dieu (religion). Faire le bien pour le bien, voilà toute la morale. Aimer son prochain plus que soi-même et Dieu par dessus toute chose, c'est tout le contraire de l'égoïsme.

II. 1° Mais, dira-t-on, n'est-ce-pas dans l'accomplissement de la vertu que se trouve le suprême égoïsme ? Le bonheur n'est-il pas promis par toutes les morales comme couronnement et récompense de la vertu ? N'est-ce pas, par conséquent, l'amour de soi que nous retrouvons en définitive au fond de toutes nos in... ions ?

2° ...ponse : De quel bonheur parle-t-on ? En travaillant à ma propre perfection, c'est-à-dire en immolant chaque jour les penchants égoïstes de ma nature, je travaille à amasser en même temps un bonheur qui me sera acquis pour l'éternité. La vertu idéale ou sainteté est à elle-même sa propre récompense (Stoïciens) ; la loi morale porte sa sanction en elle-même, et l'on peut dire avec Spinoza : « La béatitude n'est pas le prix de la vertu, elle est la vertu même ».

3° Nous trouvons là une conciliation entre la doctrine du désintéressement et du renoncement et les morales égoïstes. Ce serait une morale injuste et cruelle, en effet, que celle qui imposerait le sacrifice et les âpres luttes de la vertu sans compensation ; c'est une morale de suprême justice et d'amour, celle qui nous commande d'immoler notre personnalité égoïste pour grandir d'autant notre personnalité morale, et lui donner une valeur sans cesse plus grande. C'est là le véritable amour de soi, et il est vrai de dire avec un grand penseur : « Le bien n'est en réalité autre chose que l'amour, qui est la volonté dans toute sa pureté ; et vouloir le vrai bien, c'est se vouloir soi-même. » (Ravaisson, Rapport... etc., p. 268.)

E. G. D.

---

23. — Faire voir, avec Bossuet, que toutes les passions dérivent de l'amour et de la haine.

On peut définir les *passions* des mouvements de l'âme, qui, affectée agréablement ou désagréablement par les objets, s'en approche ou s'en éloigne.

Bossuet distingue onze passions principales : il rapporte les six premières à l'appétit qu'il appelle *concupiscible*; les cinq dernières à l'appétit qu'il appelle *irascible*.

L'appétit concupiscible est celui où domine le désir; l'appétit irascible, celui où domine la colère.

De là, deux classes distinctes : toutes les passions qui ne présupposent dans leurs objets que la présence ou l'absence, appartiennent à la première classe; toutes celles qui ajoutent à la présence ou à l'absence de leurs objets la difficulté de les éviter ou de s'y unir, sont de la seconde classe.

Au premier rang se place *l'amour* : c'est la passion qui fait qu'on veut s'unir à quelque chose, et tenir cette même chose en en sa puissance.

La *haine*, est au contraire la passion qui nous porte à éloigner de nous quelque chose. C'est l'opposé de l'amour.

Le *désir* est la passion qui nous pousse à rechercher ce que nous aimons, quand nous sommes séparés de l'objet aimé.

L'*aversion* est la passion qui nous porte à fuir ce que nous haissons.

La *joie* est la passion par laquelle l'âme se repose avec bonheur dans la jouissance du bien présent.

La *tristesse* est une passion par laquelle l'âme s'afflige du mal présent, et met tout en œuvre pour s'en éloigner.

L'*audace* ou *courage* est l'effort par lequel l'âme cherche à s'unir à l'objet aimé, lorsque quelques obstacles l'en séparent.

La *crainte* est une passion par laquelle l'âme s'éloigne d'un mal difficile à éviter.

L'*espérance* s'éveille dans l'âme, lorsque l'acquisition de l'objet aimé est difficile, mais possible.

Le *désespoir* naît au contraire quand cette acquisition est regardée, non plus seulement comme difficile, mais impossible.

Enfin, la *colère* est une passion par laquelle nous nous efforçons de repousser avec violence celui qui nous a fait du mal.

Cette dernière passion n'a pas de passion contraire qui lui corresponde.

Telle est la classification que Bossuet donne des passions. Il reconnaît qu'il n'a voulu définir que les principales, et qu'en dehors de celles-là on peut en compter d'autres encore, telles que la honte, l'envie, l'émulation, l'admiration et l'étonnement.

La partie la plus curieuse et la plus originale de ce chapitre du Traité de Bossuet est certainement celle où il essaie de ramener toutes les passions à une passion unique, dont les autres ne sont que les développements.

Descartes et Malebranche avaient voulu faire de l'*admiration* la passion génératrice de toutes les autres; Bossuet, mieux inspiré, a cherché la passion primordiale dans l'*amour*.

En effet, si nous haissons une chose, c'est parce que nous en aimons une autre. « On ne hait la maladie que parce qu'on aime la santé. »

Désirer, n'est-ce pas étendre son amour au bien qu'on n'a pas : éprouver de la joie, n'est-ce pas le fait de l'amour qui s'attache au bien qu'il possède ?

L'aversion et la tristesse, que sont-elles autre chose que l'amour qui s'éloigne du mal par lequel il est privé de la possession de l'objet aimé ?

L'audace, c'est l'amour qui entreprend pour posséder l'objet de sa passion; la crainte, l'amour qui se trouble à la pensée qu'il est menacé dans ce qu'il recherche.

L'espérance, c'est l'amour qui se flatte de posséder l'objet aimé ; le désespoir c'est encore l'amour, mais l'amour abattu à la pensée qu'il est privé à jamais de l'objet qu'il désire.

Enfin, la colère est un amour irrité de ce qu'on veut lui ôter son bien, et qui fait effort pour le défendre.

Rien de plus vrai et de plus délicat que cette analyse ; les passions diverses que nous venons d'énumérer sont en quelque sorte les rameaux d'un arbre dont l'amour serait le tronc. Pour finir par une expression de Bossuet, qui résume avec concision sa théorie :

« Otez-l'amour, il n'y a plus de passions ; posez l'amour, vous les faites naître toutes. »

24. — De l'influence des passions sur l'entendement. Erreurs qui en dérivent.

La philosophie distingue dans l'âme humaine plusieurs facultés ; mais ces divisions, commodes pour l'étude, sont moins tranchées dans la réalité, et il n'y a presque pas d'action où toutes nos facultés ne soient engagées à la fois. Ainsi, en même temps que l'entendement s'applique à la connaissance des objets, nos passions ne restent pas inactives, et elles exercent sur lui une influence considérable. Cette influence varie suivant que l'activité sensible est subordonnée à l'activité intellectuelle, ou qu'elle l'emporte sur elle, ou que l'une et l'autre se mêlent en proportions à peu près égales.

Quand les passions sont contenues dans une juste limite, et que l'âme ne s'abandonne pas à elles sans réserve, elles sont un secours pour l'esprit, elles excitent son activité, elles peuvent même le pousser à éclaircir ses idées. Nous comprenons mieux quand nous désirons comprendre, et c'est ainsi que l'émulation donne souvent à l'esprit une énergie qu'il ne connaissait pas auparavant : l'amour de la science a fait certainement de grands savants; il faut certainement aussi aimer les mathématiques, la physique, la philosophie pour s'y faire un nom illustre, et même pour y réussir.

Il arrive fréquemment que les passions nous dominent et nous entraînent : alors nos idées s'obscurcissent et l'entendement reste à peu près inactif. L'homme emporté par une violente colère ne pense plus, ou ne pense qu'à la passion qui l'absorbe, l'aveugle, le rend fou ; il ne sait plus ni ce qu'il dit, ni ce qu'il fait, ni ce qui se passe autour de lui. Ainsi encore le mystique, tout entier au désir qui le transporte, s'efforce de ne plus penser et y arrive parfois. Cette différence entre la pensée et la passion dont la première s'affaiblit à mesure que l'autre acquiert plus de force, est un des principaux arguments employés en psychologie pour établir la distinction de la sensibilité et de l'intelligence.

Mais, dans la plupart des cas, la sensibilité est trop vivement excitée pour seconder l'intelligence et pas assez pour lui ôter toute activité ; de là résultent un grand nombre d'erreurs dont nous sommes tous les jours les jouets ou les victimes.

Quand nous désirons vivement qu'une chose soit, nous arrivons peu à peu à nous persuader qu'elle est, ou qu'elle sera : la passion exerce son influence sur l'imagination qui égare l'entendement; l'imagination « cette maîtresse d'erreur et de fausseté » nous représente les objets sous les couleurs qui nous plaisent et remplace la réalité par des conceptions fausses ou inexactes. On peut lire, dans le *Misanthrope*, les vers imités de Lucrèce où les défauts des personnes aimées sont d'une manière à la fois si habile et si plaisante transformés en qualités correspondantes. Que de fois enfin, emportés par une folle confiance en nous-mêmes, ne nous hâtons-nous pas de prononcer un jugement téméraire? Et si la présomption est la source de tant d'erreurs, la vanité, l'orgueil nous font souvent persister avec entêtement dans les opinions que nous avons trop légèrement adoptées. En général, la passion est vive, ardente, impatiente; or l'esprit a besoin de calme et de lenteur pour juger sagement et pour raisonner avec méthode; se hâter, c'est donc augmenter nos chances d'erreur.

On évitera ce danger ou on le diminuera du moins en maintenant les passions dans l'état de subordination ou tout au moins d'équilibre auquel la raison doit les réduire, sans jamais leur laisser prendre une domination que condamne la morale et qui ne peut être que funeste à l'exercice de notre entendement.

25. — Tableau raisonné des facultés, des opérations et des procédés de l'intelligence.

L'intelligence est faite pour le vrai, et nous affirmons contre les sceptiques qu'elle peut l'atteindre, au moyen des facultés, par des opérations et des procédés que requiert la méthode. C'est à dessein que nous disons : facultés, opérations, procédés ; cet ordre, loin d'être arbitraire, est fondé sur la nature des choses ; il est la condition première du tableau que nous allons tracer. Chacun de nos développements en montrera la rigueur.

La première question, en effet, est de savoir si l'âme peut saisir le vrai, ce qu'indique le terme général de *perception*. Si l'âme saisit, si elle voit la vérité, elle aura des notions ou des idées relatives à chacun des objets ou à chaque groupe d'objets qu'il s'agit de connaître. D'où les noms de: perception interne ou sens intime, pour les idées qui nous viennent de la conscience ; perception extérieure, pour les idées qui nous viennent par les sens et nous mettent en rapport avec la matière ; perception de l'absolu, pour les idées qui nous viennent de la raison. Voilà pour les facultés intellectuelles. Nous sommes d'avis qu'il faut avoir, au moins implicitement, l'idée générale *d'être* pour affirmer que l'on *est;* nous placerions donc en premier lieu la raison dans l'énumération de ces facultés. Elles sont, dans tous les cas, indiquées toutes par ces termes : perception intime, perception extérieure, raison.

Les facultés nommées, nous passons à leurs opérations. L'ordre logique veut que nous commencions par l'attention, source première des faits, des richesses dont pourra se nourrir notre intelligence. Un acte d'attention perçoit un objet : un autre acte de même nature en perçoit un second. Voilà deux objets que je puis rapprocher sous un même coup d'œil de mon esprit. Ce nouvel acte s'appelle comparaison : ces objets se ressemblent ou diffèrent ; je prononce sur cette ressemblance ou sur cette différence par un acte d'une espèce particulière, appelé jugement. Au lieu de comparer les deux objets dans leur ensemble, je puis ne considérer que certaines de leurs qualités, les étudier à part comme si elles étaient indépendantes de leur sujet, opération nouvelle qui reçoit le nom d'abstraction. J'opère sur ces qualités comme sur l'ensemble même des objets : je les compare et je dis en quoi elles se ressemblent ou diffèrent ; j'entre dans une série de jugements qui, rapprochés les uns des autres, formeront des raisonnements.

Appliquant l'abstraction, non plus à quelques objets, mais à des groupes similaires, j'arrive, en tenant compte de ce qui est commun à tous les individus d'un même groupe, à constituer des genres, des espèces, des variétés, des tribus, des familles, à ce résultat scientifique appelé généralisation. C'est elle qui me fournira les éléments d'une distribution de toutes les données de mes recherches en une série méthodique appelée classification. La mémoire à laquelle j'ai confié mes perceptions à mesure qu'elles se produisaient, ainsi que les résultats de toutes les opérations précédentes, aura pour rôle de me les rendre de nouveau présents lorsque je les évoquerai.

L'opération qui consiste à mettre en œuvre les matériaux fournis par l'attention, l'abstraction, l'étude sous toutes ses formes, pour en édifier un tout artistique, sera propre à l'imagination.

Celle-ci nous sert de transition entre les opérations proprement dites et les procédés, qui ont pour but, bien moins de nous donner des idées sur tel ou tel point particulier de la science, que de coordonner les idées acquises, ou de nous mettre sur la voie des découvertes, de faire produire à nos facultés et à nos opérations tout ce dont elles sont capables. Les procédés sont bien loin, comme on le voit, d'être indifférents. Le plus important, celui qui, au fond, les comprend tous, *la méthode*, peut se comparer à une indication qui certes n'augmenterait en rien les forces qu'un voyageur aurait dans les jambes, mais l'empêcherait de faire un pas inutile. Il n'y a pas de route sans but ; le voyage n'est pas possible sans les moyens d'atteindre le but : le but et les moyens de l'atteindre sont au pouvoir de la méthode. Les progrès sont lents ou rapides selon qu'on applique la déduction ou l'induction aux sciences qui réclament l'une ou l'autre, la théorie suggère cette thèse, l'histoire l'a confirmée.

La méthode bien entendue nous conseillera, pour alléger le travail, d'associer nos idées selon des rapports naturels et dès lors constants. La méthode nous conseillera la prudence dans les hypothèses, mais elle se gardera de nous les interdire. L'hypothèse est le grand agent des découvertes. Il est trop clair que l'esprit humain ne chercherait pas s'il ne cherchait quelque chose. Les découvertes de Christophe Colomb, de Lavoisier, de l'astronome Bouvard, de Claude Bernard, sont l'histoire de toutes les hypothèses vérifiées, c'est-à-dire des progrès scientifiques.

BERAUD.

Caractériser par une analyse psychologique la différence entre les sensations et les perceptions.

Un objet extérieur est en rapport avec mes organes, sur lesquels il produit une impression quelconque ; c'est un effet purement physique. Le système nerveux transmet cette impression ; il en résulte un certain ébranlement cérébral : ce sont deux effets physiologiques. A la suite de tous ces faits l'âme éprouve une modification ; elle est affectée agréablement ou désagréablement : c'est la sensation proprement dite.

Il ne faut pas la confondre avec la perception, qui n'est ni l'action des corps sur nos organes, ni la modification agréable ou désagréable, ni même la connaissance de cette modification par le sens intime : la perception est tout entière et uniquement dans la connaissance de l'objet qui a causé ou occasionné tous ces phénomènes.

Une analyse attentive nous fournit plusieurs moyens de distinguer ce qui fait la différence entre la sensation et la perception. Le point culminant de démarcation s'observe en ce qu'elles appartiennent à des facultés diverses. La sensation est du domaine de la sensibilité ; la perception relève de l'intelligence. De là découlent toutes les autres différences qu'on peut signaler.

La sensation est toute passive ; selon que les organes sont bien ou mal disposés, sains ou malades, nos sensations seront plus ou moins vives ; les mêmes objets pourront en produire de contradictoires.

La sensation est purement subjective : tant que je m'en tiens là, je puis supposer qu'il n'y a que moi au monde ; quelquefois même je puis éprouver telle ou telle sensation sans en connaître la cause. Avec la perception, il y a nécessairement deux êtres : le *moi* qui est affecté et le *non-moi*, l'objet qui a produit l'impression. Avec la sensation seule nous n'aurons besoin que d'interroger le sens intime ; avec la perception il faut recourir au témoignage des sens.

La sensation suppose fatalement la présence de l'objet, et ne peut jamais avoir lieu en son absence. On peut avoir par la mémoire le souvenir de sensations passées; mais, dire qu'on peut avoir ces sensations sans l'objet qui les produit, reviendrait à dire qu'un objet agit et n'agit pas en même temps sur nous, ce qui est contradictoire. Au contraire, on peut garder parfaitement la perception, c'est-à-dire la connaissance du corps qui a produit en nous telle ou telle sensation : la mémoire garde et fait revenir cette connaissance-là comme toutes les autres.

La perception subsiste donc après la sensation qui l'a occasionnée en nous. Il y a plus. Les sensations s'émoussent par une longue habitude; les organes qui en sont le canal s'affaiblissent en vieillissant. Nous pouvons être privés de l'usage d'un membre ou de plusieurs. Plus la perception est répétée, plus je reviens souvent sur une perception ancienne, plus celle-ci devient claire et intelligible pour mon esprit; idée pure, elle ne dépend ni de l'âge ni de la santé.

La perception peut être corrigée par la raison :

Quand l'eau courbe un bâton, ma raison le redresse,

a dit La Fontaine. Sans doute, il y a quelque chose de fatal aussi dans la perception. Le bâton courbé par l'eau, mes sens ne le perçoivent point droit. Mais la raison contrôle le témoignage des sens, ou les perceptions les unes par les autres. La raison ne peut rien sur les sensations.

En résumé, la sensation et la perception sont différentes, parce que, s'il est vrai que l'homme *sent*, il est vrai aussi qu'il *connaît*.

27. — **En quoi consiste la différence des perceptions naturelles et des perceptions acquises ? — De l'éducation de nos sens par l'esprit.**

On peut définir la perception : la connaissance que nous avons d'un objet, à la suite de l'impression faite par cet objet sur nos organes et de la sensation qui en résulte.

On distingue deux sortes de perceptions : les perceptions *naturelles*, appelées aussi *primitives* ou *originelles*; et les perceptions *acquises*.

Ces deux espèces de perceptions ont cela de commun qu'elles se produisent toutes deux de la même façon : à la suite d'une sensation, précédée d'une impression. Mais elles diffèrent essentiellement en ceci, que les premières sont communes à tous les hommes, et à peu près identiques chez tous; au lieu que les secondes ne se retrouvent pas chez tous les hommes, et qu'elles sont, à vrai dire, plutôt des jugements que des perceptions.

Placez un homme en présence d'un vaste champ : à cette vue, il éprouvera des sensations, il recevra des perceptions fort diverses. Il jugera d'abord de son étendue, verra la couleur du terrain, la nature des produits dont il est couvert. Mais ce ne sont là que des perceptions naturelles ; car tout homme est capable d'en faire autant, et besoin n'est pas d'avoir travaillé à l'éducation de son esprit pour juger si un champ est grand ou petit, si la terre en est grisâtre, rouge ou brune.

C'est qu'en effet les perceptions naturelles sont communes à tous les hommes.

Supposons au contraire que l'homme placé en présence de ce champ soit un cultivateur distingué : à la vue de ce terrain, il ne se contentera plus d'éprouver les perceptions simples et naturelles dont nous parlions plus haut; il jugera de l'avantage plus ou moins grand de son exposition, du genre de culture auquel il est particulièrement propre; il verra si ce champ produira mieux du blé ou du seigle, s'il convient à la vigne plutôt qu'aux céréales.

Si l'observateur en question est homme de guerre, à la vue de ce champ, outre les perceptions naturelles communes à tous les hommes, il en éprouvera d'autres, particulières à sa profession, à ses goûts, à ses connaissances. Il se rendra compte en effet du genre de manœuvres auquel ce champ pourrait plus particulièrement convenir : il jugera s'il est plus propre aux mouvements de l'infanterie qu'aux évolutions de la cavalerie... etc., etc.

On voit, par ces deux exemples, qu'à proprement parler, les perceptions acquises sont plutôt des jugements que des perceptions ; mais des jugements portés à la suite des sensations que nos sens nous transmettent.

On parle souvent des erreurs des sens ; mais, à vrai dire, il ne peut y avoir véritablement d'erreurs des sens. Les sens ne nous donnent que des sensations, et l'erreur ne peut venir que du jugement. Comment les sens seraient-ils donc responsables de l'erreur?

La question se réduit à rechercher si les sensations nous conduisent nécessairement à des erreurs.

Sans doute, lorsque les organes de nos sens sont malades, ils peuvent devenir causes d'erreurs ; mais à l'état normal, ils nous conduisent toujours au vrai. L'erreur consiste à mal interpréter les sensations.

Les causes de nos erreurs sont dans la précipitation de notre jugement. Les moyens de prévenir ou de corriger les erreurs dites des sens, autrement dit, de faire l'éducation de nos sens par l'esprit, sont forts simples.

1° Il faut demander à chaque sens que les sensations qu'il peut nous donner; c'est-à-dire ne pas demander à la vue de juger de la solidité, lorsque c'est au tact seul qu'il appartient de le faire, etc., etc.

2° Il faut interroger tous les sens dont le concours est nécessaire pour avoir une juste connaissance de l'objet que nous étudions. Par exemple, si, placés en présence de fruits artificiels parfaitement imités, nous nous laissons tromper par l'apparence, l'erreur revient toute à notre jugement : elle ne vient pas de nos sens. Nous avons précipité notre jugement : nous n'avions consulté que la vue, lorsqu'il aurait fallu consulter en même temps, et même avant elle, le goût, seul juge en pareille matière.

3° Enfin, il faut étudier les lois de la nature, dont l'ignorance peut nous exposer à de graves erreurs, dont la connaissance au contraire suffit à nous en préserver. Ainsi, connaissant les lois de l'optique et de la réfraction, nous n'accuserons plus les sens de nous avoir trompés quand ils nous feront voir ronde une tour éloignée qui est carrée en réalité, ou brisé, un bâton plongé dans l'eau.

C'est là ce qui peut s'appeler véritablement faire l'éducation des sens : nous saurons alors à quelle cause il faut rapporter les erreurs dites erreurs des sens; et nous les absoudrons, pour accuser seulement la précipitation de notre jugement.

---

28. — Exposer et juger ce qu'on appelle les erreurs des sens.

Les *erreurs des sens*, peuvent se comparer aux *erreurs de la mémoire* ; ceux-là ne se trompant pas plus que celle-ci. Il n'y a pas la moindre exactitude dans ces locutions familières: « Ma mémoire me trompe, elle me trahit en me rappelant un fait pour un autre, en me servant un mot pour un autre ». Au lieu de parler ainsi, dites plutôt que vous n'avez pas de mémoire ; n'attribuez pas à une faculté ce qui accuse le manque même de cette faculté. Qu'est-ce, en effet, que le souvenir? C'est la reproduction d'une idée antérieure, et la constatation de l'identité de l'idée présente et de celle qu'on a eue autrefois. Si donc vous croyez vous souvenir d'être allé hier au spectacle, tandis que vous êtes allé au sermon, ce n'est pas que votre mémoire vous trompe, c'est que précisément vous n'avez pas la mémoire de ce que vous avez fait. La mémoire est dans l'impossibilité de vous tromper; elle est ou elle n'est pas, voilà tout. Ne lui demandons que ce qu'elle peut donner et exerçons-la dans des conditions normales.

De même pour les sens.

Quel est leur objet, leur office, dans quelles conditions doivent-ils s'exercer?

La perception extérieure a pour *objet*, non l'essence ou la nature intime des corps, mais leurs propriétés sensibles, reconnues à l'aide des impressions que subissent nos organes.

Chaque sens a son *office* déterminé. L'un nous fournissant l'idée de couleur, l'autre l'idée d'étendue, de solidité, etc. ; celui-ci nous fait connaître le son avec toutes ses nuances d'intensité, celui-là l'odeur ou la saveur.

Les conditions normales, sans lesquelles le témoignage des sens serait frappé de nullité, sont que : 1° l'objet extérieur soit présent ou suffisamment rapproché ; 2° que les organes soient sains; 3° qu'il y ait constance et uniformité dans la perception.

Enfin, le témoignage des sens ne doit jamais être séparé des autres moyens de connaître. Sous peine de ne pas agir raisonnablement, nous devons le contrôler sans cesse par l'instruction ou l'expérience, par la mémoire, par le jugement. Ajoutons qu'il faut aussi aider et contrôler les sens les uns par les autres. La vue ne jugeant que des formes et des couleurs, si le tact n'aidait pas la vue, si le jugement n'aidait pas la vue et le tact à la fois, nous n'aurions aucune idée de l'étendue, de la capacité d'un corps, ni de la distance où il est placé par rapport aux autres.

En rapprochant de ces données les exemples que nous allons citer, pris au milieu d'une foule d'autres, on s'apercevra que ce qu'on appelle les *erreurs des sens* ne mérite pas ce nom.

Je ne vois pas la lune en plein midi; ma lampe ne m'éclaire pas en plein soleil; mon ami m'appelle inutilement au milieu du bruit; je ne sens pas une piqûre d'épingle pendant que le chirurgien me coupe la jambe; Archimède, préoccupé de ses problèmes, n'entendit pas le soldat qui venait le tuer: ne dites pas les sens trompent, songez que l'objet extérieur doit être suffisamment présent et qu'une perception plus forte annule, pour ainsi dire, une perception beaucoup plus faible.

Un enfant aperçoit un aérostat; il le croit tout aussi grand que la lune, laquelle ne lui paraît au reste qu'un disque lumineux d'une très petite surface. La lune brille, comme si elle était lumineuse par elle-même. L'impression est la même pour tout le monde. La réflexion et la science astronomique nous apprennent ce qui en est. S'il y avait une erreur des sens, la science la redresserait; mais le plus grand savant voit comme le vulgaire. La découverte du mouvement de la terre n'a autorisé personne à dire que nous voyons mal, quand il nous semble que le ciel tourne. Cela nous semble tel en vertu de lois mathématiques; c'est le contraire qui serait une erreur. De même, l'acoustique analyse le phénomène de l'écho, sans pour cela convaincre nos sens d'erreur. A cause des propriétés du son et des ondes sonores, ce ne serait qu'une mauvaise oreille qui n'entendrait pas la voix ou le coup de pistolet *comme s'il partait de derrière le mur ou de derrière le rocher*. Il faut entendre ainsi, sous peine d'être mal constitué; les sens vous donnent leur impression, demandez le reste à la physique.

Cette tour carrée paraît ronde; l'extrémité de cette allée paraît plus ou moins éloignée, conique quand elle est plane, au-dessus ou au-dessous de mon niveau, quand je suis sur le même plan : mais si l'optique change les proportions des choses, la réflexion et l'expérience redressent tout; j'en dirai autant pour cette image renversée, pour ce bâton dans l'eau que les lois de la réfraction me font paraître brisé.

On m'a coupé la jambe et je crois encore y avoir mal; les nerfs me transmettent fidèlement leur impression, mais le toucher m'éclaire. Ce malade voit tout jaune, cet autre trouve tout amer; les ivrognes voient double : les uns et les autres savent bien qu'il n'en n'est pas ainsi quand ils sont en santé ou à jeun. Un tel trouve sans goût ou trouve détestable ce que tel autre mange avec plaisir; celui-ci et celui-là sont affectés conformément à leurs organes : *de gustibus non est disputandum*. La douceur n'est pas plus dans le sucre que la lumière dans notre œil; les sens perçoivent suivant les impressions faites sur les organes par les objets extérieurs; si ces organes ne sont pas dans leur état normal, ce sera vous qui vous tromperez en acceptant les impressions comme régulières, et en concluant au delà de ce qu'elles doivent d'ailleurs donner.

Ajoutons en finissant que les sens peuvent d'autant moins nous tromper qu'ils nous transmettent leur travail fait d'après l'impression reçue. C'est à nous à recevoir leur témoignage dans les conditions requises. Et, comme l'a dit saint Augustin : Celui qui, à l'occasion des sens, tombe dans l'erreur, n'y tombe pas parce qu'il a un mauvais messager, mais parce qu'il est lui-même un mauvais juge. *Qui occasione sensuum in errorem incidit, non ideo fallitur quia malum habet nuntium, sed quia ipse malus est judex.*

Beraud.

29. — Des erreurs des sens et des moyens d'y remédier.

On dit souvent que « nos sens nous trompent »; cela est-il toujours vrai, et peut-on, sans tomber dans une grande erreur, ou sans user d'une expression métaphorique employer dans tous les cas une telle façon de parler? N'est-il pas juste aussi d'attribuer à la précipitation de notre jugement, l'idée fausse d'un objet, que le plus souvent nous attribuons à l'imperfection de notre organisme? C'est ce que nous allons examiner, en faisant aux sens et à l'esprit la part qui leur revient dans ces erreurs si fréquentes, malheureusement inséparables de la faiblesse d'un être fini.

Ces erreurs viennent tantôt d'une perturbation maladive ou d'une altération des organes des sens, tantôt de l'ignorance où nous sommes des lois naturelles.

Les premières, nous les pouvons légitimement rapporter aux sens, les secondes, il faut les faire retomber sur le défaut d'attention ou l'impuissance de notre faculté de connaître.

Il arrive parfois que le cerveau tout entier est affecté. Que se passe-t-il alors? Il cesse de correspondre régulièrement aux impressions des sens, et fait naître dans l'entendement des idées incohérentes, et des perceptions qui n'ont point de rapport avec les réalités : c'est ce qui constitue le délire provoqué par la fièvre, la démence, etc., et autres états, dans lesquels nous perdons la conscience de nous-mêmes et le gouvernement de nos facultés. Nous croyons alors apercevoir mille objets, qui n'ont de réalité que dans notre imagination turbulente : la cause de l'erreur n'est localisée dans aucun des organes du toucher, de l'ouïe, de la vue, de l'odorat, du goût, mais dans le centre même auquel aboutissent les impressions, transmises par l'ébranlement des nerfs. C'est là une cause toute matérielle de nos erreurs, et dont une grave perturbation de notre principal organe est la raison déterminante.

Il peut produire aussi des altérations partielles du cerveau : or, le cerveau étant le terme final auquel aboutissent les instruments de la vue, de l'ouïe, de l'odorat, du toucher, du goût, il peut se faire que, lors même que l'organe de chacun de ces sens reste intact, si la lésion d'une partie du cerveau correspond à une espèce de perception, nous recevions cette perception, sans qu'elle ait aucune réalité objective. Tel est le secret de l'hallucination. Qu'est-ce en effet que l'hallucination, sinon une perception sans objet, laquelle est déterminée par un trouble cérébral?

Une troisième cause d'erreur peut se rencontrer dans l'affection d'un des organes conducteurs de l'impression. Une taie sur l'œil peut dénaturer la couleur des objets qui frappent la rétine. Le pauvre lépreux, par suite de sa maladie, ne sent plus les aspérités des corps, etc... Pourtant dans ces derniers cas, sous l'influence du cerveau resté libre, un sens vient le plus souvent redresser l'autre.

Voilà dans quelles occasions nous sommes autorisés à rapporter aux sens nos erreurs. Mais (je laisse de côté le cas où le cerveau tout entier est bouleversé, ce qui détruit en nous toute vie morale), remarquons que la partie saine du cerveau ne permet pas, dans l'hallucination, que l'erreur subjugue l'entendement, et que pendant l'altération matérielle des organes extérieurs des sens, elle corrige par la réflexion l'erreur qui en résulte.

La plupart du temps, c'est l'ignorance des lois de la nature qui nous fait accuser les sens de faux témoignages, alors que nous devrions nous en prendre à nous seuls d'erreurs, où la témérité de notre jugement et le défaut d'examen méthodique nous ont entraînés. Si nous connaissions mieux ces lois, serions-nous trompés par des effets de perspective, lorsque nous jugeons petits des objets qui ne sont qu'éloignés? Le bâton plongé dans l'eau, qui nous paraît brisé, par suite des lois de la lumière, nous ferait-il illusion? Serions-nous les dupes de l'écho, qui répercutant plusieurs fois un même son, nous fait croire qu'il s'est élevé d'un endroit différent de celui dont il est parti? Nous laisserions-nous abuser par les apparences trompeuses d'une pièce fausse, si notre jugement avait contrôlé par le toucher le témoignage de nos yeux? Il y a mille circonstances où l'erreur dont nous rendons les sens responsables ne devrait être attribuée qu'à la faiblesse de notre jugement et aux limites de notre raison bornée. Ce qu'ils nous témoignent est vrai, mais nous ne savons pas reconnaître ce qui manque à leur témoignage, et, comme dit Descartes, « nous jugeons inconsidérément des choses ».

30. — Qu'est-ce que la théorie des idées-images ? Discuter cette théorie.

Les premiers sensualistes, comme les premiers idéalistes, mais d'une tout autre manière, croyaient à la réalité des idées. Ils les considéraient comme des émanations matérielles que les objets envoyaient dans tous les sens, et qui produisaient dans l'esprit, comme sur une tablette vide de caractères, leurs empreintes successives. Ces pellicules subtiles, parfaitement semblables aux corps d'où elles s'échappaient, Lucrèce les appelle *simulacra*, *effigies* ; Epicure les nomme *effluves*, *images* ; Cicéron, *imagines* ; Quintilien, *figuræ* ; Catius, *spectra*. Donnons, d'après Lucrèce lui-même (4ᵉ livre), un court aperçu de la théorie qui expliquait par leur émission l'origine de nos idées.

Ces assemblages d'atomes légers et déliés, qui s'échappent des corps, en conservant toujours leur ordre primitif, et leur rapport mutuel, ont une continuité réelle qui en forme des tissus imperceptibles. Lucrèce les compare à la dépouille des serpents et des cigales, et à la pellicule dont le veau se débarrasse en naissant. C'est ainsi qu'il est amené à se servir de cette expression hardie : *la membrane des couleurs*. Mais ce poète distingue une autre espèce d'émanations, celles qui se font par une sorte d'écoulement, par de simples corpuscules disjoints et isolés. Les premières sont des espèces de surfaces, *tenues figuræ*, qui produisent en nous les délicates sensations (ou perceptions) de la vue et les sensations un peu plus grossières du toucher. Les secondes produisent en nous les sensations intermédiaires du son, de l'odeur, du goût. Quoi qu'il en soit, tissus ou particules, ces émanations, ces effluves réelles, sont *expresses* en tant qu'elles se dégagent des objets, et *impresses* en tant qu'elles arrivent à nos organes.

La critique de cette théorie, prise en elle-même, et abstraction faite des développements et des éclaircissements qu'a pu lui donner l'école sensualiste, n'exige pas de grands efforts de raisonnement. Quand on a dit que c'est là une hypothèse gratuite, comme la théorie de la réminiscence platonicienne, on a fait le principal. Descartes et Leibnitz ont cependant jugé convenable de lui consacrer une réfutation en règle. On connaît le triomphant dilemme que Descartes opposait à Gassendi, le moderne défenseur de la doctrine de l'émission. « Ou ces images sont matérielles, ou elles sont immatérielles ; si elles sont matérielles, comment peuvent-elles arriver à l'esprit, qui est immatériel ? Si elles sont immatérielles, comment peuvent-elles se dégager des objets, qui sont matériels ? » Leibnitz argumentait de la même façon lorsqu'au vieil adage de Zénon : « *Nihil est in intellectu, quod non prius fuerit in sensu* », il ajoutait cette importante restriction : « *Excipe, nisi ipse intellectus* ».

De nos jours, les progrès de la psychologie, qui ont permis au sensualisme de se développer avec une apparence de rigueur plus scientifique, ont aussi fourni à ses adversaires les moyens de réfuter la théorie des idées-images avec des raisons un peu moins scolastiques. On a dit, par exemple, que si cette théorie ne paraît pas trop en désaccord avec l'hypothèse physique de la vision, il n'en saurait être de même à l'égard des autres sens. Cette théorie ne saurait non plus rendre compte des phénomènes moraux. Qu'est-ce que l'image d'une sensation, d'une pensée, d'une détermination, à moins qu'on n'ait recours à l'étymologie pour prendre dans un sens métaphorique le mot *image*, qui signifie en latin tout à la fois *représentation*, *reflet*, *écho*, *reste*, *résidu* d'une impression? (Voir Taine, l'Intelligence).

Le système des idées-images, tel qu'il était compris par les anciens, n'est donc plus, et ne pourrait plus être défendu sérieusement par personne. Déclarons toutefois, pour être juste, que Démocrite et Lucrèce, partisans d'une âme matérielle et d'une intelligence atomistique, auraient considéré comme non avenus pour eux les arguments de Descartes et de Leibnitz, qui pouvaient avoir une certaine valeur à l'encontre de Gassendi et de Locke, sensualistes convaincus de la spiritualité de l'âme.

B. P.

31. — Comment arrivons-nous à la connaissance de la matière? Cette connaissance est-elle, à proprement parler, une perception ou une conception?

L'idée de matière joue un rôle immense dans les sciences de la nature; on peut même dire que, jointe à l'idée de force, elle contient en résumé toute la physique, de même que l'idée de grandeur est la base de la géométrie et l'idée de nombre la base de l'arithmétique. S'en suit-il que la question qui nous occupe relève du physicien plutôt que du philosophe? Assurément non. Les notions qui constituent en quelque sorte la racine de chaque science, qui sont le point de départ de ses recherches, la science ne les contrôle pas, elle les accepte sans discussion : c'est au contraire à la philosophie qu'il appartient de les contrôler et d'en indiquer la production.

Notre droit à rechercher l'origine de l'idée de matière étant établi, nous remarquerons que toutes nos connaissances se peuvent ramener à deux grandes classes : elles ont leur source dans l'expérience ou dans la raison ; ce sont des perceptions ou des conceptions.

La perception (nous ne voulons parler que de la perception externe, la seule qui soit en cause ici) la perception, disons-nous, est l'acte intellectuel qui suit la sensation. Le même mot désignant à la fois l'opération et son produit, on appelle perceptions toutes les idées que nous avons du monde extérieur par le moyen des sens. Les idées particulières de senteurs, de sons, de couleurs, de formes, etc., sont autant de perceptions.

Par contre, on comprend sous le nom de conceptions toutes

les idées rationnelles, soit celles que la raison tire de son propre fonds (idées nécessaires de l'infini, du parfait, du temps, de l'espace, etc.), soit celles qu'elle forme à l'aide de données empiriques (idées générales de la couleur, du son, de l'homme, etc.), soit enfin celles qui sont dues au raisonnement.

Cela posé, dans laquelle des deux grandes catégories précitées faut-il ranger la connaissance de la matière? En d'autres termes, d'où vient cette connaissance?

Prenons un exemple : le plus simple sera le meilleur. Voici un objet quelconque, soit un morceau de camphre. Ce morceau de camphre se révèle à nous par certains aspects extérieurs : il est blanc, il exhale une senteur âcre, il a une forme, des dimensions déterminées. Notre sensibilité a d'abord été éveillée par la présence de ce corps; la perception a ensuite fait son œuvre, et c'est ainsi que nous avons pu acquérir l'idée des propriétés du corps en question. Mais ce que nous appelons camphre, est-ce seulement un pur ensemble de propriétés? Ce nom ne désigne-t-il rien dans notre esprit au delà d'une simple collection de modes? Que seraient des propriétés existant par elles-mêmes, en dehors d'un être sur lequel elles posent et qui leur serve de soutien? Évidemment des ombres, des fantômes, de véritables abstractions. En tout cas, elles ressembleraient fort aux qualités que le facétieux Arioste prodigue à une jument privée de la vie. Plaisanterie à part, on ne comprend pas une manière d'être sans un être. L'adjectif suppose le substantif comme l'attribut suppose le sujet. Il n'y a point de dureté sans *quelque chose de dur*, point de couleur sans *quelque chose de coloré*. Douer la dureté ou la couleur ou telle autre propriété que vous voudrez d'une existence indépendante, c'est entreprendre de réaliser des abstractions.

Quel a été le rôle de la perception vis-à-vis du morceau de camphre? Elle nous a bien dit sa forme, sa couleur, son odeur, etc., mais elle n'est pas allée au delà; elle a saisi des phénomènes et des propriétés, mais le fond, le *substratum* de ces propriétés et de ces phénomènes, la *matière*, en un mot, lui a échappé. Concluons : la connaissance de la matière n'est point un fait de perception, puisque la matière elle-même ne tombe sous aucun de nos sens qui n'atteignent que des apparences, des façons d'être, des propriétés.

A nos yeux, l'idée de matière est une extension du principe des substances, et, comme telle, nous n'hésitons pas à en faire une conception. De même que le principe de *causalité*, induit d'un fait de conscience, nous suggère nécessairement dans certains cas la conception de causes extérieures, de même le principe de *substance*, recueilli dans le fait primitif du *moi*, nous suggère nécessairement la conception d'un être réel mais indéterminé sous l'étendue, laquelle devient alors la qualité première d'une substance que nous appelons matière. Seulement il est vrai de dire que cette substance n'a été conçue qu'après l'intervention préalable et nécessaire de la perception.

32. — Quelle est la part de la mémoire, de l'imagination et de l'induction dans la connaissance que nous avons du monde extérieur ?

La conception ou l'idée que nous formons du monde extérieur suppose la mémoire, à laquelle nous devons de conserver la notion des phénomènes perçus, l'imagination qui fait qu'il en reste une vive trace, et qui concourt, avec l'induction, à nous faire étendre l'idée des rapports conçus au delà de la sphère des phénomènes observés.

Comme nous ne saisissons pas directement des rapports, mais des phénomènes, la matière n'est pas pour nous, à proprement parler, un objet de perception. Il nous serait impossible de la connaître, d'en avoir même une idée quelconque, si la mémoire ne recueillait le dépôt des faits nombreux sur lesquels l'intelligence opère pour se former une conception des rapports existant entre ces faits, conception qui n'est pas autre chose que la connaissance plus ou moins scientifique de la nature. Les sensations et les perceptions se succéderaient dans un tourbillon d'impressions évanouies en naissant, et dont le sujet aurait à peine conscience, si même il en avait conscience. La mémoire nous rend le service de conserver toutes ces perceptions dans l'ordre même où l'intelligence les a produites.

L'imagination représentative permet à ces perceptions de se reproduire, en l'absence des objets, sous la forme d'images nettes et distinctes, qui nous en rendent la comparaison et la combinaison facile et sûre. L'imagination créatrice, combinant à son gré les faits remis devant nos yeux par la mémoire imaginative, est pour beaucoup dans la conception plus ou moins prompte, plus ou moins nette, plus ou moins étendue, plus ou moins nouvelle, des rapports que nous pouvons établir entre les idées précédemment acquises. Elle atteint d'un coup d'aile au but, où l'induction, sur ses traces, arrivera d'un élan moins rapide. Ainsi Galilée, dans la cathédrale de Pise, en voyant une lampe suspendue se balancer avec des oscillations d'égale amplitude, imagina une induction fondée sur l'observation de faits analogues, et institua les expériences d'où devait résulter une vérité nouvelle en physique : l'isochronisme des petites oscillations du pendule. Ainsi, Newton, en voyant tomber une pomme à ses pieds, eut une soudaine illumination de génie, qui lui indiqua les calculs et les expériences grâce auxquels il devait résoudre le grand problème auquel *il pensait toujours*.

Mais l'intelligence possède une faculté qui joue un rôle encore plus important dans l'étude scientifique de la nature. Par la perception et le jugement, aidés de la mémoire, de l'imagination, de la comparaison, et de l'abstraction, nous embrassons des faits et nous concevons des rapports : ce n'est là que la matière brute de la science. Les connaissances que nous acquérons par ces procédés sont restreintes à un petit nombre de faits, de temps et de lieux. Par exemple, nous savons que le soleil s'est levé aujourd'hui, hier, et tous les jours précédents, depuis que nous vivons; une semblable expérience nous a appris que des corps non soutenus sont toujours tombés vers la terre, et que la vitesse de leur chute a crû toujours en raison directe de la masse et en raison inverse du carré des distances. Nous croyons que ces faits sont arrivés; mais nous croyons plus encore : nous croyons que, dans tous les temps, dans tous les lieux, il en a été, il en est, il en sera ainsi. Nous le croyons, indépendamment de l'expérience, que nous n'avons pas faite, et que nous ne pouvions pas faire. Nous y croyons, en vertu d'un raisonnement, dans lequel nous avons tous pleine confiance, et qui nous fait étendre à tout l'espace et à toute la durée, à tous les faits analogues, existants ou possibles, physiques ou moraux, les rapports observés dans un petit nombre de faits, dans quelques points de l'étendue et du temps. Le raisonnement qui nous fait affirmer la constance et la généralité des rapports saisis ou conçus entre les phénomènes particuliers, c'est-à-dire, formuler les lois exprimant l'ordre général et stable des faits naturels, c'est l'induction.

Nous croyons en avoir assez dit pour indiquer quelle est la part de la mémoire, de l'imagination et de l'induction dans la connaissance que nous avons du monde extérieur.

B. P.

---

33. — De la conscience psychologique.

On appelle faits psychologiques : 1° tous les phénomènes où l'âme agit seule, comme les sentiments, les souvenirs, les idées, les volitions; 2° les phénomènes qui se produisent dans l'âme en union avec le corps, comme les sensations. Quelques-uns ont même vu, mais à tort, des faits psychologiques dans les faits physiologiques; la force vitale, suivant eux, serait l'âme agissant à son insu. La conscience intellectuelle, c'est l'âme considérant les faits psychologiques, c'est l'âme se considérant elle-même. Il ne faut pas la confondre avec la conscience morale qui juge nos actions. La conscience intellectuelle s'appelle encore sens intime; car, comme les sens extérieurs perçoivent les faits du dehors, le sens intime perçoit les faits du dedans. Nous établirons d'abord que la conscience est bien une faculté, nous explorerons son domaine, nous étudierons ses formes et son développement.

Quelques-uns ne voient pas dans la conscience une faculté de l'âme, mais une propriété de la pensée. Cette opinion, quoiqu'elle n'entraîne pas de conséquences d'une extrême gravité, doit être rejetée. La conscience est bien une faculté, car c'est une force de l'âme. L'âme, cette chose qui pense, comme dit Descartes, cette « chose qui doute, qui entend, qui conçoit, qui affirme, qui nie, qui veut, qui ne veut pas, qui imagine aussi et qui sent, » se replie sur elle-même, se voit, s'observe, se pense, suivant l'expression d'Aristote. Suivant l'expression de Cicéron, *est quidem istud maximum animum ipsum animo videre*, et cette contemplation intérieure ne serait point une faculté!

D'autres vont plus loin : Non-seulement la conscience n'est pas une faculté de l'âme, elle n'est même pas une propriété de la pensée, elle n'existe pas. L'œil voit, mais ne se voit pas, disent-ils, l'âme ne peut voir et se voir; « *ut oculus, sic animus se non videns alia cernit* (Cicéron, Tusculanes.) » C'est tirer une erreur d'une comparaison erronée, car l'œil ne voit pas, à proprement parler, c'est l'âme qui voit. Quelle que soit d'ailleurs la comparaison, il n'est pas possible de douter que l'âme ait conscience d'elle-même, *vis sui conscia*, qu'elle se voie quand elle agit.

Les limites de la conscience sont étendues, mais bien fixées. Elle ne peut nous révéler aucun fait extérieur. De son domaine sont les faits intérieurs, et l'âme envisagée comme une, active et libre. Descendons en nous-mêmes, nous sentons distinctement que notre âme est une, qu'elle est diverse dans ses opérations assurément, mais une dans son essence; que sans cesse elle agit ou tend à l'action malgré le sommeil et la maladie; qu'elle est libre, indépendante de la matière, non soumise aux sens. Nous trouvons en nous l'unité, dit Leibnitz, « Tout homme sensé, qui se consulte et qui s'écoute, porte au dedans de soi une décision invincible en faveur de sa liberté. » (Fénelon.) « Que chacun de nous s'écoute et se consulte soi-même, il sentira qu'il est libre. » (Bossuet). Par suite, les idées d'unité, de causalité, de liberté, sont dues à la conscience. L'idée d'unité ne peut venir par les sens.

La conscience est ou spontanée ou réfléchie; elle est spontanée dans l'état naturel, quand elle ne fait aucun effort; mais quand le *moi* veut connaître les phénomènes intérieurs, alors la conscience devient réfléchie. La conscience volontaire, c'est la réflexion. Comme l'attention, la réflexion est libre; elle procède par analyse, et donne des connaissances partielles et successives, mais nettes et distinctes. La conscience, de même que toutes les autres facultés, se développe par l'exercice; elle s'étend aussi par l'exclusion des choses extérieures. « Comme je retournois, dit Descartes dans la deuxième partie du *Discours de la méthode*, du couronnement de l'empereur vers l'armée, le commencement de l'hiver m'arrêta en un quartier où, ne trouvant aucune conversation qui me divertit, et n'ayant d'ailleurs, par bonheur, aucuns soins ni passions qui me troublassent, je demeurois tout le jour enfermé seul dans un poêle, où j'avois tout le loisir de m'entretenir de mes pensées. » Pour développer la faculté que le *moi* a de se connaître, il faut, comme Descartes, s'enfermer en soi-même, et comme lui, prendre la résolution « d'étudier en soi ».

En résumé, la conscience intellectuelle ou sens intime, qui n'est pas la conscience morale, n'est point une propriété de la pensée, mais une faculté de l'âme. Elle a dans son domaine les faits intérieurs qu'elle observe, l'âme une, active, libre qu'elle considère, les idées d'unité, de causalité, de liberté qu'elle révèle. Elle se développe par l'exercice, par l'application incessante et volontaire du précepte : *Connais-toi toi-même*.

34. — Des phénomènes appelés inconscients. — Peuvent-ils être classés parmi les phénomènes psychologiques ?

IDÉES A DÉVELOPPER.

I. — Le terme de *phénomènes psychologiques* est, en général, synonyme de la dénomination : *faits de conscience*. Cependant de nombreux psychologues déclarent qu'il y a des phénomènes psychologiques inconscients, qui naissent, se développent et s'évanouissent à notre insu. (Leibnitz, petites perceptions). — N'y a-t-il pas contradiction à admettre l'existence de tels faits ? — Comment pouvons-nous en effet faire la science de phénomènes psychologiques que la conscience ne peut connaître ?

II. — On peut entendre le mot *inconscient* de plusieurs manières :

1° Maine de Biran et d'autres psychologues admettent qu'il y a un certain fond de notre être qui demeure étranger à toute conscience : le *moi* est connu comme cause, mais la conscience ne peut rien nous faire savoir sur la substance du *moi*, manifestée seulement par les phénomènes psychologiques.

2° Certains psychologues (Leibnitz le premier) croient à l'existence dans l'organisme de *consciences secondaires* correspondant à des centres nerveux secondaires, et groupés autour de la conscience centrale ; les phénomènes qui sont engendrés par ces consciences subordonnées ne sont pas aperçus par la conscience supérieure, et on les appelle *inconscients*.

3° On applique aussi le mot inconscient à des faits de *moindre conscience* : sensations indifférentes, mouvements instinctifs et habituels, sentiments latents de joie ou de tristesse, travail de la pensée pendant le sommeil,... etc. (Leibnitz, Maine de Biran). Il semble incontestable, en effet, que la conscience est susceptible de dégradations à l'infini, et qu'il y a des infiniments petits de conscience, comme il y a des infiniments petits dans le monde des corps. Il serait préférable d'appeler alors ces phénomènes *subconscients*. Leibnitz donne comme exemple le bruit total de la mer perçu très nettement, quoique le bruit de chaque vague en particulier ne soit pas remarqué. Dans tous ces cas les phénomènes dont il s'agit sont à proprement parler des phénomènes de moindre conscience.

4° Dans un autre sens, on entend quelquefois par phénomènes *inconscients* des phénomènes qui peuvent se produire en nous sans être accompagnés d'aucune conscience, à aucun degré. (Hamilton, Schopenhauer, de Hartmann). — C'est sur l'existence de tels phénomènes que doit porter la discussion. — Hamilton donne comme exemple la vue très nette d'une forêt verdoyante, sans qu'il soit possible d'apercevoir séparément les feuilles et même les arbres dont se compose la forêt.

III. — Il est impossible à *posteriori* d'admettre l'existence de phénomènes absolument inconscients. Car si l'*effet total* qui résulte du travail psychologique est un fait de conscience, l'*effet partiel* doit être aussi un fait de conscience, mais à un degré si faible qu'il échappe à toutes les prises de la conscience claire et totale. — Un meunier, dit-on, n'entend pas d'habitude le bruit de son moulin, il lui suffit d'écouter pour le percevoir. — Sans doute, mais c'est parce qu'il en avait déjà auparavant quelque conscience, car il fait la différence entre deux états, ce qui suppose une certaine conscience de l'un et de l'autre.

En outre, à *priori*, la conception de phénomènes psychologiques inconscients est contradictoire, car, pour les concevoir, on est obligé de s'adresser à la conscience, quand on parle de *volitions*, de *sentiments*, de *sensations*, de *souvenirs*, *d'associations inconscientes* on emprunte à la conscience ses modes et on les transporte à l'inconscient.

IV. — Conclusion. L'hypothèse de l'inconscient est *inutile* et *contradictoire*. — Inutile, car l'inconscient n'explique rien ; et tout ce qu'on en dit peut s'appliquer à l'inconscient *relatif*, ou au *subconscient*, dont l'existence est indéniable dans la vie psychologique. — Contradictoire, car nous ne pouvons concevoir les phénomènes psychologiques dits inconscients que sous les formes et les modes de la conscience.

Tous les phénomènes donc qu'on appelle inconscients sont en réalité subconscients, ce sont par conséquent des phénomènes psychologiques au même titre que tous les phénomènes de l'âme ; la conscience, à un degré quelconque, est essentielle à tous les phénomènes psychologiques, et elle en est inséparable.

E. G. D.

---

85. — De la mémoire.

La mémoire est nécessaire au développement de l'intelligence. Sans la mémoire, il n'y aurait ni sciences ni arts ; toute science, dit Quintilien, repose sur la mémoire, l'art vient de l'expérience ; sans la mémoire, nos facultés seraient inactives ; la reconnaissance, « l'un des principaux liens de la société humaine », suivant Descartes, n'existerait pas ; jamais le coupable ne connaîtrait le repentir. Nous examinerons quelle est la nature de la mémoire, quelles sont ses conditions et ses caractères, comment elle se développe et se conserve.

Si nous voulons avoir une idée nette de la mémoire, commençons par n'accepter qu'avec réserve ces métaphores : la mémoire est le réservoir des idées ; c'est un livre rempli de caractères ; c'est le trésor de toutes choses ; c'est une tablette de cire. Pensons-nous, dit Cicéron dans les *Tusculanes*, que l'âme reçoive des marques comme la cire ? Non, sans doute ; mais ce n'est là qu'une image, non une définition. La mémoire est la faculté par laquelle nous retenons le passé. Le souvenir est à coup sûr un des phénomènes les plus mystérieux de l'entendement. De quelle manière ma pensée peut-elle faire revivre des personnes qui ne sont plus, des choses à jamais évanouies ? Quels sont les éléments dont on peut affirmer qu'ils sont et seront longtemps conservés dans le *moi* pensant ? Un mot semble s'être échappé de notre mémoire, il y est pourtant, mais comme emprisonné, et n'en peut sortir ; en vain, nous pensons qu'il va être prononcé, nous ne rendons que des sons inarticulés. Epuisé de chercher, l'esprit renonce, et c'est au moment où il renonce, que le mot se précipite, que le mot éclate.

Il y a plusieurs conditions pour qu'un fait s'imprime dans la mémoire : 1° L'idée du temps en général, idée due à la raison, et en particulier celle du moment où le fait s'est produit ; 2° le sentiment de notre existence, dans le passé, à l'instant où l'acte s'est fait, dans le présent, à l'instant où nous en avons souvenir, car, suivant Reid, « la mémoire ne nous fait pas faire connaissance avec les objets, mais avec nous, » et, comme dit Royer-Collard, « à vrai dire, nous ne nous souvenons que de nous-mêmes » ; 3° l'attention, qu'on a pu appeler le burin de la mémoire ; 4° une sorte d'éveil de notre esprit. Il arrive à certains hommes à demi endormis de faire de grands efforts d'attention pour graver en eux un rêve qu'ils voudraient retenir, mais ils se lèvent sans que leur mémoire ait rien gardé, et ils ont souvenir, non du rêve, mais de l'effort qu'ils ont fait. — La mémoire est ou spontanée ou volontaire. Elle est spontanée, quand le fait se présente naturellement à nous, sans nulle tension de l'entendement ; elle est volontaire, quand il y a en notre esprit travail ou fatigue. Alors on l'appelle, d'après Aristote, réminiscence. La mémoire est, suivant les hommes, facile ou pénible, tenace ou lâche, prompte ou lente. Il semble qu'une mémoire facile devrait conserver tout facilement : il n'en est rien ; celui-ci retiendra des dates, cet autre des faits. La mémoire vieillit par l'âge, s'affaiblit par la maladie, et, pour ainsi dire, s'endort par les narcotiques. Il n'est pas de faculté sur laquelle le corps pèse autant. Bossuet dédouble la mémoire : « On distingue, dit-il, la mémoire qui s'appelle imaginative, où se retiennent les choses sensibles et les sensations, d'avec la mémoire intellectuelle par laquelle se retiennent les vérités et les choses de raisonnement et d'intelligence. »

La mémoire se développe : 1° par l'habitude, par l'exercice. Si quelqu'un veut connaître le grand moyen d'étendre la mémoire, qu'il sache que c'est l'exercice et le travail, *exercitatio et labor*, dit Quintilien ; il faut beaucoup apprendre par cœur, beaucoup penser ; 2° par l'association des idées. Les idées qui ont entre elles quelque rapport se suivent, se pressent, et vont de compagnie. Il y a les associations accidentelles et les associations naturelles. Les associations accidentelles s'établissent sur des rapports fortuits, sur des rapports de temps et de lieu, par exemple. Les associations naturelles se fondent sur des rapports logiques, comme ceux de la cause avec l'effet ; 3° par des revues et dénombrements, par une bonne division et une bonne classification. « L'ordre est surtout ce qui porte la lumière dans la mémoire. » (Cicéron). Alors les idées « se réveillent bien plus aisément les unes les autres. » (Log. de Port-Royal) ; 4° par l'intérêt. C'est aider la mémoire, que de charmer l'intelligence. — L'écriture doit soulager la mémoire, mais non la remplacer : il ne faut pas abuser de cette « mémoire de papier, » qui, lisons-nous chez Platon (Phèdre), n'est pas un moyen de se souvenir, mais de se remémorer. Quant aux mnémotechnies, à la mémoire topique et aux vers techniques, procédés dangereux assurément pour le jugement et peut-être pour la mémoire, qui ne devient guère qu'extraordinaire, il faut les rejeter, parce qu'alors notre âme se rétrécit d'autant plus qu'elle s'emplit. Ce sont tours de souplesse ; c'est forcer l'âme comme un baladin force le corps (Bacon). C'est faire de sa tête un « garde-meuble » (Malebranche). — La mémoire se perd avec les années. Les vieillards ne doivent pas vivre dans le passé, mais dans le présent ; ils garderont mieux leur mémoire.

Ainsi la mémoire, cette importante et mystérieuse faculté, retient le passé : ses conditions principales sont l'idée du temps, le sentiment de notre existence, l'attention. Elle est spontanée ou volontaire ; elle diffère d'après les hommes et varie suivant l'âge ; elle se développe par l'exercice, les associations d'idées, les revues et les dénombrements, l'ordre, l'intérêt.

---

86. — Quels sont les rapports sur lesquels sont fondées les principales associations d'idées ?

Il semble d'abord impossible de déterminer de quelle manière s'associent dans notre esprit ces milliers d'idées dont les combinaisons capricieuses paraissent défier l'énumération. Mais c'est le propre de la nature en toutes ses œuvres de cacher sous une merveilleuse variété de formes et de phénomènes des lois simples, des rapports constants et un plan dont rien n'altère l'unité. Aussi ne serait-il pas difficile d'établir en particulier que les associations d'idées les plus nombreuses et les plus diverses sont fondées sur un très petit nombre de rapports déterminés.

Pour mettre en lumière par un exemple quelques-uns de ces rapports les plus ordinaires, supposons plusieurs hommes devant lesquels on prononce cette phrase : « *En 1685 Louis XIV signa dans son palais de Versailles la révocation de l'édit de Nantes* ». Supposons encore que chacun des auditeurs donne libre carrière aux associations d'idées qui se présenteront à sa pensée. Il est évident que, quelques instants après, tous les esprits seront bien loin du point de départ et plus loin encore les uns des autres. Cependant on pourra sans peine saisir l'idée qui aura servi à chacun d'eux de transition et qui aura déterminé leurs déviations successives.

Les uns, s'arrêtant au nom de Louis XIV, à la date qui l'accompagne, se seront laissé aller à repasser les souvenirs de cette époque, à songer aux grands hommes qui l'ont illustrée, aux gloires éclatantes, et aux éclatants revers qui en ont marqué le cours. Toutes ces associations d'idées n'ont eu évidemment d'origine qu'un simple *rapport de temps*.

D'une façon toute semblable, un *rapport de lieu* a pu provoquer dans d'autres esprits d'autres souvenirs. Le nom de Versailles a pu transporter quelques-uns des auditeurs au milieu des splendeurs royales parmi les merveilles de Le Nôtre et de Mansart, tandis que d'autres, entraînés ailleurs par le souvenir de Nantes, se promènent sur les bords de la Loire, et, du port de Nantes, partent peut-être pour de plus lointains voyages.

Mais la plupart, s'attachant à l'idée principale, songeront à la révocation de l'édit de Nantes. A peine ont-ils entendu ces mots qu'ils les traduisent dans leur esprit par une foule de tableaux, c'est-à-dire qu'ils passeront du *signe* à la *chose signifiée*. Ces simples mots : révoquer un édit leur feront apparaître les temples fermés ou démolis, les demeures des protestants violées, leurs biens confisqués, leurs ministres envoyés aux galères.

D'autres associeront au fait même la pensée des *causes* qui l'ont amené. Pourquoi Louis XIV révoque-t-il cet édit? Pourquoi Henri IV l'avait-il rendu? De cause en cause ils remonteront ainsi jusqu'à l'origine des guerres religieuses, de la Réforme, et, s'ils le veulent, plus haut encore.

Il en est qui, descendant ce même courant, penseront aux *effets* de cette désastreuse révocation et suivront bientôt en Hollande ou en Prusse les protestants réfugiés.

Chez d'autres, le rapport des *moyens* à la *fin* amènera de nouvelles idées : ils se demanderont comment le roi sut atteindre le but qu'il s'était proposé en publiant cet édit, et soudain leur apparaîtra l'image des nombreuses souffrances des huguenots.

N'oublions pas d'autres esprits plus portés à la métaphysique, qui, se préoccupant moins des faits que des idées et de leurs lois, rechercheront les *principes* auxquels se rattache l'acte d'intolérance dont il est question, et, à propos de cet acte particulier, arriveront peut-être aux considérations les plus abstraites sur le fanatisme ou sur le despotisme.

D'autres enfin, restant dans le domaine des faits, établiront une comparaison entre celui-ci et d'autres, et ils associeront dans leur esprit soit ceux qui y ressemblent le plus, soit au contraire ceux qui ont un caractère tout opposé. C'est ainsi que des persécutions de Louis XIV, ils pourront subitement passer à celles du seizième siècle, de Philippe II ou d'Elisabeth, et de là chercher un repos et une consolation dans le souvenir d'Henri IV ou dans le spectacle de la tolérance aujourd'hui prescrite par les lois et consacrée par les mœurs.

37. — Des différents rapports par lesquels s'enchaînent nos idées

L'association des idées est un des faits primitifs de notre vie intellectuelle ; c'est aussi un de ceux qui demandent les analyses les plus attentives et les plus délicates. Rien n'est plus complexe en effet, rien n'est plus difficile à saisir avec précision que l'ensemble des divers rapports par lesquels nos idées peuvent s'enchaîner. Essayons d'indiquer quelques-uns des plus naturels et des plus simples.

Les rapports de *temps* et de *lieu* sont les premiers qui se présentent à l'esprit. Deux faits se sont passés à la même époque ou dans le même lieu : c'est une raison suffisante pour que, songeant à l'un d'eux, je vienne spontanément à penser à l'autre. Au retour d'une représentation de l'Odéon, où l'on venait de voir jouer le drame intitulé *Christine de Suède*, au milieu d'une conversation qui roulait tout entière sur ce drame, un des interlocuteurs qui semblait y prêter une attention très suivie, demanda tout-à-coup : Est-ce que le *Discours sur la méthode* parut avant les *Méditations* de Descartes ? On s'étonna d'abord de la question : la transition entre le drame de M. Alexandre Dumas et les œuvres de Descartes était pourtant très naturelle, et elle avait été fournie par ces idées de temps et de lieu. Christine, Stockholm avaient rappelé à l'un des interlocuteurs le séjour de Descartes en Suède à cette même époque, et de là sa question si singulière en apparence.

Les rapports de *ressemblance* et de *contraste* ont aussi fréquemment pour effet de nous faire rattacher l'une à l'autre deux idées qui semblent fort éloignées. Ainsi, c'est la ressemblance entre la trahison dont Charles Ier d'Angleterre fut victime et celle qui a rendu odieux le nom de Judas, qui amena la curieuse association d'idées que Hobbes raconte dans une anecdote bien connue. Souvent aussi le contraste frappe l'esprit plus vivement que la similitude la plus entière. Juvénal, peignant les hontes et les vices de Rome dégénérée, revient pour ainsi dire à chaque page au tableau de la Rome primitive et de ses rudes vertus. Ah ! le temps n'est plus, s'écrie-t-il, où la pauvreté romaine faisait les mœurs pures et les caractères héroïques ! Et de la même plume qui vient de retracer avec une crudité brutale les désordres d'une Messaline, il décrit l'âge d'or et le règne de Saturne :

> *Nunc patimur longæ pacis mala ;... quondam*
> *Præstabat castas humilis fortuna Latinas*, etc.

La fameuse prosopopée de J. J. Rousseau dans son discours sur les effets de la civilisation : *O Fabricius, que dirait votre grande âme*, etc., est un exemple analogue d'une association d'idées due au contraste.

La *causalité* est une des liaisons les plus ordinaires aussi entre nos idées. Il est naturel à l'esprit humain de remonter toujours de l'effet à la cause, de se demander en face de chaque phénomène qui le frappe : D'où vient-il ? Il y a dans le rapport de causalité plus qu'un simple rapprochement, il y a une loi de la pensée, un besoin impérieux de l'intelligence. Habitué ainsi à lier constamment tout fait à sa cause, l'esprit est naturellement conduit à passer sans effort d'une idée à l'autre. Que la pluie fasse songer au nuage ou le nuage à la pluie ; qu'une campagne couverte de blés jaunissants éveille l'idée d'un grenier rempli de moissons ou d'un moulin rempli de sacs de farine, il n'y a rien de plus naturel et souvent même de plus involontaire.

Tous les rapports semblables, qui reposent sur des lois logiques, tels que la relation de moyen à fin, de principe à conséquence, de genre à espèce, etc., ont les mêmes caractères et la même force : l'esprit s'y porte spontanément et les remarque avec une facilité extrême.

Tous les rapports dont nous venons de parler sont *naturels* : il y en a d'autres qui sont *artificiels* et que l'esprit ne remarque et ne suit que par l'effet de la réflexion. Parmi les rapports d'idées de cette espèce, les uns, sans être spontanés et naturels, peuvent être perçus et mis à profit par l'esprit ; les autres ont contre eux la logique et n'entrent dans l'intelligence qu'en violant les lois. Voici un exemple de ces associations d'idées qui, pour être artificielles, n'en sont pas moins légitimes. Je remarque dans l'histoire de France que, pendant plusieurs siècles du Moyen Age, l'année 87 est signalée par un événement qui fait faire quelque progrès à la race et aux institutions germaniques.

487. — Victoire des Francs de Clovis sur les Romains à Soissons.

587. — Traité d'Andelot qui assure aux leudes l'hérédité des fiefs.

687. — Victoires des leudes austrasiens à Testry.

887. — Diète de Tribur ou Treuver ; déposition de Charles-le-Gros ; établissement de rois nationaux et féodaux.

987. — Avènement de Hugues Capet et triomphe de la féodalité.

Ce rapprochement de dates peut être fortuit, il n'en est pas moins propre à suggérer à l'esprit une association de dates et de faits qui n'a rien d'illogique. Au contraire, les procédés qui consistent à rattacher forcément et arbitrairement une idée, un fait, un nom à tel objet qui nous est familier, à nous rappeler par exemple une série de rois en plaçant l'un dans un angle de la corniche, l'autre sous la table, un troisième dans la cheminée, etc., ces procédés qui constituent la mnémotechnie artificielle sont aussi peu utiles qu'ils sont puérils et ridicules.

38. — De l'imagination

Il ne faut confondre l'imagination ni avec l'entendement, ni avec la mémoire. Bossuet s'élève contre la première de ces erreurs : « Imaginer le triangle, dit-il, c'est s'en représenter un d'une mesure déterminée, et avec une certaine grandeur de ses angles et de ses côtés; au lieu que l'entendre, c'est en connaître la nature et savoir en général que c'est une figure à trois côtés... » Mais Bossuet tombe dans la seconde erreur. La mémoire, suivant lui « appartient à l'imagination », sans doute parce que nous retenons les images comme les souvenirs. Si la mémoire garde les images, l'imagination les forme : ce sont donc deux facultés distinctes. — Nous étudierons tour à tour l'imagination reproductrice, l'association des idées, l'imagination créatrice, recherchant quelle est leur nature, quels sont leurs caractères, comment elles se développent sans danger et avec profit pour la raison.

Imagination reproductrice. — Aristote, définissant l'imagination en général, définit fort bien l'imagination reproductrice, dite aussi passive : c'est « le pouvoir que nous avons de nous représenter l'image des objets ». Descartes y voit « une véritable partie du corps », avec une « grandeur » et des « parties »; Bossuet « une continuation de la sensation ». Mais, dit Aristote, « ce qui persiste après la sensation n'est ni la sensation, ni l'objet, mais la forme de l'objet, » et cette image est produite par un acte de l'intelligence. — L'imagination est ou spontanée ou volontaire, selon que l'image vient d'elle-même ou par un certain travail d'esprit; l'image est plus vague que la sensation, moins vive avec le temps. — Les caractères de l'imagination révèlent les règles de son développement. Parmi les images spontanées, il en est qu'il faut chasser avec vigilance dès l'abord afin qu'elles ne reviennent plus. Pour que les images que nous voulons garder ne se perdent point, qu'elles renaissent souvent en nous, il faut les rappeler, les revoir souvent; de cette manière, les années ne les détruiront pas; la nouvelle image sera comme l'image de l'ancienne.

Association des idées. — L'association des idées, ou, pour mieux dire, l'association des images, n'est qu'une forme de l'imagination reproductrice. Les images, comme autant d'anneaux d'une même chaîne, se suivent, se succèdent, par une sorte de tendance et d'attraction :

> Nulle pensée en nous ne languit solitaire,

dit Delille. — Les associations sont naturelles quand elles ont pour fondements des rapports logiques, comme ceux de l'effet avec la cause; accidentelles quand elles s'établissent sur des rapports fortuits, par exemple ceux de temps et de lieu, et même sur des rapports bizarres, de telle sorte qu'il y a bien entre nos images un ordre, mais c'est un ordre désordonné. Les associations d'idées ont un caractère général, la variété, c'est-à-dire que d'une même pensée, d'une même image sortiront une foule d'associations diverses suivant les hommes, comme d'un même point partent une infinité de rayons. — Il faut développer les associations, car elles aident la mémoire; les régler, car elles peuvent égarer le jugement. L'enfant qui, frappé d'un bâton portant un grelot, s'effraie à la vue d'un grelot non attaché à un bâton, fait une fausse association d'idées. Il faut combattre ces erreurs, plus dangereuses d'ordinaire qu'en cet exemple, par l'éducation et la volonté.

Imagination créatrice. — L'imagination ne reproduit pas et n'associe point seulement les images : elle enfante, elle donne la vie. L'imagination créatrice n'est pas une faculté particulière, elle ne fait qu'engendrer des images, comme l'imagination reproductrice, mais dans des conditions particulières. En connaissant ses opérations, on connaitra sa nature. 1° Elle forme des êtres nouveaux en assemblant des éléments connus, les *centaures*, les *chimères*; 2° elle donne une forme aux êtres et aux choses invisibles, à Dieu, à l'âme, à la justice, à la vérité; 3° elle réalise l'idéal que conçoit l'entendement : dans l'idéal, l'entendement enfante l'idée, l'imagination, la forme. L'idéal, c'est la réalité et le beau confondus. — Les gens d'imagination, suivant Bossuet, sont « emportés ». C'est en effet l'emportement qui est le caractère général de l'imagination créatrice; une sorte d'enthousiasme et de fureur possède le poète et l'artiste. — On pense bien qu'il est difficile de dompter l'imagination; cette ennemie de la raison, pour parler comme Pascal, doit pourtant en être l'esclave, et la folle du logis peut devenir raisonnable. Comme un arbre vigoureux qu'on n'émonde pas, mais qu'on dirige, l'imagination se discipline à force de patience; en devenant plus réglée, elle devient plus puissante; les gens d'imagination et de raison sont les gens de génie.

---

39. — Montrer la part de la mémoire dans l'imagination. — Etudier le rôle de l'imagination dans la composition d'une tragédie, en prenant pour exemple *Athalie*.

On l'a dit souvent : l'âme humaine ressemble à un miroir. Tous les objets du monde extérieur viennent se réfléter et se peindre en elle. Mais, plus puissante que les miroirs ordinaires, l'âme ne se borne pas à recevoir ces images : elle les conserve et peut les reproduire longtemps après. J'ai vu la mer, il y a plusieurs années, j'en ai gardé plus que des souvenirs; non-seulement je me rappelle les temps, les lieux, les circonstances où je l'ai vue; mais il me semble la voir encore : son image est restée gravée en moi : toutes les fois que j'y pense, je crois encore apercevoir ses vagues argentées qui viennent mourir l'une après l'autre sur le sable. Cette faculté de se représenter ainsi les objets en leur absence a été appelée *mémoire imaginative*.

Mais l'âme humaine jouit encore d'une puissance plus élevée et plus précieuse. En reproduisant les images que la mémoire a conservées, elle peut les modifier, les diminuer, les agrandir, les combiner, et former ainsi des objets nouveaux, — œuvres de *fantaisie*, si le hasard et le caprice ont seuls présidé à leur formation, — œuvres *d'art*, si l'esprit, en leur donnant naissance, a respecté les règles du goût. Cette faculté par laquelle l'homme, tout en puisant ses matériaux dans le monde réel, invente et bâtit, pour ainsi dire, un monde nouveau, un monde idéal, a été appelée *imagination créatrice*.

On le voit : cette seconde faculté repose sur la première, et l'imagination, bien que supérieure à la mémoire imaginative, ne saurait s'exercer sans elle. On l'a nommée imagination créatrice, mais cela ne veut pas dire qu'elle puisse créer rien de rien : *e nihilo nihil*. Dans toute œuvre d'art il y a toujours la part de l'imitation. Le poète, le peintre ne font après tout que reproduire, en les embellissant, les objets qu'ils ont vus autrefois, ou ceux qu'ils voient tous les jours. Vous faites un paysage : sans doute, vous êtes libre de nous montrer ici une forêt, là un ruisseau, là une colline ou un vallon. Mais encore faut-il que vous ayez recours à des souvenirs pour nous représenter tous ces objets tels qu'ils sont dans la nature; embellissez-les, mais sans leur ôter leurs traits principaux : il faut que nous puissions les reconnaître.

Voilà ce que l'imagination doit emprunter à la mémoire; voici maintenant ce qu'elle y ajoute. Après avoir indiqué dans quel sens et dans quelle mesure l'art est une imitation, montrons en quel sens et dans quelle mesure il est une création.

Prenons pour exemple la composition d'une tragédie. J'ouvre l'*Athalie* de Racine, et je me demande ce qui, dans cette tragédie, appartient au poète, et ce qui est emprunté. Dans toute pièce de théâtre il y a deux choses à examiner : l'action et les caractères. Etudions *Athalie* à ce double point de vue. Et d'abord l'action, c'est-à-dire le fond même de la pièce, semble revenir à l'histoire; Racine n'a point inventé les faits qu'il expose, les crimes de Jézabel et d'Athalie, les fraudes pieuses de Joad et de Josabeth, la reconnaissance et le couronnement de Joas : tous ces détails, il les a trouvés dans la Bible et n'a eu qu'à les traduire. Mais comment les a-t-il traduits? Ici apparaît l'originalité du poète. Ce n'est plus un récit que nous écoutons, c'est un événement dont nous sommes témoins; au lieu d'un auteur qui nous parle, ce sont les personnages mêmes d'un drame qui viennent penser, parler, vivre, agir devant nous. Nous sommes transportés dans d'autres lieux, dans d'autres temps : le passé est devenu le présent. Voilà ce qu'a su faire l'imagination du poète.

Que sera-ce, si nous passons aux caractères et si nous étudions comment Racine a changé en types vivants tous ces personnages à peine esquissés dans l'histoire? Ce ne sont pas seulement des portraits qu'il nous montre, ce sont bien des êtres réels qu'il crée et fait agir devant nous. Joad, Josabeth, Eliacin ne sont pas des fictions poétiques, ou des fantômes de l'esprit. Nous sentons qu'ils ont, comme nous, un cœur et des passions. Nous les aimons; nous nous intéressons à eux; nous tremblons avec eux dans leurs dangers; nous partageons leurs inquiétudes et leurs craintes, mais nous partageons aussi leurs espérances et leurs triomphes. En un mot nous sentons qu'ils ont la vie. Voilà en quel sens le poète est créateur. Ainsi le génie, c'est l'imagination créatrice guidée par le goût. Sans doute il emprunte à la réalité les matériaux dont il se sert, mais, semblable à un habile architecte, il transforme ces matériaux et les embellit par la place même qu'il leur donne. L'artiste a le droit de dire avec La Fontaine :

> Aux plus simples couleurs mon art plein de magie
> Sait donner du relief, de l'âme et de la vie.

40. — Du rôle de l'imagination dans la vie humaine.

L'imagination étant la faculté de rendre sensibles par des images les choses immatérielles, ou, dans un sens plus élevé, l'imagination étant la faculté de combiner des images, des notions, des idées, pour en former un tout dû à notre puissance intellectuelle, il est évident qu'elle joue un grand rôle dans la vie humaine.

Selon qu'elle opère sur des observations plus ou moins exactes, qu'elle combine avec plus ou moins d'harmonie, elle produit des monuments dignes de notre admiration ou des œuvres bizarres.

Les *poètes* et les autres *artistes* ne vivent pas isolés de la foule; ils ne peuvent même faire une impression vive sur leurs contemporains et laisser une mémoire durable, qu'autant qu'ils se seront inspirés des sentiments, des passions et des idées qui agitent l'humanité. Toutefois, pour ne pas vivre isolés de la foule, les poètes n'en doivent pas moins la dépasser par une certaine conception supérieure de l'idéal; et c'est dans la contemplation supérieure de cet idéal, qu'aucune expression ne rendra jamais, que réside la satisfaction suprême des véritables artistes. On dit en ce sens qu'ils vivent d'imagination.

Un *inventeur*, un de ceux que le monde appelle *utopistes*, voit d'avance les progrès réalisés par son système, soit dans le monde moral, soit dans le monde matériel. Il subira les affronts, les persécutions, s'il le faut, des amis de la routine; il s'en console en pensant que l'invention lui survivra; il aura vécu, en imagination, dans un monde meilleur.

Malheureusement, l'imagination manque quelquefois de règle. Elle peut associer des notions qui, prises isolément, correspondent à une réalité, mais qui n'ont plus d'objet réel, si vous les associez. Il est très vrai que j'ai vu de l'or, il est très vrai que j'ai vu des montagnes. Mais les montagnes d'or n'existent pas : que de gens en rêvent pourtant! Que de gens espèrent devenir millionnaires! Les millions existent de leur côté, et ces personnes de l'autre : c'est dans le rapprochement de ces deux éléments, les uns possédant les autres, qu'est la chimère.

5.

C'est précisément dans l'agencement étrange de certaines conceptions que consiste ce qu'on appelle les désordres ou les écarts de l'imagination. Elle nous introduit dans le monde idéal plus beau et tout aussi vrai que le monde sensible ; elle nous introduira, si elle n'est pas guidée, dans le monde des illusions et des chimères. Souvent, trompés dans notre espoir, nous nous en prenons aux hommes et aux choses, tandis que nous devrions nous en prendre à nous. La faute en est à cet ennemi intérieur qui, associant les idées de cause et d'effet, veut attribuer certains effets à des causes imaginaires ou hors de toute proportion avec les effets. C'est l'imagination qui fournit à la superstition des ressources inépuisables. C'est l'imagination encore qui fait écrire par un général un bulletin de victoire avant que la campagne soit ouverte. C'est elle qui remplit les caisses de tel ou tel spéculateur avant qu'il ait trouvé le premier moyen pratique de faire réussir son affaire. C'est elle qui peuple la solitude de fantômes ; aussi active dans le sommeil que dans la veille, elle échafaude des rêves dont nous avons peur étant éveillés. Enfin, par l'influence du moral sur le physique, c'est elle qui fait ces malades dont la santé reviendra dès que leur médecin leur aura ordonné une potion d'eau claire. Et c'est elle aussi qui tue cet autre malade foudroyé par la peur d'une épidémie.

On a vu les plus grands esprits torturés par l'imagination. Malebranche croyait avoir sur le nez un appendice extraordinaire ; Pascal reculait son siége devant le précipice toujours béant à ses yeux ; Jean-Jacques trouvait des ennemis partout : le peuple anglais avait failli se liguer contre lui !

Ainsi, l'imagination nous élève, nous console ou nous tourmente. Elle contribue à faire les grands hommes ; elle fait aussi les maniaques.   BERAUD.

---

41. — Distinguer l'imagination de l'entendement.

Certains philosophes confondent sous le nom générique d'entendement toutes les opérations intellectuelles ; ici nous resserrons l'acception du mot que nous prenons comme synonyme de raison. Quant à l'imagination, elle a toujours reçu la même définition : c'est le pouvoir qu'a l'âme de se représenter les objets sensibles. Ces deux facultés ne sont pas opposées l'une à l'autre, elles sont même appelées à se rendre de mutuels services ; car, par suite de l'union de l'âme et du corps et de leur dépendance réciproque, les images aident l'esprit, le rendent attentif et facilitent ainsi les spéculations rationnelles. Mais si l'on ne veut pas que l'entendement et l'imagination se contrarient au lieu de se prêter un amical concours, il faut assigner à chacune de ces deux puissances psychologiques son domaine respectif, et pour cela se rendre compte des différences considérables qui les distinguent.

1° L'entendement connaît la nature des choses, ce à quoi l'imagination ne peut atteindre. Comme l'a remarqué Bossuet, entendre le triangle, c'est savoir tout ce qui est nécessairement contenu dans l'idée générale de triangle : trois angles, trois côtés, les propriétés des uns et des autres; imaginer le triangle, c'est au contraire s'en représenter un en particulier, dans des conditions déterminées, isocèle, scalène, équilatéral ou rectangle. Entendre l'homme, c'est concevoir l'être humain avec tous ses attributs généraux, c'est-à-dire comme un composé d'esprit et de matière, comme une créature douée de sensibilité, d'intelligence, de volonté, etc. Imaginer l'homme, c'est se figurer un certain individu de la race humaine, blanc ou noir, beau ou laid, bon ou méchant, etc.

2° L'entendement démêle le vrai d'avec le faux; aussi est-ce à lui qu'il appartient de juger. Bien loin de posséder un tel privilége, l'imagination est dupe d'une foule d'illusions. Remettre à cette faculté le soin de juger, c'est s'exposer à prendre sans cesse l'apparence pour la réalité. Deux illustres philosophes, Pascal et Malebranche, qui connaissaient bien l'imagination pour en avoir souvent expérimenté les effets sur eux-mêmes, l'ont appelée à bon droit, le premier, une maîtresse d'erreur, une puissance trompeuse, le second, la folle du logis.

3° L'entendement dépasse la sphère sensible. Non content de connaître les corps par le moyen des sens, il conçoit les êtres immatériels tels que Dieu et l'âme, et les abstractions, telles que la beauté, la grandeur, la justice, etc. L'imagination est au contraire asservie aux formes du monde extérieur. Si elle s'applique à une réalité non corporelle ou à un objet du monde moral, c'est pour les matérialiser, et, par conséquent, en altérer l'idée. Nous devons à cette faculté les bibles naïvement illustrées :

« Où l'on voit Dieu le père en habit d'empereur. »

Nous lui devons les récits merveilleux des poètes grecs, dans lesquels les forces de la nature, les passions humaines, les phénomènes moraux sont personnifiés et revêtus de formes sensibles.

Etudiez la langue d'un peuple jeune : la prépondérance de l'imagination se manifeste dans son vocabulaire par le grand nombre de mots figurés servant à désigner des choses abstraites; à mesure que l'entendement se développe chez ce peuple, son idiome va se spiritualisant, pour ainsi dire, chaque jour davantage.

Ecoutez parler deux hommes doués surtout, l'un d'imagination, l'autre d'entendement. Le premier excelle dans les descriptions, il abonde en comparaisons, en métaphores, il multiplie les locutions pittoresques; le second a un langage net, précis, exact; chez lui l'expression est toujours en parfait accord avec l'idée, elle ne l'outre ni ne l'affaiblit.

Voyez-les agir : l'homme d'imagination est inventif, fertile en expédients, plein de ressources mais en même temps mobile, capricieux et léger; l'homme d'entendement ou de jugement arrivera plus sûrement à son but parce qu'il y marche avec plus de persévérance, et que, si son esprit lui suggère moins de moyens, ceux-ci en revanche sont mieux concertés.

Dans les arts, il est inutile d'insister sur la part distincte de collaboration afférente à chacune des deux facultés. Si l'imagination fournit en quelque sorte à l'artiste la matière de son œuvre, la raison, ou pour mieux dire ici, le goût lui impose certaines règles qu'il ne peut violer impunément.

Dans les sciences, c'est l'imagination qui fait les hypothèses, et c'est l'entendement qui les vérifie. L'anneau de Saturne, la gravitation universelle n'ont d'abord été, dans l'esprit de Huyghens et de Newton que des *imaginations* avant de devenir des vérités constatées.

42. — Distinguer par de nombreux exemples l'*attention* de la *réflexion*; indiquer les modifications subies par les organes pendant ces deux opérations.

Une assemblée se presse autour d'un orateur : tous les yeux sont tournés vers lui. Aucun bruit ne vient distraire ses auditeurs suspendus à ses lèvres, aucune de ses paroles n'est perdue pour eux. Ils suivent son discours, en remarquant l'ordre et la division, en retiennent les idées principales, se pénètrent de sa pensée, et se séparent pleins de ce qu'ils viennent d'entendre : voilà l'*attention*.

Dans la foule, il se trouve quelqu'un qui a été particulièrement frappé d'un certain passage du discours. Une opinion émise par l'orateur lui a paru neuve, singulière ; elle l'a si fortement saisi qu'il n'a plus songé à suivre le fil du discours, occupé qu'il était de cette seule pensée. Au lieu d'écouter l'orateur avec la même attention, il s'absorbe dans l'examen de cette idée unique, l'approfondit, la retourne en tous sens, la rattache à son principe, en déduit certaines conséquences, l'analyse enfin et la soumet à une étude qui, suivant le sujet, peut se prolonger plus ou moins longtemps : voilà la *réflexion*.

Réfléchir, être attentif, ce sont bien deux opérations semblables de l'esprit : l'une et l'autre consiste dans l'application de la pensée à un objet déterminé; l'une et l'autre fait d'une idée confuse une idée nette et précise, d'une notion vague et flottante une connaissance exacte, complète et rigoureuse. Mais ce qui les distingue profondément, c'est, d'une part, l'objet auquel elles s'appliquent, et, de l'autre, les conditions psychologiques et physiologiques dans lesquelles elles s'accomplissent.

L'attention est l'œil de l'esprit dirigé sur un objet extérieur ; la réflexion, comme indique le mot même (*reflectere*), est le regard de l'intelligence se retournant, se repliant sur elle-même. On est attentif quand on observe des *choses* ; on réfléchit quand on mûrit des *idées*. Faire attention, *attendere*, c'est tendre, porter un des sens sur un objet. On regarde, on écoute, on goûte, on flaire ou l'on touche attentivement; c'est assez dire que l'attention n'est que l'énergie volontairement donnée à la perception externe. La réflexion, c'est la volonté prêtant son concours et sa vigueur à la pensée, pour s'étudier et se penser elle-même.

Aussi ces deux actes, ces deux efforts de l'intelligence ne s'exercent-ils pas de la même manière. L'attention est soumise à toutes les conditions des phénomènes de l'ordre sensible. On ne peut pas être attentif à un fait qui ne tombe pas actuellement sous l'un des sens. Supposez un peintre qui contemple dans un profond recueillement le tableau d'un maître placé devant ses yeux : on peut dire de *lui* à la fois qu'il est attentif et qu'il réfléchit. Il est attentif quand il regarde les diverses parties du chef-d'œuvre, quand il examine les contours du dessin, la composition de l'ensemble, l'exécution des détails; quand il observe avec soin les couleurs que le maître a employées, les procédés dont il a usé. Il réfléchit quand, ne se bornant plus à regarder la toile, il cherche à se rendre compte de lois de l'art dont il a sous les yeux un modèle, quand il généralise en lui-même les règles dont ce tableau lui montre l'application, quand enfin il cherche à pénétrer non plus les effets, mais les causes, non plus l'œuvre d'art particulière qu'il envisage, mais l'art en général dans ses conditions permanentes. Si ce même peintre, qui étudie ainsi son art à la fois par l'attention externe et par la réflexion intime, n'avait pas eu sous les yeux un modèle à considérer; si nous nous le représentions seul dans son atelier, plongé dans la méditation, ne s'inspirant plus que de la vue secrète d'un idéal invisible, c'est-à-dire immatériel, il n'y aurait plus là qu'un phénomène de réflexion. Il n'y a pas d'attention quand il n'y a pas sensation et perception d'un objet extérieur.

Enfin, et cette dernière différence découle des précédentes, l'attention, étant liée à la perception externe, doit laisser sa trace dans les organes de cette perception. La réflexion, au contraire, concentrant l'esprit en lui-même, n'a pas sur le corps la même influence. Voyez un homme attentif : son attention se manifeste toujours d'une façon pour ainsi dire physique dans celui des sens qu'elle affecte. Est-ce l'attention de la vue? Le regard se fixe ou se promène sur l'objet avec une persistance, avec une tension évidente : l'esprit ne voit que ce qu'il veut voir; il ne *voit* pas, il regarde. Prenez un chef d'orchestre pendant l'exécution d'un morceau : toute l'énergie de la volonté se concentre chez lui dans les organes de l'ouïe. Il n'*entend* pas, il *écoute*, et la finesse même dont son oreille est douée est l'effet d'une attention longtemps exercée et soutenue. Tous les autres sens sont capables de la même éducation par l'attention. Au contraire, la réflexion n'exerce, ne développe, ne perfectionne aucun des sens. Un homme qui réfléchit n'a besoin et ne fait usage, pour cette opération, ni de la vue, ni de l'ouïe. On réfléchit même plus aisément, et avec plus de suite, en l'absence de toutes les distractions des sens. Tandis qu'un homme attentif ouvre les yeux ou les oreilles, un homme qui réfléchit les ferme comme pour mieux s'isoler en lui-même. L'attention se manifeste par un accroissement d'activité dans nos organes de perception ; la réflexion, au contraire, les plonge dans l'inertie, et semble parfois en suspendre partiellement l'exercice.

43. — Expliquer l'origine des idées abstraites et des idées générales.

L'abstraction est une faculté de notre esprit, par laquelle nous considérons séparément les idées de choses qui, en réalité, ne sont pas et même le plus souvent ne peuvent pas être séparées les unes des autres : les idées ainsi formées portent le nom d'idées abstraites. La généralisation sépare, dans les idées des choses, les éléments communs à plusieurs êtres, et réunit ces caractères en groupes qui facilitent l'étude des rapports des êtres entre eux.

Lorsque je regarde un objet, que je considère séparément son étendue, sa forme, je produis des idées abstraites ; les idées de grandeur, de couleur, de beauté, et en général les idées des attributs considérés en dehors de leur substance, sont des idées abstraites. Si j'examine plusieurs insectes, plusieurs plantes, et si, après avoir constaté leurs caractères communs, je les classe dans un même groupe, je forme une idée générale, une espèce. Plusieurs espèces, que je réunirai ensemble, formeront un genre, et ainsi de suite. Les espèces, les genres et les groupes supérieurs, de quelque nom qu'on les appelle, sont autant de notions générales formées successivement par la comparaison des caractères communs à plusieurs êtres.

Il est facile de le voir : toute idée générale est une idée abstraite, et elle ne peut pas être autre chose ; car pour ne tenir ainsi compte que des caractères communs à plusieurs êtres, l'esprit doit faire abstraction de toutes les différences substantielles ou accidentelles que présentent ces êtres. Mais toute idée abstraite n'est pas par là même une idée générale ; car lorsque je considère les attributs d'un être en dehors de sa substance, je ne recherche pas pour cela les rapports communs que ces attributs peuvent avoir avec ceux d'un autre être. On peut donc dire que la généralisation n'est pas autre chose que l'abstraction, appliquée à la comparaison de plusieurs individus entre eux.

Les idées abstraites et les idées générales doivent donc avoir une origine commune. Et encore le mot origine n'est-il guère applicable à ces sortes d'idées : il est plus exact de dire qu'elles sont formées en nous de la même manière.

Elles composent en effet, parmi les idées, la grande catégorie que Descartes appelait catégorie des idées factices, par opposition aux idées adventices et aux idées innées, les premières acquises par l'expérience, les secondes formant la base logique de notre intelligence. C'est cette division qui explique le mieux la formation des idées abstraites. Elles ne viennent pas en nous par le fait d'une impression extérieure ; elles ne naissent pas avec nous. Mais elles sont développées par le travail de l'imagination, par un fait libre de l'intelligence séparant les unes des autres les diverses notions qu'elle aperçoit dans les objets de la nature, les considérant et les étudiant comme si elles existaient à part les unes des autres.

C'est pour cela que nous ne naissons pas savants ; c'est par la même raison que nous sommes souvent obligés de dépenser une si grande somme de force intellectuelle pour arriver à la possession de la science. L'esprit a besoin de toute son énergie pour décomposer la nature, et étudier les différentes propriétés des êtres en dehors de leur substance. Toutes les sciences, en effet, ne se rapportent qu'à des idées abstraites ; elles n'ont toutes qu'un but : séparer les divers éléments, les divers rapports des choses, et, par une étude successive de tous ces rapports, arriver à la connaissance parfaite de la nature.

Mais quels que soient les avantages que nous donnent les abstractions, elles offrent aussi un grand danger, malheureusement trop fréquent dans les conceptions de l'imagination ; ce danger, c'est la réalisation des idées abstraites. En effet, attribuer à ces conceptions de l'esprit une existence ou une réalité séparées, c'est s'exposer à une multitude d'erreurs et de déceptions, en ne retrouvant plus dans le monde réel la personnification des chimères dont l'imagination s'est bercée, et qu'on voudrait y retrouver. C'est le défaut dans lequel sont tombés tous les philosophes qui ont voulu construire le monde de la pensée, et celui de la nature, en dehors de la conscience et de l'expérience, et qui n'ont abouti qu'à étonner les âges par leurs divagations insensées.

44. — Comment se forment les idées abstraites de genres et d'espèces ? Définir ces deux termes. Qu'entend-on par extension et compréhension ?

Nous devons à la généralisation les idées de genre et d'espèce, conceptions générales qui ne se distinguent que par leur degré d'extension et de compréhension, ce qui sera ultérieurement établi. Commençons donc par définir la généralisation.

C'est l'opération intellectuelle qui nous fournit la notion d'une ou plusieurs qualités communes à plusieurs individus ou à plusieurs objets (c'est là son côté subjectif), ou la notion de plusieurs individus ou objets possédant une ou plusieurs qualités communes (c'est là son côté objectif).

La généralisation n'est point un acte simple de l'esprit. Elle suppose l'attention, la mémoire, l'association des idées, et jusqu'à un certain point l'imagination, et elle implique essentiellement la comparaison et l'abstraction. C'est ce dernier fait qu'il s'agit de mettre en lumière, parce qu'il nous aidera à bien comprendre et définir les notions de genre et d'espèce. Ayant vu plusieurs individus ou plusieurs objets, nous établissons entre les notions que nous avons de chacun d'eux un rapprochement qui nous fait comprendre ce qu'ils ont de semblable et de différent. Ainsi, l'observation comparative m'a montré cette ressemblance frappante, le mouvement, dans un animal, un véhicule, un projectile, mais avec un grand nombre de nuances, de variétés, de différences. Je concentre mon attention sur la ressemblance commune à ces divers êtres ou objets, et je forme l'idée abstraite et générale de mouvement : c'est l'idée de genre. Si, maintenant, sans perdre de vue cette commune ressemblance, je considère les différents mouvements dont certains groupes d'êtres ou d'objets sont susceptibles, si je forme l'idée encore abstraite et générale de mouvement, soit rectiligne, soit curviligne, soit lent ou rapide, continu ou intermittent, etc., je conçois des espèces de mouvement, des genres plus ou moins restreints compris dans le genre le plus étendu. De l'espèce au genre, du particulier au général, il y a donc une échelle ascendante et descendante, qui fait qu'un genre comprend des espèces, et qu'une espèce peut comprendre des sous-espèces. Ce point de vue sert à classer naturellement tous les êtres, tous les objets, toutes les idées, et tous les termes qui les désignent, car il y a des termes généraux, comme il y a des idées générales.

Par ce qui précède, il est aisé de comprendre ce qu'on entend par l'extension et la compréhension d'une idée générale. Plus une idée de cette nature s'applique à un grand nombre d'individus ou d'objets, plus elle a d'extension ; plus elle exprime de qualités, de caractères, d'attributs, de rapports, plus on dit qu'elle a de compréhension.

Il est aisé de montrer que l'extension et la compréhension d'une idée sont en raison inverse l'une de l'autre, en d'autres termes, que sa compréhension s'accroît à mesure que son extension diminue.

Un seul exemple suffira, pour éclaircir ce fait. L'idée générale d'*animal*, dans sa plus large extension, s'applique à tous les êtres organisés qui sont pourvus d'organes et doués de fonctions propres à les faire vivre, se mouvoir, se reproduire, se nourrir et se défendre par eux-mêmes. Toutes les fonctions que nous venons d'énumérer sont comprises dans l'idée d'animal, et en constituent la compréhension. Diminuons son extension, et faisons la descendre jusqu'à celle de *vertébré* : les animaux compris dans les classes désignées par les noms de mollusques, de crustacés, d'articulés, de rayonnés, seront exclus de notre classification : mais, outre les caractères compris dans l'idée générale d'animal, nous envisagerons tous ceux qui conviennent au type le plus élevé du genre animal. On peut continuer ainsi à réduire l'extension de l'idée d'animal, et l'on voit se multiplier en même temps les attributs compris dans l'idée ainsi modifiée. Par exemple, les perroquets sont des animaux, des vertébrés, et ils appartiennent à la famille des grimpeurs, ils sont caractérisés par un bec très fort, court

et recourbé en crochet, par une langue épaisse, charnue et arrondie comme le bec, par des pattes fortes, et des pieds formés de deux doigts antérieurs et de deux doigts postérieurs.
B. P.

45. — Définir ce qu'on entend par *universaux*.

Parmi les idées que possède toute intelligence humaine, il est facile d'établir une distinction naturelle et profonde. Les unes correspondent à des objets particuliers considérés isolément, ou, pour parler plus exactement, à des objets individuels. Les autres représentent toute une classe d'êtres ou de choses de même nature.

Par exemple, si je songe à Socrate, si je me le représente, tel que l'antiquité nous le dépeint, causant avec ses amis sur une place ou dans un jardin d'Athènes, si je songe enfin à la personnalité historique, à l'individualité réelle d'un homme appelé Socrate, l'idée que j'ai dans l'esprit est une idée spéciale, unique, *sui generis*, qui ne s'applique qu'à un objet, et qui s'y applique seule : c'est une idée *individuelle*.

Mais sans cesser de penser à Socrate, je puis envisager en lui, non plus les qualités, les particularités physiques ou morales qui le distinguent de Platon ou de Simmias, mais, au contraire, les caractères par lesquels il ressemble à tous les autres hommes. Je puis le considérer non plus comme individu, mais comme homme. L'idée que je m'en ferai alors ne sera pas exclusivement propre à Socrate ; ce sera la même que je me forme de tout homme : ce sera l'idée d'homme en général. Elle conviendra également à tout représentant de l'espèce humaine : ce sera une idée *générale*.

Il est facile de comprendre que la généralisation est susceptible de bien des degrés. Après avoir négligé en Socrate les traits qui constituent son individualité, la *socratité*, comme on pourrait dire d'après un terme forgé pour les besoins de l'exposition philosophique, je puis négliger de même, dans l'idée d'*homme* en général, les caractères qui distinguent l'homme des autres animaux, et ne plus considérer Socrate ni comme Socrate, ni même comme homme, mais seulement comme appartenant au règne animal. Comme je me suis élevé de l'individu à l'espèce, il suffit de prolonger l'abstraction pour monter de l'espèce au genre, et cette généralisation progressive ne s'arrêtera qu'à l'idée qui embrasse tous les genres, puisqu'elle est la moins déterminée de toutes, l'idée d'*être* en général.

Ainsi, tandis qu'à chaque individu correspond une seule idée individuelle, un seul nom propre, pour ainsi dire, aussitôt qu'on commence à envisager dans cet individu les qualités qui lui sont communes avec d'autres, on trouve toute une hiérarchie d'espèces et de genres, c'est-à-dire d'idées générales à divers degrés qui désignent non plus des individus, mais des qualités communes à plusieurs individus.

Ce sont ces idées générales qu'on appela au moyen âge et qu'on nomme encore des *universaux* (universalia). Mais si ce terme ne s'appliquait qu'aux idées de genres et d'espèces, il ferait double emploi avec une autre expression, dont il serait le synonyme barbare : les universaux ne seraient que les *idées abstraites* ou *idées générales*.

Mais à côté de ces idées qu'on appelle indifféremment *abstraites* ou *générales*, et qui toutes sont le produit d'un travail artificiel de l'esprit, il en est qui sont, au contraire, si naturelles, si spontanées, si intuitives, on dirait presque si instinctives, qu'il est impossible de les rapporter à une opération intellectuelle aussi réfléchie et aussi factice que l'abstraction. Prenez, par exemple, l'idée de *cause*, celle de *justice*, celle d'*infini*, la notion de *temps*, celle d'*espace* : ce ne sont pas là des fruits de l'analyse, de la comparaison laborieuse, d'une série d'opérations décomposant les objets réels pour en recomposer d'autres purement intellectuels. Sans doute l'origine de ces idées, à la fois si générales et si naturelles, est un des plus graves problèmes de la philosophie, et toute difficulté n'est pas levée quand on les a nommées *idées à priori* ou *idées innées*. Mais, quelque solution qu'on adopte, on ne peut nier que ces idées, d'une nature si importante, ne forment une classe distincte de celle des idées proprement abstraites. Ce ne sont pas des idées *générales*, c'est-à-dire comprenant les résultats d'une longue série d'abstractions et de généralisations, d'analogies et de synthèses ; ce sont des idées *universelles*, c'est-à-dire qui, sans aucun effort d'expérience, sans aucune vérification *à posteriori*, s'imposent à l'intelligence comme absolues, nécessaires, invariables et indiscutables. La notion ou le principe de causalité, par exemple, n'est pas seulement l'expression d'un fait *général*, c'est l'expression d'une loi *universelle* : c'est une affirmation souveraine de la raison, et non pas un simple produit de l'abstraction.

Cette nouvelle classe d'idées générales, ou, pour employer le seul mot propre, d'idées universelles, rentre avec la classe plus nombreuse des idées abstraites ou générales proprement dites, sous la dénomination commune d'*universaux*. Et c'est précisément cette différence entre les idées *à priori* et les idées abstraites qui fait l'utilité et la justesse du terme *universaux*, malgré sa rudesse scolastique. Il sert, en effet, à désigner toutes les idées diverses, abstraites ou intuitives, qui, ne s'appliquant pas à un individu concret, ont une extension bornée pour les unes à un certain degré de généralité, et poussée dans les autres jusqu'à l'universalité absolue.

46. — Des idées générales. Comment se forment-elles, et quelle en est la valeur ?

Toutes nos connaissances d'origine sensible peuvent être distinguées en deux groupes : les unes ne sont pas des connaissances à proprement parler, ce sont purement et simplement les représentations particulières et concrètes que nous fournissent nos divers sens ; les autres sont les conceptions abstraites et générales que forme l'esprit en opérant sur les représentations primitives, ce sont les idées proprement dites. Dans les premières intervient toujours l'imagination, les secondes appartiennent particulièrement à l'entendement. Un exemple suffira à marquer d'une manière très nette la différence entre les représentations et les idées : Je suppose que je possède un cheval : la première fois que je l'ai vu, et toutes les fois que je l'ai regardé depuis, il m'est apparu avec une certaine forme à lui, de certaines proportions qui ne sont pas celles de tous les chevaux, il a une couleur de robe qui lui est propre, un hennissement que je distingue de celui des autres chevaux, des qualités ou des défauts qui lui appartiennent en propre, etc., de sorte que, en me représentant mon cheval, j'ai une notion concrète et individuelle de tel animal, et non de tel autre. — Et maintenant, il m'est arrivé plusieurs fois de voir des animaux semblables à celui que je possède (et qui d'autre part diffèrent de lui, cela va sans dire, à de certains égards), je formerai l'idée générale de cheval en réunissant dans une même conception les caractères essentiels communs que j'aurai remarqués dans les différents individus, et laissant de côté, bien entendu, leurs manières d'être individuelles, qui ici sont négligeables. (Il ne s'agit ici, nous avons à peine besoin de le faire remarquer, que des idées qui ont leur origine dans l'expérience sensible, et non des idées à priori, que nous donne la raison, et qui ont de tout autres caractères.)

Mais de quelle manière, et par quelles opérations successives, l'esprit peut-il ainsi transformer les représentations en idées ? Prenons comme exemple, pour qu'il soit encore plus concluant, s'il est possible, une des idées les plus abstraites, celle de *couleur*. — Je commencerai par remarquer, au fur et à mesure qu'ils se présenteront à moi, et selon les hasards de l'expérience, les objets colorés, c'est-à-dire qui affectent mon œil de diverses manières ; mais en fixant ainsi sur eux mon *attention*, je les considère dans leur réalité totale et complexe, tels qu'ils m'apparaissent en bloc, et sans distinguer encore en eux aucune qualité propre aucun caractère spécial. — Cette opération est en effet, le propre de l'*abstraction* : On appelle ainsi le procédé de l'esprit qui consiste à séparer idéalement, et seulement dans l'esprit, ce qui dans la réalité est inséparable (par exemple, comme c'est le cas ici, l'attribut envisagé à part de la substance) ; c'est une sorte de décomposition de l'objet en un certain nombre de points de vue, lesquels ne sont que dans l'esprit et pour l'esprit. — Lorsque l'abstraction a ainsi considéré séparément tel attribut dans tels objets, alors arrive la *comparaison*, qui réunit et rassemble dans un même groupe ces diverses qualités de même ordre : voilà donc un nombre plus ou moins considérable, selon les circonstances, de matériaux juxtaposés et tout prêts pour former l'idée générale. — L'idée proprement dite est enfin formée par la *généralisation* ; on pourrait la comparer à un courant énergique passant dans une réunion d'éléments, et en faisant la synthèse par une réduction de leur multiplicité à l'unité.

Voilà donc comment se forment les idées générales, par la collaboration de ces quatre opérations successives : attention, abstraction, comparaison, généralisation. — Mais, peut-on demander, *pourquoi* la généralisation ? pourquoi ce besoin de ramener l'infinie multitude des phénomènes à un nombre relativement très restreint de conceptions, dans lesquelles il soit possible de les distribuer tous, tous ceux qui sont réels et que nous connaissons et tous ceux que nous ne connaissons pas, qui sont seulement possibles, et qui sont en bien plus grand nombre ? pourquoi, en un mot, comme disait Platon, cette préoccupation de ramener le plusieurs à l'*un* ? — C'est parce que l'esprit porte en lui-même la conviction qu'il y a de l'ordre dans le monde ; que tous les êtres (quels qu'ils soient) obéissent à de certaines lois, et qu'il y a des conditions d'existence toujours les mêmes pour tous les individus d'une même espèce ; parce que notre pensée est assurée que ce que nous voyons nous garantit la réalité et le mode d'existence de ce que nous ne voyons pas. En définitive, l'esprit généralise parce qu'il a confiance absolument dans l'intelligence souveraine qui gouverne le monde et qui y maintient un ordre parfait et immuable.

Et à présent que nous savons *comment* et *pourquoi* la pensée humaine forme les idées générales, une dernière question se pose : quel est le rôle de ces idées dans la connaissance ? et quelle en est la valeur en soi, ou, en d'autres termes, la nature essentielle ? — D'après ce que nous venons de dire, on comprend que les idées générales sont le fond même de la science : Socrate, et après lui Aristote, se sont attachés à montrer « qu'il n'y a de connaissance que du général », et que le phénomène, c'est-à-dire ce qui apparaît et disparaît aussitôt, ce qui s'écoule, ce qui change, ce qui varie, ce qui est relatif au temps, au lieu, au milieu, et aux circonstances, ne saurait être objet de science. — Quant à la nature des idées générales considérées en elles-mêmes, c'est là un problème aussi vieux que la philosophie même, et qui a dû se poser dès le jour où pour la première fois un homme a réfléchi. Nous trouvons ici en présence deux doctrines, le *réalisme* et le *nominalisme* qui se réclament la première de Platon, de Malebranche et des scolastiques saint Anselme, Guillaume de Champeaux, saint Bernard ; la seconde, d'Aristote, des scolastiques Roscelin et Abailard, et des empiristes modernes. (Nous mettons ensemble le nominalisme de Roscelin et le conceptualisme d'Abailard, parce que psychologiquement les deux doctrines reviennent au même). Le réalisme considère les idées comme réelles en soi, indépendamment des êtres et des objets particuliers auxquels elles correspondent, et regarde les êtres particuliers comme de vains fantômes, et des ombres vides, pâles copies des idées : selon lui, le monde intelligible est seul réel. — Pour les nominalistes au contraire, les êtres particuliers et individuels sont seuls réels, et les idées n'ont aucune réalité : elles résultent seulement d'associations habituelles dans l'esprit, et se forment au fur et à mesure de l'expérience.

Ces deux doctrines ont raison, chacune au point de vue où elle se place, mais elles ont tort de déclarer qu'elles ont exclusivement raison ; la vérité est dans la conciliation des deux points de vue : il est vrai, en effet, que les idées générales se forment au fur et à mesure de l'expérience, comme nous l'avons indiqué plus haut, mais il est vrai aussi qu'en les constituant l'esprit découvre les lois constantes des choses, qui seules garantissent la possibilité et la légitimité de la généralisation. Si, en effet, nous n'avions pas la conviction à priori que tout dans le monde est soumis à un ordre préétabli, toute science, — c'est-à-dire toute connaissance du général, — serait impossible. — La devise de la science, en effet, doit être : Savoir, afin de prévoir et de pourvoir.

E. G. D.

47. — Du jugement et de ses différentes espèces.

Qu'est-ce que juger ? — Au lieu de définir tout d'abord cette opération de l'esprit, essayons de l'analyser ; au lieu de justifier la définition par des exemples, partons des exemples pour arriver à la définition. La marche sera plus lente peut-être ; mais elle n'en sera que plus sûre.

Je dis que la neige est blanche. Je juge ; voilà le fait. La question est de savoir en quoi consiste ce fait, et ce qui s'est passé dans mon esprit quand j'ai attribué la blancheur à la neige. J'aperçois deux termes en présence : d'un côté un corps concret, objet de ma perception ou de ma pensée, la neige ; de l'autre, une qualité abstraite, la blancheur. Entre ces deux termes, j'ai établi une liaison, un rapport de convenance ; j'ai dit que la qualité abstraite, la blancheur, appartenait au corps concret, la neige.

Mais ai-je bien appris quelque chose en disant que la neige est blanche ? Ce mot *neige* n'éveille-t-il pas dans mon esprit l'idée de blancheur ? Ce mot neige n'est-il pas tout simplement un signe convenu pour représenter un corps froid, poreux, blanc ? Dire : la neige est blanche, n'est-ce pas dire : ce qui est blanc est blanc ? A quoi sert donc le jugement, puisque cet attribut, la blancheur, est déjà contenu dans le sujet, la neige ? L'attribut ne fait que reproduire une partie du sujet.

Oui, mais une partie seulement, et c'est en quoi consiste précisément l'opération de juger. Quand je dis : la neige est blanche, je dis plus que si je disais : le blanc est blanc. Je fais une synthèse rapide par laquelle je me représente toutes ensemble les différentes propriétés qui constituent le corps appelé neige, moins une pourtant, qui est la blancheur. Le jugement consiste proprement à affirmer que cette propriété, dont j'avais fait abstraction dans ma pensée, appartient à ce corps aussi bien que la porosité, le froid, l'humidité et toutes les autres propriétés que le mot *neige* a éveillées dans mon esprit.

Après avoir ainsi analysé l'opération, nous pouvons plus facilement la définir, et reconnaître avec Port-Royal que le jugement est l'opération de notre esprit, « par laquelle joignant ensemble diverses idées, il affirme de l'une qu'elle est l'autre, ou nie de l'une qu'elle soit l'autre ».

Nous jugeons à chaque instant, le plus souvent à notre insu, et sans avoir conscience de ce qui se passe dans notre esprit. Nous sommes en possession d'une multitude d'idées générales, plus générales, pour la plupart, que celle de la blancheur, et nous sommes sans cesse occupés à les rapprocher les unes des autres, et à y comparer les divers objets de nos perceptions. Un corps se présente-t-il à moi? Aussitôt, avec une rapidité que l'habitude explique, je compare ce corps, comme j'ai fait de la neige, aux différentes conceptions générales qu'il éveille dans ma pensée : je trouve que les unes lui conviennent; les autres non. Je l'enferme sous tel genre, et je l'exclus de tel autre. Par là, le corps est comme défini et déterminé. Je connais sa nature; je sais la place qu'il doit occuper dans mon esprit, et le rang qu'il doit prendre au milieu des mille notions communes, qui sont comme la matière et le fond premier de ma conscience.

Nous savons maintenant ce que c'est que le jugement; nous en connaissons la nature et l'importance. C'est à la psychologie que nous avons emprunté ces renseignements. Il nous reste à étudier le jugement sous ses formes diverses dans la proposition qui en est l'énoncé; c'est à la logique qu'il faut désormais nous adresser.

Suivant un grand philosophe moderne (1), les jugements peuvent être considérés à quatre points de vue différents :

1° Au point de vue de la QUANTITÉ, c'est-à-dire selon le nombre des objets auxquels s'étend le jugement, et alors les jugemens sont dits ou *universels* (tout prince est tyran), ou *particuliers* (quelques princes sont tyrans), ou *individuels* (Auguste fut un tyran).

2° Au point de vue de la QUALITÉ, c'est-à-dire selon que plusieurs idées peuvent ou ne peuvent pas êtres réunies entre elles, et alors les jugements sont *affirmatifs*, *négatifs*, *limitatifs* ou *indéterminés*.

3° Au point de vue de la RELATION, c'est-à-dire suivant les rapports mutuels des idées que le jugement rapproche ou

(1) Kant, *Critique de la raison pure*, 2ᵉ part., liv. 1.

sépare. A cet égard, on distingue trois sortes de jugements : les jugements *catégoriques*, si les rapports entre le sujet et l'attribut sont établis sans condition ; *hypothétiques*, quand les rapports sont présentés comme dépendant d'une condition ; *disjonctifs*, quand un tout est présenté dans ses rapports à ses parties qui s'excluent réciproquement.

4° Au point de vue de la MODALITÉ, c'est-à-dire selon le rapport du jugement avec la faculté de connaître en général. A cet égard, les jugements sont ou *problématiques*, quand l'esprit considère une assertion comme purement concevable, ou *assertoriques*, quand l'esprit y adhère comme à une réalité, ou *apodictiques* enfin, quand le jugement est évident par lui-même.

48. — Du jugement. — Tous les jugements sont-ils, comme on l'a prétendu, le résultat d'une comparaison ?

On appelle jugement en philosophie l'acte de l'esprit par lequel nous affirmons une vérité. Quand je dis : Dieu est bon, j'affirme la bonté de Dieu, c'est un jugement. Quand je dis : J'existe, j'affirme mon existence, c'est encore un jugement. Quelquefois les jugements ont la forme négative : L'homme n'est pas immortel. Mais nier une chose, c'est affirmer qu'elle n'existe pas : notre définition se vérifie encore ici. Quelquefois enfin ils prennent la forme dubitative : mais douter, n'est-ce pas affirmer son doute ?

Le jugement se distingue de la proposition en ce que la proposition est un jugement exprimé. Tant qu'une affirmation reste dans notre esprit, elle est un jugement ; elle devient une proposition si elle est formulée par le langage. Le jugement diffère aussi du raisonnement : raisonner, c'est rapprocher et comparer deux jugements pour en tirer un troisième.

Il y a plusieurs espèces de jugements. Ils sont contingents, ou nécessaires, particuliers ou universels, négatifs ou affirmatifs, etc. C'est l'œuvre de la logique de distinguer ces diverses espèces, et de déterminer suivant quelles lois tous ces jugements doivent se combiner pour former des raisonnements justes et irréprochables.

La question la plus importante à résoudre quand il s'agit du jugement est celle de son origine : comment les jugements se forment-ils dans notre esprit ? Un philosophe anglais, Locke, a défini le jugement : l'acte par lequel nous affirmons un rapport de convenance ou de disconvenance entre deux idées. Ainsi quand je dis : Dieu est bon, j'ai dans l'esprit deux idées, celle de Dieu et celle de bonté, je les compare et j'affirme qu'elles se conviennent l'une à l'autre, le jugement est donc ici le résultat d'une comparaison.

Cette analyse est exacte, et il est bien certain que plusieurs jugements résultent d'une comparaison. Mais tous les jugements sont-ils dans le même cas ? C'est ce qu'il s'agit d'examiner.

Quand je dis : J'existe, j'affirme mon existence, et je forme un jugement. Mais y a-t-il ici deux idées entre lesquelles j'aperçois un rapport de convenance ? Il n'y en a qu'une seule, celle du moi, mais du moi conçu comme existant. Je n'ai pas d'abord l'idée du moi, puis celle d'existence : les deux idées m'apparaissent en même temps par une intuition directe de l'esprit : c'est par une analyse ultérieure que je les distingue l'une de l'autre. Il n'y a donc pas ici de comparaison, et, n'y eût-il que ce seul exemple, la définition de Locke se trouverait en défaut.

Mais il y a plus. Les jugements formés par la comparaison ne sont possibles que quand nous avons déjà formé ces jugements directs qui sont une simple intuition de l'esprit. Les idées ne naissent pas d'elles-mêmes dans notre intelligence : elles sont suscitées en nous par les choses extérieures, et par conséquent elles sont conformes à ces choses, elles ne sont donc pas abstraites, mais concrètes, et l'existence des choses auxquelles elles correspondent est toujours affirmée par nous à mesure que nous les connaissons. Ainsi je n'ai pas d'abord l'idée de papier, puis celle de blancheur ; mais le papier, du premier coup, m'apparaît comme blanc. Une fois que cette idée concrète est entrée dans mon esprit, je puis abstraire et distinguer ; il faut même que je fasse une abstraction pour exprimer ce jugement : Ce papier est blanc. Quand ces deux idées sont ainsi distinguées et pour ainsi dire dédoublées, je puis les comparer à d'autres et former alors ces jugements comparatifs que Locke a définis, je dirai par exemple, en prenant d'autres idées : Ce papier est beau ; cette neige est blanche.

Ainsi nous avons d'abord des jugements donnés par l'intuition ; nous en tirons par abstraction les idées, puis, combinant ces idées de diverses façons, nous formons de nouveaux jugements. Il n'est donc pas exact de prétendre que tous les jugements sont le résultat d'une comparaison.

49. — Qu'est-ce que le raisonnement ? Analyse psychologique et logique de ce procédé.

La psychologie, science spéculative de l'entendement, étudie et décrit sous ses diverses formes l'opération intellectuelle à laquelle on a donné le nom de raisonnement ; la logique l'étudie au point de vue de la pratique, et elle fixe les conditions et les règles de tout bon raisonnement.

Analyse psychologique du raisonnement. Des idées liées à des idées par comparaison ou juxtaposition constituent des jugements : ainsi, quand j'affirme que le *soleil est*, que le *soleil est chaud,* je forme et j'exprime des jugements. Mais si, de ces jugements, ou de jugements analogues, j'aboutis à une conclusion comme celle-ci : *Tous les corps chauds ont la propriété de transmettre leur chaleur dans tous les sens*, si je vais ainsi du connu à l'inconnu, des faits observés à des faits non observés ou non observables, mon intelligence fait acte de raisonnement (inductif).

On distingue, en général, trois espèces de raisonnement : l'analogie, l'induction et la déduction. — *L'analogie* conclut surtout de ressemblances connues à d'autres ressemblances. Je fais un raisonnement par analogie, si je conclus que deux ou plusieurs oranges, ayant même couleur, même poids, même parfum, ont aussi la même saveur.

L'*induction* résume dans une formule générale (loi, cause, force) tout un ensemble d'observations (modes, faits) particulières ; bien plus, elle étend la loi conçue à tous les faits imaginés, à tous les faits pouvant se passer dans les mêmes circonstances que les faits observés. Ainsi le physicien, qui a vu plusieurs corps tomber dans le vide avec la même vitesse, affirme que tous les corps tombent dans le vide avec la même vitesse.

Le raisonnement est *déductif* quand d'un principe rationnel et indémontrable, ou d'une vérité induite, ou d'une proposition régulièrement démontrée, on tire les conséquences qui y sont contenues. Je fais une déduction, quand je dis : *Tout vice est odieux ; donc l'avarice est odieuse ; ou Pierre est homme, donc il a tous les attributs qui conviennent à l'humanité*.

Analyse logique du raisonnement. La logique, qui a pour but la direction normale des facultés intellectuelles, nous indique les règles à suivre pour en rendre l'exercice sûr et utile.

S'agit-il de l'analogie, comme cette opération ne fait que préparer ses voies à l'induction, qu'on doit lui demander plutôt des hypothèses et des raisons d'induction que des résultats définitifs, les logiciens conseillent de ne pas se contenter de ressemblances ou rares ou superficielles. L'analogie, en effet, repose sur ce principe, que les rapports cachés des êtres sont signifiés par leurs rapports apparents ; or, qui ne sait que l'apparence n'est pas un signe constant du réel ?

Relativement à l'induction, la logique donne des règles encore plus rigoureuses. Ce raisonnement est fondé sur ce principe qu'il y a un ordre général et constant dans les phénomènes naturels, et toute induction légitime équivaut à la découverte de lois, sinon fixes et immuables, tout au moins largement extensives et compréhensives. Pour régler ce procédé si fécond de l'esprit, Bacon, appelé à juste titre le législateur de l'induction, a recommandé, outre ses fameuses *tables*, certaines pratiques auxquelles les logiciens n'ont jusqu'ici rien ajouté d'essentiel. Il insiste avec raison sur les conseils suivants : procéder avec réserve, et s'élever graduellement de généralisations partielles et bien vérifiées à des généralisations plus étendues. Telle est la règle la plus importante qu'ait formulée ce grand philosophe de la nature, qui a si bien complété Aristote, et compris que tout est ordonné dans les faits réels.

que tout s'y développe dans un ordre continu, depuis le polype au fond des eaux jusqu'à Sirius au haut des cieux.

Enfin, les règles de la déduction, dont la forme parfaite est le syllogisme, ont été exposées avec le plus grand soin par Aristote, et *utilement* résumées dans l'*Art de Penser*. Ces nombreuses règles se peuvent réduire à deux : 1° que le principe ait une généralité suffisante pour contenir la conclusion qu'on en veut tirer; 2° que cette conclusion soit réellement contenue dans ce principe.

B. P.

50. — Part de l'expérience et part de la raison dans l'acquisition des connaissances humaines.

L'expérience et la raison ont été longtemps, au moins dans les livres des philosophes, deux ennemies irréconciliables. Aujourd'hui, les disciples trop étroits d'Aristote, les trop fervents platoniciens ont dû également renoncer à ramener toute notre intelligence à une seule de ces deux origines, et toute la question est de fixer les limites où finit le domaine de l'expérience, où commence celui de la raison.

Les vérités d'*expérience* sont les vérités de *perception*. Il y en a de deux sortes, comme il y a deux sortes de réalités : la matière et l'esprit. La perception, qui nous fait connaître les phénomènes de l'ordre matériel, s'appelle perception externe : elle s'exerce par nos *organes*. On appelle, au contraire, perception interne le regard que l'âme jette sur elle-même, cette observation directe dont elle est l'objet à la fois et le sujet, et qui se fait par la *conscience*. Sens et conscience, voilà donc les deux sources expérimentales de nos connaissances. Et toutes les vérités qui ne peuvent venir ni des sens, ni de la conscience, devront être rangées sous un autre chef, attribuées à une autre faculté.

Mais y a-t-il des vérités qui ne viennent pas de l'une de ces facultés de perception? La question a été souvent et vivement débattue. Sans nous perdre dans la controverse des *idées innées*, prenons quelques exemples dans nos raisonnements de tous les jours, et voyons si tout y est fruit de l'expérience.

Je dois aimer mon père. Quand j'analyse cette proposition, j'y trouve au premier abord des idées tout expérimentales. *Mon père* : je le connais par perception ; si j'étais sourd, aveugle, paralytique, en un mot, si je n'avais pas de sens, je ne saurais ni ce qu'est un père, ni que j'en ai un. *Aimer* : c'est aussi un phénomène d'expérience, mais de l'expérience la plus intime, celle de l'âme. Si j'étais fou, c'est-à-dire si je n'avais pas conscience de moi-même et de ce qui se passe en moi, je ne saurais pas ce que c'est qu'aimer. Reste une autre idée : *Je dois*. Celle-là ne vient pas des sens ; le devoir n'a rien qui puisse tomber sous la vue ou sous l'odorat, sous le tact ou sous l'ouïe. Mais c'est peut-être l'expérience intime qui m'a enseigné peu à peu qu'il existe un devoir? Non, car je sens nettement que je l'ai toujours su, que depuis le premier éveil de la vie pensante en moi, j'ai bien compris l'idée qu'expriment ces mots : *Je dois, je ne dois pas, je fais bien, je fais mal.* Voilà une idée que sans doute l'éducation, l'expérience ont rendue plus claire et plus précise, mais que je n'ai pas acquise par la seule expérience. C'est le fruit de la *raison* ; c'est une des notions constitutives de l'intelligence humaine.

Le monde a une cause : encore ici, l'idée expérimentale apparaît au premier regard. *Le monde,* c'est la somme des êtres et des choses que mes sens m'ont appris à connaître, et que je désigne tous ensemble sous ce nom collectif. Mais *une cause,* comment ai-je appris ce que c'est ? Sont-ce mes sens qui me l'ont montrée ? La causalité a-t-elle quelque chose de lumineux, d'odorant, de rond ou de carré, d'aigre ou de doux qui puisse enfin entrer par l'une de ces portes qui nous sont ouvertes sur le monde extérieur ? Évidemment non : si une bille de billard frappe et pousse l'autre, elle devient la cause du mouvement de la seconde ; mais mes sens ne voient là que deux billes et deux mouvements successifs, et c'est à une autre faculté de déterminer l'invisible rapport de ces deux phénomènes. Sera-ce la conscience ? Elle m'apprend bien, par exemple, que je suis la cause de mes propres mouvements ; mais si je n'avais pas, d'ailleurs, et pour ainsi dire antérieurement, la notion de causalité, je ne me rendrais pas compte que je suis moi-même une cause. Il faut donc attribuer aussi à cette idée de cause une origine différente de l'expérience. Elle se trouve partout, toujours et naturellement au fond de l'esprit, même le moins juste : elle appartient à la *raison* humaine.

On en pourrait dire autant de l'idée de *substance*, de celles de *temps et d'espace*, des notions de *vérité*, de *beauté*, et surtout de l'idée d'*infini* ou d'*absolu* qui se confond dans notre esprit avec celle même de *Dieu*. Toutes ces notions premières, et on y pourrait joindre tous les *axiomes* sur lesquels reposent les sciences, sont des idées dues à la raison, et qui se distinguent, par tous leurs caractères, des connaissances acquises par perception interne ou externe.

Toutes les sciences, et l'esprit humain lui-même, reposent sur l'équilibre de ces deux classes d'idées. Les notions rationnelles, cadres et pour ainsi dire moules éternels de notre pensée, reçoivent et façonnent toutes les connaissances expérimentales. L'expérience varie, s'accroît, s'étend progressivement : la raison demeure éternellement et partout la même. Ses principes isolés seraient stériles ; appliqués à nos idées, ils y mettent l'ordre et l'harmonie.

Concluons donc que si les sens nous font connaître le monde, si la conscience nous fait connaître notre propre esprit, c'est la raison qui nous donne les bases essentielles de toute connaissance. L'expérience conclut, mais sur les prémisses de la raison. Si nous n'avions pas l'idée de *cause à priori*, nous n'étudierions jamais les causes à *posteriori.* Sans l'idée pure d'*espace*, la géométrie n'existerait pas, ni la mécanique sans l'idée de *mouvement*. En un mot, sans les lumières supérieures et sans les principes de généralisation que nous donne la raison, nos perceptions resteraient dans une confusion désordonnée qui nous rabaisserait au niveau de l'intelligence animale ; et à son tour, sans l'expérience, la raison n'aurait pas d'objet ni de matière à coordonner, et sa clarté impuissante luirait dans le vide.

51. — Montrer en quoi diffèrent la raison et le raisonnement.

Quand Chrysale en colère s'écrie :

> Raisonner est l'emploi de toute ma maison,
> Et le raisonnement en bannit la raison ;

il est trop clair que, sans se piquer de définitions précises, le bonhomme ne confond pas le raisonnement avec la raison, puisqu'il oppose celle-ci à celui-là.

Dans la définition de l'homme : « Un animal raisonnable », raisonnable veut dire doué de raison, capable de faire acte d'intelligence et non capable de syllogisme ou de tout autre raisonnement.

Au sens rigoureux, philosophique, la raison est cette faculté par laquelle l'âme perçoit les idées générales, universelles, ou, comme on dit, l'absolu ; et le raisonnement est la faculté, ou mieux encore l'opération de l'esprit qui consiste à déduire un jugement d'autres jugements. La raison et le raisonnement nous apparaissent donc avec des rôles bien distincts ; les plus simples opérations intellectuelles nous rendent très appréciable cette distinction entre les mots et, par conséquent, les propriétés entre les mots et les choses.

A la suite de perceptions, mon intelligence prononce que tels et tels objets sensibles *sont*, par exemple, des arbres, des pierres, de l'eau, de la terre ; mais dire que tels et tels objets *sont* des arbres, etc., c'est prononcer qu'ils possèdent l'*être* à un degré quelconque ; dire qu'ils sont telle et telle espèce d'être, c'est prononcer qu'ils sont conformes plus ou moins à l'idée de l'être en général, idée nécessairement préexistante à l'idée de tout être particulier. Or, c'est la raison qui perçoit cette idée de l'être en général.

Si je pose les signes suivants : $2 + 2 = 4$, les yeux qui lisent cette équation disent qu'elle est vraie ; mais affirmer la vérité de cette équation, qu'est-ce autre chose, sinon prononcer qu'elle est conforme à l'idée du vrai en général ou du vrai absolu ? L'idée du vrai comme l'idée de l'être est fournie par la raison.

De même, en présence d'un tableau, je le trouve beau plus ou moins ; témoin d'une action, je la trouve honnête, juste ou non. Je ne puis porter ces affirmations qu'autant que le tableau est plus ou moins conforme à l'idée de beauté, l'action plus ou moins conforme à l'idée d'honnêteté ou de bien absolu.

Qu'il s'agisse de l'être, du vrai, du beau ou du bien, je ne puis porter un jugement, et par conséquent raisonner, que si j'ai un terme de comparaison; car juger c'est comparer. Le terme de comparaison, pour les exemples qui précèdent, c'est l'idée de l'absolu perçue par la raison, idée qui domine tous les jugements et tous les raisonnements, comme il est facile de s'en convaincre encore davantage. Le type du raisonnement est le syllogisme, et tous les syllogismes peuvent se réduire à cette formule : $A = B$; or $B = C$, donc $A = C$. Mais le jugement par lequel j'affirme qu'il est vrai que $A = B$, et le jugement par lequel j'affirme qu'il est vrai que $B = C$ ne seraient pas possibles sans l'idée primitive du vrai; à la lumière de cette idée générale, je vois la vérité particulière qui consiste dans l'équation entre A et B ou C. Aussi Fénelon disait, en parlant de la raison : « Cette lumière universelle découvre et représente à nos esprits tous les objets, et nous ne pouvons rien *juger* que par elle, comme nous ne pouvons discerner aucun corps qu'aux rayons du soleil. »

La raison, nous devons le reconnaître, est la condition *sine quâ non* de l'existence du raisonnement; il y a donc entre les deux une grande différence.

Et cette différence est de telle nature que nous ne pourrons nous empêcher d'attribuer à la raison la meilleure part dans l'accroissement des sciences. En effet, le raisonnement déductif ne pourrait jamais tirer les vérités particulières ou secondaires contenues dans une vérité première si la raison ne la percevait. Avec le raisonnement inductif nous prononcerions des jugements sur la similitude de certains faits et de certains phénomènes isolés. Mais ce n'est pas la connaissance des faits, c'est la connaissance des lois qui constitue la science, et la tentation de formuler des lois ne peut venir à l'esprit qu'avec l'idée de loi ou d'ordre en général fournie par la raison comme toutes les idées absolues. De sorte que, si on peut appeler le raisonnement l'ouvrier de la science, la raison en sera l'architecte.

BERAUD

52. — Origine psychologique de l'idée de cause. Ses rapports avec le principe de causalité.

L'idée de cause est l'idée de ce qui produit un effet, de ce qui fait qu'une chose a lieu.

D'où nous vient cette idée, et aussi le principe de causalité qui la suppose, et que l'on formule : « Tout ce qui commence d'exister a une cause. » ?

L'explication de ce problème important a donné naissance à deux théories aussi célèbres qu'anciennes, celle de l'empirisme, appelée quelquefois sensualisme, et celle du rationalisme, qui a trop souvent mérité d'être appelé idéalisme. Donnons un succinct aperçu de ces deux systèmes diamétralement opposés.

Suivant les empiriques, dont le premier chef est Thalès, et le dernier Condillac, les sens tout seuls, ou aidés de la réflexion ou conscience, en un mot, l'expérience, voilà le principe de l'idée de cause. Mais cette idée se confond avec l'idée de succession ou séquence : nos perceptions ne nous font saisir dans la nature ou en nous-mêmes que de phénomènes se suivant, mais non s'engendrant les uns les autres. Il faut donc prendre, avec Hume, l'idée de cause comme un préjugé, ou, avec Locke et Condillac, comme l'idée de liaison étendue et généralisée. C'est parce que nous avons vu un très grand nombre de phénomènes se suivre habituellement dans un ordre régulier, la chute d'une pierre succéder à l'action de la lancer, la douleur suivre l'impression d'un coup, la sensation de saveur agréable être la conséquence de l'ingestion de tel ou tel aliment, que nous avons conçu de bonne heure et pour toujours l'idée abstraite et générale, et de plus en plus abstraite et générale, de phénomènes habituellement liés entre eux. L'idée nécessaire, c'est-à-dire forcée, de cause, ainsi entendue, n'est, comme on le voit, qu'un cas particulier de la grande loi d'association des faits dans la nature, et des idées dans l'esprit.

La théorie de la raison, qui s'est établie sur les ruines du système des sensations transformées, professe sur cette matière une théorie prudente et éclectique, qui sait se garder de l'exagération idéaliste, tout en faisant sa part à l'expérience, dans la production, ou tout au moins, la formation de l'idée de cause. D'après les philosophes rationalistes, nous ne pouvons saisir le rapport de causalité, ni dans l'action que les corps exercent les uns sur les autres, — ni dans le fait de sensation que ces corps peuvent produire sur le moi, — ni dans les mouvements que son activité, soit spontanée, soit réfléchie, produit sur nos organes.

1º L'observation, disent-ils, ne nous découvre dans le monde extérieur que des mouvements liés à d'autres mouvements, mais dont nous ne concevons la cause réelle que par imagination et par analogie. — 2º Les objets extérieurs n'agissent sur le moi qu'indirectement, et par le moyen des organes; par exemple, dans le fait de la vision nous ne savons pas comment il se fait que, l'impression lumineuse ayant produit l'image réelle de l'objet au fond de notre œil, nous éprouvions la sensation de couleur : quel rapport de causalité unit ici le phénomène extérieur au fait de conscience? Il est entièrement impossible de le savoir par perception, ou même par analogie. — 3º Quand le corps nous semble obéir à une impulsion intérieure, dans ce mouvement et cet effort que nous croyons sentir, pouvons nous, en réalité, voir autre chose qu'une succession de phénomènes intellectuels et physiques? En effet, si l'on admet, avec Pascal, que « l'homme est à lui-même le plus prodigieux objet de la nature; qu'il ne peut concevoir ce que c'est que le corps; encore moins ce que c'est que l'esprit; et moins qu'aucune chose, comment un corps peut être uni à un esprit, quoique pourtant ce soit son propre être; » si on considère comme un mystère absolument impénétrable l'action de l'esprit sur les organes, on doit reconnaître qu'on ne peut saisir entre eux aucun rapport de causalité. Ni la liaison des phénomènes extérieurs ni la liaison des phénomènes intérieurs et extérieurs, n'expliquent donc la présence dans l'esprit de cette conception universelle de cause, qui s'impose à tous les phénomènes, dans tous les temps, dans tous les lieux, dans tous les cas. Il faut en chercher l'origine ailleurs que dans l'expérience. La raison, faculté de l'absolu, du nécessaire, de l'universel, est la source de cette idée, qui, innée en nous à titre de prédisposition intellectuelle, ne demande à l'expérience que l'occasion de surgir avec évidence et de s'affermir inébranlablement dans l'intelligence.

Telle est la réponse du rationalisme à l'empirisme, de Descartes et de Leibnitz à Epicure et à Locke.

B. P.

53. — Du principe de causalité. Sa vraie formule. Dérive-t-il de l'expérience?

Le principe de causalité est un de ces jugements rationnels qui servent, pour ainsi dire, de régulateurs au mouvement de la pensée. C'est une de ces affirmations primitives que Kant appelle *jugements sûrs à priori*, et qu'on reconnaît à ces trois signes certains : ils sont *universels*, ils sont *absolus*, ils sont *nécessaires*.

Pour exprimer avec précision cette loi de l'entendement à laquelle tous les esprits obéissent, mais la plupart d'une manière irréfléchie et sans s'en rendre compte, on a proposé plusieurs formules : citons seulement les plus célèbres.

Tout effet a une cause, dit-on vulgairement. Cette manière de présenter le principe de causalité en fait une simple tautologie. Qui dit *effet*, dit par là même une chose produite, causée ; et, dès lors, il n'y a plus de nécessité d'affirmer qu'elle ait une cause, vérité déjà énoncée par le seul mot *effet*.

Tout ce qui est a une cause : cette seconde formule, en évitant la naïve tautologie de la première, a cependant un grave inconvénient : dire que *tout être, tout ce qui est*, ou simplement *tout* a une cause, c'est oublier que Dieu n'en a pas, en d'autres termes que la causalité n'est pas une série indéfinie de chaînons attachés l'un à l'autre, mais que cette chaîne a un premier anneau, qu'elle s'arrête enfin à une *cause première*. Un enfant, à qui l'on faisait passer en revue différents objets de la nature en lui disant que tous avaient été faits par Dieu, demanda, quand il eut fini cette énumération : « Mais Dieu, qui est-ce qui l'a fait ? » Cette question était très légitime, si on lui avait dit d'abord que *tout* a une cause.

On a corrigé quelquefois cette formule trop large par une autre, qui est trop étroite : *tout fait, tout phénomène a une cause*. Cette définition laisse de côté les êtres créés, qui ne sont pas de simples phénomènes, mais des substances réelles, quoique finies.

La définition la plus simple et la plus complète est celle-ci :

Tout ce qui commence d'exister a une cause. Elle a l'avantage de distinguer nettement l'Être parfait des êtres finis, et d'embrasser à la fois les *êtres finis*, les *choses* et les *faits*, c'est-à-dire tout l'univers créé.

Ainsi formulé, le principe de causalité peut-il passer pour le résumé, pour la généralisation de l'expérience? Dérive-t-il, au contraire, d'une autre source? — La question est grave, mais la réponse ne saurait être douteuse.

L'expérience n'a que deux formes, elle ne peut être acquise que de deux manières : ou par les *sens*, au moyen des organes qui nous font saisir le monde externe ; ou par la *conscience*, faculté qui réfléchit le monde intérieur et la vie de l'âme.

Est-ce aux sens que nous pouvons demander de nous faire voir, sentir, entendre ou palper des *causes?* Les phénomènes seuls peuvent être perçus par les sens : or, une cause n'est pas un phénomène, mais un rapport. Une bille en frappe une autre et la met en mouvement : les sens voient-ils que la première bille est *cause* du mouvement de la seconde? Évidemment, l'œil perçoit successivement deux phénomènes, deux mouvements, et c'est une autre faculté qui met entre eux un rapport logique, celui de la causalité. Ce rapport est nécessaire : or, les sens constatent ce qui est, non ce qui doit être. Ce rapport est absolu, universel : or, les sens ne peuvent qu'observer ce qui s'est produit, ici ou là, en telle ou telle circonstance, de telle ou telle façon, sans jamais dépasser le relatif, le particulier, le passager. La perception externe ne peut donc engendrer le principe de causalité.

Est-ce plutôt la conscience qui nous en fournit les éléments? Ici, reconnaissons la présence simultanée, et, pour ainsi dire, l'inextricable enchevêtrement de deux faits que la pensée seule sépare.

D'un côté, nous avons le sentiment, la conscience de notre propre activité, de notre énergie productrice, de notre force motrice. Nous savons que, si nous remuons les bras, ouvrons les lèvres, étendons la main, tous ces actes sont les *effets* de notre volonté. L'idée de *cause personnelle* vient donc de la conscience.

Mais, d'autre part et en même temps, nous affirmons que nous ne sommes pas la seule cause existante, et nous cherchons à assigner à chaque objet la sienne. On sait que l'enfant croit d'abord que toutes les forces extérieures sont semblables à lui-même, il leur attribue la personnalité, la conscience, la responsabilité. Il *punit* la chaise ou la pierre où il s'est heurté ; comme lui, l'Indien sauvage invoque, supplie ou menace le serpent, la maladie, la pluie, toutes les forces naturelles. Ces naïves illusions prouvent que notre esprit a une tendance naturelle à assimiler toutes les causes à la cause *moi* Mais elles prouvent, en même temps, qu'il croit à l'existence des causes en général, qu'il a un penchant inné à chercher la cause de tout ce qu'il observe, c'est-à-dire qu'il affirme, d'une manière absolue, et si je puis dire instinctive, le principe de causalité. C'est là une affirmation, non-seulement irréductible et supérieure à l'expérience, mais indispensable même pour que l'expérience soit possible : concluons donc qu'elle résulte, non de l'observation empirique des choses ou de notre âme, mais des lois mêmes de la *raison*.

54. — Les idées ont-elles toutes une origine commune?

Nihil est intellectu quod non prius fuerit in sensu, dit une certaine école; *nisi ipse intellectus*, a répondu Leibnitz. Cet argument empêchera toujours de résoudre par le système des sensualistes la question de l'origine des idées. Il y a en nous, dans notre esprit, quelque chose qui n'a pu nous venir des sens.

D'un autre côté, admettrons-nous le système des idées innées? Non, car indépendamment de la difficulté d'expliquer en quoi elles consistent, il y a dans ce système une certaine contradiction à laquelle on n'échappe pas. Une idée ne pouvant être que la notion d'un objet, et les idées innées n'étant pas toujours *actuelles* (en acte), elles se trouvent à la fois être et n'être pas, puisqu'on ne peut pas indiquer l'objet auquel elles s'appliquent. Or qu'est-ce qu'une idée sans objet correspondant? Aussi Descartes, poursuivi par les objections, avait-il fini par avouer que les idées innées ne sont pour l'esprit que la faculté de les produire : ce qui, comme le remarque Leibnitz, est loin de réduire l'esprit à une *table rase*, à la simple réceptivité; car il y a une grande différence entre la prédisposition à recevoir une idée et la faculté de l'exprimer de soi-même; mais ce qui, nous le répétons, suffit pour nous faire renoncer à ces idées innées *more habituum*, une idée étant le produit d'un acte et non purement une aptitude.

Si nous voulons passer en revue quelques-unes des principales idées, nous reconnaîtrons facilement que c'est l'intelligence qui les forme en mettant en œuvre les matériaux fournis par l'expérience et les éléments fournis par la raison.

Commençons par le fait le plus simple. Comment mon esprit acquiert-il les idées sensibles, et, parmi les idées sensibles, les idées individuelles? J'aperçois pour la première fois un arbre, un rocher, une maison. Il est trop clair que ces idées-là ne sont pas innées en moi; parmi tous les arbres, tous les rochers, toutes les maisons possibles, mon esprit n'était pas plus déterminé à connaître premièrement ce rocher-ci ou cet arbre-là, plutôt que tout autre. Il est tout aussi certain, sinon aussi évident, qu'il y a dans la notion de cet arbre ou de ce rocher quelque chose qui dépasse la perception que j'en ai eue. Car un arbre, un rocher, un homme, etc., est un être d'une certaine espèce, un être quelconque; en d'autres termes, tous ces objets contiennent une certaine quantité d'être, ils ont de l'être à un certain degré. Et mon intelligence ne peut me dire que cette pierre, ce végétal ou cet animal, renferme tel ou tel degré d'être, sans que mon intelligence ait nécessairement l'idée de l'être en général, l'idée de l'être *simpliciter*, comme on dit en termes techniques. Cette idée de l'être en général est fournie à mon intelligence par la raison.

Les idées sensibles particulières, comme Français, Prussien, Athénien; les idées sensibles générales, comme homme, arbre, pierre, viennent de l'activité de l'esprit, de cette énergie particulière appelée *généralisation*, qui rattache un certain nombre d'êtres à un genre, à une espèce, à une famille, etc. La généralisation opère, au moyen de la mémoire et du jugement, sur les données fournies par l'expérience. Les idées de familles, de groupes, d'espèces ne sauraient nous venir des sens, car si la collection plus ou moins grande d'individus que ces mots désignent existe réellement ou peut exister, il n'existe pas d'individu-groupe, d'individu-famille; il répugne même de le supposer : les sens n'ont donc pu le percevoir.

Par une autre énergie intellectuelle, je puis considérer certaines qualités ou propriétés en les séparant de leur substance : par exemple, la couleur, la dureté, la forme carrée ou cubique, indépendamment de tel ou tel corps. Mais je n'ai jamais vu la couleur isolée, suspendue en quelque sorte dans le vide; je n'ai jamais touché la dureté, ou le carré ou le cube. J'ai vu des corps qui étaient colorés, j'ai touché des corps qui étaient durs, etc. Donc, ici comme plus haut, ces idées que me donne l'abstraction supposent deux choses : la perception répétée et le travail de mon esprit.

Il est d'autres idées qui ne peuvent me venir ni de la perception, ni du travail de mon esprit sur les matériaux fournis par la perception: ce sont les idées universelles, absolues du *vrai*, du *juste*, du *beau*.

Que la perception ne puisse me les donner, c'est ce qu'établit incontestablement le simple fait que je ne rapporte à aucun des objets extérieurs qui m'ont frappé, comme à leur objet spécial, ni l'idée du vrai, ni l'idée du juste, ni l'idée du beau. Personne, même dans l'école sensualiste, ne prétend avoir vu ou touché le vrai, le beau, ou le juste. On n'a jamais vu que telle ou telle chose, vraie ou belle, c'est-à-dire présentant d'une manière plus ou moins remarquable le caractère de la vérité ou de la beauté.

Il ne sera pas difficile non plus de démontrer que ces idées ne sont point dues au travail de notre esprit procédant par généralisation ou par abstraction. La généralisation réunit un nombre de faits similaires pour formuler une loi, ou un certain nombre de caractères communs pour classer les êtres en familles, espèces, genres. L'abstraction considère certains phénomènes comme séparés des substances qui les supportent. Ce n'est pas là ce qui se passe à propos des idées universelles que nous avons rappelées.

La première fois que vous voyez un tableau, on vous demande : Qu'en pensez-vous ? est-il beau ? vous a-t-il plu ? Vous ne comprendriez pas la question, si vous n'aviez préalablement en vous l'idée du beau. Vous voyez ensuite plusieurs œuvres d'art, on vous demande si elles sont belles, et vous-même vous les jugez telles à un degré plus ou moins élevé. Mais de quelle règle, de quel *criterium* vous servez-vous pour porter ces jugements ? Ce n'est pas du souvenir du premier tableau que vous avez vu. Outre que, pour juger celui-là, il vous fallait déjà un criterium, vous ne dites pas que ces tableaux, qui ont successivement passé sous vos yeux, sont beaux parce qu'ils ressemblent au premier ; vous dites qu'ils sont beaux, selon qu'ils répondent plus ou moins à l'*idéal* qui est en vous. Cette idée du beau est si peu le produit de la généralisation ou de l'abstraction, qu'elle précède chez nous l'expérience, tandis que la généralisation et l'abstraction la supposent forcément.

On raisonne pour le vrai et le juste comme on raisonne pour le beau. Je ne puis prononcer que telle chose est vraie ou juste, que d'autres choses successivement examinées sont vraies ou justes sans les comparer à l'idée du vrai et du juste qui est en moi. Tout jugement suppose deux idées dont on affirme la convenance ou la disconvenance. Pour que je juge que telle proposition est vraie, il faut que j'aperçoive le rapport qui existe entre les idées qu'elle exprime et l'idée du vrai absolu. Cette idée reste permanente dans mon esprit comme le fonds commun qui me permet de porter tous mes jugements ; elle préexiste à tous mes jugements sur des propositions particulières qui, sans cela, ne pourraient m'apparaître ni vraies ni fausses. Concluons donc que les sens ne nous donnent ni immédiatement par la perception, ni médiatement par la généralisation ou l'abstraction, les idées absolues de la vérité de la justice et de la beauté. Cependant ces idées sont en nous. Il faut donc, de toute nécessité, que la raison les présente directement à l'intelligence, à mesure que notre âme s'éveille par les sensations et les perceptions.

Il ne s'agit pas de savoir ce que serait un être incorporel. C'est l'homme que nous étudions, un composé de corps et d'esprit. L'intelligence acquiert certaines idées par les perceptions ; il en est d'autres qu'elle forme en travaillant sur les matériaux fournis par la perception ; il en est enfin que la raison saisit et présente directement à l'intelligence, sans que les perceptions aient été, pour l'acquisition de ces idées, autre chose que des occasions.

55. — Nature et origine des idées de temps et d'espace.

PLAN

OBSERVATION. — Cette dissertation se divise évidemment en deux parties d'une importance inégale, car la solution de la première doit amener la solution de la seconde. C'est le mot *nature* qui est le principal.

Première Partie. — Quelle est la nature des idées de temps et d'espace ? Toutes les deux sont des idées contingentes. Clarke en a fait, bien à tort, des attributs métaphysiques de Dieu, et, par conséquent des idées nécessaires. Avec Leibnitz, nous répondons : le temps est la succession des événements ou *l'ordre des successions.* Otez le monde, la création, l'ordre des choses qui passent, la notion de temps s'évanouit.

De même, les esprits n'occupant pas d'espace, supprimez les corps, l'idée d'espace n'a plus de raison d'être. L'espace est le lieu des corps, comme le temps est la succession des événements. Et, si l'on a dit : Tout corps est dans l'espace, ce qui est vrai, cela suppose l'existence des corps, êtres contingents. Cette vérité n'est donc pas d'une nécessité antécédente.

Deuxième Partie. — Nous nous garderons donc de faire du temps et de l'espace des entités éternelles, ou même des entités quelconques, qui seraient nécessairement corps ou esprit.

Ces idées ont leur origine dans l'expérience. La mémoire, par la succession des faits psychologiques, nous donne l'idée de temps. La perception externe constate que notre propre corps et ceux qui nous environnent n'occupent pas toujours la même place : avec l'idée de mouvement, elle nous donne l'idée d'espace.

BERAUD

56. — Des idées d'espace et de temps.

Les théories les plus intéressantes à étudier, relativement à la nature et à l'origine des idées de temps et d'espace, sont celles d'Aristote, de Locke et de Kant. Nous allons en donner un succinct aperçu, avant d'indiquer la théorie la plus généralement adoptée en cette matière.

Les notions de temps et d'espace, que l'homme apporte au monde, d'après Platon, à l'état de virtuelles réminiscences, étaient, pour son disciple Aristote, non plus des réalités ressouvenues, mais des modes inhérents aux réalités. Elles étaient comprises dans ces dix catégories : la substance, la quantité, la qualité, la relation, l'action, la passion, le temps, le lieu, la situation, l'habitude ou la possession. Ces idées rentraient donc pour lui, mais par le moyen de la sensation, dans les formes nécessaires de la pensée.

Ce point de vue n'est peut-être pas aussi éloigné qu'on pourrait le croire de celui auquel les sensualistes modernes se sont placés pour envisager les deux idées dont nous avons à nous occuper ici. Ces derniers philosophes les considèrent volontiers comme des données sensibles, élaborées par l'abstraction et la généralisation. D'après eux, l'intelligence ne saisit positivement qu'une étendue et une durée bornées, « au-delà de laquelle tout se confond dans la conception négative d'une immensité et d'un temps incompréhensibles ». Locke ne sépare pas l'idée d'espace d'avec celle de corps plus ou moins étendus, et l'idée de temps d'avec celle de durée : l'espace est connu par l'étendue concrète, le temps par la succession limitée de phénomènes, dont l'esprit s'est formé deux idées abstraites. Ils n'existent pas en dehors des réalités : l'esprit, table rase, n'en doit la conception qu'à ses sensations primitives.

Le temps et l'espace sont pour le profond, mais nuageux métaphysicien de Kœnigsberg, tout à la fois des formes *à priori* de la sensibilité et de l'entendement. Ce sont d'abord deux intuitions sensibles, que la sensibilité ne tire pas de la sensation, mais qu'elle applique nécessairement à la sensation. Après avoir senti, l'homme pense. Les concepts à priori de l'entendement sont appliqués nécessairement aux impressions, comme les intuitions de la sensibilité l'ont été. L'espace et le temps sont deux de ces formes subjectives de l'intelligence, de ces concepts purs qu'elle applique à tous les objets de connaissance.

Les sensualistes n'auraient-ils pas pu faire observer à Kant que, lui aussi, part de l'impression sensible, (pour eux la sensation primitive), pour arriver à la conception pure, (pour eux idée générale), après avoir déterminé une intuition, (pour eux sensation ou idée distincte)? Si l'on y regarde de près, la marche de l'esprit paraît la même dans les deux systèmes : il n'y a guère de différence, et à la métaphysique près, que dans la dénomination des opérations ou facultés intellectuelles d'où proviennent les deux notions d'espace et de temps. Où Kant avait raison contre ces philosophes, c'est en reconnaissant dans l'homme cet *à priori* de la connaissance, que nos philosophes évolutionnistes expliqueraient par l'hérédité des impressions associées et accumulées, et qui était pour Leibnitz des prédispositions ou des virtualités intellectuelles. Il n'est pas de nos jours un empirique renseigné qui ne reconnaisse, avec Leibnitz, et, de quelque façon qu'il l'explique, un certain à priori subjectif, ces notions et vérités essentielles, « qui entrent dans nos pensées, dont elles sont l'âme et la liaison, et qui sont nécessaires comme les muscles et les tendons le sont pour marcher, quoiqu'on n'y pense point ». La théorie de la sensation transformée en idées et en facultés est une hypothèse aujourd'hui rejetée par la philosophie comme par la science.

Pour en revenir à ces deux idées de temps et d'espace, si diversement comprises par les philosophes dont nous venons d'exposer les théories, voici la manière de les concevoir qui a cours dans notre enseignement rationaliste. Ces idées nous sont fournies par la raison, à l'occasion des notions expérimentales : mais nos perceptions, renfermées dans le temps présent et dans le lieu particulier, ne nous révéleraient jamais l'idée pure de temps et d'espace. Même transformées par l'abstraction et la généralisation, elles seraient impuissantes à produire autre chose que les conceptions d'une étendue et d'un temps indéfinis. Telle est, depuis Fénelon et Leibnitz, la doctrine généralement admise par les rationalistes exempts de tout esprit d'exagération.

B. P.

57. — L'idée d'infini peut-elle être tirée de l'expérience?

La notion de l'infini est pour les empiriques le produit de l'abstraction et de la généralisation travaillant sur l'expérience. Pour les rationalistes, cette idée corrélative de celle du fini, est, comme elle, une de ces catégories universelles sous lesquelles le sens commun ou la raison nous fait une loi de ranger tous les modes ou attributs des substances. La théorie empirique est donc une théorie positive, qui cherche à expliquer la nature en même temps que l'origine de cette idée; et la théorie rationaliste une théorie négative qui tend surtout à faire prévaloir cette opinion que la perception ne saurait être le point de départ de cette idée.

Commençons par exposer succinctement la doctrine empirique, d'après un philosophe contemporain qui ne lui est rien moins que favorable. « M. Taine, dit M. Caro (*l'Idée de Dieu*, n° 157 et 158) s'appuie sur l'idée de l'espace et nous en expose l'origine, le mode de formation, l'accroissement dans notre esprit, jusqu'à ce qu'elle devienne l'idée d'espace infini. Vous avez l'idée d'un corps, c'est-à-dire d'un objet réel étendu. Vous isolez cette étendue et vous la considérez abstraite, pure, non réelle, mais seulement possible. L'analyse vous découvre en elle la similitude absolue de toutes les parties et la propriété que possède une partie d'être continuée par sa voisine. De là l'idée générale d'une étendue limitée ou partie quelconque de l'espace. L'analyse une seconde fois appliquée, découvre dans l'idée générale d'étendue cette *loi génératrice de l'infinitude*, la possibilité pour toute étendue limitée, d'être continuée par une seconde étendue limitée qui engendre à son tour une autre étendue, et ainsi de suite, en d'autres termes, *l'impossibilité de la limitation*; d'où l'idée d'espace infini, produite par deux applications successives de l'analyse à une donnée empirique.

« La même explication comprend l'idée de temps, l'idée du nombre, et en général l'idée de toute quantité qui, dès lors qu'elle n'est plus concrète, mais abstraite, non réelle, mais idéale, devient susceptible d'augmentation ou de diminution à l'infini. L'infini de quantité n'est pas autre chose que la possibilité d'ajouter ou de retrancher à toute quantité donnée, en d'autres termes, l'impossibilité de la limitation, etc...... »

On sait comment Fénelon, tirant de l'infini une preuve intellectuelle de l'existence de Dieu, précise cette idée de l'infini, qu'il ne saurait, dit-il, épuiser ni comprendre, c'est-à-dire connaître autant qu'elle est intelligible. « Il faut, dit-il, que je m'accoutume à regarder toujours le terme de fini comme étant négatif, par conséquent celui d'infini comme très positif. » Cela revient à dire que l'idée de l'infini précède logiquement, sinon réellement, l'idée du non-infini ou du fini.

La théorie professée sur cette matière par les rationalistes modernes est la même au fond, quant à la nature de l'idée d'infini, mais ils lui donnent un nouveau degré de lumière relativement à son origine.

Nous ne pouvons, disent-ils, penser à la durée, sans la voir limitée ou éternelle; à l'étendue, sans la concevoir mesurable ou immense; à l'activité, sans y attacher, soit une idée relative de force ou de faiblesse, soit l'idée absolue de la toute-puissance; à l'intelligence enfin, sans déterminer en elle un degré particulier de savoir, ou sans la concevoir infinie et parfaite. Toute connaissance implique toujours ces deux éléments, le fini et l'infini. Le fini dans les corps ne nous apparait point isolé de l'immensité de l'espace; et le moi ne se conçoit pas comme une substance, une intelligence et une activité finies, sans avoir en même temps l'idée plus ou moins obscure d'un être infini, qui possède ces attributs à un degré de perfection suprême. Ces deux conceptions du fini et de l'infini, étant corrélatives et contemporaines, il est impossible de les faire dériver de la perception. La connaissance contingente et la connaissance nécessaire jaillissent en même temps dans l'intelligence. Il parait démontré aux philosophes dont nous parlons que ces idées du fini et de l'infini nous sont suggérées par un acte immédiat de l'instinct rationnel, à l'occasion des phénomènes de sensation et de conscience.

Cette dernière théorie est la plus communément adoptée par les rationalistes modernes.

B. P.

58. — Les idées universelles et nécessaires peuvent-elles s'expliquer par l'association des idées?

1º C'est un fait constant dans la pensée que lorsque deux états de conscience se sont présentés ensemble ou successivement, l'esprit a une tendance à penser l'un à propos de l'autre, et à les considérer comme liés dans son souvenir; cette tendance devient habituelle et *l'association* devient inséparable. L'empirisme anglais, depuis Hume, a cru pouvoir donner par là une explication de la nature constante et générale des notions que le spiritualisme appelle *rationnelles* (notions de temps, d'espace, de cause, de substance, de fin, d'identité, d'absolu, d'infini, de parfait..... etc.) : cette nouvelle doctrine, qui s'autorise surtout aujourd'hui du nom illustre de Stuart Mill, est-elle suffisante pour rendre compte du caractère universel et nécessaire de ces notions, ou bien faut-il voir dans ces notions autre chose que de simples généralisations de l'expérience formées par associations habituelles?

2º Plusieurs objections graves peuvent être faites à l'associationisme :

(a). Il ne rend compte que d'une universalité et d'une nécessité purement subjectives et individuelles, car l'habitude est essentiellement subjective. « J'ai l'habitude de faire une promenade, et elle est devenue pour moi une nécessité; mais cela n'impose aucune loi au monde extérieur...... Je suis habitué à ne travailler et penser qu'à la campagne.... mais je n'en fais nullement une loi objective pour tout autre esprit. » (Janet, Cours). — En outre l'habitude est le passé modifiant le présent, et déterminant en partie l'avenir, mais si la pensée n'est pas donnée avant les phénomènes, si le *moi* primitivement n'est rien, s'il est constitué par ses phénomènes, si tout change en un mot, comment l'habitude elle-même est-elle possible ?

(b). L'association ne peut être une loi de groupement des expériences donnée à priori : car l'empirisme serait par là détruit; il faut donc que les rapports d'association, ressemblance, contiguité, succession (remplaçant ici la causalité), soient tirés par abstraction des expériences particulières. « Sur quoi repose l'association elle-même? Pour que nos idées s'associent, il faut que les phénomènes qui les suggèrent soient eux-mêmes réellement associés..... D'où viennent ces consécutions (ou ces contiguités..... etc.) constantes ? Comment se produisent-elles ? La loi d'association n'est-elle même qu'un effet : quelle en est la cause ? » (Janet, Cours).

(c). Enfin, l'association est une *comparaison*. Or, comment une comparaison est-elle possible, s'il n'y a que les termes à comparer ? Comment des phénomènes, ne possédant en eux-mêmes aucune activité primordiale et fondamentale (la notion d'activité n'est pas d'origine phénoménale) peuvent-ils se rapprocher et se comparer d'eux-mêmes entre eux? et ne faut-il pas qu'un esprit un et actif, préexistant à ses expériences, élabore et réduise à l'unité la multiplicité des expériences en les rapportant à des notions à priori, et antérieures à ces expériences mêmes?

3° Au lieu de rapports inexpliqués et inexplicables entre des états de conscience qui ne peuvent, même au point de vue empirique, être intelligibles séparément et discernables les uns des autres, nous voyons dès lors des rapports que le *moi* établit entre ses expériences d'après son activité propre, et crée entre les objets de sa pensée. C'est-à-dire que l'esprit, (ou plutôt la raison), avec les notions vraiment universelles et nécessaires qui constituent son fonds premier et son essence, est *inné à lui-même* (Descartes et Leibnitz). La relation que l'esprit établit ainsi entre les phénomènes est l'expression de l'ordre qu'il apporte en vertu de ses propres lois dans la perception de ses idées. Si le monde est intelligible, c'est qu'il a été conçu par un être raisonnable (*Dieu*) et qu'il est perçu, au moins dans ce qu'il a d'essentiel, par un être raisonnable aussi (*l'homme*), quoique bien inférieur par son intelligence bornée à l'Auteur des choses, dont la pensée, comme la puissance, est sans bornes. La raison est ainsi, dans l'homme, l'ensemble des lois à l'aide desquelles il peut connaître le monde, lois qui lui ont été données par une sorte de révélation naturelle.

E. G. D.

59. — La théorie de l'évolution rend-elle suffisamment compte de ce qu'on appelle les principes innés de la connaissance ?

PLAN

Introduction. — L'évolution est le nom le plus général des systèmes connus sous le nom de Darwinisme et de transformisme, elle est surtout l'œuvre de Spencer. Cette théorie a une affinité très étroite avec le positivisme français; comme lui, elle a la prétention d'être expérimentale au sens étroit; elle admet que toute science est vérifiable par l'expérience sensible. Pour l'évolution, tout se réduit au phénoménisme et au pur mécanisme. Le monde n'a pas de *pourquoi*.

Division. — Parmi les idées appelées innées, nous prendrons seulement celles de cause et de fin, ainsi que la notion de droit.

(a). Spencer parle d'une matière diffuse, homogène, laquelle, en vertu de lois imaginées pour les besoins du système, serait devenue successivement le monde sidéral, le monde géologique, organique et psychologique. Mais, le système est muet sur l'origine de l'homogène; c'est un postulat.

(b). Le monde n'a pas de *pourquoi* avant, il n'en a pas après. Il répugne même d'assigner un but au mécanisme; tous les phénomènes sont égaux : la cellule embryonnaire vaut le cerveau de Pascal. Les causes finales supposeraient une intelligence.

(c). L'évolution est contraire à l'idée de droit. En vertu de cette idée, en effet, nous concevons non ce qui est, mais ce qui devrait être. Or, ce qui est nous est connu par l'expérience; et comment demander à l'expérience ce qui contredit l'expérience ?

B.

---

60. — Qu'entend-on par la théorie des idées innées et par celle de la table rase ?

La théorie des *idées innées*, formulée par Descartes, acceptée et complétée par un grand nombre de ses disciples, fut un des premiers effets de la renaissance de la philosophie à la fin du seizième siècle. Cette théorie fameuse, qui a été l'occasion de si vives discussions, et qui a exercé une si grande influence sur les progrès de la philosophie, est une des parties les plus importantes de la doctrine cartésienne.

Ayant reconnu qu'il est impossible de donner l'expérience pour principe à un grand nombre de nos idées, Descartes fut amené à admettre, en dehors des idées qui nous viennent du monde extérieur et de celles qui sont notre propre ouvrage, l'existence de ce qu'il appelle les *idées innées*. Ces idées sont d'abord celles de l'infini, puis celles du vrai et du bien absolus, du beau sans mélange, de la substance, de la cause, de l'espace et du temps, etc... Elles sont les éléments de toutes nos connaissances, les bases de tous nos jugements. Elles existent en nous, indépendamment de nous, et nul ne peut les nier ou essayer de se soustraire à leur empire, sans nier par là même sa raison ; nous ne pouvons rien y ajouter, ni rien en retrancher. Mais on aurait tort d'entendre par ces idées innées des idées constamment présentes à l'esprit dès le premier moment de son existence : ce sont plutôt des germes qui existent dans toutes les intelligences et qui s'y développent nécessairement dans certaines circonstances. Par exemple, le sentiment de notre propre imperfection réveille en nous l'idée de la perfection souveraine, et est l'occasion de son développement ; et c'est par ce moyen que nous nous élevons de la vérité de notre propre existence à la vérité de l'existence de Dieu ; cette idée existait en nous, mais à l'état de simple germe, et elle avait besoin d'une excitation extérieure pour se manifester.

Mais, ajoutait Descartes, Dieu qui a créé ces idées et qui les a mises en nous, peut les changer à son gré : il en est le maitre absolu, et il peut faire que ce qui est vrai aujourd'hui soit faux demain. Erreur vraiment incompréhensible de la part d'un esprit aussi logique que celui de Descartes : car, comment n'a-t-il pas vu qu'il doit nécessairement y avoir quelque chose de fixe et de stable dans l'ordre intelligible, et que, sans cela, toute la chaine des vérités flotterait en l'air et ne tiendrait à rien ? Aussi a-t-il été abandonné sur ce point par presque tous ses disciples.

Citons enfin une ingénieuse comparaison de Leibnitz qui nous fera bien comprendre la nature des idées innées. L'âme, dit-il, naît avec les germes naturels de toutes les idées nécessaires. Elle est semblable à un marbre de Paros où sont marqués d'avance par des veines naturelles les contours et les linéaments de la future statue. Le travail de l'ouvrier débarrasse le marbre de tout ce qui empêche l'image de paraitre : l'expérience est l'occasion du développement de l'âme suivant la nature de celle-ci et une sorte de prédestination de Dieu. Dieu, en effet, nous pousse par des instincts naturels au développement de toutes les vérités virtuellement innées dans notre âme. Ces semences que nous apportons en naissant, ces traits lumineux cachés au dedans de nous sont nécessaires comme la vérité elle-même.

Quelques expressions modifiées, une analyse plus complète des facultés de l'âme, des notions plus précises sur le développement des idées dans la raison, ont fait de cette théorie des idées innées, la base de la théorie de la raison qui est aujourd'hui le point de départ de la philosophie spiritualiste.

Le système de Descartes avait trouvé de nombreux admirateurs en France et en Angleterre ; mais il rencontra un ennemi acharné dans un philosophe anglais, Locke, qui publia tout un ouvrage pour réfuter la théorie des idées innées et la remplacer par une théorie toute sensualiste. Dans le premier livre de son *Essai sur l'entendement humain*, il essaye de prouver qu'il n'y a ni principes, ni idées qu'on puisse appeler véritablement innées, pas plus dans l'ordre spéculatif que dans l'ordre pratique. Ces principes selon lui ne sont ni primitifs ni universels : ils ne sont pas primitifs, puisqu'on ne les trouve pas chez les enfants ; ils ne sont pas universels, car les sauvages et les idiots en sont dépourvus. Après avoir ainsi renversé la théorie cartésienne, il essaye de la remplacer par ses propres conceptions. Toutes nos idées, dit-il, viennent de l'expérience. L'âme, au premier jour de son existence, est semblable à une *table rase* sur laquelle aucun caractère n'a été tracé : l'expérience est l'ouvrier qui y dessine toutes ces notions à l'aide desquelles nous nous élevons aux connaissances les plus abstraites. Mais l'expérience a elle-même un double mode d'action, la sensation et la réflexion. Par la sensation, nous acquérons l'idée des divers objets qui frappent nos sens et de ce que nous appelons en eux qualités sensibles ; par la réflexion, nous acquérons la connaissance des opérations de notre esprit ; par elle, nous savons ce que c'est que percevoir, penser, douter, croire, etc... Ces premières idées, Locke les appelle les *idées simples* ; nous pouvons les combiner, et, de fait, nous les combinons ensemble tous les jours pour former les *idées complexes*, éléments des sciences les plus étendues.

Cette théorie a plusieurs défauts, elle remplace l'hypothèse des idées innées par une hypothèse tout aussi gratuite ; elle oublie que la première idée que nous avons est la conscience de nous-mêmes, l'idée du *moi*, idée très complexe et d'où nous tirons l'idée de nos différentes facultés ; enfin elle n'est qu'une forme du sensualisme, et elle est complétement impuissante à rendre raison de l'Universel et de l'Infini.

61. — Qu'y a-t-il de vrai et de faux dans la théorie des idées innées ?

Au-dessus des choses particulières soumises à la génération et à la mort, Platon posait les idées incréées, immuables et éternelles, dont le centre est en Dieu. Ses théories, si brillantes qu'elles tenaient de la fiction, furent combattues par le génie sobre et positif d'Aristote. Descartes, reprenant la théorie de Platon avec plus de logique et d'exactitude, admit l'existence des idées innées. Ces idées ne nous viennent pas du dehors par les sens ; nous ne les formons pas et nous ne pouvons ni y ajouter, ni en retrancher quoi que ce soit. Nous en apportons les éléments en naissant, et elles sont la condition nécessaire et la base de toutes les autres. Les philosophes qui suivirent Descartes développèrent, modifièrent et combattirent sa théorie. Examinons ce qu'elle peut avoir de vrai et de faux.

Descartes a eu raison de distinguer de toutes les autres ces idées premières et de leur donner tant d'importance. Car si, comme le veulent Kant et Reid, elles étaient seulement les lois, les formes de l'esprit et comme une règle de croyance qui fait partie de sa constitution, elles auraient une valeur purement relative ; elles seraient exposées à changer comme l'esprit même, et la vérité d'aujourd'hui pourrait devenir demain une erreur funeste.

La doctrine des idées innées, qui ne met pas en péril la certitude absolue de la connaissance, paraît mieux fondée sous ce rapport ; mais, prise en soi, elle présente quelques lacunes à combler.

D'abord, toutes ces notions nécessaires du temps, de l'espace, de la substance, de la cause et du bien, ne sauraient être distinctes et isolées comme si elles étaient des êtres particuliers. Elles ne se suffisent pas par elles-mêmes ; il faut, ce que n'a point dit Descartes, qu'elles aient un centre commun, qui ne peut être que l'infini, c'est-à-dire Dieu lui-même, conçu comme immense et éternel, comme cause première, sagesse parfaite, justice infaillible et souveraine. Alors le difficile problème de l'origine de nos idées s'éclaircit en se simplifiant ; puisque toute notion absolue a son terme en Dieu, la question se réduit à savoir comment nous connaissons Dieu. Est-il difficile de connaître Dieu ? non : il se révèle lui-même à nous.

Un second reproche qu'on peut faire à Descartes, c'est qu'il n'a pas expliqué comment la raison entre chez nous en exercice. Avons-nous, comme il semble le dire, dès le premier jour de notre naissance, la notion complète et claire de la cause, du bien, du temps ? ou bien les idées de la raison ne sont-elles pas plutôt enfouies en nous comme un germe qui n'a pas eu le temps de croître et de se développer ? Non-seulement nous naissons sans armes et sans défense, comme dit Cicéron ; mais cette raison même, qui nous rend supérieurs aux bêtes, nous n'en jouissons pleinement qu'avec l'âge. Il faut que l'expérience nous fournisse les premières données ; il faut que la conscience et la perception nous présentent les faits de notre âme et du monde, pour que la raison s'éveille ; alors sous le fini, elle conçoit l'infini, et sous le particulier, l'universel.

62. — Comparer l'instinct et la raison.

On appelle instinct une sorte de mouvement intérieur, une force irrésistible, une impulsion mystérieuse à laquelle l'être animé ne saurait résister. Car les hommes et les animaux sont doués d'instincts ; quelques-uns leur sont communs, comme l'instinct de conservation de l'individu et de l'espèce, quelques-uns sont spéciaux et particuliers, et appropriés au rôle que chaque être animé doit remplir, au genre de vie qu'il doit mener.

Les animaux, étant privés de raison, ne peuvent pourvoir à leurs différents besoins que par l'instinct, qu'ils suivent aveuglément mais sûrement ; car tel est le caractère de l'instinct chez les animaux, qu'il les fait agir avec beaucoup plus de sûreté que la raison ne conduit l'homme ; la Providence a pris soin de guider elle-même les êtres auxquels elle a refusé la raison. Elle semble les diriger en les soumettant à une force intérieure qui les pousse sans qu'ils s'en doutent, et leur permet de veiller à leur conservation, de chercher leur nourriture et d'accomplir un certain nombre d'actes avec une merveilleuse habileté qui surpasse bien souvent tout ce que peut faire l'homme lui-même avec le secours de son intelligence.

L'instinct, avons-nous dit, est une force aveugle. En effet, les animaux qui n'agissent que sous l'empire de l'instinct ne se doutent pas du tout du but qu'ils poursuivent, ils accomplissent tel acte, parce qu'ils s'y sentent poussés par un mouvement intérieur dont ils sont incapables de se rendre compte. Ils lui obéissent en esclaves sans pouvoir réagir d'aucune façon : le chien qui chasse, ne chasse pas pour faire plaisir à son maitre et lui procurer une agréable distraction, mais parce que le gibier lui est un mets délicieux qu'il recherche pour son plaisir; l'éducation que l'homme lui donne peut régler un peu ces instincts, les utiliser, mais non les faire disparaitre.

Un autre caractère de l'instinct, c'est qu'il ne se développe pas par degrés comme l'intelligence; il a pour ainsi dire immédiatement toute la perfection qu'il est susceptible d'acquérir : l'oiseau fait son nid la première fois avec autant d'habileté que la seconde, sans jamais avoir vu travailler ses parents. La nature seule est son guide; il n'est entre ses mains qu'un ouvrier inconscient, et cependant quelle adresse il déploie dans les travaux qu'il exécute !

L'instinct est de plus infaillible, c'est-à-dire qu'il ne manque jamais d'atteindre son but, et que dans tout acte instinctif on reconnait une telle sûreté de direction qu'il faut bien voir au-dessus des êtres créés et inintelligents une intelligence parfaite qui pense et semble agir pour eux. Mais si l'instinct est infaillible, il a aussi l'inconvénient d'être immobile; il est toujours le même; il ne progresse ni ne diminue. Aussi les êtres doués seulement d'instinct sont-ils condamnés à une infériorité permanente : incapables d'aucun progrès, ils ne font que ce qu'ont fait les générations d'animaux qui les ont précédés, et de la même façon. Il y a des instincts spéciaux pour chaque espèce : l'abeille construit des cellules d'une façon différente de celles des frelons et cependant personne ne lui a appris; tel oiseau fait son nid d'une forme toute particulière, et jamais un oiseau d'une autre espèce ne sera tenté de l'imiter, ce qui veut dire que l'instinct, parmi tous ses autres caractères, possède aussi l'uniformité. En effet, les animaux des époques les plus reculées ont toujours accompli les mêmes mouvements qu'aujourd'hui; aussi les prend-on toujours par les mêmes ruses. Malgré le nombre des victimes, les poissons se jetteront toujours sur l'amorce de l'hameçon, et l'homme emploiera jusqu'à la fin des siècles les mêmes pièges pour s'emparer des animaux ou pour les détruire. Si l'instinct n'était pas immobile, s'il était perfectible, il ferait des animaux de terribles ennemis de l'homme, car beaucoup lui sont supérieurs par la force matérielle et par les moyens d'attaque et de défense dont ils disposent.

L'homme lui-même possède des instincts. Comme les animaux, il a l'instinct de conservation et peut accomplir dans ce but une foule d'actes dans lesquels la raison n'aurait même pas le temps d'intervenir. Mais il en possède aussi d'un ordre supérieur qui contribuent à son développement intellectuel et moral. Ainsi l'homme est doué de l'instinct de sociabilité ; il recherche la société de ses semblables, et la privation de toute société serait un tourment auquel il ne saurait longtemps résister. Il possède de plus l'instinct de curiosité, c'est-à-dire qu'il se sent porté comme malgré lui vers le désir de connaître, de s'instruire de ce qu'il ignore. Signalons encore l'instinct de possession qui pousse chacun de nous à s'approprier quelque chose, à s'attacher à tout ce qui flatte ses désirs, à rendre sien un objet qu'il convoite.

Mais l'homme est aussi doué d'une force autrement importante que cette force aveugle et fatale de l'instinct ; il possède la raison que l'on peut définir : le pouvoir que nous avons de connaître les causes et les effets, de savoir distinguer même les causes entre elles, et les effets entre eux, de lier le passé au présent, et le présent à l'avenir. Cette raison, nous ne l'apportons pas en naissant au même degré de développement ; nous en apportons seulement le germe, et le progrès s'accomplit par l'expérience de chaque jour.

Par le mot raison, nous devons entendre ici non la raison pure ou la faculté de l'absolu, mais l'intelligence avec ses diverses opérations ; car c'est par cette faculté que l'homme s'élève au-dessus de tous les autres êtres de la création ; il arrive à la connaissance de toutes les vérités qu'il est donné à une intelligence finie de connaître. Parmi ces vérités, il en est qu'il saisit intuitivement par la simple application de son esprit aux choses à connaître, et d'autres à l'acquisition desquelles il n'arrive que par de longs efforts, et par l'exercice des diverses opérations de son intelligence. Les notions de substance, de temps, d'infini, de parfait, etc., sont des données immédiates de la raison, mais pour savoir que la somme des angles d'un triangle est égale à deux droits, il faut, outre la raison, en avoir fait l'expérience : raison intuitive, raison discursive, telles sont comme les deux faces de cette faculté qui fait de l'homme une créature à part dans l'œuvre de Dieu ; toutefois cette raison n'est qu'une raison bornée, limitée, imparfaite, qui nous classe au-dessus des animaux, il est vrai, mais qui nous tient, aussi, infiniment au-dessous de Dieu qui est la raison même, le parfait, l'absolu.

A. M.

68. — Rapports de la sensibilité et de la volonté.

L'homme est doué d'un certain nombre de pouvoirs ou de facultés qui lui permettent de saisir les différentes réalités qui existent, de se distinguer de tout ce qui n'est pas lui, de classer tous les phénomènes dont il est affecté et de les rapporter à leurs causes.

Le premier de ces pouvoirs est la sensibilité, le premier par ordre d'apparition et de développement, et non par l'élévation et la dignité. On définit habituellement cette faculté : le pouvoir de sentir, le pouvoir d'être ému agréablement ou péniblement au contact des phénomènes qui affectent nos sens. Car c'est par nos sens de la vue, de l'ouïe, du tact, de l'odorat et du goût que nous entrons en communication avec toutes les réalités extérieures, que nous éprouvons du plaisir, que nous souffrons et que nous voyons se succéder en nous les émotions les plus diverses et les plus opposées.

Tantôt ce sont des faits du monde extérieur qui produisent une impression sur nos sens par l'intermédiaire des organes. Une détonation ébranle le tympan de l'oreille et c'est par l'ouïe que j'entre en communication avec la cause qui l'a produite. Je ressens tout-à-coup le froid qui me pénètre, quand tout à l'heure j'avais très chaud. C'est ici le tact qui m'avertit du changement de température que subit mon corps. Ou bien ma vue par l'intermédiaire des yeux me fera voir un précipice sous mes pas; une émotion, qu'on appelle la peur, s'emparera de tout mon être, et je m'éloignerai du danger, car le résultat ou plutôt le but de la sensibilité physique est double : d'un côté cette faculté veille à la conservation de notre être, elle nous met en garde contre tout ce qui menace notre existence; en même temps qu'elle nous fait éprouver des sensations, elle nous en indique la cause, l'origine, le but. Ces sensations ne doivent pas se confondre avec les phénomènes qui les ont produites. Il y a donc trois choses à distinguer : 1° le fait externe, le bruit par exemple; 2° nos organes sur lesquels agissent les phénomènes; 3° l'état de malaise ou de bien-être que nous éprouvons à la suite de l'ébranlement de nos organes; ce dernier fait constitue la *sensation*, et la faculté que nous avons d'être émus de cette manière prend le nom de sensibilité physique.

Mais nous ne nous bornons pas à nous mettre en rapport avec le monde extérieur, nous vivons dans la société de nos semblables, nous partageons leurs souffrances, leurs joies, leurs espérances, leurs déceptions; nous avons pitié du malheureux, nous admirons le courage, nous éprouvons du mépris pour un acte de lâcheté; toutes ces émotions qui se produisent dans notre âme, et que la conscience nous transmet avec exactitude, n'arrivent point à notre connaissance par un ébranlement nerveux, elles se produisent directement sur l'âme qu'elles modifient de mille façons. Ces modifications ou émotions portent le nom de *sentiments*, pour bien marquer qu'il n'y a rien de matériel à leur origine et que les sens n'y ont pris aucune part. Quand la conscience nous révèle ainsi les phénomènes dont elle est le théâtre, la sensibilité prend le nom de sensibilité morale.

Ce pouvoir s'étend plus loin encore et embrasse des faits d'un ordre plus élevé; les faits externes et ceux qui ont la conscience pour théâtre ont quelque chose de particulier, de limité; ils sont momentanés, fugitifs; or il est des faits qui offrent des caractères différents, qui nous transportent au delà du monde sensible, et ne se confondent point avec les faits de la conscience; ils affectent néanmoins l'âme par les vives et nobles *émotions* qu'ils lui procurent; ce sont les faits intellectuels qui tirent leur origine particulièrement de la raison, mais qui exercent également sur notre âme une action plus ou moins énergique d'où proviennent les sentiments intellectuels. La grandeur de l'océan, le ciel étoilé, le déchaînement de la tempête frappent nos sens, il est vrai, mais ce que j'éprouve particulièrement, c'est le sentiment de la grandeur, la puissance infinie de l'auteur de la Nature. Mes sens ne jouent qu'un rôle effacé; ils ne sont que d'humbles auxiliaires dont se sert la raison pour atteindre aux vérités les plus élevées et pourtant mon âme est émue, elle reçoit une impression plus ou moins vive; je souffre et je jouis alternativement. Je suis heureux ou malheureux, suivant que ces vérités m'émeuvent agréablement ou péniblement.

Telles sont les diverses révélations dont nous sommes redevables à la sensibilité, agissant tantôt avec les sens exclusivement, tantôt avec la conscience, tantôt avec la raison et les sens. Elle porte les noms de sensibilité physique, de sensibilité morale, de sensibilité intellectuelle, selon les faits qui nous affectent.

Cette faculté ne serait qu'un pouvoir aveugle et fatal si elle n'était accompagnée d'une autre faculté appelée raison, qui contrôle ses données, et de la volonté qui imprime la direction à nos actes. Ces facultés ne sont d'ailleurs que les diverses faces de l'âme dont la sensibilité est la moins importante. Mais la volonté ne peut s'exercer que sur les données de la sensibilité, soit physique, soit morale, soit intellectuelle. C'est de là qu'elle tire les éléments, la matière de nos jugements, sur lesquels elle peut agir ensuite.

Qu'est ce donc que la volonté? C'est le pouvoir que nous avons de diriger notre activité dans un sens ou dans un autre; c'est le pouvoir de nous déterminer, de prendre un parti; mais encore faut-il que préalablement nous ayons des faits, des données pour asseoir nos jugements, et servir de matière d'étude à nos délibérations. Par la délibération, l'intelligence intervient dans l'opération, puisqu'elle étudie le pour et le contre, pèse toute chose et ne se prononce qu'après un mûr examen; quand elle s'est prononcée, elle n'a fait que proposer sa manière de voir, et conseiller à la volonté de se prononcer dans tel ou tel sens. Mais celle-ci n'en reste pas moins libre dans sa détermination; elle agit comme bon lui semble, ce qui nous fait comprendre qu'elle est et doit être inséparable de la liberté;

par conséquent, ses principaux rapports avec la sensibilité sont donc que la sensibilité saisit les faits de différents ordres, nous transmet les émotions diverses qu'ils produisent sur notre âme et que la volonté se sert de ces faits, de ces éléments, comme d'autant de matériaux indispensables sur lesquels elle s'exerce; elle est comme le couronnement de nos facultés qui sans elle seraient stériles. Sentir le bien et le mal, en connaitre la cause, et ne pouvoir aller au devant de l'un ni combattre l'autre! ne serait-ce pas là un état de malheur à nul autre semblable?

Concluons donc en disant que si la sensibilité a pour but de veiller à la garde de notre être matériel, de nous mettre en communication avec le monde physique, avec la conscience, la volonté seule donne de la moralité à nos actes; seule elle nous rend responsables; seule elle établit notre mérite ou notre démérite; mais ces deux facultés ne sont que deux anneaux d'une même chaine, et que les divers côtés de notre âme qui par la sensibilité éprouve des émotions, et par la volonté tourne toutes nos facultés vers l'intelligence et la pratique du bien.

A. M.

64. — Distinction du désir et de la volonté.

Notre âme est essentiellement active, et son activité est le principe commun de toutes ses modifications. Mais l'activité se manifeste à des degrés bien différents : imparfaite dans les instincts et tous les phénomènes de la sensibilité, complète au contraire dans les actes de la volonté qui en sont l'expression la plus parfaite. Et c'est de cette différence que nait la distinction fondamentale du désir et de la volonté.

Qu'est-ce, en effet, que le désir? C'est cette tendance naturelle et impérieuse que nous éprouvons à nous rapprocher des objets qui sont en harmonie avec les fins de nos facultés, dont la possession constitue pour nous le bonheur, dont l'absence est source de malaise et d'anxiété. Cette tendance n'est pas aveugle ; pour que nous désirions une chose, il faut que nous la connaissions de quelque manière ; et c'est ainsi que ce mot du poète : *Ignoti nulla cupido*, trouve dans l'analyse philosophique sa plus éclatante confirmation.

Mais, malgré l'introduction de l'élément intellectuel dans l'analyse du désir, celui-ci n'en est pas moins un acte fatal qui se produit en nous, sans notre coopération et souvent même malgré toute notre résistance. Je ne puis pas ne pas aspirer au bonheur, et si mon intelligence mal éclairée le place dans la possession d'un objet que je ne puis acquérir sans commettre le mal, je suis violemment entraîné à désirer cet objet. Ce fait est d'une expérience journalière; on l'éprouve plus ou moins suivant le degré de vertu auquel on est parvenu, mais il n'est pas donné à personne de l'éviter.

C'est donc bien à tort que certains philosophes, Condillac, entre autres, ont considéré le désir comme le principe générateur de la volonté. Le dire, c'est confondre deux phénomènes de nature bien différente, l'un nécessaire, l'autre libre; celui-ci empreint du signe de la personnalité, celui-là se produisant en nous sans nous. L'homme a la volonté pour qu'il tende lui-même à son bien; c'est par elle qu'il est véritablement cause et responsable; le désir au contraire est instinctif, spontané, non imputable en lui-même.

Il est vrai que la volonté ne se développe pas sans excitations, d'où il résulte qu'elle est constamment en rapport avec les passions, le désir en particulier. Mais il y a loin d'un mobile à une faculté proprement dite. Quant à la vieille objection de l'influence des motifs sur la détermination, elle repose sur une fausse analogie entre leur action et les poids d'une balance; la volonté est libre, et la liberté ne serait contrainte que si nous n'avions pas la conscience, tout en cédant aux motifs, de pouvoir leur résister. — D'ailleurs, la volonté est si peu le désir, que souvent toute son énergie est employée à le combattre.

La confusion du désir et de la volonté est donc facile à éviter. Les passions sont au moi, la volonté au contraire est le moi; elle est ce qu'il y a en nous de plus personnel; c'est à elle seule qu'appartient, dans la variété des éléments de notre nature, cette unité si manifestement proclamée par la conscience.

Cependant, si la volonté ne doit pas être confondue avec les désirs, elle est néanmoins appelée à exercer la plus grande influence sur leur développement. Elle peut satisfaire ceux qui sont bons, elle doit combattre les mauvais, et c'est dans cette lutte que la force morale éclate à son plus haut degré. A la classe des bons désirs appartiennent les désirs naturels qui dépendent de la constitution même de notre nature, le désir de la connaissance, le désir de la grandeur, l'amour de nos semblables : instincts généreux, passions louables que Dieu a mises dans l'âme pour développer en elle la plus grande somme de perfection possible, mais qu'il lui est défendu de prostituer à des objets indignes de la noblesse de son origine et de la grandeur de ses destinées. Les efforts de la volonté ne doivent donc pas être dirigés à leur destruction, elle essayerait en vain de les étouffer, mais à leur développement légitime et régulier.

Quelquefois, en présence des objets qui favorisent nos désirs naturels, l'âme est trompée : au lieu de voir en eux des moyens de parvenir à sa destinée, elle les considère comme les véritables biens, elle s'y arrête comme à sa fin. Chaque vice naît ainsi d'une vertu mal comprise. C'est ce dérèglement que la volonté est appelée à éviter ou à réprimer. Pour l'éviter, elle doit avoir sans cesse sous ses regards le but de la vie, qui est le développement de toutes les facultés dans l'ordre et la vertu, se tenir dans des habitudes de grandeur morale qui la mettent au-dessus de toute erreur. Mais si, malgré ces précautions, le mauvais désir vient à s'établir dans le cœur, elle doit alors y résister de toutes ses forces, employer, s'il le faut, dans cette lutte toute l'énergie dont elle est capable. Là est la vraie grandeur de l'homme; c'est là ce qui peut constituer en nous le bonheur d'une manière permanente, ou assurer l'exercice de la vertu, qu'un profond moraliste a justement appelée *la santé de l'âme*.

65. — De la personnalité.
Caractères essentiels d'une personne.

Entre les différents êtres dont l'ensemble compose l'univers, et dont l'infinie variété offre à la science un champ sans limites, il est facile à première vue de marquer des différences essentielles. Au degré le plus humble de l'échelle nous plaçons les objets matériels, qui ont tous pour caractère d'être inertes, indifférents à tels ou tels mouvements, et dénués par conséquent de toute espèce de spontanéité; un peu au-dessus, les végétaux nous apparaissent très distincts par les phénomènes vivants qui les caractérisent : leurs diverses fonctions manifestent une activité propre, qui en fait une catégorie nouvelle d'êtres impossibles à confondre avec les objets inanimés; au-dessus encore, nous trouvons les animaux, chez lesquels les phénomènes de la vie présentent une complexité beaucoup plus grande, et où apparaissent en même temps des signes non équivoques de sensibilité et d'intelligence inférieure. Malgré les différences profondes qui distinguent entre eux ces diverses sortes d'êtres, on a coutume de les désigner indistinctement par le nom commun de *choses* : les choses ont, sans doute, une valeur en soi, par la place qu'elles occupent dans l'harmonie totale et le plan merveilleux de l'univers, mais leur principale valeur vient de l'usage qu'en fait le roi de la nature, l'homme, pour les faire servir aux fins supérieures de la civilisation et du progrès matériel et moral; les choses sont donc des moyens, des instruments au service de l'homme.

Mais l'homme, qui s'arroge ainsi un droit de domination sur les autres êtres, est lui-même l'un des êtres de la nature : d'où lui vient cette prééminence, cette royauté, en quelque sorte? De ce qu'il a en propre des facultés qui le mettent absolument hors de pair, la raison et la liberté, et qui en font en un mot une *personne*. Par la raison, l'homme est rendu capable de concevoir et de comprendre l'ordre admirable et merveilleux du monde matériel, de comprendre aussi sa dignité imprescriptible et sa destinée supérieure comme être moral; par elle encore, il s'élève jusqu'à la cause suprême et éternelle d'où émanent à la fois les lois du monde physique, et la loi du bien, et il comprend que sa mission dans le monde est une mission divine et sacrée, puisqu'elle lui est donnée par Dieu. En outre, grâce à la liberté, il est capable de réaliser par lui-même la destinée que sa raison lui fait concevoir : non seulement il s'affranchit de la nécessité physique qui domine les autres êtres, et sait se mettre au-dessus d'elle, mais il arrive à la dominer, à s'en rendre maître, et à la diriger à son gré. Ces deux privilèges, ces deux prérogatives éminentes, la raison et la liberté, font ainsi de l'homme une personne : seul, en effet, il conçoit sa fin et la raison d'être de son existence, seul il peut travailler librement à réaliser cette fin. De là vient la légitimité de la domination qu'il exerce sur la nature, et son droit à traiter les choses comme des moyens, tandis qu'il est, lui, selon la belle et forte expression de Kant, une *fin en soi*, c'est-à-dire un être qui porte en soi-même sa valeur et la raison de sa dignité.

Ce que nous venons de dire nous permet de distinguer très nettement la *personnalité* de l'*individualité*, avec laquelle on est parfois tenté de la confondre. L'individualité est le produit fatal et nécessaire d'une foule d'éléments diversement combinés: un individu est constitué d'abord par un certain ensemble de fonctions organiques, puis par des instincts primitifs, des états psychiques de toutes sortes, sensations, sentiments, désirs, représentations fournies par les sens ou élaborés par l'imagination, souvenirs, comparaisons, etc.; tous ces phénomènes psychiques sont groupés et *intégrés*, comme dit M. Spencer, par le moi phénomène d'après des rapports d'association tout accidentels et fortuits de succession et de coexistence : mais ce *moi tout empirique* qui constitue l'*individu* ne saurait être identifié avec *le moi raisonnable et libre* qui s'appelle *la personne*. Aussi l'esclavage nous apparait-il comme un crime contre nature, une sorte d'homicide moral; on peut bien asservir des choses, jamais des personnes.

Cette notion de la personnalité, très importante en psychologie pour nous faire une idée exacte du moi humain et bien comprendre l'essence et le prix infini de sa nature, n'est pas d'une moindre conséquence en Morale et dans la science du droit : on peut même dire que sans elle, il n'y a ni droit ni moralité possibles. Comment en effet une *loi morale* serait-elle intelligible et valable, si elle ne s'adressait à des êtres doués de libre arbitre ? Supposez l'homme dénué de liberté, la loi morale n'a plus de raison d'être, et ne saurait lui commander, puisqu'il ne dépend pas de lui d'agir de telle façon ou de telle autre ; la *responsabilité* suppose aussi que l'homme est une personne : à cette condition seulement, ses actes peuvent lui être imputés, et le Législateur éternel peut lui en demander compte; le mérite et le démérite ne sont par suite attachés qu'à des actions librement accomplies et en connaissance de cause. Si nous examinons maintenant la notion du droit, nous voyons qu'elle exprime le caractère inviolable de la personne, c'est-à-dire de l'être moral, qui trouve dans sa raison la notion du devoir, et travaille par sa volonté libre à pratiquer la vertu. La solution spiritualiste donnée à la question de la destinée de l'âme repose encore sur la notion de personnalité : l'âme n'est *immortelle* que comme une personne responsable encore au delà des étroites limites de la vie actuelle, et qui doit recevoir le prix définitif de ses mérites ou le châtiment de ses fautes. La société que J.-J. Rousseau, dans un paradoxe resté célèbre, nous présente comme résultant d'un contrat, doit être considérée comme l'état de nature pour les personnes humaines : l'état social, même sous ses formes les plus rudimentaires, les plus imparfaites, les plus grossières, n'est qu'une libre association entre des personnes travaillant de concert à un progrès commun, dont chacun doit ressentir d'ailleurs les plus grands bienfaits.

Ainsi la notion de personnalité éclaire de la façon la plus lumineuse l'étude de l'homme : par elle, nous comprenons les droits qu'il revendique comme roi du monde matériel, la valeur infinie de son être au point de vue moral, et l'excellence de sa destinée actuelle et future.

E. G. D.

66. — Preuves de la liberté humaine.

La liberté dont nous avons à parler n'est point la liberté d'exécution ou la puissance d'accomplir des actes extérieurs qui peut être modifiée, arrêtée par les éléments matériels, suspendue et même enlevée à l'homme ; c'est la *liberté morale*, aussi appelée *libre arbitre* qui n'est autre que le pouvoir de nous déterminer, de choisir entre deux ou plusieurs partis, et qui, ne donnant point prise à la fatalité, à la nécessité, demeure entier alors que le corps est enchaîné et réduit à l'impuissance d'agir.

L'existence de la liberté ainsi entendue peut être établie à l'aide de différentes preuves.

1º La conscience psychologique convenablement consultée nous fait saisir la liberté dans son exercice elle nous la manifeste comme un fait. Quand nous sommes, en effet, au moment d'agir, si nous nous observons, nous demeurons convaincus que nous pouvons choisir entre plusieurs partis qui se présentent à nous, ou même nous abstenir de tout effort, ce qui établit l'existence de la liberté. Nous savons également, quand l'effort est commencé, que nous pouvons le prolonger, le suspendre ou l'arrêter à notre gré ; l'effort dépend donc de nous. Ainsi il suffit de nous replier sur nous-mêmes pour comprendre clairement que nous sommes libres.

2º Une autre preuve de l'existence de la liberté est le témoignage de la conscience morale. Grâce à cette faculté, en effet, nous distinguons le bien du mal, nous savons qu'il y a pour nous des devoirs. Mais puisque des obligations nous sont imposées, il faut nécessairement que nous ayons reçu de l'auteur de notre être le pouvoir de les remplir, c'est-à-dire la liberté. Autrement il serait tombé en contradiction avec lui-même en nous donnant d'un côté un ordre par l'intermédiaire de notre conscience, et en nous refusant, de l'autre, le moyen de nous y conformer. Donc, puisque Dieu nous commande, nous sommes en état de lui obéir, nous sommes libres.

3º On démontre aussi l'existence de la liberté en invoquant le témoignage universel des hommes, qui n'est, pour ainsi dire, que le témoignage de la conscience psychologique répété dans chaque individu de l'espèce humaine. Pour bien connaître l'opinion des hommes à cet égard, et pour voir nettement la portée du consentement universel en pareille matière, il faut considérer bien moins les opinions qui peuvent avoir cours, que l'ensemble des faits, que les actes mêmes qui sont une manifestation de la nature humaine. Ainsi chez toutes les nations on a établi des tribunaux pour réprimer ceux qui empiètent sur les droits d'autrui, chez toutes les nations on décerne des récompenses aux hommes qui ont accompli des actions où brille un mérite éclatant. Dans toutes les langues on trouve les mots exprimant les idées d'*estime* et de *mépris*, de *crime* et de *vertu*, et ces expressions sont la traduction de la pensée générale de l'humanité; elles n'auraient pas de sens si nous n'étions pas libres. Partout aussi on a recours aux conseils, aux observations pour engager les hommes à agir ou pour les en dissuader; partout on attribue un grand pouvoir à l'éducation : tous ces faits seraient incompréhensibles si nous n'étions pas libres.

67. — Même sujet. — Seconde manière.

Le mot *liberté* a deux significations qu'il importe de bien préciser tout d'abord : 1° une signification philosophique, et alors il représente le pouvoir de vouloir ou de ne pas vouloir et aussi de choisir entre deux ou plusieurs partis; 2° une signification vulgaire, et dans ce dernier cas il exprime le pouvoir de faire, d'exécuter ce que l'on veut.

Ces deux significations sont tout à fait distinctes, et il importe de ne pas les confondre, si l'on veut s'entendre soi-même et se faire entendre des autres.

Nous donnons ici au mot *liberté* son acception philosophique; nous ne considérons la liberté que comme la puissance de vouloir ou de ne pas vouloir, que comme la faculté en vertu de laquelle le moi peut se posséder, se maîtriser et diriger le développement de son activité. Dans ce sens le mot *liberté* est opposé au mot *fatalité*; car le mot fatalité désigne l'état d'un être dont les divers développements s'enchaînent d'une manière nécessaire et inévitable, sans qu'aucun choix intervienne de sa part.

Ces distinctions posées, nous allons établir l'existence de la liberté en nous fondant : 1° sur le témoignage de la conscience morale; 2° sur le témoignage de la conscience psychologique; 3° sur l'universalité de la croyance dont elle est l'objet.

En parlant du témoignage de la conscience morale, nous pouvons prouver l'existence de la liberté en invoquant soit l'existence des joies de la conscience et celle du remords, soit l'existence de l'estime et du mépris, soit l'existence des conceptions morales elles-mêmes.

1° En nous fondant sur l'existence des joies de la conscience et sur celle du remords : en effet, après avoir accompli une action que nous jugeons bonne, nous éprouvons un sentiment agréable, un contentement quelquefois inexprimable. Or, ce sentiment serait inexplicable si nous n'étions pas libres; si nous n'agissions que d'une manière fatale, il n'aurait aucune raison d'être; pour qu'il puisse se produire en nous, il faut que nous ayons la faculté de vouloir et de ne pas vouloir; donc nous sommes libres. Ce que nous venons de dire des joies de la conscience, nous pouvons le dire également des phénomènes opposés, des remords.

2° En nous fondant sur l'existence de l'estime et du mépris : en effet, parmi nos semblables il en est qui sont l'objet de notre estime, tandis que d'autres encourent notre mépris. Or, ces sentiments présupposent la liberté dans ceux à qui ils s'adressent; sans l'existence de la liberté, l'existence de ces sentiments eux-mêmes serait incompréhensible : donc nous sommes libres.

3° En nous fondant sur l'existence des conceptions morales : la nature, étant l'œuvre de Dieu, doit être bien ordonnée. Or, c'est un fait incontestable que l'homme conçoit une règle à laquelle il se croit tenu de se conformer dans le développement de son activité; cette règle, c'est la loi morale. Mais, si l'homme n'était pas libre, il y aurait une contradiction dans sa nature, car il se considérerait comme tenu de se soumettre à une loi qu'il n'aurait pourtant la puissance ni d'observer, ni de violer; par conséquent, pour que la nature humaine soit bien ordonnée, il faut que l'homme ait la puissance de respecter et de violer la loi qui lui est imposée par la raison : donc nous sommes libres.

En nous appuyant sur le témoignage de la conscience morale, nous avons démontré l'existence de la liberté ; maintenant à l'aide de la conscience psychologique, nous allons faire mieux, nous la montrerons en quelque sorte comme un fait. La conscience psychologique, en effet, nous atteste, quand nous l'interrogeons après avoir agi, que nous pouvions agir autrement que nous ne l'avons fait, ou même nous abstenir de toute action. De même, si nous l'interrogeons quand nous sommes au moment d'agir, elle nous atteste que nous pouvons agir de telle ou telle manière, ou même ne pas agir du tout. A chaque instant, elle nous dit que nous sommes libres. Sans doute, certains motifs nous engagent à agir, mais si nous cédons à leur impulsion, c'est que nous le voulons bien ; si nous faisons une action parce que la raison nous dit qu'elle est bonne, il n'est pas moins vrai que nous pouvons ne pas la faire : nous avons choisi entre agir et ne pas agir, et voilà tout ; si donc nous avons agi, nous l'avons fait librement; la conscience l'atteste. Ainsi le témoignage de la conscience psychologique nous montre l'existence de la liberté avec une une évidence à laquelle on ne saurait résister.

A cette preuve, nous pouvons en ajouter une autre qui n'est en quelque sorte que le résultat du témoignage de toutes les consciences humaines ; cette preuve, c'est la croyance de tous les hommes en l'existence de la liberté. Elle peut être formulée ainsi : dans l'ordre moral, une opinion doit être nécessairement vraie quand elle a été considérée comme telle dans tous les temps et dans tous les lieux *(Omni autem in re consensio omnium gentium lex naturæ putanda est.* Cic.); car l'**erreur** varie suivant les circonstances. Or, tous les hommes admettent l'existence de la liberté ; ce qui le prouve, ce sont les lois qu'ils ont établies, les peines infligées par les tribunaux, les récompenses décernées par la société, l'existence dans toutes les langues de termes qui expriment l'estime et le mépris, le crime et la vertu, et une foule d'autres faits qu'il serait trop long d'énumérer ; donc l'homme est libre.

68. — Des divers phénomènes moraux par lesquels se manifeste la croyance universelle des hommes à l'existence du libre arbitre.

Il est un certain nombre de croyances qui sont comme le patrimoine commun de l'humanité, et que rien ne saurait ébranler : le sophisme n'a point de prise sur elles, et le genre humain tout entier s'obstine à les garder malgré les subtilités ou les déclamations des sceptiques. Telle est la croyance à l'existence de Dieu ; telle est aussi la croyance à l'existence du libre arbitre. Il suffit de regarder d'un peu près les phénomènes de la vie morale pour apercevoir combien cette croyance est instinctive, naturelle et universelle.

Tous les hommes ont l'idée du bien et du mal. Sans doute, les mêmes choses ne sont pas regardées dans tous les pays comme bonnes et comme mauvaises ; mais dans tous les pays, même dans les plus sauvages, il y a des choses qu'on appelle bonnes, et d'autres qui passent pour mauvaises. Cette idée du bien ne se confond pas avec celle du plaisir ou de l'intérêt personnel : c'est l'idée d'une loi supérieure à nous que nous nous sentons obligés d'observer. Mais peut-il y avoir du bien ou du mal, si tous nos actes sont déterminés à l'avance par des lois fatales auxquelles il nous est impossible de ne point obéir ? Disons-nous que la pierre fait le bien, quand elle tombe suivant les lois que la nature a établies ?

Si tous les hommes n'étaient intimement persuadés qu'ils sont libres, pourquoi auraient-ils les idées d'obligation, de vertu ou de vice, de mérite ou de démérite ? Je ne suis obligé à rien, si je suis poussé à agir par une force aveugle qu'il m'est impossible d'arrêter ou de régler. Si je n'agis pas librement, je ne suis pas responsable des actes que je commets. Il m'est impossible de comprendre pourquoi on me loue si je fais bien, pourquoi on me punit si je fais mal. Si donc la liberté humaine n'est qu'une fiction, il est absurde d'établir des lois ; et les châtiments qu'infligent les tribunaux sont une iniquité révoltante. Et pourtant, quel peuple n'a pas de lois, si imparfaites qu'elles soient ? Quel peuple ne récompense pas la vertu, et ne punit pas le vice ? Ceux mêmes qui, comme les Musulmans, nient la liberté de parti pris, sont forcés d'être inconséquents avec leur doctrine.

Non-seulement il faut effacer de toutes les langues ces mots si universels de bien et de mal, de vertu et de vice, mais il faut encore étouffer dans nos cœurs les sentiments les plus élevés et les plus respectables, si le fatalisme est vrai. Un homme accomplit devant moi un acte d'héroïsme, je l'admire et je le loue : n'est-ce pas absurde, si cet homme était forcé d'agir ainsi ? Plus de louange ou de blâme, d'admiration ou d'aversion : il faut nous condamner nous-mêmes à une complète indifférence.

Enfin, dans l'usage ordinaire de la vie, une foule d'actes, très sensés et très naturels, si l'on admet le libre arbitre, deviennent inutiles ou ridicules, si on le supprime. Voici des hommes rassemblés pour régler les destinées d'un pays ; ils délibèrent longuement et choisissent avec prudence entre les divers projets qui s'offrent à eux. A quoi bon tant de peines, tant de soins et tant de discours, s'ils ne sont pas libres, et s'ils sont invinciblement amenés à décider ce que les destins ont marqué ? Toutes les relations sociales supposent des promesses, des contrats, des engagements. Mais de quel droit disposons-nous d'un avenir qui ne nous appartient pas, et promettons-nous d'agir sans savoir si cette force aveugle dont nous dépendons voudra agir ainsi ? Quoi de plus naturel enfin que ces conseils que le père donne à son fils, et que l'ami demande à son ami ? Perdraient-ils ainsi leur temps, s'ils ne se sentaient libres, s'ils n'avaient à chaque instant une connaissance infaillible de leur libre arbitre ?

Les idées les plus essentielles de notre raison, les sentiments les plus naturels de notre cœur sont donc étroitement liés à la croyance en la liberté humaine, et tout l'ordre social est ébranlé si on la nie. Aussi est-il impossible de la nier sérieusement. « On peut, dit Fénelon, dire de ceux qui contestent le libre arbitre, ce qui a été dit des Pyrrhoniens : C'est une secte, non de philosophes, mais de menteurs. Ils se vantent de douter, quoique le doute ne soit nullement en leur pouvoir. »

---

69. — Exposer et discuter les objections des déterministes contre l'existence du libre arbitre.

I. — Par *libre arbitre*, il faut entendre le pouvoir de se déterminer soi-même à agir : la liberté est ainsi l'essence même de la volonté, et par elle l'homme peut s'emparer de ses facultés, les diriger.

Les déterministes contestent la possibilité du libre arbitre, comme contrevenant à la loi universelle dans la nature, rigoureuse et inflexible, de la *causalité*. Il ne peut y avoir, disent-ils, de commencement absolu d'action qui vienne rompre la chaîne continue du déterminisme universel, et il est impossible de concevoir un phénomène absolument indépendant venant s'insérer dans la série des antécédents et des conséquents.

Examinons les principales objections déterministes contre l'existence du libre arbitre.

II. — *Objections à priori*. 1° Spinoza : « Tout ce que je puis dire à ceux qui croient qu'ils peuvent parler, se taire, en un mot agir, en vertu d'une libre décision de l'âme, c'est qu'ils rêvent les yeux ouverts. La croyance à la liberté n'est que l'ignorance des motifs qui nous font agir. » (Ethique, II). Cette objection va contre la preuve par le sentiment intime. Bayle compare de même l'âme qui se croit libre à une girouette qui s'imaginerait tourner par elle-même. — *Réponse* : c'est tout le contraire qui a lieu : nous ne nous croyons jamais moins libres que lorsque nous ignorons les causes qui nous ont fait agir. C'est ainsi qu'on dit : *agir sans savoir ce qu'on fait, être poussé par une fatalité*... etc.

2° Si la liberté existait, elle serait la possibilité des contraires. Or nous n'avons jamais conscience que d'un acte, comment pouvons-nous concevoir l'acte contraire qui est resté dans le néant ? — *Réponse* : Les deux actes sont conçus non comme réels ensemble, mais comme possibles chacun séparément : lorsque l'un d'eux est réalisé à l'exclusion de l'autre, nous avons conscience d'une puissance qui passe à l'acte, en se déterminant par soi.

3° Mais peut-être, insiste-t-on, la liberté n'est-elle qu'une idée, qui se réalise elle-même (Hegel), ou une idée-force qui se produit elle-même par une énergie propre (Fouillée). — *Réponse* : une idée, un concept peuvent être des motifs, ils ne sont pas la volonté elle-même ; en outre l'idée est un automatisme, et l'acte libre, au contraire, consiste à le rompre ou tout au moins à le modifier.

III. — *Objections à posteriori*. 4° Comment concilier l'existence de la liberté avec la réalité indéniable de circonstances physiologiques déterminantes? L'homme est la résultante de ses aïeux, de sa nourrice, du lieu, du moment, de l'air et du temps, du son, de la lumière, de son régime et de ses vêtements : sa volonté est la conséquence nécessaire de toutes ces causes, et l'expression fatale d'un état du cerveau produit par des influences extérieures (Moleschott). — *Réponse* : Sans doute, l'homme a à compter avec toutes ces conditions extérieures, qui le plus souvent lui sont imposées ; mais ne peut-il réagir plus ou moins contre son tempérament, l'éducation qu'il a reçue ?.. etc.

5° Déterminisme psychologique de Leibnitz. « L'Intelligence est l'âme de la liberté » : objection du *motif le plus fort*. — *Réponse* : l'élément intellectuel qui contribue à la volonté, ou le motif, n'est que l'acte en puissance ; la volonté seule le fait passer à l'acte.

6° L'enchaînement des événements dans l'histoire semble être une démonstration de la fatalité ; la statistique (loi des grands nombres) témoigne d'une proportion constante dans les crimes, les mariages... etc. Mais dans l'enchaînement des causes qui produisent les événements humains, pourquoi n'y aurait-il pas place pour la liberté? Les grands hommes ne changent-ils pas la face des événements de leur temps?

7° La grande loi mécanique de la conservation et de la transformation universelle de la force va, semble-t-il encore, contre la liberté. — *Réponse :* La volonté ne crée pas de la force ni du mouvement; elle emploie pour telle ou telle fin qu'elle choisit les énergies disponibles qui sont à sa portée : elle ne crée que des résolutions, donc une théorie de la liberté est conciliable avec le principe scientifique de la conservation de la force.

IV. — *Conclusion.* Toutes les objections des déterministes reproduisent, sous des formes diverses, cette objection fondamentale : le libre arbitre viole la loi de causalité. — Mais on oublie que le libre arbitre peut être l'une des causes, se distinguant des autres en ce qu'elle se détermine, et n'est pas déterminée; on oublie en outre que la causalité nécessaire, (telle que la conçoivent trop étroitement d'ailleurs les déterministes), loin de contredire la liberté, a au contraire la liberté pour condition suprême. Les lois de la nature, en effet, sont contingentes, donc elles supposent une cause première, un *premier moteur immobile* (Aristote), qui a donné librement au monde ses lois. Il faut donc admettre, au-dessus, du déterminisme de la nature, une cause libre suprême.

E. G. D.

70. — Montrer que nier le libre arbitre c'est nier la volonté.

Le prétendu philosophe qui admettrait la volonté tout en niant le libre arbitre, associerait des idées contradictoires, prononcerait une phrase inintelligible, puisqu'il admettrait la moitié des mots d'une langue pour rejeter arbitrairement l'autre moitié. Les mots volonté, volontaire, volontairement, ont toujours eu une signification qui implique le choix, la possibilité d'une action contraire, la liberté.

Après le langage, que nous dit le sens intime? La volonté, les actes de volition ne sont pas ce qu'il y a de primitif dans l'exercice de nos facultés. *Ignoti nulla cupido* : pour vouloir, il faut connaître; c'est une nécessité logique et c'est un fait. Un fait non moins clairement attesté, après celui de la connaissance, c'est celui de la délibération. Il y a, avant d'agir, des doutes, des hésitations, un examen des raisons pour et contre. Les consultations et les discussions sur le petit théâtre que chaque homme trouve au dedans de lui-même sont aussi certaines que celles qui remplissent le monde. Que dis-je? non-seulement nous délibérons, mais, même après avoir délibéré et reconnu le meilleur parti, nous ne nous déterminons pas toujours pour lui. De sorte que, s'il y a quelque chose qui nous appartienne véritablement, on peut dire que c'est l'acte de la volonté. Nous ne faisons pas la vérité, nous la reconnaissons; nous ne faisons pas même nos convictions, l'intelligence est fatale; quand notre esprit a aperçu les motifs d'un jugement, il faut qu'il le porte : on ne résiste pas à l'évidence. Nous ne faisons pas le bien, il est vrai, le bien en soi; mais nous faisons notre conduite; la volonté, c'est nous. Il faut donc renoncer à parler de la volonté, ou ne rien retrancher de ce qui la précède, et dans ce qui la précède, tout suppose le libre arbitre.

Il ne faut rien retrancher non plus de ce qui l'accompagne ou la suit. Car le sens intime nous atteste encore que pendant l'action, tant que dure l'action à laquelle nous a déterminés un acte volontaire, nous voyons bien que nous aurions pu faire autrement, que notre résolution aurait pu être toute contraire. Ce qui l'atteste au suprême degré, c'est que le même homme, sur le même sujet, dans des circonstances identiques, fera aujourd'hui le contraire de ce qu'il a fait hier, demain le contraire d'aujourd'hui. Ou les mots n'ont plus de sens, ou le caractère des actes volontaires réside uniquement dans cette conscience claire et nette que nous aurions pu, que nous pourrons quand cela nous conviendra, changer nos résolutions et nos actes. Nous nous disons forcés quand une cause extrinsèque nous enlève la possibilité d'avoir cette claire conscience.

Il ne faut pas confondre le vouloir et le pouvoir. Notre volonté est infiniment plus étendue que la puissance de nos organes. Qui est-ce qui niera que nous voulons des choses que nous ne pouvons pas toujours faire? Il n'en serait pas ainsi si la volonté n'était pas libre; elle ne consisterait alors que dans l'acte fatal, inévitable, continu et toujours le même; il n'y aurait pas de volitions inefficaces. L'impuissance, dans certains cas, aussi bien que la puissance de la volonté démontre qu'elle est libre.

Si l'on admettait, dit Spinoza, que la pierre qui tombe a conscience de sa chute, ne serait-elle pas comme l'homme qui agit? Non, car il manquerait à cette pierre deux conditions essentielles: la faculté ou la conscience d'apercevoir qu'elle pourrait ne pas tomber, la faculté de modifier ou d'arrêter son mouvement. Au fond, on dit bien que la pierre tombe; on n'a pas encore osé dire qu'elle veut tomber; quelque jour sans doute elle pourrait vouloir monter, c'est une conséquence qui ne manquera pas de nous réjouir quand nous la verrons se réaliser. Le plateau de la balance qui ne contient qu'un kilogramme est entraîné par celui qui en contient deux: peut-on dire qu'il veut être entraîné? pourrait-il faire autrement? Les deux plateaux rapprochés par l'électricité, pouvez-vous dire qu'ils veulent s'unir avant que le courant agisse sur eux? Sous l'action du courant, peuvent-ils rester séparés? Dans l'un et l'autre cas, peuvent-ils faire le contraire? S'ils n'ont pas de liberté, ne dites pas qu'ils ont une volonté. Ou bien alors dites que les hommes secrètent le vice ou la vertu comme certaines substances secrètent le sucre ou le poison. Mais aussi ce jour-là il faudra détruire la liberté de la pensée et défendre d'enseigner la philosophie.

71. — De l'habitude dans la vie intellectuelle.

(Cette dissertation d'une longueur exceptionnelle doit intéresser particulièrement les candidats, parce qu'elle touche à beaucoup de points rarement traités d'une manière méthodique.)

L'activité est l'essence de l'âme. Elle est la source d'où dérivent nos pensées, nos sentiments et nos volitions. Elle se manifeste sous deux modes : l'un, spontané, l'autre, réfléchi. Dans celui-là, elle est une impulsion aveugle de la nature; dans celui-ci, une démarche éclairée de la personnalité. Dans le premier de ces modes elle est instinct; dans le second, volonté.

Un phénomène intermédiaire concilie l'instinct et la volonté : l'*habitude*. L'habitude participe de l'instinct pour la forme, de la volonté pour le principe. Dans le mode spontané nous n'avons conscience ni du but, ni des moyens ; dans le mode volontaire nous avons conscience du but et des moyens ; dans l'habitude nous avons conscience du but, mais nous n'avons plus des moyens qu'une conscience vague.

C'est d'abord l'activité spontanée qui se déploie en nous; si elle ne rencontrait pas d'entraves, la réflexion n'aurait pas lieu d'intervenir. La personnalité se révèle dans l'effort. Elle dirige et concentre nos forces. Le même obstacle se présente-t-il une ou plusieurs fois : autant de fois la volonté s'applique à le surmonter. Mais à chaque essai l'effort est moindre. La volonté s'accoutume, en effet, à triompher de l'obstacle ; elle cherche même la lutte, tant elle est sûre du succès ; elle y trouve bientôt du charme. Il vient un jour enfin où c'est un besoin pour moi d'accomplir l'acte qui me rebutait d'abord : ce jour là, on reconnait que la volonté a cédé la place à l'habitude.

Par l'habitude, l'opération devient facile, agréable, mécanique, nécessaire même quelquefois. Elle se produit sans le consentement de la volonté : car l'habitude va d'elle-même, inconsciente et infaillible, comme l'instinct. Pourtant elle diffère de lui en ce que, créée par nous, elle peut cesser avant nous ; tandis que l'instinct, créé en nous par la nature, ne cesse qu'avec nous. L'instinct tend, en effet, à une fin que lui assigne la nature ; l'habitude à une fin que l'intelligence lui découvre. La nature ne déplace pas le but qu'elle a marqué ; l'intelligence peut cesser de proposer le sien. L'habitude est un mouvement qui part de la volonté pour aboutir à ce but. Or, supposez que l'intelligence ne présente plus ce but à la volonté : celle-ci n'aura plus de raison de se mouvoir. L'impulsion donnée pourra se continuer quelque temps encore; puis, elle se ralentira, et finira par cesser : l'habitude aura disparu.

Par la forme supérieure de son existence, l'âme est un principe d'action ; elle est capable de porter dans le monde extérieur le changement : mais par la forme inférieure de son existence, elle est liée à un corps, et, par l'intermédiaire de ses organes, reçoit le changement. La vie résulte de cette association intime de l'âme et du corps. Par suite, la vie implique la double opposition de la réceptivité et de la spontanéité. L'habitude apparaît dans la dualité de l'action et de la passion. Elle émousse celle-ci, avive celle-là. Le changement venu du dehors, elle le rend de plus en plus étranger à l'âme; celui qui vient de l'âme, elle le lui rend de plus en plus propre.

Nous savons ce qu'est l'habitude; nous connaissons sa nature et son principe; nous allons étudier ses effets dans l'une des trois grandes facultés de l'âme : l'intelligence.

L'habitude, avons-nous dit, est déterminée par un changement dans l'âme. Or, tout changement est un mouvement : tout mouvement s'accomplit dans le temps. De plus, l'habitude n'existe qu'autant que l'âme persiste dans son changement; la persistance implique la durée : la durée est contenue dans le temps. Le temps est donc la condition de l'habitude. Quelle est la première forme de l'intelligence? C'est l'intuition. Or, la perception de l'évidence semble échapper au temps. L'esprit ni ne se meut, ni ne fait effort pour saisir l'évidence intuitive. Elle le frappe d'une lumière soudaine. La volonté est devancée. En conséquence, l'habitude qui tire son existence de la volonté, n'apparaît pas encore dans l'intuition. Elle ne saurait précipiter ce qui est instantané, simplifier ce qui est un.

De même pour la raison. La raison, on l'a dit souvent, n'est pas une faculté. Elle est en nous, mais ne dépend pas de nous. Elle échappe à l'action de la volonté, qu'elle règle et éclaire. Elle est peut-être la marque de la divinité même en nous. Nous ne la dominons pas, elle nous subjugue : elle exclut donc l'habitude.

Dans la perception nous saisissons pleinement les effets de l'habitude. La perception devient plus lucide par l'habitude. La perception n'a lieu qu'après l'impression nerveuse et la sensation. L'impression étant toute physique, il ne nous appartient pas de l'examiner : seules, la sensation et la perception relèvent de la conscience. Si la sensation, suite de l'impression nerveuse est la condition indispensable de la perception, il n'en est pas moins vrai qu'elles semblent s'exclure l'une l'autre. La passion est l'état de l'âme qui a sa cause prochaine hors de l'être en qui elle retentit. L'action est l'état de l'âme qu'un être cause en lui-même. Une vive sensation en apportant à notre âme une modification soit douloureuse, soit agréable, éveille notre activité interne. Occupée tout entière de son état, l'âme reste absorbée en elle-même : c'est la passion. Différente par son principe, l'action diffère aussi par ses effets : si la sensation est faible, la modification qu'elle apportera sera peu douloureuse ou peu agréable : l'activité de l'âme n'étant retenue par rien, ni concentrée en elle-même, se portera naturellement au dehors, et prendra connaissance de l'extérieur. Ce double phénomène peut s'énoncer ainsi en loi : La clarté des perceptions est en raison inverse de la vivacité des sensations. Or, par expérience, nous savons que l'habitude affaiblit ce qu'il y a en nous de passif, et exalte au contraire ce qu'il y a en nous d'actif. Par l'habitude, la sensation, qui tient de la passion, s'émousse ; la perception, qui tient de l'action, s'aiguise. Ainsi le goût devient stupide chez l'homme qui suit souvent son penchant pour les liqueurs spiritueuses ; il se raffine chez celui qui s'applique à discerner les saveurs. De même pour l'ouïe, le tact, l'odorat et la vue.

Toute notion fournie à l'entendement par l'expérience est composée : or, l'entendement ne peut saisir d'une seule prise que le simple. Il lui faut donc réduire le composé au simple par l'analyse. Dans l'analyse l'esprit parcourt successivement toutes les parties de l'objet auquel il s'attache, et les examine une à une pour passer d'un point à un autre : il y a mouvement. Ce mouvement, condition de l'analyse, est une impulsion de l'activité volontaire. Il est lent ou rapide, selon le degré de résistance qu'il rencontre : par l'habitude, il devient aisé et comme mécanique. L'habitude a donc sa place dans les opérations de l'intelligence discursive, et y aide singulièrement.

Nous nous souvenons de ce à quoi nous avons accordé une vive attention, une ou plusieurs fois. L'attention implique le concours de la conscience, et l'action de la volonté. L'habitude, auxiliaire de l'attention, participe donc à la formation de la mémoire. Je prends un exemple : Je veux apprendre une page de grec. Le pouvoir personnel concentre mon attention sur le livre, et m'arrache aux distractions qui m'assiègent. J'ai à vaincre alors mon esprit rebelle, qui ne peut graver en lui les caractères placés devant mes yeux. Il y a lutte : la volonté l'emporte. Déjà, je puis réciter sans faillir ce que j'avais dessein d'apprendre. Je suis pourtant obligé de tenir mon jugement éveillé pour ne pas troubler l'ordre des mots, ni rompre l'enchaînement des phrases. Cette page que j'ai comme transcrite en mon esprit, je la considère au dedans de moi-même, je suis par la pensée la liaison des idées, je m'attache au sens des mots que je récite : je déchiffre sans faute, mais non sans hésitation, les caractères comme empreints dans mon cerveau. Bientôt la répétition fréquente de l'acte me donne plus d'assurance : je récite vite, et je trouve même un certain charme à cet exercice, devenu des plus aisés. Enfin je m'y habitue si bien que, dans quelques jours, je me surprendrai récitant encore mécaniquement la page, dont le sens sera moins lucide pour moi. Ici nous pouvons signaler un péril de l'habitude : le jour où la mémoire, abandonnée du jugement, ne fonctionne plus que comme une pendule dont on a monté les ressorts, la mémoire est aveugle. L'habitude l'a soustraite au pouvoir de la volonté, pour la faire retomber sous les lois de l'instinct. C'est la volonté qui l'a formée; c'est l'instinct qui la perpétue. Pour que l'habitude du souvenir soit fructueuse, il faut que l'intelligence de ce dont on se souvient soit claire : mais cela n'est pas une condition nécessaire du souvenir. L'intelligence des signes, l'habitude de les voir rapprochés les uns des autres, suffit aux bonnes vieilles pour répéter des prières dont elles ne soupçonnent pas le sens. La mémoire alors, aveugle comme l'instinct, est infaillible comme lui. Une personne éclairée court risque de réciter un mot synonyme d'un autre : une personne ignorante ne commettra pas cette faute. Elle pourra même réciter les pages d'un livre en remontant de la dernière ligne à la première. Mais encore une fois, l'habitude est ici accompagnée de l'intelligence ; ce n'est pas de l'intelligence du sens, mais de l'intelligence des signes. Une personne chez laquelle la mémoire mécanique remplacerait la mémoire raisonnée, aurait peu de jugement.

On a voulu expliquer l'habitude par l'association des idées : c'est au contraire l'habitude qui est la raison de l'association des idées. Deux idées se lient l'une à l'autre par l'intermédiaire d'une idée commune : l'habitude n'est pas le principe de cette opération ; il faut l'attribuer à la nature : c'est une loi fatale, qui a une analogie frappante avec l'abstraction et les affinités électives dans l'ordre matériel. L'habitude ne fait que répandre la variété sur ce fond uniforme. Elle rapproche telle idée de telle autre, mais en respectant la loi qui lui prescrit de jeter entre ces deux idées une idée commune qui les relie. Parmi les idées, les unes sont nécessaires, les autres contingentes. L'habitude n'a pas de prise sur les premières, car elles sont du domaine de la raison ; mais elle agit sur les secondes. On prononce, devant plusieurs personnes, cette parole : « Nous devons tous mourir un jour ». Il est sans doute que l'idée de la mort se présentera à l'esprit de toutes ces personnes. Un soldat songera aussitôt au champ de bataille, où il espère mourir glorieusement pour sa patrie ; un avare, au prix que coûteront les funérailles de sa femme ; un philosophe au néant de l'homme, mais à l'idée consolante de l'immortalité de l'âme, etc. L'idée de la mort se présentera, en effet, à tous accompagnée des idées qu'elle a coutume d'éveiller en chacun d'eux. L'avare, le philosophe, le soldat ont songé déjà à la mort, mais l'ont envisagée chacun sous un jour différent. Nous n'avons pas tous l'esprit meublé des mêmes idées, ou du moins elles ne se groupent pas chez tous de la même sorte. L'habitude qui influe sur nos pensées, nos sentiments, nos volitions, préside à toutes les combinaisons de nos idées. Elle nous est d'un grand secours dans la perception : une qualité perçue éveille l'idée des diverses qualités d'un corps, et abrège nos recherches ; dans le langage : un mot en appelle un autre, et, parmi les milliers d'expressions dont nous pouvons disposer, attire à lui celle qui convient le mieux, sans que nous ayons d'effort à faire pour cela. Si c'est là un utile service que nous rend l'habitude, n'oublions pas qu'elle ne laisse pas d'avoir quelques inconvénients : une fausse association d'idées lie deux idées qui ne dépendent nullement l'une de l'autre. De là les ignorances de la médecine au moyen âge, l'alchimie, l'astrologie, et toutes ces sciences fausses ; de là enfin, l'idée de mérite jointe à une action détestable ; de là les préjugés, et par suite les crimes, car, nos jugements étant le principe de nos actions, il faut bien penser pour bien agir. L'habitude donne à ces liaisons arbitraires, fondées sur de faux rapports, une ténacité singulière, et, avec le temps, les fortifie. L'homme qui a cru cinquante ans une chose, ne veut plus remonter à l'origine de cette croyance, à l'intervention de la volonté dans sa formation : elle est consacrée par l'habitude, il semble qu'il y ait prescription.

Dans l'imagination, nous trouvons le double caractère de la réceptivité et de la spontanéité. L'imagination passive, j'entends cette faculté de former des images à l'occasion d'une excitation objective, s'efface à la longue : l'imagination spontanée, qui produit des images d'elle-même, s'avive chaque jour par l'habitude. Ainsi, toute perception, toute conception involontaire et inattendue, devient de plus en plus confuse, et échappe enfin à la conscience. Au contraire, plus l'entendement s'exerce à assembler des idées diverses, pour façonner des êtres fantastiques, plus l'habitude lui donne de vivacité. C'est ainsi que l'artiste et le poète acquièrent une merveilleuse facilité à combiner des éléments divers, pour en former un tout. C'est ainsi qu'ils revêtent en leur esprit les objets de couleurs éclatantes, et, par l'imagination, créent en eux un monde fantastique. L'habitude, en exaltant trop vivement l'imagination, apporte de graves désordres dans l'entendement : ce sont d'abord les idées fixes, les visions, les hallucinations, puis enfin, les tristes égarements de la folie.

L'attention n'a pas le mode passif : elle est éminemment active. L'habitude lui rend aisée la tâche que la volonté lui impose. On sait quelle finesse l'habitude peut donner à l'observation du physicien ou du naturaliste; combien la réflexion devient familière aux esprits disciplinés par la volonté ; comment la méditation élève les âmes mystiques à la contemplation de l'infini. Ajoutons que ces divers modes de l'attention, outre leur incontestable utilité dans l'acquisition de nos connaissances, nous procurent de douces jouissances et deviennent même des besoins pour nous.

Il y a deux sortes de jugements : l'un, intuitif, échappe à l'habitude ; l'autre, synthèse de la diversité dans l'unité de l'idée, l'implique. Il veut le mouvement, et rentre sous les lois de la raison discursive. Il s'affaiblit par l'inaction, se fortifie par l'exercice. Un trop grand développement de la mémoire mécanique peut l'étouffer. Tel jugement (j'entends ici par ce mot le produit de la faculté que j'ai nommée tout à l'heure jugement) s'identifie tellement avec nous par l'habitude, qu'il ne peut être arraché qu'avec bien de la peine : c'est le préjugé.

Le raisonnement n'est qu'une série de jugements liés entre eux. Il suit donc les lois du jugement ; partant, il implique l'habitude. Dans le raisonnement déductif, l'habitude fait passer l'entendement par une série de jugements intermédiaires : elle donne tant de rapidité au mouvement de l'esprit, que le raisonnement ressemble parfois à une aperception.

Nous venons de suivre l'habitude dans le domaine de l'intelligence. Après avoir assisté à sa formation, nous avons considéré ses effets. Nous avons vu comment elle vient en aide à la volonté, et continue pour le compte de la volonté l'œuvre que celle-ci avait commencée. Nous avons signalé le danger de l'habitude qui, échappant peu à peu à l'action de la volonté, retombe sous les lois de la nature. L'habitude, au service de la volonté, avive la perception, produit les merveilleux effets du raisonnement, de l'attention, enrichit la mémoire, etc...; l'habitude, quittant l'empire de la liberté, pour rentrer dans le domaine de la fatalité, crée les fausses associations d'idées, la mémoire mécanique et ses funestes effets, les terribles excès de l'aliénation mentale; elle est mère du préjugé, de la routine, etc.....

Il faut donc que la volonté, tout en se reposant sur l'habitude du soin de continuer son œuvre, ne l'abandonne pas entièrement : elle doit surveiller ses mouvements, et la retenir au moment où elle tenterait de se soustraire à son action. C'est ainsi que nous profiterons des secours de l'habitude, sans redouter ses inconvénients.

72. — Influence de l'habitude sur le développement intellectuel et moral de l'homme.

Définir l'*habitude* serait une entreprise presque aussi difficile qu'elle est superflue. Il y a dans notre nature peu de phénomènes plus complexes et plus délicats; il y en a peu cependant qu'il soit plus aisé de reconnaître, de constater et de suivre dans leur développement.

Le langage ordinaire, en distinguant de *bonnes* et de *mauvaises* habitudes, nous indique la liaison intime de ce phénomène avec l'ordre moral, avec la volonté. C'est, en effet, dans la volonté qu'il faut mettre le siège de l'habitude proprement dite. On ne s'habitue pas sans le savoir et sans le vouloir : c'est la différence essentielle de l'instinct et de l'habitude. L'habitude est un pli, non pas qu'on reçoit, mais bien qu'on se donne : elle ne vient pas de la nature, elle est elle-même une seconde nature engendrée par la volonté. De là toute son importance dans la vie humaine et toute son influence sur notre développement intellectuel et moral.

On croit quelquefois qu'en transformant en une action rapide, facile et, pour ainsi dire, toute naturelle les efforts de la pensée et de la volonté, l'habitude nous ôte quelque chose de notre liberté, de notre initiative, de notre puissance active. Bien loin de les restreindre, elle ne fait que les accroître. Le seul ordre de phénomènes qu'elle amoindrisse en nous, c'est le dernier de tous, celui qui nous est commun avec l'animal, c'est la *sensation*. L'habitude émousse en effet les impressions physiologiques; elle rend notre corps moins sensible aux contacts, à la chaleur, au froid, à toutes les actions du dehors; elle aguerrit nos organes et réduit leurs mouvements les plus aveugles à une sorte d'obéissance passive aux règles de la raison. Mais c'est là un des plus grands services qu'elle puisse nous rendre : tout ce qui diminue l'animal en nous y augmente l'homme. Il ne faut pas méconnaître du reste que, si elle ôte aux besoins physiques, aux appétits et aux douleurs du corps leur âpreté brutale, l'habitude peut cependant développer, aviver et perfectionner la sensibilité physique elle-même. Qui ne sait la merveilleuse finesse que peuvent atteindre par l'habitude le tact des aveugles, l'ouïe et la vue des sauvages, le goût et l'odorat eux-mêmes chez ceux qui les exercent particulièrement? Voyez la rapidité, en apparence machinale, avec laquelle les doigts du musicien volent sur le clavier : c'est un triomphe de l'habitude, c'est un perfectionnement volontaire des organes et des sensations. — Ainsi, dans l'ordre le moins élevé des fonctions de l'âme, distinguons la *sensation passive* que l'habitude émousse et la *sensation active* dont elle accroît au contraire la délicatesse et la vivacité.

A mesure que nous nous élevons au-dessus de la sensibilité animale, nous voyons grandir le pouvoir de l'habitude. Quelle force, quelle profondeur ne donne-t-elle pas aux *sentiments!* Par elle, l'amour, l'amitié, le dévoûment, la charité, les plus nobles émotions se transforment en affections durables, permanentes, et qui font en quelque sorte partie intégrante de nous-mêmes.

Dans l'ordre intellectuel, l'habitude transforme aussi en un état pour ainsi dire naturel ce qui d'abord avait coûté un effort parfois pénible. L'habitude de réfléchir, de s'observer, de se replier sur soi-même devient un besoin de l'homme qui s'y est exercé et lui fait aisément distinguer dans la demi-obscurité de la vie intérieure mille détails qui échappent à la vue superficielle d'un observateur novice. L'enfant qui apprend par cœur la table de multiplication se facilite pour l'avenir des calculs qui lui paraîtront, grâce à l'habitude, aussi aisés qu'ils lui eussent été impossibles sans elle. Suivre un raisonnement abstrait exige une tension d'esprit très fatigante pour qui n'y est pas habitué : c'est un jeu pour le philosophe ou le mathématicien. C'est par l'exercice qu'on acquiert un jugement sûr, perspicace, profond, des conceptions nettes et vives, une puissance d'attention, d'observation, d'intuition qui étonne le vulgaire.

Mais c'est surtout dans l'ordre moral que les effets de l'habitude sont bien marqués de leur double caractère, nous voulons dire : d'une part, comme résultant de la volonté; de l'autre, comme substituant à l'effort une sorte de disposition naturelle qui dispense de tout effort. Aristote a défini la vertu un ensemble de bonnes habitudes; et le nom même de la morale en grec se confond originairement avec celui de l'habitude. S'il ne faut pas aller jusqu'à cette confusion, il est juste pourtant de faire une large part à l'habitude dans la conduite, dans la vertu par conséquent. S'accoutumer à faire le bien toujours, partout, sans peine, sans hésitation, sans lutte, c'est la plus grande victoire qu'on puisse remporter sur soi-même. C'est se faire une nature de plus en plus semblable à celle même de

Dieu ; et bien loin de dire avec quelques philosophes que l'habitude nous ôte une partie de notre liberté, nous dirons plutôt avec un grand penseur que « l'habitude du bien est la liberté même ».

Il n'y a de mauvaises habitudes que celles qui font de nous des êtres passifs, qui nous asservissent à la nature externe, aux besoins et aux passions du corps, que celles qui s'engendrent dans les âmes sans force, sans spontanéité, sans volonté. Mais ce n'est pas là ce qui s'appelle proprement habitude, c'est plutôt un retour à l'instinct et à la vie animale.

L'habitude digne de ce nom est celle qui par l'exercice décuple nos forces, et nous aide à conserver ce qui est acquis en y ajoutant de nouveaux développements : c'est la volonté se facilitant à elle-même sa tâche et se pliant de son gré à ses propres lois.

73. — Examiner les différentes formes du langage naturel. En quoi diffère-t-il du langage artificiel ?

Parler, s'exprimer, exhaler sa douleur ou son plaisir, c'est le besoin de tout être vivant ; c'est un phénomène inhérent à la nature animale, presque jusque dans ses dernières classes. A mesure qu'on arrive aux types supérieurs de l'animalité, on trouve un langage plus riche, plus varié, plus expressif ; le cri devient susceptible d'intonations nombreuses et diverses, dont chacune correspond à un état particulier de la sensibilité ; les gestes, les mouvements, les regards, les attitudes fournissent à l'animal une série de signes non équivoques, et lui suffisent pour exprimer tous ses besoins.

C'est surtout chez l'homme que le langage naturel s'assouplit et se perfectionne. Chez lui, comme chez tous les êtres qui lui sont inférieurs, ce langage n'est encore que le cri de la nature, le produit de l'instinct, un phénomène exclusivement physiologique. Mais la différence qui distingue l'homme de l'animal, c'est que, comme il a plus de besoins, de sensations et de perceptions, il a aussi pour les exprimer des signes plus nombreux, des instruments plus variés, des organes enfin mieux appropriés. Le langage naturel, chez l'homme, se compose de deux sortes de signes, ceux qui s'adressent à l'ouïe et ceux qui parlent aux yeux.

Le *cri*, telle est la parole instinctive dont la nature a doué l'homme, comme les autres animaux ; le cri arraché par la douleur physique, le cri qui échappe à la peur, le rugissement de la colère, les douces et caressantes inflexions de l'amour, du plaisir, de la joie, tous ces sons inarticulés qui s'échappent, pour ainsi dire, d'eux-mêmes, de nos organes diversement affectés, forment le vocabulaire primitif de l'homme. C'est le premier et pendant longtemps le seul langage de l'enfant ; ce fut aussi peut-être le seul, et assurément le premier, qu'ait connu l'enfance de l'humanité.

A ces signes faits pour l'oreille s'ajoute la classe plus vaste, et plus difficile à analyser, des signes faits pour la vue. Elle comprend tous les mouvements du corps. Les uns affectent le corps tout entier, les autres se bornent à faire jouer un des organes. L'*attitude*, *habitus corporis*, est en général un signe plein de clarté et d'éloquence : on ne confond pas l'attitude de la menace avec celle de la prière, celle de la tristesse ou du découragement avec celle de la joie, de l'orgueil ou de la colère. Que dire des *gestes*? Chacun d'eux est l'interprète d'une idée particulière, et la nature en fixe le sens si clairement que nul ne s'y peut méprendre.

Dans tous les temps et dans tous les pays, l'enfant tend les bras à sa mère, et la mère comprend sa demande; il indique du doigt l'objet qu'il désire, et ce geste suffit pour qu'on sache qu'il le désire. Il trépigne de ses petits pieds frappe la terre à coups redoublés, aussitôt on s'efforce d'apaiser son impatience ou son courroux. Est-il besoin d'insister sur ces deux phénomènes, qui forment comme une classe à part parmi les modes d'expression que la nature nous donne, le *rire* et les *pleurs*, éternelle antithèse qui durera, dans l'humanité, autant que celle de la joie et de la douleur? Enfin, vient la classe de signes où l'homme a le plus d'avantages sur les autres animaux, ce sont les différentes expressions de la physionomie, et surtout du regard. Muet interprète de l'âme, et peut-être le plus éloquent et le plus profond de tous, le regard exprime tout; les plus nobles et les plus bas sentiments s'y lisent. Il fait aimer l'homme de bien; il trahit le méchant. C'est le regard qui, aidé du jeu des traits et de l'expression du visage, peut rendre les nuances fines et délicates qui auraient échappé aux autres instruments du langage naturel.

En songeant à toutes les richesses de ce langage composé d'instinct, on ne peut s'empêcher de se demander ce que le langage artificiel a pu y ajouter. Si on oublie pour un instant le monde de la pensée, de la raison, de la science, on trouvera que le langage naturel était à lui seul une expression complète de l'âme humaine; car, quel sentiment, quelle émotion ne peut s'y traduire? Mais dès qu'on songe aux phénomènes de l'ordre intellectuel, aux idées, aux jugements, aux raisonnements, on aperçoit l'immense lacune que laissait le langage naturel, et que l'autre a comblée. La parole humaine, en effet, la parole artificielle est avant tout l'expression de l'intelligence, comme elle en est l'œuvre. Dans tout autre domaine, elle peut être égalée, quelquefois même surpassée par l'énergie instinctive et profonde du langage naturel : un geste, un regard, un cri seront, en certaines circonstances, mille fois préférables à la phrase la plus parfaite, pour exprimer un sentiment, une passion, une volonté. Mais c'est précisément l'avantage de la parole artificielle de n'être pas le langage du sentiment, mais celui de la réflexion, de l'analyse et de l'abstraction.

C'est là le trait essentiel qui distingue la parole humaine du langage animal en général. On voit sans peine toutes les différences qui découlent de celle-là. Nous n'en relèverons qu'une : le langage naturel est un phénomène que la nature accomplit dans l'animal; le langage humain est l'œuvre de l'intelligence humaine. Il est impossible à l'animal blessé de ne pas pousser un cri : ce n'est pas lui qui parle, c'est sa douleur. Il est aussi *passif* dans le cri qu'il pousse que dans la douleur qu'il souffre. Le langage artificiel, au contraire, est sciemment et volontairement parlé par l'homme. L'homme a un rôle entièrement *actif* dans la formation et dans l'usage de ce précieux instrument de sa pensée.

74. — Exposer et critiquer les théories les plus récentes sur l'origine du langage.

PLAN

Introduction. — Les théories les plus récentes sur l'origine du langage sont celles de Hamilton; de Stuart Mill et des associationnistes; du système de l'Evolution. C'est l'ordre chronologique; nous suivrons l'ordre inverse pour notre examen.

Première partie. — Le système de l'Evolution voit dans le langage comme dans tous les faits psychologiques une série de phénomènes produits par le pur mécanisme. La parole, comme la pensée, n'est qu'une efflorescence survenue à un moment de la durée, et dont nous ne devons pas être plus fiers que le minéral n'a lieu de s'applaudir de ses propriétés chimiques. Cette théorie se réfute par les raisons générales qui combattent le système.

Deuxième partie. — L'école de l'Association remarquant la liaison qui existe entre les mots et les idées, en a exagéré l'importance. De ce que certains phénomènes sont suivis d'autres phénomènes, elle avait considéré les premiers comme la cause des seconds, sans apercevoir la grande différence qui existe entre la simple succession et la causalité. Par une erreur analogue, elle regarde le mot comme nécessaire à l'idée, tandis que les mille manifestations de l'art prouvent que l'homme peut penser sans le secours des mots.

Troisième partie. — Hamilton avait donné une première vogue à cette erreur par sa fameuse comparaison d'un tunnel creusé dans le sable.

Le caractère commun de ces théories est de méconnaître la part qui revient à la pensée dans la fixation des signes et dans leurs transformations.

B.

75. — Du langage en général, et de la parole humaine. — Rapports de la parole et de la pensée.

On appelle langage en général un ensemble de signes dont l'homme se sert, tantôt pour communiquer sa pensée aux autres hommes, tantôt pour mieux graver en lui-même les diverses émotions qu'il éprouve, afin de les conserver fidèlement et de se les rappeler autant que possible dans l'ordre même où elles se sont produites.

Dans le sens où nous devons les entendre, les signes sont de trois sortes : les gestes, la parole et l'écriture : le geste dans son acception la plus étendue est un mouvement de la tête, de la main, des yeux, de la physionomie, ou une certaine attitude du corps exprimant une idée, une volonté ou un sentiment; il y a des gestes naturels qui nous sont suggérés par la nature, et qui sont compris de tous les hommes sans aucune convention préalablement établie : la colère, la joie, la tristesse, la souffrance, la peur, la crainte, en un mot, les diverses passions communes à tous les hommes se traduisent chez tous les peuples par les mêmes gestes. Chacune de ces passions détermine dans le regard, la physionomie ou l'attitude du corps un certain mouvement spontané qui la manifeste avec précision et clarté.

A ces gestes naturels l'homme en ajoute d'autres qu'il invente, et que pour cette raison on appelle signes artificiels. Ceux-ci n'ont de sens qu'en vertu d'une convention préalablement établie et connue de ceux qui s'en servent.

Après le geste, le signe le plus immédiatement employé par l'homme est la parole, qui n'est qu'un son articulé. Doit-on la ranger parmi les signes naturels, ou parmi les signes artificiels ? Question vivement débattue en philosophie depuis M. de Bonald qui veut qu'elle ait été directement révélée à l'homme par Dieu. Mais l'opinion admise par les philosophes contemporains veut que Dieu ait seulement donné à sa créature les éléments de la parole, c'est-à-dire, des organes propres à l'articulation, l'intelligence qui conçoit, et le désir continuel d'exprimer sa pensée, en lui laissant le soin d'arriver graduellement et par des efforts continus à tirer parti des admirables instruments qu'il lui accordait. Il y a donc dans la parole une part qui revient à Dieu, mais aussi une part importante qui revient à l'homme, c'est donc un signe naturel et artificiel tout à la fois.

Quant à l'écriture, elle est de deux sortes : l'une qui reproduit en partie la forme des objets qu'elle exprime : c'est un dessin direct de l'idée ; l'autre qui exprime les sons de la voix, qui peint en quelque sorte la parole. La première se compose de petites figures plus ou moins analogues à leurs objets : c'est la plus ancienne des deux, celle que les hommes ont employée d'abord avant d'en venir à la seconde qu'on appelle phonétique, parce qu'elle exprime, non les objets, mais les mots au moyen de petites figures appelées lettres. Les lettres n'ont de sens que celui que les hommes y attachent d'après une convention parfaitement libre, qui varie de peuple à peuple : ce sont des signes entièrement artificiels.

Toutes les espèces de signes influent sur la formation des idées : 1° par la nature même du rôle qu'ils remplissent et qui consiste à manifester les idées, à les porter au dehors ; à les faire circuler d'une intelligence à l'autre, à les donner à celle qui ne les a pas, sans les ôter à celle qui les possède, à nous enrichir mutuellement par l'échange que nous en faisons. — 2° en traduisant les idées, les signes s'identifient en quelque sorte avec elles, et par cette identification, ils leur prêtent un corps ; ils les distinguent, ils les séparent les unes des autres ; ils se posent entre elles comme autant de jalons, de limites, de bornes ; ils deviennent alors de véritables termes qui circonscrivent chaque élément de la pensée et en débrouillent le chaos primitif. — 3° Ils font plus encore : en s'identifiant avec les idées, les signes les décomposent : chacun d'eux prend dans une idée complexe une portion de cette idée pour en faire la matière de son expression, ils se la partagent en quelque sorte pour en représenter les diverses fractions, et, par cette décomposition, ils lui donnent la lumière qu'elle n'avait pas ; d'obscure et de confuse qu'elle était d'abord, à cause de sa nature complexe, ils la rendent claire et distincte. — 4° En s'identifiant avec les idées, les signes écrits les font participer à la fois et de leur permanence et de leur mobilité ; ils les rendent impérissables comme eux ; ils en font le patrimoine commun de toutes les générations ; ils les transportent d'un lieu à un autre, ils les mettent à la portée de toutes les intelligences ; ils rapprochent les esprits, quelle que soit la distance qui les sépare.

De toutes les espèces de signes, la parole est celle qui remplit le mieux les diverses fonctions que nous venons d'indiquer ; par un privilège qui lui est particulier, elle seule réussit à rendre toutes nos idées, et les idées sensibles, et les idées les plus intellectuelles qui ne s'adressent qu'à la pure raison ; ce privilège, elle le doit à la nature des signes qu'elle emploie, qui sont tous abstraits, incorporels en quelque sorte, et par là infiniment propres à traduire les idées intellectuelles qui sont toutes abstraites. Le geste exprime bien les idées sensibles ou représentatives d'objets matériels, parce que ces objets peuvent être représentés ; mais, par la même raison, il échoue à faire comprendre ce qui ne s'adresse qu'à l'intelligence seule ; il est atteint d'un défaut irrémédiable, il ne peut fournir les trois parties qui se rencontrent dans presque tous les verbes, l'augment, la désinence et le radical. Le radical exprime ce qu'il y a de permanent et d'essentiel dans les objets ; l'augment et la désinence expriment les modifications qui surviennent. Ces trois parties sont donc nécessaires ; la parole les fournit sans effort au moyen des combinaisons innombrables dont sont susceptibles les éléments dont elle est formée ; le geste ne peut les donner ; ses signes, tous synthétiques, se détruisent si on les décompose ; il faut les prendre tels qu'ils sont donnés par la nature ; et si on voulait les écrire en les ajoutant les uns aux autres, ils formeraient des mots d'une longueur démesurée. Le geste ne sait traduire les pensées qu'en masse, par groupe et dès lors confusément, par la raison que toute synthèse qui n'est pas analysée demeure obscure.

A. M.

---

76. — Quelle est l'acception philosophique du mot langue ? Quels sont les avantages d'une langue bien faite et les inconvénients d'une langue mal faite ?

Le langage est l'ensemble des signes particuliers à l'aide desquels nous communiquons à nos semblables nos idées et nos sentiments. Il y a deux sortes de langage, le langage *naturel* composé de cris, de gestes et de mouvements, instinctif, universel, compris même et parlé par les bêtes, et le langage *artificiel* qui offre les caractères opposés; il est arbitraire et dépend de la volonté, il est le produit direct de la raison, et il est soumis à des lois invariables et nécessaires comme les lois internes de la pensée qu'il exprime; tandis que le langage naturel est *synthétique*, c'est-à-dire qu'il rend toute une idée par un seul signe, le langage artificiel est *analytique*, parce qu'il décompose l'idée et l'exprime en spécifiant chacune de ses parties; enfin il est *particulier*, c'est-à-dire qu'il varie selon les temps et les lieux, et, bien loin que les bêtes puissent le parler, les différentes nations des hommes n'en savent qu'une variété. C'est chacun de ces modes divers du langage artificiel qu'on appelle *langue*.

Il faut qu'une langue pour être bien faite soit *complète*, c'est-à-dire renferme des signes pour toutes les idées; *déterminée*, c'est-à-dire que chaque mot doit avoir sa signification propre sans empiéter sur celle des autres; *simple*, c'est-à-dire que les mots exprimants des idées élémentaires doivent être courts et faciles à retenir; enfin *analogue*, c'est-à-dire que les combinaisons analogues de mots répondent à des combinaisons analogues de pensées.

Nous avons dit déjà que le langage analyse la pensée. Chaque mot, en effet, n'exprimant qu'une seule idée, nous sommes bien forcés, quand nous parlons, d'analyser nos pensées pour les communiquer aux autres, et, quand les autres nous parlent, de suivre pour ainsi dire pas à pas les analyses toutes faites qu'ils nous présentent. Ce qui était confus dans l'intelligence est rendu distinct; ce qui était simultané devient successif, et les aspects divers de la vérité passent un à un devant nos yeux comme les signes eux-mêmes du langage. *Les langues*, dit Condillac, *sont autant de véritables méthodes analytiques.*

Le langage conserve la pensée; de sa nature, elle est fugitive et légère, sans les signes qui la saisissent comme au vol elle nous échapperait promptement. A peine est-elle conçue par l'esprit, elle prend, grâce au langage, une forme qui nous la rappelle désormais. Quel avantage précieux pour notre intelligence, que de pouvoir, à long intervalle, non-seulement user de ses propres connaissances, mais encore de celles des autres hommes, surtout si l'écriture et l'imprimerie les ont rendues impérissables!

Enfin, le langage contribue à la formation d'un grand nombre d'idées que nous n'aurions jamais eues sans son secours, comme les idées abstraites, les idées générales, et les idées collectives. L'esprit a, sans doute, la puissance de les concevoir, mais, à peine formées et encore indistinctes, ou vagues, ou incomplètes, elles se dissiperaient aussitôt et nous seraient inutiles. Comment, par exemple former sans le secours des signes l'idée d'un nombre assez considérable? Comment exécuter les opérations de l'arithmétique et de la géométrie?

Frappés de l'influence du langage sur la pensée, quelques philosophes se sont demandé si l'homme pouvait penser sans le langage. Oui, il le peut, mais il ne peut, sans le langage, penser ni bien, ni longtemps; le langage n'est qu'un auxiliaire, mais c'est un auxiliaire puissant, et nécessaire, sans lequel la pensée concrète, particulière, individuelle, fugitive, ne laisserait aucune trace et n'aurait de valeur qu'au moment où elle serait conçue.

Maintenant que nous avons exposé l'influence du langage sur l'esprit humain, on comprend quels sont les avantages d'une langue bien faite. Il est certain qu'une langue *logique* est indispensable à la science et utile pour la pratique de la vie. On aperçoit du même coup tous les inconvénients d'une langue mal faite, et on ne s'étonne plus si l'étude, la science et le perfectionnement du langage attirent et occupent l'attention de la philosophie.

---

77. — Bien marquer les caractères des langues analytiques et des langues synthétiques. — Donner des exemples empruntés aux langues classiques et aux langues modernes.

Rien dans la nature ne se présente à nos yeux ou à notre esprit sous le caractère de l'unité absolue et invariable : objets sensibles ou intellectuels, actions physiques ou morales, temps, espace, tout est complexe et susceptible de division, de plus ou de moins, d'antériorité ou de postériorité; l'unité et le point idéal sur lesquels reposent les déductions mathématiques ne sont eux-mêmes que des abstractions.

Or, les mots d'une langue sont les signes phoniques ou graphiques des réalités qui composent la vie intime du moi ou le monde externe; ils en sont les images; et, en cette qualité, ils réveillent nécessairement des idées complexes comme les objets qu'ils nous représentent.

Cela posé, on a défini les langues synthétiques : celles qui expriment beaucoup d'idées différentes et d'indications grammaticales par un seul mot avec ses terminaisons variables. Les langues anciennes sont très synthétiques et éminemment propres à exprimer la nature du monde extérieur et des passions primitives de l'homme.

Les langues analytiques sont celles qui expriment chaque idée, chaque rapport grammatical par un mot distinct. Les langues modernes deviennent de plus en plus analytiques ; elles sont particulièrement propres aux discussions philosophiques et à la peinture des nuances délicates, des sentiments et des mœurs sociales.

Les unes ont été nommées aussi *combinantes*, parce que l'idée rendue par le mot peut se modifier par d'autres mots qui s'y adjoignent sans autre valeur que celle de la modification voulue, comme des affixes, des préfixes, etc. Les autres ont été appelées *fléchissantes*, parce que les mots s'y modifient pour rendre diverses idées par des flexions grammaticales, comme les cas, les conjugaisons, etc.

Les langues qui dérivent d'une organisation supérieure (celles de flexion), tendent sans cesse à simplifier leurs formes grammaticales. Elles coupent, par exemple, les terminaisons de flexion, les cas de déclinaison, en leur substituant des prépositions. Le verbe a perdu les formes des temps et des modes, il les remplace par des verbes auxiliaires, et on se voit obligé d'y ajouter les pronoms personnels, parce que les terminaisons personnelles se sont effacées à leur tour, ou que, si elles restent encore debout, elles ne sont plus senties par l'oreille comme telles. De cette manière se trouve presque rompue la vieille synthèse qui existait entre la *signification* ou *racine*, et la *relation* ; ces langues secondaires à *flexion* descendent sur le deuxième plan, celui de l'*agglomération* ; et la vraie flexion ne s'y maintient souvent que dans les cas où le radical lui-même est changé. Ce qui s'était dit par un seul mot ne se dit plus que par plusieurs : en latin *matri*, en italien *alla* ou *ad la madre*, en français *à la mère* ; *amor*, *io sono amato*, *je suis aimé*.

Ainsi le grec *étupon*, je frappai, se compose d'abord de *tup*, racine et mot de signification, et de plusieurs éléments de relation : *é* exprimant le rapport du passé ; *on*, exprimant le rapport de la première personne du singulier ou de la troisième du pluriel. Il y a ici, comme on voit, composition, accumulation d'idées ou de rapports ; il y a synthèse ; la langue est dite synthétique.

Dans le français, au contraire, dans l'italien et dans la plupart de nos langues européennes, ces idées et ces rapports sont séparés, rendus par un mot spécial : *à la mère — alla madre*. Le latin *amavi* est rendu en français par *je ai aimé* ; en italien par *io ho am-ato*. Il y a donc désunion d'idées, analyse : ces langues sont appelées analytiques.

Il en est de même dans les substantifs et leurs adjectifs : les antiques formes finales, si abondantes et si multiples, et en même temps si harmonieuses, font place à un nombre restreint de terminaisons prépondérantes ; cette analogie monotone des terminaisons est un signe caractéristique de la dégénérescence : homme, homo ; rose, rosa ; corne, cornu ; homines, rosæ, cornua, s'affaiblissent en français jusqu'à devenir : hommes, roses, cornes, c'est-à-dire que la consonne finale s, en français, a chassé par voie d'analogie toutes les autres terminaisons si variées, si sonores es, æ, a, etc., lesquelles avaient en même temps l'avantage d'exprimer certains rapports de l'idée dominante ou radicale.

78. — Du Vrai, du Beau et du Bien.

Qu'est-ce que le Vrai ? C'est, d'après la définition admise par tout le monde, au point de vue objectif, la réalité des choses, ce qui est, et, au point de vue subjectif, la conformité de nos idées ou de nos jugements avec cette réalité.

Qu'est-ce que le Beau ? Aucun philosophe n'a pu en donner une définition satisfaisante, ni Platon, ni ceux qui l'ont précédé, ni ceux qui sont venus après lui. Cet illustre idéaliste définissait le Beau, la splendeur du Vrai, métaphore obscure, que Joseph de Maistre a pu, sans croire la changer beaucoup, transformer en cette formule : le Beau, c'est ce qui plaît à la vertu éclairée. Les sensualistes et les empiriques, éliminant de l'idée du Beau tout ce qui ne relevait pas de l'observation pure, ont défini la beauté : l'ordre, l'arrangement, la proportion dans les parties.

Qu'est-ce que le Bien ? — Si l'on en croit les platoniciens, les péripatéticiens peut-être, et certainement les stoiciens, et la plupart des rationalistes modernes qui, plus ou moins directement, procèdent de ces philosophes, le Bien est la conformité des actions humaines avec le type absolu de la raison et de la sagesse, avec ce Dieu dont l'homme vertueux se rapproche dans les limites du possible (Platon) et dont le sage (Zénon) est le rival orgueilleux et l'émule non indigne. Si nous demandons aux sensualistes et aux empiriques une définition du Bien, ils nous répondront qu'on ne doit pas le distinguer du plaisir ou de l'intérêt, soit individuel, soit général, du plaisir réglé, de l'intérêt bien entendu.

Les platoniciens, les péripatéticiens et les stoiciens, n'auraient pas eu de peine à s'accorder sur ces trois objets, toujours considérés d'une manière abstraite, et indépendamment des subtilités dont ils compliquaient la question quand il s'agissait de la pratique. Mais, entre eux et les empiriques le débat a été et reste toujours plus sérieux. Comment ceux qui admettent une raison antérieure et supérieure à l'expérience, les idées ou même les essences du Beau, du Vrai, du Bien, distinctes de l'intelligence qui les conçoit et les exprime, pourraient-ils s'entendre avec ceux qui n'admettent rien d'absolu, aucun type divin, aucun idéal, aucune perfection réelle ? On sait, en effet, que ces mots, le Beau, le Vrai, le Bien, pour les empiriques, représentent simplement des conceptions générales, qui n'ont pas de raison d'être en dehors des faits contingents et de l'intelligence, contingente aussi quoique douée du sens de la généralité, qui les tire, par comparaison et abstraction, des données expérimentales.

Ainsi, les empiriques accorderont à Platon, à saint Augustin, à Bossuet que le vrai, c'est ce qui est ; mais ils demanderont à Platon s'il se rend bien compte de ce qu'il entend par la splendeur du vrai ; ils admettront aussi que le bien, dans les actions humaines, c'est la plus ou moins grande conformité de ces actions avec un type de sagesse idéalement conçu. Mais jamais ils ne conviendront que ces types de perfection logique, esthétique, morale, ne sont pas une idéalisation relative de conceptions basées sur l'expérience, et l'expérience seule.

Ayant posé la question, comme elle a été posée depuis de longs siècles, et comme elle sera longtemps posée encore, et aussi clairement que possible, il nous reste à terminer, sinon à clore la discussion, par une citation empruntée au livre d'un philosophe éminent qui s'est acquis, en la traitant, une réputation bien méritée.

« Pour nous, la théodicée, la morale, l'esthétique, la métaphysique reposent sur la psychologie, et le premier principe de notre psychologie est que tout exercice de l'esprit et de l'âme a pour condition une impression faite sur nos organes et un mouvement des fonctions vitales.... L'expérience ne renferme pas toute la science, mais elle en fournit les conditions. La raison ne nous révélerait aucune vérité universelle et nécessaire, si la conscience et les sens ne nous suggéraient des notions particulières et contingentes. » C'est ainsi que l'auteur du « Vrai, du Beau, du Bien », faisait leur part à l'expérience et à la raison dans la conception des idées qui ont été l'objet de l'ouvrage si connu auquel nous faisons allusion.

B. P.

---

79. — Caractériser et comparer les idées du Vrai, du Beau et du Bien et les rattacher à leur premier principe.

PLAN

Observation. — Le plan est donné par l'énoncé même de la dissertation.

1° Le Vrai, c'est ce qui est, d'après Bossuet et tous les métaphysiciens. Le caractère du Vrai est donc d'être en rapport adéquat avec l'être lui-même.

2° Si on a prétendu, avec plus ou moins de fondement, qu'une chose peut être vraie sans être belle, personne ne peut dire que la beauté puisse exister en dehors de la vérité. Il faudra toujours répéter avec Boileau :

« Rien n'est beau que le vrai ; le vrai seul est aimable. »

Le Beau a donc été justement défini : « La splendeur du vrai » ; c'est là son caractère essentiel.

3° Le Bien en soi est une qualité. Une chose est d'autant meilleure qu'elle possède plus de qualités ; qu'elle s'élève plus haut dans l'échelle des êtres. Le néant absolu est l'absence de toute qualité : qualité et perfection étant synonymes, le caractère du Bien est d'être une perfection.

4° En comparant les idées de Vrai, de Beau et de Bien, nous voyons qu'elles ne sont objectivement que l'être absolu considéré sous divers aspects.

5° Et nous les rattachons à leur premier principe, qui est Dieu.
B.

80. — De la moralité dans l'art.

PLAN

Division. — Cette moralité découlant du principe même de l'art, doit ressortir soit directement, soit indirectement de ses diverses manifestations.

Principe de l'Art. — Il n'y a pas d'art empirique : la morale est fondée sur la métaphysique par l'idée du Bien; de même, l'Art en est inséparable par l'idée du Beau. Son but est donc d'exprimer l'idéal sous des formes aussi parfaites que possible. Or, tout ce qui élève l'âme favorise la moralité.

Directement. — Les hymnes religieux ou guerriers, les temples, les statues, les tableaux qui nous donnent une idée de la grandeur divine, de la pureté et de la sublimité du culte sont autant de leçons directes.

Indirectement. — Mais il ne faut pas croire qu'une œuvre d'art doive toujours ressembler à un traité de morale. Horace écrit à Lollius qu'il trouve en lisant l'Iliade :

quid sit pulchrum, quid turpe, quid utile, quid non.

Les satires sont des conseils indirects de pratiquer la vertu. Qui pourrait soutenir qu'il n'y a aucun enseignement à tirer du Tartuffe ou du Misanthrope? Montrer un ilote ivre, « Aux vices des Romains présenter le miroir, » peuvent être des moyens aussi efficaces que des préceptes directs.
B.

81. — Quelles sont les lois de l'union de l'âme et du corps?

L'homme est composé de deux parties, l'âme et le corps. Rien de plus facile que de distinguer ces deux éléments de notre nature ; car nous connaissons d'une part une portion de matière étendue, soumise aux lois fatales de la nature, de l'autre, une intelligence et une volonté libre, invisibles aux sens, affranchies de toute composition et qui tendent sans cesse à se dégager de toute fatalité. Peut-être est-il plus difficile de les rapprocher et de les unir. Le fait est là cependant, si inexplicable et si mystérieux qu'il puisse être : ce corps et cette âme, si différents l'un de l'autre, si hétérogènes, sont unis entre eux par les liens les plus intimes. Les opérations de l'âme sont attachées, pour la plupart, aux fonctions du corps, et non seulement il y a, comme disait Leibnitz, *une harmonie préétablie* entre les premières et les secondes, mais il y a réciprocité d'action, influence mutuelle des unes sur les autres. Quel est le secret de cette liaison si étrange et pourtant si réelle? La philosophie ne l'a pas encore pénétré, et peut-être est-elle condamnée à l'ignorer toujours. Ce qu'elle peut faire et ce qu'elle a fait, par exemple, par l'organe d'un de ses plus illustres représentants, Bossuet, c'est de constater, par l'observation psychologique et par les sens, les lois de l'union de l'âme et du corps.

Prenez l'homme moral, depuis ses modes d'activité les plus humbles jusqu'à ses modes d'activité les plus élevés : vous remarquerez que les mouvements de l'âme sont liés aux mouvements du corps. Sans doute, cette connexion est plus ou moins étroite, et, par exemple, l'âme est plus intimement unie au corps dans la sensation que dans la volonté morale, mais peut-être ne disparaît-elle jamais entièrement. Ainsi l'étude même de la sensibilité révèle clairement le fait : la sensation, quoique mouvement spirituel, correspond cependant à un phénomène corporel. Si nous nous élevons jusqu'aux sentiments, jusqu'aux inclinations supérieures de l'âme, même remarque. On dira que le sentiment du beau ne réside pas dans la perception de la matière elle-même ; non, mais il a besoin, pour naître, de cette perception. L'intelligence, si haut qu'elle puisse s'élever plus tard, débute cependant par l'observation sensible, et se sert, par conséquent, des organes corporels pour ses conceptions les plus hautes ; alors qu'elle paraît affranchie de toute condition matérielle, elle s'appuie sur l'expérience, pour la dépasser sans doute, mais après s'être aidée des sens. La volonté présente les mêmes caractères que l'intelligence et la sensibilité; comme elles, nous la voyons liée à des mouvements du corps, ou traduite par des phénomènes physiologiques.

Il ne faudrait pas conclure de cette analyse que l'âme tire, pour ainsi dire, ses ressources du corps, car elle est forte et puissante par elle-même, mais seulement que l'un est l'instrument ou le serviteur de l'autre.

C'est cette dépendance du corps vis-à-vis de l'âme qui explique jusqu'à un certain point comment les mouvements de l'une produisent une sorte de contre-coup dans les mouvements de l'autre. Ainsi, un ébranlement trop violent des nerfs cause dans l'âme une affection plus ou moins forte. Réciproquement, une affection trop vive de l'âme se traduit par certaines modifications du corps, comme la honte, par exemple, se manifeste par la rougeur des joues. Cependant, cette influence n'est pas générale ; ce qui prouve, une fois de plus, qu'au fond, l'âme est indépendante du corps, quoique actuellement elle lui soit unie. Ainsi, le mal physique n'atteint pas toujours le moral. Mais il suffit, qu'en thèse générale, l'union de l'âme et du corps soit un fait constant pour que nous tirions de ces observations psychologiques une conclusion morale : si le corps est l'instrument nécessaire de l'âme, il est raisonnable de le maintenir dans un état normal, afin qu'il puisse, tout matériel qu'il est, ne pas nous contrarier quand nous faisons effort pour élever notre intelligence et régler nos actions.

---

82. — Exposer les principaux faits dans lesquels se manifeste l'influence du physique sur le moral, et réciproquement l'empire du moral sur le physique.

L'homme est double : âme et corps, esprit et matière. Comment deux substances si différentes peuvent-elles être réunies ? Nous l'ignorons ; ce qui est constant, c'est qu'elles exercent l'une sur l'autre une action réciproque, action dont de nombreux phénomènes rendent témoignage.

Parmi les faits qui prouvent l'influence du physique sur le moral, nous citerons en première ligne le *tempérament*. Nos goûts, nos sentiments, nos inclinations diffèrent suivant que c'est le sang, la lymphe ou la bile qui prédomine dans notre idiosyncrasie. L'homme sanguin est emporté et mobile ; le lymphatique est doux et ami du repos ; l'astuce, l'obstination, l'énergie patiente sont l'apanage du tempérament bilieux.

Mentionnons ensuite l'*âge*. Qui peut nier que l'esprit ne suive la même marche que le corps, reproduisant les mêmes phases d'enfance, d'adolescence, de jeunesse, de maturité, de vieillesse et de décrépitude ? Or, il n'y a pas seulement ici parallélisme entre les évolutions du physique et celles du moral : il y a encore influence des premières sur les secondes. Ne voyons-nous pas, par exemple, l'époque de la puberté amener avec elle tout un ordre de sentiments inaccoutumés ?

La *santé* et la *maladie* méritent aussi d'être considérées au point de vue qui fait l'objet de cette étude. Dans de bonnes conditions sanitaires l'intelligence fonctionne mieux, la volonté a plus de ressort, le caractère est plus égal. Au contraire, la maladie a le triste privilège d'abattre l'âme en même temps que le corps. Elle substitue à la générosité l'égoïsme, à l'amour des autres le culte jaloux de la personnalité ; elle prédispose aux craintes frivoles et aux alarmes crédules.

Il nous reste à signaler diverses perturbations physiologiques qui, en troublant l'organisme, affectent par contre-coup l'état mental. La *folie* est due souvent, sinon toujours, à un accident cérébral. L'*ivresse*, qui enlève le jugement et la liberté, est l'effet des liqueurs alcooliques agissant sur le cerveau. Les envies irrésistibles et si étranges qu'éprouvent les femmes enceintes fournissent encore un exemple remarquable de la domination exercée dans certains cas par la matière sur l'esprit.

Dans cette revue nécessairement fort incomplète, nous n'avons parlé ni de l'*hérédité*, ni du *sexe*, parce que les considérations auxquelles ils pourraient donner lieu risqueraient de faire double emploi avec ce qui a été dit plus haut du tempérament. Quant à l'*alimentation* et au *climat*, leur influence, bien que très réelle, est plus sensible chez les peuples pris en masse que chez les individus.

Aux observations que l'on vient de lire il y a une contre-partie. Si le physique fait souvent la loi au moral, il n'est pas rare, en revanche, que celui-ci obtienne la victoire dans la lutte engagée entre les deux substances dont l'être humain est formé.

Une excessive *concentration intellectuelle* a pour effet d'annuler les impressions produites sur nos organes par les objets extérieurs. C'est ainsi qu'à table, si notre intérêt est vivement éveillé par la conversation, nous ne nous apercevons pas de ce que nous mangeons; l'attention excitée a supprimé, ou du moins émoussé, la sensation du goût. De même Shakespeare a pu, sans invraisemblance, montrer le roi Lear et son compagnon perdus au milieu de la plaine, sous la tempête furieuse : l'un frissonnant de froid, l'autre impassible, indifférent à l'orage, en proie qu'il est tout entier à la violence de son émotion intérieure.

Bien digne de remarque est aussi l'empire de la *volonté* sur le corps, empire attesté par de nombreux faits. Les historiens anciens nous ont raconté comment se délia la langue du fils de Crésus qui, muet depuis sa naissance, recouvra soudain la parole pour sauver la vie à son père. Si l'on en croit les relations des voyageurs, certains sauvages, quand ils pensent avoir terminé leur tâche ici-bas, se retirent dans un lieu écarté, se couchent sur le sol, et appellent la mort qui ne tarde pas à exaucer leurs vœux. Enfin, dans certaines circonstances, n'a-t-on pas vu des hommes sujets à de périodiques accès d'aliénation mentale retarder, par un effort suprême de volonté, la crise qu'ils sentaient venir ?

Mais de toutes les puissances psychologiques, celle qui a incontestablement le plus de prise sur l'organisme, c'est l'*imagination*. Il n'est peut-être pas hors de propos de rappeler ici la fin singulière de Mozart. Un jour l'illustre musicien reçoit la visite d'un inconnu vêtu de noir qui lui commande un *requiem*. Cette apparition inattendue, accompagnée de certains détails mystérieux, frappe l'artiste; il se figure qu'il a reçu un message de la destinée, que cette visite lui annonce sa mort prochaine. Dès ce moment il ne fit plus que languir, et il mourut peu après. Ici l'imagination a joué un rôle meurtrier; ailleurs, elle intervient d'une façon salutaire. C'est à elle qu'il faut attribuer ces guérisons inexplicables pour la médecine qu'opèrent quelquefois les prétendus thaumaturges.

De cet ensemble de faits on peut tirer la conclusion suivante : D'une part, en tant qu'êtres corporels, nous sommes soumis à la fatalité qui est la loi de la matière, mais d'autre part, comme êtres spirituels, nous possédons une force qui nous permet de réagir contre les servitudes physiques : cette force, c'est la liberté morale.

88. — De l'intelligence des animaux.

Les bêtes ont des organes, à peu de chose près, semblables aux nôtres; elles ont un cerveau, des nerfs, des sens et un appareil de locomotion comme nous. Or, la similitude des organes implique la similitude des fonctions. Aussi voyons-nous les bêtes affectées comme nous par les impressions du monde extérieur sur leur organisme, et le témoignant, comme nous, par leur attitude et par leurs cris.

Ce sont là des faits qui n'ont pu échapper à Descartes. Pourtant ils ne l'ont pas convaincu que les animaux eussent une intelligence.

L'uniformité de vie, l'absence de langage, sont les fondements de cette assertion que contredit l'expérience la plus vulgaire. Les bêtes, pour lui, sont de *pures machines*; elles sont agencées, réglées, concertées pour l'action, et c'est la nature qui agit en elles. Leur activité n'a rien de spontané; leur sensibilité n'est que fictive.

Empruntons à La Fontaine l'exposition qu'il a donnée de la doctrine cartésienne sur les animaux, dans la première fable du dixième livre, dédiée à Mme de la Sablière :

« ..... Ils disent donc
 Que la bête est une machine
Qu'en elle tout se fait sans choix et par ressorts :
Nul sentiment, point d'âme : en elle tout est corps.
 Telle est la montre qui chemine
A pas toujours égaux, aveugle et sans dessein.
. . . .
 Au dire de ces gens la bête est toute telle. »

C'est bien cela : pour Descartes, les bêtes n'ont point d'intelligence, et l'homme ne peut voir en elles que des *automates*.

« L'animal se sent agité
De mouvements que le vulgaire appelle
Tristesse, joie, amour, plaisir, douleur cruelle,
 Ou quelque autre de ces états.
Mais ce n'est point cela : ne vous y trompez pas.
Qu'est-ce donc ? — Une montre. — Et nous ? — C'est autre chose.

Mme de Sévigné écrivait à Mme de Grignan, fervente cartésienne :

« Des machines qui aiment, des machines qui ont une élection pour quelqu'un, des machines qui sont jalouses, des machines qui craignent : Allez, allez, vous vous moquez de nous. »

Il y a ce, me semble, dans cet exposé piquant que fait La Fontaine, dans cet heureux rapprochement de mots dont use Mme de Sévigné, une réfutation aussi complète que spirituelle de la théorie de l'automatisme.

L'animal est assurément perfectible : l'éducation et l'expérience l'améliorent. Un vieux cerf a des ruses que ne connait pas encore le jeune daim. Sa fuite devient méthodique avec l'âge; il se compose un système de défense qui le dérobe à la dent des chiens. Ceux-ci, de leur côté, ont acquis une sorte d'habitude de la chasse, qui les maintient dans la vraie piste et les attache à la suite de leur proie.

Descartes fait dépendre l'industrie des animaux et tous les actes de leur vie de la seule disposition de leurs organes : c'est méconnaître cette force individuelle qui est en eux et les rend capables de spontanéité et de choix. Que la nature agisse en eux selon la disposition de leurs organes, cela n'est pas douteux, et c'est ce qui constitue l'instinct, c'est-à-dire un mode d'action irréfléchi, involontaire, mais admirablement approprié à sa fin, et qui suppose une prévoyance supérieure. Mais prétendre qu'ils n'agissent jamais par eux-mêmes, cela est contraire aux faits.

L'instinct se passe de la participation réfléchie de l'animal : il le dirige comme un instrument inconscient et aveugle; tandis que l'intelligence l'éclaire, provoque chez lui la délibération et le rend capable de choisir. Le castor, l'oiseau, qui se construisent une cabane, un nid, agissent par une impulsion nécessaire. Ils n'ont pas conscience de ce qu'ils font ; de là l'infaillibilité dont ils font preuve dans certaines opérations délicates ; de là la perfection de ces travaux où la nature met tant de proportion, d'élégance et d'harmonie. Le chien, le cheval, qui apprennent jusqu'à la signification de plusieurs de nos mots, et qui interprètent certains signes, agissent avec intelligence. Tout est inné dans l'instinct, tout y est fatal : tout dans l'intelligence est spontané et progressif. L'instinct est une force impersonnelle; l'intelligence, au contraire, est le bien propre de l'être qui en est doué : il en fait ce qu'il veut.

Reconnaître l'intelligence chez les animaux, ce n'est pas dépouiller l'homme de ses prérogatives. La limite entre l'homme et la brute est trop profonde pour que nous ayons à craindre une invasion de sa part. Nous restons les maitres du monde. Seuls, nous nous approprions le feu et les métaux ; seuls, nous nous élevons aux idées absolues ; seuls, nous sommes doués de raison, et nous conversons avec l'auteur de notre être. Il est bon de faire sentir à l'homme qu'il tient par quelque côté à l'animalité, et que, s'il s'élève à Dieu par la raison, il a aussi l'instinct, comme les animaux, qui le rabaisse vers la terre. La différence qu'il y a sur ce point entre les animaux et nous, la voici : chez eux, l'instinct prévaut sur l'intelligence qui leur est propre ; chez nous, l'intelligence personnelle a le premier rang et fait oublier l'instinct.

84. — Développer cette pensée de Bossuet dans le *Traité de la connaissance de Dieu et de soi-même* : « Les animaux n'inventent rien. La première cause des inventions et de la variété de la vie humaine est la réflexion ; la seconde cause est la liberté. »

1° Parmi les êtres de la nature, l'homme seul a un pouvoir d'invention et de création, seul il est doué d'une fonction constructive, poétique (au sens étymologique du mot) ; l'animal au contraire est incapable d'invention, et il est condamné à se répéter et à se copier éternellement. En outre, la vie humaine est susceptible d'une infinie variété, et l'individu humain diffère toujours d'un autre individu humain : chez l'animal, au contraire, les différences individuelles sont peu de chose, et l'espèce semble être tout. D'où viennent ces différences si tranchées ? De ce que l'animal n'a qu'un instinct improgressif et immobile, tandis que l'homme est doué de *réflexion*, c'est-à-dire d'un pouvoir de revenir sur les acquisitions antérieures pour les élaborer, et de *liberté*, ou pouvoir de diriger lui-même cette élaboration d'après telle ou telle idée qu'il a choisie.

2° L'homme, en effet, peut faire subir mille sortes de modifications aux souvenirs multiples et variés qui servent de matière à la réflexion : d'où la richesse et l'originalité de son imagination. Tantôt elle opère par *addition* et *soustraction* (les deux infinis, l'infiniment grand et l'infiniment petit, de Pascal), tantôt par *substitution* (le poète qui à propos du réel conçoit l'idéal), tantôt par *construction* (la fable : *la Laitière et le Pot au lait*)... etc. Dans tous ces cas, nous voyons une élaboration de la pensée trouvant en elle-même une fin vers laquelle elle oriente toutes les combinaisons qu'elle forme. « Si nous cherchons de quelle manière cette cause qui est nous-mêmes fait ce qu'elle fait, nous trouvons que son action consiste dans la *détermination par la pensée d'une fin* à laquelle concourent et s'ajoutent des puissances inconnues qu'enveloppe, latente, notre complexe individualité. Nous nous proposons tel objet, telle idée ou telle expression d'une idée : des profondeurs de la mémoire sort aussitôt tout ce qui peut y servir des trésors qu'elle contient. » (Ravaisson, *Rapport* p. 244).

3° Quant à la part de la *liberté*, dans la conception et l'invention, elle est manifeste, en ce que la pensée, au lieu de se borner à refléter fidèlement et servilement la nature, fait effort pour s'élever au-dessus d'elle par la *science et l'art*. La science et l'art sont, en effet, deux magnifiques tentatives de l'esprit pour interpréter à sa manière la *finalité de la nature* : or, « cette idée de la finalité de la nature, dans laquelle entre nécessairement l'idée d'un être puissant et bon qui, en la créant et en la disposant, aurait eu égard à nos facultés de connaître et en aurait préparé l'harmonie, cette idée n'appartient pas à l'entendement ; elle nous *élève au-dessus des perceptions sensibles* et de la matière ; c'est un intelligible qui nous sert à passer dans le monde pur des idées et du suprasensible... De plus, le concept de la finalité de la nature nous fait concevoir un rapport de la nature à des fins ; de la finalité esthétique nous passons à la finalité pratique (morale). Les fins de la nature ont pour fin nécessaire l'homme: elle nous conduisent à concevoir la fin de l'homme, qui est l'accord de la liberté avec ses fins dans le monde moral, et par conséquent, la nature doit pouvoir être d'accord avec la liberté. » (*Chaignet, Principes de la Science du Beau, chap. sur Kant*). La liberté est donc la faculté par laquelle nous pouvons nous élever au-dessus, de la nature sensible, à la conception de la science, à celle de l'art, et à celle de la morale.

4° *Conclusion.* La pensée de l'homme n'est liée, dans ses fonctions créatrices, ni à une utilité externe, ni à un concept logique ; elle est un effort de la pensée pour interpréter librement la nature, grâce à la réflexion et à la liberté. Par la réflexion et la liberté s'explique aussi la variété de la vie humaine : l'homme est une personne intelligente, raisonnable et libre, et par là s'explique la valeur extraordinaire de l'individu ; l'animal, n'étant pas une personne, n'étant capable, par conséquent, ni de réflexion, ni de liberté, ne peut rien inventer ; et dans la vie animale, l'individu n'est rien par soi, il n'est que l'un des chaînons de transmission qui assurent la perpétuité de l'espèce. Par là s'explique la différence énoncée par Pascal entre l'homme et l'animal, par cette maxime, si profonde et si vraie : « Instinct, raison ; marques de deux natures ».

E. G. D.

LOGIQUE

85. — Prouver par des vérités d'expérience que la logique est une science

Le raisonnement humain est soumis à certaines lois auxquelles il ne saurait se soustraire. Il y obéit à son insu. La réflexion seule parvient à les découvrir : les constater avec précision, les rapporter avec exactitude, les énumérer avec méthode, telle est l'œuvre de la logique. C'est ce qui fait d'elle une science.

Pourtant, ce titre de science a été contesté à la logique. On a prétendu qu'elle n'était qu'un art. Pour réfuter cette opinion, nous n'aurons pas besoin d'autre lumière que de celle des faits.

Si la logique n'était qu'un art, il est évident qu'avant que la logique existât, l'esprit humain devait être moins puissant qu'il ne l'a été depuis, le but de tout art étant de discipliner, et par suite d'accroître nos forces intellectuelles. Or, les faits sont là pour contredire cette assertion. Aristote n'avait pas encore écrit son *Organon* que déjà les poèmes d'Homère, les Dialogues de Platon, les travaux d'Hippocrate, c'est-à-dire des chefs-d'œuvre dans les branches les plus diverses des connaissances humaines, avaient paru.

Si la logique n'eût été qu'un art, les siècles qui ont suivi l'apparition de l'*Organon* (IVe siècle avant Jésus-Christ), eussent été supérieurs à ceux qui les avaient précédés. Est-il vrai qu'il en ait été ainsi ? Loin de là, la décadence de l'esprit grec suit de près la publication des œuvres d'Aristote. Disons plus : le moyen âge qui a fourni tant de logiciens éminents, tant de dialecticiens subtils, est une des époques les plus stériles qui aient marqué le cours de l'humanité.

Si la logique n'était qu'un art, les sciences, quelles qu'elles soient, ne pourraient se passer de l'étude de la logique, puisque toutes elles reposent sur les lois du raisonnement. Et pourtant dans l'antiquité et dans les temps modernes, les sciences ont su rejeter l'appui de la logique. Bacon, leur restaurateur, se proclame l'adversaire le plus acharné de la logique ; il semble, à lire ses écrits, que la déchéance du syllogisme soit une condition nécessaire de l'avènement de l'esprit scientifique.

De tout cela il est facile de tirer cette conclusion : La logique n'est pas un art seulement, comme ses détracteurs l'ont affirmé ; elle n'a pas seulement pour but de diriger l'esprit dans la pratique ; mais elle est une science qui analyse les opérations les plus complexes du raisonnement, décompose les pièces les plus délicates de son mécanisme, et nous fait découvrir, comme la psychologie, la morale et la théodicée, une partie de l'homme.

86. — Montrer pourquoi l'étude de la logique doit être précédée de celle de la psychologie.

On a dit quelquefois : « La psychologie est le flambeau qui doit éclairer toutes les recherches de la philosophie ». Ce principe s'applique-t-il avec une égale vérité aux diverses parties de la philosophie, et, pour prendre celle de toutes qui paraît le moins s'y soumettre, la logique est-elle dans cette dépendance de la psychologie ?

Il faut considérer la logique sous un double aspect. Prise dans sa plus haute acception, elle est la science des lois de la pensée. Appliquée à un objet plus humble et plus pratique, elle devient l'*art* de bien conduire sa pensée. Essayons de montrer que dans cette double acception, la logique appelle et suppose la connaissance préalable de l'esprit humain.

I. — Quand Aristote, décomposant pour ainsi dire le mécanisme du raisonnement, créa, dans son *Organon*, le plus beau monument de la science de la pensée, étudiait-il de simples abstractions, sans lien ni rapport avec l'intelligence humaine ? Nul n'oserait le dire. Aristote, — et, à défaut de la tradition, ses ouvrages nous l'apprendraient, — Aristote était, autrement mais non moins que Platon, disciple du grand homme qui commençait la philosophie par ces mots : *Connais-toi toi-même*. Aristote lui-même n'est pas moins grand psychologue que profond logicien, et c'est sur l'observation exacte de l'âme humaine qu'il a assis les bases de sa théorie du raisonnement.

Qu'est-ce, en effet, que le raisonnement ? Qu'est-ce que la pensée en général, sinon un des modes de notre activité spirituelle ? La pensée n'est que l'âme considérée dans l'un de ses actes principaux. Or, étudie-t-on le mouvement d'une machine. sans connaître cette machine, les pièces qui la composent, les ressorts qui la meuvent, la matière dont elle est faite, l'ordre dans lequel en sont assemblées les différentes parties ?

La logique qui cherche à déterminer la loi d'un être ne peut trouver cette loi que dans la notion même de cet être. Comme la morale, comme l'esthétique, elle doit ses premières lumières à la condition même de son développement, aux révélations de la psychologie.

II. — On jugera peut-être qu'elle en a moins besoin, si elle se réduit à l'art de penser, c'est-à-dire à un ensemble de règles pratiques, à l'aide desquelles l'expérience montre qu'on arrive à la connaissance du vrai.

La *Logique de Port Royal*, par exemple, peut se passer d'une préface psychologique.

Oui, sans doute; de même qu'un traité spécial sur un point restreint de la science peut se détacher de l'ensemble de cette science; mais cette monographie suppose et sous-entend l'étude complète, régulière, de la science générale dont elle fait partie. On peut, en étudiant, par exemple, l'organisation d'une espèce particulière d'animaux ou de plantes, oublier pour un moment tout le reste de l'histoire naturelle. Mais encore ne faut-il pas l'ignorer; encore faut-il rattacher cette espèce au *genre* dont elle dépend et lui appliquer les règles générales qui doivent présider à cette science tout entière.

Il en est ainsi de la logique. Ses enseignements, qui se bornent en apparence à un certain nombre de préceptes pratiques, n'ont de valeur que parce qu'ils ne sont pas des formules empiriques ou des règles arbitraires : ils reposent sur la nature même de l'esprit. Leur nécessité est une nécessité *psychologique*. Un syllogisme suppose un esprit, et les règles de ce syllogisme sont calquées sur les lois constitutives de cet esprit.

Enfin, hâtons-nous de le dire, l'infinie variété de ses opérations ne doit pas nous faire oublier l'unité de l'âme humaine, et il faut que, dans la science comme dans la réalité, cette unité essentielle soit fortement attestée. C'est là précisément le rôle de la psychologie, qui, en fournissant aux diverses sciences philosophiques leurs premiers éléments, les rattache, comme il convient, entre elles et avec l'esprit humain, leur commun objet. Ainsi elle les limite et les complète à la fois, l'une par l'autre; et, pour ne parler que de la *logique*, le moyen âge a montré dans quel excès de subtilités frivoles elle peut venir s'abîmer, quand elle n'est plus retenue dans ses justes bornes par le contrôle sévère de la *psychologie*.

---

87. Déterminer ce qu'on appelle en logique compréhension et extension d'un terme.

Les expressions ou mots dont on se sert pour indiquer les objets que l'esprit a en vue, sont aussi désignés sous le nom de *termes*.

Les mots représentent directement la pensée et indirectement les êtres, ainsi que les qualités dont les êtres sont doués.

On entend par *extension* d'un terme ou d'un mot, la propriété qu'il a de représenter un plus ou moins grand nombre d'êtres. Ainsi le mot *cheval* a plus d'extension que le mot *Bucéphale*, le mot *Français* a plus d'extension que le mot *Parisien*. Le mot cheval s'applique, en effet, à Bucéphale et à tous les autres chevaux; et le mot *Français* aux Parisiens et à tous les habitants de la province. C'est ainsi encore que le mot *triangle* a plus d'extension que l'expression *triangle rectangle*; il y a diverses espèces de triangles et le mot rectangle ne s'applique qu'à l'une de ces espèces.

On entend par *compréhension* d'un terme ou d'un mot, la propriété qu'il a de représenter un plus ou moins grand nombre de qualités. Ainsi le mot *corps* a plus de *compréhension* que le mot *étendue*. Le mot étendue, en effet, ne désigne qu'une seule qualité, et le corps est doué de plusieurs qualités comme la solidité, la forme, la divisibilité, etc., parmi lesquelles se trouve l'étendue.

L'étude de la généralisation et celle du syllogisme font comprendre la justesse et l'importance de cette distinction.

En ce qui concerne la généralisation, nous nous bornerons à rappeler le travail qui s'effectue dans la formation des idées générales. Ces idées sont de deux classes, car elles représentent ou des qualités ou des êtres. Le mot *blancheur*, par exemple, exprime une idée générale de qualité; le mot *cheval*, une idée générale d'être. Quand l'enfant, en présence d'un mur revêtu de chaux, entend prononcer les mots blanc, blancheur, ces termes ont à l'origine pour lui un caractère individuel; ils sont une sorte de nom propre. Mais s'il rencontre un deuxième objet blanc, il aura une tendance à se servir du même terme, et d'ailleurs il remarquera qu'on l'emploie autour de lui dans ce cas, comme dans le premier. S'il trouve un troisième objet, les mêmes faits se produisent, de sorte qu'il emploiera bientôt le terme *blanc*, le mot *blancheur*, pour désigner tous les objets qui possèdent la blancheur à des degrés divers, avec des nuances différentes. Il pourra même, pendant quelque temps, se méprendre, appeler blancs, par exemple, des objets gris; mais bientôt il se servira de cette expression avec exactitude. Remarquons, en passant, que l'abstraction a joué un rôle important dans ce travail, car c'est grâce à elle que la qualité que l'esprit avait en vue a pu être isolée et recevoir un nom spécial.

Pour s'élever aux idées générales d'être, la pensée s'appuie sur les idées générales de qualité. En présence d'un objet nouveau pour lui, l'enfant entend prononcer le mot *cheval*, cette expression ne désigne d'abord pour lui qu'un individu, le cheval qu'il a vu; elle fait l'office de nom propre; mais bientôt, il rencontre un deuxième cheval, et il emploie le même mot pour le désigner; il remarque que c'est le terme dont on se sert autour de lui, ainsi pour un troisième, pour un quatrième cheval, et pour tous les chevaux. Il commettra encore ici des erreurs, pendant quelque temps; il appellera quelquefois cheval un animal dont la forme se rapprochera beaucoup de ceux qu'il a d'abord observés, un mulet, par exemple, mais bientôt ces confusions cesseront, parce que l'enfant remarquera

10.

les qualités essentielles qui sont communes aux chevaux. Les idées générales de qualité servent ainsi de fondement aux idées générales d'être, et nous pouvons démêler, grâce à l'analyse, les trois échelons que gravit l'esprit pour arriver aux idées générales d'être en partant de l'abstraction.

Ces idées générales d'être correspondent, dans la nature, à des groupes d'objets, d'êtres, qui forment ce que l'on a appelé des *genres* et des *espèces*. Ces deux termes ont une valeur corrélative. Un genre est un groupe, une classe qui en contient plusieurs autres qui lui sont subordonnés. Une espèce est un groupe qui est contenu dans un autre plus étendu, supérieur. Ainsi l'expression *phénomènes sensibles* désigne un genre parmi les phénomènes du moi, tandis que les mots : *sensations, sentiments*, désignent des espèces.

A mesure qu'on s'élève dans l'échelle de la généralisation, les termes ont plus d'*extension*, ils comprennent un plus grand nombre d'êtres, mais par contre, ils ont moins de *compréhension*, ils embrassent moins de qualités. C'est, en effet, en faisant abstraction d'un certain nombre de qualités que l'on forme la conception des groupes supérieurs. Ainsi, le genre le plus étendu, c'est celui qui est représenté par le mot *être*, puisqu'il contient tout ce qui est, mais c'est celui qui a le moins de *compréhension*, puisqu'il ne suppose qu'une qualité, celle d'être. L'*extension* s'y trouve au maximum et la *compréhension* au minimum. De là cette formule logique : l'*extension* varie en raison inverse de la *compréhension* et vice versâ; l'une croît toujours lorsque l'autre diminue.

Si maintenant nous analysons le syllogisme, il est facile de comprendre que l'attention doit se porter sur l'extension des termes pour construire l'argument et en juger la valeur. Les trois termes du syllogisme se définissent par leur extension : le grand terme *(major)* est celui qui a le plus d'extension ; le petit *(minor)* est celui qui en a le moins ; le moyen *(medius)* est celui qui a une extension intermédiaire et qui sert à unir les deux autres, à montrer le rapport qui existe entre eux.

Dans un syllogisme, aucun terme ne doit avoir plus d'extension dans la conclusion que dans les prémisses, mais il faut veiller particulièrement à ce que, dans l'argument, la vraie valeur du moyen terme ne soit pas altérée. Si cette condition n'est pas observée, le syllogisme ne peut fournir une conclusion légitime.

Si l'on dit par exemple :

Quelques hommes sont bons ;
Or Pierre est homme,
Donc Pierre est bon ;

on fait un sophisme.

On voit, par ce qui précède, l'utilité de la distinction que nous venons de rappeler, et l'emploi fréquent qui en est fait dans les opérations intellectuelles dont la logique trace les règles.

88. — Théorie du syllogisme.

Le syllogisme est un raisonnement tel que, comme le dit Aristote dans ses *Premiers Analytiques*, certaines propositions étant posées, il en résulte nécessairement quelque autre proposition différente de celles-là. — Cette définition, sans avoir une précision rigoureuse, suffit pourtant à indiquer le caractère fondamental du syllogisme. On voit qu'il se compose essentiellement de trois propositions, qui sont entre elles dans un rapport tel que la troisième dépend de la seconde, comme la seconde de la première. Réduit à sa forme normale et parfaite, le syllogisme consiste dans l'enchaînement de trois jugements qui sont ensemble comme le *genre*, l'*espèce*, et l'*individu*. C'est ce qui a permis au grand géomètre Euler de le figurer par une représentation sensible, en comparant les trois propositions d'un syllogisme à trois cercles concentriques, le premier contenant le second, le second contenant le troisième. On sait qu'avec ces trois cercles diversement disposés, l'ingénieux auteur des *Lettres à une princesse d'Allemagne* a su représenter toutes les combinaisons possibles du syllogisme.

Après avoir indiqué les trois parties essentielles du syllogisme, c'est-à-dire la *majeure* et la *mineure* ou les deux *prémisses*, et la *conclusion* qui en découle, il faut prévenir une confusion qui compliquerait singulièrement la théorie du syllogisme. Toute proposition a trois *termes* (sujet, verbe, attribut). Le syllogisme, ayant trois propositions, aurait-il donc neuf *termes ?* — En réalité il n'en a que trois : en effet, le *verbe* est répété dans les trois propositions et n'y sert que de copule : on peut donc en faire abstraction. Il reste alors six termes, mais chacun d'eux est répété dans deux propositions. Par exemple :

L'infini (est) *incompréhensible ;*
Dieu (est) *infini ;*
Donc *Dieu* (est) *incompréhensible.*

Les trois termes sont ici *incompréhensible*, *infini*, *Dieu*. On appelle *grand terme* celui qui a le plus d'extension, qui est considéré comme renfermant les autres ; *petit terme* celui qui a le moins d'extension ; et *moyen terme* celui qui tient le milieu entre ces deux termes extrêmes.

La distinction entre les trois *termes* et les trois *propositions* que renferme tout syllogisme doit être faite avec soin ; car si la place que prennent les deux termes extrêmes est parfaitement indifférente à la théorie du raisonnement, il n'en est pas de même du moyen terme, et on a distingué quatre *figures* du syllogisme suivant les quatre manières dont le moyen terme peut se présenter dans les prémisses. Il peut être 1° sujet dans la majeure et attribut dans la mineure (subjectum-prædicatum, par abréviation, *sub-præ*) ; 2° sujet dans les deux prémisses (*sub-sub*) ; 3° attribut dans les deux prémisses (*præ-præ*) ; 4° plus rarement enfin, attribut dans la majeure et sujet dans la mineure (*præ-sub*).

La théorie des *figures* du syllogisme est fondée sur la position qu'occupe le moyen terme. On a fondé une autre théorie qui n'est pas beaucoup plus compliquée sur la nature même non plus des *termes*, mais des *propositions*. Toute proposition est quant à sa *qualité*, affirmative ou négative; quant à sa *quantité*, universelle ou particulière. En tenant compte de ces deux caractères à la fois, on aura quatre espèces de propositions, 1° la proposition universelle affirmative, 2° la proposition universelle négative, 3° la proposition particulière affirmative, 4° la proposition particulière négative. C'est cette classification que les scolastiques du moyen-âge avaient fixée en quatre lettres de convention qui pouvaient servir à faciliter de beaucoup cette étude par une sorte d'algèbre:

Asserit A, negat E, verum generaliter ambo;
Asserit I, negat O, sed particulariter ambo.

On appelle *modes* du syllogisme les différentes manières dont le syllogisme peut être construit quant à la nature des propositions qui le composent.

Qu'on calcule maintenant combien il y a de combinaisons possibles entre ces quatre espèces de propositions prises trois à trois, on atteindra le chiffre de 64 *modes* dans chacune des quatre *figures*, et puisqu'il y en a quatre, on comptera en tout 256 sortes de syllogisme. Mais il convient d'abord de négliger les 64 modes de la quatrième *figure* qui est purement artificielle et factice; ensuite d'examiner combien de ces 192 manières de raisonner sont raisonnables. Aristote a prouvé qu'il n'y en a que 14; et les scolastiques les ont résumées par les mots barbares, mais très commodes, qui indiquent la nature de chacune des trois propositions dans les syllogismes raisonnables:

1re figure : Sub-Præ.

bArbArA, cElArEnt, dArII, fErIO. . . .
Nous supprimons ceux de la 4e figure.

2° figure : Præ-Præ.

cEsArE, cAmEstrEs, fEstInO, bArOcO;

3° figure : Sub-Sub.

. . . . dArAptI,
fElAptOn, dIsAmIs, dAtIsI, bOcArdO, fErIsOn,

Telle est, dans ses traits les plus généraux, la théorie du raisonnement syllogistique, dont nous venons d'indiquer les formes et les éléments constitutifs. Il resterait à en exposer les principales règles. Mais ces règles forment un arsenal non moins imposant que la classification même des diverses espèces de syllogisme. On a essayé de les ramener à quatre concernant les figures et quatre concernant les modes.

Pour les *figures:*

1° Que les trois termes soient entre eux comme genre, espèce, individu;

2° Que le petit terme n'ait pas plus d'extension dans la conclusion que dans les prémisses ;
3° Que le moyen terme soit toujours absent de la conclusion ;
4° Que le moyen terme soit pris au moins une fois universellement.

Pour les *modes* :

1° Deux prémisses particulières ne prouvent rien ;
2° Deux prémisses négatives ne prouvent rien ;
3° Deux prémisses affirmatives ne peuvent aboutir à une conclusion négative ;
4° La conclusion n'est jamais plus générale que la mineure.

Au fond, toutes ces règles peuvent se ramener à ces deux principes : 1° Nul terme ne doit être pris d'une manière plus générale dans la conclusion que dans les prémisses. 2° Le moyen terme doit être pris au moins une fois universellement. Mais ces deux principes eux-mêmes ne font qu'exprimer plus longuement cette idée qui est la définition même du syllogisme et qui peut servir à en résumer toutes les règles : Les prémisses doivent contenir la conclusion.

89. — Qu'appelle-t-on, en logique, les dilemmes ? — Donner des exemples.

On appelle *dilemme* un argument qui consiste à poser comme données deux propositions contradictoires, lesquelles doivent pourtant conduire à la même conclusion : c'est-à-dire, pour emprunter la définition de Port-Royal, qu'après avoir divisé un tout en ses parties, on conclut affirmativement ou négativement du tout ce qu'on a conclu de chaque partie. Il faut donc pour qu'il y ait véritablement un dilemme que ce qu'on dit de chaque partie soit appuyé de sa raison particulière. Cependant pour rendre le raisonnement plus bref et plus frappant, on supprime souvent les propositions qui y entrent.

Un exemple rendra cette définition plus claire. Dans la tragédie d'Andromaque, Pyrrhus veut prouver à Andromaque que son sort dépend de la résolution qu'elle prendra, et voici l'argument qu'il emploie : Ou je vous perds, ou je suis obligé d'attendre. Si je vous perds, mon amour pour vous est tellement violent que ma mort est certaine. — Si je suis obligé d'attendre, cet amour est si impatient qu'il me sera encore impossible de vivre. De toutes les façons, il ne me reste qu'à mourir si vous ne prenez immédiatement une résolution favorable à mon égard. — Voilà le raisonnement, tel que l'analyse l'étend et le développe : mais la poésie et l'action dramatique s'accommoderaient peu de ces lenteurs : aussi Racine le resserre-t-il tout entier dans un seul vers :

Je meurs si je vous perds, mais je meurs si j'attends.

C'est par un argument semblable que Platon, dans le *Traité de la République*, réfutait les erreurs du polythéisme : « Ou

Apollon et Jupiter font ce que vous dites, et alors ils ne sont pas des dieux ; ou ils sont dieux, et alors ils ne font pas ce que vous dites. »

Le dilemme est un argument très fort, car l'adversaire ne peut y échapper. C'est pour cela qu'on l'a appelé *argument cornu* ou *argument à deux tranchants, utrinque feriens*. Il est de peu d'usage dans la science : mais on l'emploie très fréquemment dans les luttes oratoires. Cependant, il n'est pas toujours concluant ; pour qu'il le soit, trois conditions sont nécessaires : 1° que la proposition disjonctive n'admette pas de milieu ; 2° que la conclusion des deux parties soit nécessaire ; 3° que l'argument ne puisse être rétorqué contre celui qui l'emploie. Montrons par des exemples l'application de ces trois règles.

L'argument suivant, que Bias invoquait contre le mariage, pèche contre les deux premières règles : Ou ta femme sera belle ou elle sera laide : si elle est belle, elle te causera de la jalousie ; si elle est laide, elle te déplaira : donc il ne faut pas te marier.

Mais d'abord la proposition disjonctive n'est pas absolument vraie : Ta femme, sans être belle, peut n'être pas assez laide pour te déplaire ; la première règle est donc violée. De plus, il peut arriver que tu ne sois pas jaloux, quoiqu'elle soit belle ; et si elle est laide, elle pourra avoir d'autres qualités qui la rendront agréable à tes yeux. La seconde règle n'est donc pas plus respectée que la première, et l'argument n'est pas sérieux.

Voici un dilemme qui viole la troisième règle. Le sophiste Protagoras était convenu avec son disciple Évathlus de lui enseigner l'art oratoire pour une somme déterminée, dont la seconde moitié serait payée après le gain de sa première cause. Comme l'occasion de plaider ne se présentait pas assez vite au gré de Protagoras, il cita son élève en justice, et réclama le prix convenu en faisant le raisonnement suivant : Si tu persuades les juges, tu auras gagné ta cause, et tu devras me payer, d'après nos conventions. Si tu es condamné, tu devras te soumettre à la sentence des juges. Mais Évathlus, qui avait su profiter des leçons de son maître, retourna ainsi son argument contre lui : Si les juges me condamnent, j'ai perdu ma première cause et je ne te dois rien. S'ils me donnent raison, ils m'autorisent par là même à ne te point payer.

---

90. — Qu'entend-on par dilemme, sorite, enthymème, épichérème, prosyllogisme ? — Qu'est-ce qu'un argument ad hominem, un argument à fortiori, une réduction à l'absurde ? Donner des exemples.

Le syllogisme, réduit à sa plus simple expression, est un raisonnement composé de trois propositions dont les deux premières, appelées majeure et mineure, ou d'un seul nom, prémisses, donnent naissance par la comparaison qu'on fait entre elles à une nouvelle proposition qu'on nomme conclusion. Exemple : Tout corps est pesant ; l'air est un corps ; donc l'air est pesant. La majeure est la première proposition, celle qui énonce une vérité générale, point de départ du raisonnement ; la mineure, la seconde, celle qui renferme une vérité particulière, au moyen de laquelle on peut passer de la majeure à la conclusion ; enfin la conclusion est la troisième proposition, celle qui résulte naturellement du rapprochement des deux autres. Dans ces différentes propositions le syllogisme contient trois termes, le grand, le moyen, et le petit. Le grand terme est celui qui énonce l'idée la plus générale, dans l'exemple précédent, *pesant*; le moyen, celui qui renferme l'idée intermédiaire entre l'idée générale et l'idée particulière, *corps*; enfin le petit terme est celui qui énonce l'idée la plus particulière, la plus restreinte, *air*.

Tel est le syllogisme, ramené à ses éléments les plus simples et les plus rigoureux ; mais il est rare qu'il revête une forme si géométrique et, on peut le dire, si monotone. Tantôt la pensée est plus rapide, tantôt plus lente, suivant que l'enchaînement des idées et des propositions est plus clair ou plus obscur : de là de nouvelles manières de raisonner, ou plutôt, de nouvelles formes du syllogisme.

Le dilemme est un syllogisme qui contient deux propositions contraires et aboutissant cependant à la même conclusion : Ou l'homme résiste à ses passions, ou il s'y abandonne ; s'il résiste, il souffre des efforts qu'il fait ; s'il s'abandonne, il souffre de la honte qu'il ressent ; donc il n'y a pas de bonheur complet en ce monde.

Le sorite, ou syllogisme *entasseur*, renferme toute une série de propositions qui découlent les unes des autres, jusqu'à ce que la transition qui unit la première à la dernière soit clairement marquée : Celui qui observe les commandements de Dieu pratique la charité ; celui qui pratique la charité maintient la concorde parmi les citoyens ; la concorde parmi les citoyens est la condition de la prospérité d'un État ; donc celui qui observe les commandements de Dieu est utile à l'État.

L'enthymème est un syllogisme où la mineure est sous-entendue ; ainsi dans la réponse de Médée : *Servare potui ; perdere an possim rogas ?* Le syllogisme complet serait celui-ci : *Servare potui ; qui servare potest, potest perdere ; ego autem servare potui, ergo...* etc...

L'épichérème est un syllogisme où l'une des propositions au moins est accompagnée d'une preuve : Tout corps est pesant ; or, l'air est un corps, l'expérience le prouve ; donc l'air est pesant.

Le prosyllogisme contient la preuve d'une des prémisses : L'homme vicieux est malheureux ; le spectacle des sociétés comme celui des individus le prouve tous les jours ; or la fourberie est un vice, donc.....

On entend par argument *ad hominem*, un argument par lequel l'orateur, au lieu de s'arrêter à des idées générales, prend à

partie son adversaire lui-même et lui emprunte en quelque
sorte ses propres armes pour en triompher avec plus d'éclat.
Cicéron, s'adressant à Verrès et à Catilina, a recours souvent à
cette sorte de raisonnement, et l'on sait quels coups il frappe
et quels effets il produit.

On raisonne à *fortiori* quand d'une vérité claire on en tire
une plus claire qui est renfermée dans la première : Le voleur
est malheureux, parcequ'il viole la justice ; donc et à *plus forte
raison*, le meurtrier l'est-il, puisqu'il est plus coupable que le
premier.

La *réduction à l'absurde*, fréquemment employée en mathématiques, est un raisonnement par lequel, en acceptant les
propositions de l'adversaire, on tire des conséquences si
évidemment fausses, qu'il est obligé de se rendre. Socrate dans
les Dialogues de Platon et notamment dans le Gorgias bat d'autant mieux les sophistes qu'il fait semblant d'entrer naivement
dans leurs idées, jusqu'à ce qu'il les réfute et les renverse sur
leur propre terrain.

**91. — Etablir, à l'aide d'exemples, la différence de l'en-
thymème, du dilemme, de l'épichérème et du sorite. —
Emprunter des exemples à la Logique de Port-Royal.**

Indépendamment du syllogisme qui est l'expression régulière
et rigoureusement explicite du raisonnement déductif, il existe
un assez grand nombre de formes de l'argumentation, parmi
lesquelles les plus remarquables et les plus connues sont : *l'enthymème, le dilemme, l'épichérème et le sorite.*

Le syllogisme, on le sait, est composé de trois propositions,
disposées de telle sorte que la dernière (la *conclusion*) soit tirée
de l'une des précédentes (la *majeure*) au moyen de l'autre (la
mineure).

Les arguments étant l'expression du *raisonnement*, ils ne
sauraient différer entre eux que dans la forme, et ils peuvent
toujours être ramenés au syllogisme, au moyen de certaines
transformations.

L'*enthymème* (en *thumô*, dans *l'esprit*), est un syllogisme
dans lequel l'une des prémisses est sous-entendue. Exemple : *La
justice est une vertu, donc la justice est estimable.* La majeure :
toute vertu est estimable, n'est point exprimée dans l'argument
que nous venons de formuler. L'enthymème est donc un syllogisme qui n'est pas exprimé en entier d'une manière explicite.

L'*épichérème* (de *epi, sur,* et de *cheirein, s'appuyer*), est un
syllogisme dans lequel les prémisses sont accompagnées de
preuves. Exemple : *Nous avons le droit de tuer quiconque veut
attenter à nos jours :*

Ce qui le prouve, c'est le droit naturel, le consentement universel des hommes et le droit civil.

Or Clodius a voulu tuer Milon :

Ce qui le prouve, ce sont ses armes, ses soldats, ses manœuvres; ce sont les embûches qu'il a dressées contre Milon.

Donc Milon a eu le droit de tuer Clodius.

Le *dilemme (dis lambano, je prends des deux côtés)* est un argument qui consiste à placer l'adversaire dans une alternative et à lui prouver qu'il a tort, quel que soit le parti qu'il choisisse.

On peut, par exemple, combattre les sceptiques par ce dilemme :

Ou vous savez ce que vous dites, ou vous ne le savez pas :
Si vous le savez, vous ne pouvez pas prétendre qu'il n'y a rien de certain;
Si vous ne le savez pas, il est inutile que j'écoute vos raisonnements.

Le *sorite (soros, amas)* est un argument composé d'une série de propositions liées entre elles de telle sorte que l'attribut de la première devienne le sujet de la seconde, l'attribut de la seconde le sujet de la troisième, et ainsi de suite jusqu'à ce qu'on réunisse dans une dernière proposition le sujet de la première et l'attribut de l'avant-dernière. Le sorite est composé de plusieurs syllogismes abrégés. On peut en donner cet exemple :

Les avares sont pleins de désirs; ceux qui sont pleins de désirs manquent de beaucoup de choses; ceux qui manquent de beaucoup de choses sont malheureux; ceux qui sont malheureux sont dignes de pitié; donc les avares sont dignes de pitié.

A l'aide de ces définitions, il est facile de voir en quoi ces quatre espèces d'arguments diffèrent entre elles. C'est en les comparant au syllogisme, forme typique de l'argumentation, que l'on peut surtout faire ressortir ces différences.

L'enthymème est un syllogisme tronqué ou abrégé. Nous avons fait remarquer qu'une des prémisses est sous-entendue.

L'épichérème est un syllogisme développé; on y prouve la vérité de chacune des prémisses.

Le dilemme est la réunion de deux ou de plusieurs syllogismes qui mènent à une conclusion identique.

Le sorite est une série de syllogismes; on y retranche les conclusions des premiers, et les prémisses explicatives ou *mineures* qui peuvent être facilement suppléées.

On trouve, dans la troisième partie de la *Logique de Port-Royal*, des explications assez étendues sur ces diverses sortes d'arguments.

Les auteurs citent ce vers de la Médée d'Ovide qui contient un enthymème très élégant,

Servare potui; perdere an possim rogas?
Je t'ai pu conserver, je te pourrai donc perdre!

On en avait fait un argument en forme, en cette manière :

Celui qui peut conserver peut perdre,
Or je t'ai pu conserver;
Donc je te pourrai perdre.

Sous cette forme toute grâce disparaît.

Les auteurs de la *Logique* citent aussi ce vers traduit d'Homère :

Mortel, ne garde pas une haine immortelle.

L'argument entier serait : Celui qui est mortel ne doit pas conserver une haine immortelle. Or vous êtes mortel, donc, etc. L'enthymème parfait serait : *Vous êtes mortel, que votre haine ne soit donc pas immortelle.*

Comme exemple d'épichérème, les mêmes auteurs citent l'argumentation de la Milonienne, ce chef-d'œuvre de l'éloquence latine. (Chapitre XV.)

Parmi les exemples de dilemme, ils nous donnent le suivant :

Si l'on veut prouver que les évêques qui ne travaillent pas au salut des âmes qui leur sont commises sont inexcusables devant Dieu, on le peut faire par ce dilemme :

Ou ils sont capables de cette charge, ou ils en sont incapables :

S'ils en sont capables, ils sont inexcusables de ne s'y pas employer ;

S'ils en sont incapables, ils sont inexcusables d'avoir accepté une charge si importante dont ils ne pouvaient pas s'acquitter : et par conséquent, en quelque manière que ce soit, ils sont inexcusables devant Dieu, s'ils ne travaillent au salut des âmes qui leur sont commises. Ou, en d'autres termes plus concis, comme l'a dit saint Charles Borromée : *Si tanto muneri impares, cur tam ambitiosi ; si pares, cur tam negligentes ?*

---

92. — Rapports de la philosophie et des sciences exactes.

On donne le nom de sciences exactes au groupe de sciences connues encore sous le nom de sciences mathématiques, et qui ont pour objet l'étude des lois de la quantité et de l'étendue. Ce sont l'arithmétique, l'algèbre et ses nombreuses branches, qui étudient les quantités soit sous la forme abstraite, soit sous la forme concrète ; la géométrie et l'astronomie mathématique qui embrassent l'étendue dans toutes ses manifestations et sous tous ses rapports. Toutes les sciences sont vassales de la philosophie, et celles-ci peut-être plus encore que les autres, tellement que pendant longtemps on les a réunies à elle comme en étant des parties les plus essentielles, et que Bacon et d'Alembert, dans leur classification des sciences, ont l'un et l'autre suivi cette méthode. Lorsque les progrès de l'analyse ont déterminé les limites précises où s'arrêtent les unes et les autres, les sciences exactes ont été séparées des sciences philosophiques ; mais par une sorte de loi naturelle, presque tous les grands philosophes ont été mathématiciens éminents, et réciproquement les profonds géomètres ont laissé dans la science philosophique des traces éclatantes de leurs travaux.

Les sciences exactes s'appuient sur des principes ou axiomes dont elles s'appliquent à tirer des conséquences. Ces principes sont empruntés par elles à la philosophie. Ils ont tous trait aux objets des mathématiques, la quantité et l'étendue. C'est la philosophie qui démontre la valeur de ces idées : elle en analyse la nature, l'origine et la certitude.

La nature de ces deux idées est la même. Ce sont des idées nécessaires, c'est-à-dire indépendantes de l'esprit qui les conçoit, s'imposant à tous de la même manière, et dès le premier jour de l'existence intellectuelle. Ce sont, en un mot, des idées innées, appartenant au groupe que Descartes disait former le fonds de toute intelligence. La philosophie démontre cette vérité; elle dresse également la liste des principes qui résultent des conceptions de l'étendue et de la quantité. Sans ce fondement fourni par la science philosophique, les mathématiques ne pourraient pas être de véritables sciences, elles ne formeraient qu'une série d'abstractions sans valeur, de formules sans autorité.

Toute science qui a pour principes des idées nécessaires ne peut pas avoir d'autre but que de développer les principes qui forment sa base. Mais dans ce travail, l'esprit a besoin d'un guide; ce guide, c'est la méthode, le seul fil d'Ariane qui l'empêchera de s'égarer dans des recherches toujours longues, souvent inutiles, quand elles ne font pas fausse route. C'est à la philosophie de donner cette méthode, d'indiquer les différentes opérations par lesquelles l'esprit doit passer pour arriver à la vérité, l'ordre qu'il doit suivre soit pour l'atteindre, soit pour l'enseigner. Elle le fait pour les sciences exactes de la manière la plus complète.

La méthode des sciences dépend de la nature de leurs principes. Si ces principes sont des axiomes, c'est-à-dire des vérités nécessaires et évidentes, la méthode a pour but de les développer, de faire sortir des termes laconiques qui les composent, la série de principes secondaires et de vérités particulières qui y sont en germe. Or tel est le cas des sciences exactes. La philosophie, en donnant les règles de la méthode de déduction, et les secrets du syllogisme, son arme puissante, fournit aux mathématiciens le guide et le flambeau de leurs recherches. C'est pour avoir constamment suivi la marche ainsi indiquée que les sciences exactes marchent de progrès en progrès, et sont arrivées aujourd'hui à un point qui, s'il n'est pas encore la perfection, est du moins une étape assurée vers ce suprême but.

Dans les hautes sphères de l'analyse algébrique, la déduction n'a plus complètement suffi. Alors la philosophie est encore venue au secours de la science; elle lui a enseigné les lois de l'induction, et les Newton et les Leibnitz ont trouvé les grands principes du calcul infinitésimal, c'est-à-dire de la partie la plus élevée des sciences mathématiques. Par l'union féconde de la philosophie et des sciences, l'esprit humain a doublé, quadruplé son domaine; cette union persistant, il l'étendra de plus en plus.

93. — Du raisonnement et de la démonstration.

Plan

Première partie. — Le raisonnement est une opération de l'esprit par laquelle d'un ou de plusieurs jugements on en déduit d'autres. La forme la plus habituelle du raisonnement est le syllogisme, qui se définit: « Un raisonnement composé de trois propositions tellement liées que la troisième découle nécessairement des deux premières ». Tout syllogisme est fondé sur ce principe que deux choses égales à une troisième sont égales entre elles. En d'autres termes, la raison est la condition du raisonnement. Si Molière a fait dire:

« Raisonner est l'emploi de toute ma maison,
« Et le raisonnement en bannit la raison; »

c'est qu'il s'agissait d'une maison où l'on raisonnait à tort et à travers.

Seconde partie. — La démonstration est un ensemble de raisonnements destinés à établir la vérité d'une proposition. Elle est directe ou indirecte. La démonstration directe a pour but, un principe étant admis, d'en faire accepter toutes les conséquences; ou bien, une conséquence étant acceptée de faire reconnaître le principe d'où elle découle. La démonstration indirecte, dite aussi *réduction à l'absurde*, suit une marche inverse. Si une conséquence régulièrement déduite est reconnue absurde, il faut renoncer au principe d'où elle émane; si, d'un principe vrai on aboutissait à une conséquence fausse, c'est qu'on aurait mal raisonné: il faudrait renoncer à la conséquence.

B.

94. — De l'analyse et de son usage.

Qu'est-ce que l'*analyse* ? Le mot s'explique lui-même: *analuein*, dissoudre, décomposer; l'analyse est la décomposition d'une substance complexe, la séparation des éléments qui la constituent.

On peut analyser des *choses* et des *idées*, des réalités concrètes et des notions abstraites. De là deux grandes formes que peut revêtir l'analyse.

L'analyse concrète reçoit de constantes applications dans toutes les sciences expérimentales. Le chimiste, qui dégage et isole les deux gaz dont la combinaison forme l'eau; le physicien qui, pour étudier un phénomène d'optique, sépare les rayons de la lumière solaire; le naturaliste, qui détache successivement toutes les pièces d'un organisme, et en distingue soit réellement, soit par la pensée, jusqu'aux dernières ramifications microscopiques, tous font des analyses dans le sein de la réalité matérielle.

La réalité spirituelle, non moins vivante que l'autre, mais autrement, subit à son tour une analyse quand le psychologue, embarrassé dans le réseau si complexe et si enchevêtré des faits de conscience, y porte des divisions et des classifications fictives, les range en certains groupes, et décompose l'âme en un certain nombre de facultés.

On peut considérer également comme une analyse de l'ordre concret celle de la grammaire, qui décompose le discours en propositions, les propositions en jugements, et chacun d'eux en ses termes logiques ou même en mots considérés isolément.

Mais l'analyse peut revêtir une forme plus abstraite en s'appliquant aux sciences du raisonnement, et d'abord aux mathématiques. L'analyse dite *des géomètres* consiste à prendre une hypothèse proposée, mais non encore vérifiée, à examiner toutes les idées qu'elle contient, toutes les conséquences qu'elle recèle. On se rend compte ainsi de tout ce qu'elle renferme, et on examine avant de l'admettre ou de la rejeter, si toutes ces conséquences peuvent êtres admises, si elles concordent avec les faits et expliquent ce qui est à expliquer.

De même dans toute espèce de raisonnement inductif ou déductif. L'analyse d'une idée donne le moyen ou de remonter, en étudiant les éléments, au principe d'où elle dérive, ou, au contraire, de descendre à toutes les conséquences qu'elle renferme ou entraîne. Étant donnée l'idée de la liberté de l'âme, on peut, par l'analyse rationnelle, ou bien montrer toutes les vérités qui découlent de celle-là, toutes les applications que le principe comporte dans la psychologie, dans la morale, dans la politique, ou bien montrer que la liberté présuppose d'autres vérités, par exemple, l'existence d'un Dieu libre, et tirer cette seconde notion de l'examen approfondi de la première.

Rationnelle ou réelle, abstraite ou concrète, l'analyse est un des procédés naturels, et par conséquent légitimes, de l'esprit humain. Elle est, comme toute autre opération, soumise à des règles dont le détail ne peut être ici abordé. Mais la plus importante de toutes les conditions qu'il faut apporter à l'usage de l'analyse, c'est qu'il ne soit pas exclusif. Analyser, c'est-à-dire descendre du tout aux parties, du composé au simple, c'est là sans doute une des opérations qui doivent revenir le plus souvent dans la science; mais ce n'est pas la seule. Après avoir décomposé, il faut rétablir l'unité vivante, artificiellement détruite. Après l'analyse, la synthèse; après l'étude minutieuse des détails, la vue de l'ensemble. Il y a du danger à vouloir embrasser, d'un seul effort d'esprit, tout l'horizon d'une science par exemple; mais il y a de non moins graves inconvénients à perdre la notion du général et de l'universel, à force de s'absorber dans toutes les parties et d'en oublier la connexité.

Enfin l'analyse, dans les développements des sciences, a un rôle qui ne se confond pas avec celui de la synthèse. Elle doit servir à approfondir, à vérifier, à étendre les connaissances, à leur donner un caractère positif et rigoureusement précis. La synthèse, au contraire, cherche, découvre, invente, souvent se trompe, mais se corrige, et à travers tous ses tâtonnements, toutes ses contradictions, finit par atteindre l'ordre et l'enchaînement des faits, et reproduit dans la science l'harmonie souveraine de la nature.

95. — En quoi la méthode expérimentale diffère-t-elle de l'empirisme ?

Lorsqu'on étudie les méthodes que l'esprit humain peut employer pour arriver à la connaissance et à la démonstration des différents ordres de vérités, on en trouve deux principales, la méthode expérimentale et la méthode rationnelle; et, comme il est clair que beaucoup de sciences qui commencent par la méthode expérimentale ne peuvent être achevées que par la méthode rationnelle, on ajoute la méthode mixte qui se compose de procédés empruntés successivement à chacune des deux méthodes principales.

La méthode rationnelle, qui s'allie très souvent à la méthode expérimentale, est employée *seule* et *pure* dans un très petit nombre de sciences, l'arithmétique, la géométrie, l'algèbre. Ses procédés sont les premiers principes ou vérités nécessaires formulés en axiomes, les définitions, la déduction et la démonstration.

La méthode expérimentale procède par l'observation, l'expérimentation, la classification, l'induction.

A quoi s'applique l'observation ? Non seulement aux faits extérieurs au moi et matériels, qui tombent sous les sens, mais encore aux phénomènes intimes, immatériels, qui nous sont à chaque instant révélés par la conscience. La méthode expérimentale connaît, *éprouve* les faits par les sens et par la conscience. Tous les faits lui appartiennent : aucun fait n'appartient véritablement à la méthode rationnelle. Non seulement tous les faits appartiennent à la méthode expérimentale, dans les conditions et l'ordre où ils se produisent *naturellement*, mais elle peut en changer les conditions et l'ordre pour les observer plus facilement, et pour étudier avec plus d'attention certaines particularités; elle intervient pour prolonger la durée de certains phénomènes, pour les reproduire, pour en renverser, s'il est possible, la succession, pour en diminuer ou en augmenter l'intensité. *L'expérimentation* succède à *l'observation* : l'esprit de l'homme, servi par ses organes et par les forces de la nature qu'il sait mettre en jeu, s'applique volontairement à obtenir de la nature un résultat qu'il regarde comme utile ou nécessaire pour établir certaines vérités scientifiques.

Déjà dans l'expérimentation, l'esprit, n'interprétant plus seulement la nature, mais la dirigeant, autant qu'il le peut, et s'attachant d'une manière déterminée aux faits qu'il veut pénétrer, en néglige avec intention d'autres qu'il connait déjà ou qui lui semblent moins importants : il tend dès ce moment même à l'*abstraction* : il va donc échapper à la réalité complète des faits. C'est dans la *classification* qu'il est obligé d'abstraire ; car ce n'est point sur l'*identité*, mais sur la *ressemblance* qu'est fondée la réunion des individus en espèces, des espèces en genres, des genres en familles ou ordres, des ordres en classes. Il faut négliger certains caractères pour tenir compte surtout des autres ; personne ne conteste à coup sûr l'emploi de l'abstraction dans les classifications *artificielles*; mais même dans les classifications *naturelles*, fondées exclusivement sur la subordination des caractères, il est évident que l'on éloigne les caractères de moindre importance pour donner une valeur dominante et presque exclusive aux caractères les plus importants. Toute détermination, toute dénomination d'espèces, de genres, toute idée et toute expression générale doit son origine à l'abstraction. La classification n'est donc plus un procédé simplement expérimental, puisque dans la nature tous les êtres se présentent à l'état concret ou complet : elle contient déjà un élément rationnel. Quand on s'est élevé jusqu'à l'*induction*, c'est-à-dire quand on a trouvé la loi qui gouverne les phénomènes après avoir tiré le général du particulier, quand on prononce que tous les faits, même ceux qu'il est impossible de constater, parce qu'ils appartiennent à un passé où manquaient les observateurs, ou bien à un avenir fort éloigné, sont soumis à cette loi, il est incontestable que l'on dépasse les limites de la simple méthode expérimentale, et que l'on entre dans le domaine de la raison ; et pourtant l'induction est l'achèvement de la méthode expérimentale.

C'est cet achèvement que rejette en même temps que tous les procédés rationnels le *système* qui s'appelle l'*empirisme*. Ami en apparence de la méthode expérimentale, comme il la restreint à ses deux premiers procédés, il la rend véritablement inféconde.

Quant à la méthode *rationnelle*, il la rejette, la nie et la détruit complètement, puisqu'il ne reconnait pas les *premiers principes*.

Prenons par exemple des vérités nécessaires ; les idées de *temps*, d'*espace*, de *cause*. Comment l'*empirisme* peut-il les expliquer ? Par les sens, comme par la *conscience*, dont l'empirisme admet la légitimité aussi bien que la méthode expérimentale, nous ne pouvons observer et constater que des temps limités, que des espaces restreints, que des causes secondaires : nous ne pouvons admettre directement que les faits qui viennent aboutir, pendant notre vie, à nos *organes* ou à notre *moi*. Nous ne pouvons sortir ainsi ni de l'espace, ni du temps que nous occupons ; nous ne pouvons aller au delà de la cause que nous sommes, ou des autres causes dont nous acceptons (par induction) l'existence dans le lieu et la durée que nous pouvons observer. En deçà et au delà toute affirmation nous est interdite. Nous ne voyons plus que *succession de faits*, que *collections de qualités*, au lieu de concevoir la cause et la *substance*.

11

Il en est de même de toutes les *idées nécessaires* ; elles sont réduites au rôle de *faits constatés et limités* : la *raison* est *niée*, et l'*observation* seule, qui ne peut pas porter bien loin chez chaque homme, est érigée en souveraine absolue.

La plupart des *empiriques* purs ont abouti au *matérialisme* ou au *scepticisme*. L'*empirisme* qui a pour mérite principal d'employer l'*observation*, et pour défaut capital de n'admettre qu'elle, remonte fort haut dans l'histoire, et se retrouve à toutes les grandes époques de la philosophie. Parmi les penseurs illustres qui ont enseigné cette doctrine, nous devons surtout citer, chez les anciens, Thalès, Démocrite, Epicure, Lucrèce ; chez les modernes, Gassendi, Hobbes, Locke et Condillac.

---

96. — Distinguer la méthode démonstrative et la méthode expérimentale. De l'union de ces deux méthodes dans les diverses sciences.

Qu'est-ce qu'une *méthode* ? — C'est un ensemble de procédés employés pour arriver à la découverte et à la démonstration des *vérités* d'une *science* spéciale.

Qu'est-ce qu'une *science* ? — C'est un ensemble de vérités se succédant dans un certain ordre, tellement subordonnées et enchaînées que l'esprit n'en doive ni rejeter ni omettre aucune.

Combien d'espèces de *vérités* reconnait-on d'ordinaire ? — Trois, les vérités physiques, les vérités abstraites, les vérités morales.

Comment connaissons-nous les vérités *physiques* ? — Par les sens.

Comment connaissons-nous les vérités *abstraites* ? — Par la raison.

Comment connaissons-nous les vérités *morales* ? — Par la conscience.

A quelle espèce de vérités s'applique la méthode *démonstrative* ? — Aux vérités abstraites spécialement.

A quelle espèce de vérités s'applique la méthode *expérimentale* ? — Aux vérités *physiques*, et aux vérités *morales*.

Il y a donc quelque chose de commun entre ces deux espèces de vérités ? — Oui, elles sont toutes les deux dues à l'expérience : l'expérience *externe* s'appelle perception extérieure ou *sens*; l'expérience *interne* s'appelle perception intime ou conscience.

Tout être humain a-t-il des sens ? — Oui. — Une conscience ? — Oui. — Une raison ? — Oui. — Les sens varient-ils dans leur puissance et leurs résultats suivant les différents individus ? — Oui. — Et la *conscience* ? — Oui. — L'exercice, l'application spéciale développe chez chacun tel ou tel sens en particulier ; la conscience, pour devenir d'une prompte clairvoyance, a besoin d'être formée comme la vue.

Et la *raison* varie-t-elle d'individu à individu, suivant les mêmes proportions ? — Non, quoiqu'il y ait des intelligences, pour ainsi dire atrophiées, dans lesquelles la raison, au lieu de produire sa vive lumière, ne donne plus que des lueurs intermittentes et incertaines; la raison nous fournissant les premiers principes, il en résulte qu'un esprit dépourvu complètement de raison n'aurait plus rien d'humain.

La méthode démonstrative, s'appliquant aux vérités abstraites, part des axiomes, avance à l'aide des définitions, serre le sujet par des syllogismes déguisés mais solides et sérieux, et établit enfin la vérité par une suite d'arguments qui ne reposent pas sur l'expérience.

La méthode expérimentale ne démontre pas, elle découvre, voit et montre; elle emploie les sens ou la conscience; elle ne connaît point d'autres juges. Elle fuit l'abstrait, s'enferme dans le concret. Elle observe les faits, reproduit les causes, les conditions, les circonstances, elle généralise, elle classe, elle tend à la loi, à travers les hypothèses que les faits ne combattent pas. Le monde de la nature lui appartient comme celui de la conscience. Si vous lui proposez des questions de principes, elle refuse de les aborder, vous renvoie à la méthode démonstrative dont elle attend les conclusions pour les vérifier ou les combattre à l'aide des phénomènes patiemment étudiés.

Ces deux méthodes, si distinctes, sont-elles absolument opposées? Ne peuvent-elles jamais s'unir pour concourir à un même but par des routes différentes? L'esprit humain ne procède point par de pareilles exclusions; il ne se prive jamais volontiers d'un de ses instruments : même dans les mathématiques, en géométrie et en arithmétique par exemple, la pratique qui touche à l'expérience, sert non-seulement à vérifier des données et des résultats; mais pour des esprits attachés à l'action des sens, la démonstration devient souvent plus lumineuse par la comparaison des résultats constatés par les yeux. Aujourd'hui, après avoir trop voulu instruire par des procédés abstraits, on en est revenu à l'enseignement par les yeux : il est certain qu'un enfant, dont les regards sont familiarisés avec les dispositions de figures géométriques bien faites, sera mieux préparé à saisir les rapports rationnels sur lesquels il doit établir des conclusions scientifiques. Toutes les sciences appliquées, qui font descendre dans la pratique les résultats obtenus par la méthode démonstrative, ne peuvent être bien comprises et se développer que par la mise en œuvre de tous les procédés dus à la méthode expérimentale.

L'algèbre, qui est le comble de l'abstraction, est véritablement la science la plus détachée de l'expérience, de quelque façon que l'on veuille la considérer. La prétention qu'a élevée la *métaphysique* de n'avoir pas besoin de la connaissance de la réalité a soulevé contre elle bien des résistances qui grandissent de jour en jour : admettez un être qui soit la *pensée de la pensée*, un *moteur immobile* de l'univers, il faut toujours pour comprendre ces affirmations que l'on ait connu par *expérience* ce que c'est que la *pensée humaine* et le *mouvement physique* : il a fallu débuter par l'exercice de la *conscience* et des *sens*. La

11.

science complète de l'astronomie se divise en deux branches : *l'astronomie mathématique* et *l'astronomie physique*, et il faut arriver à la concordance des résultats obtenus par cette double recherche : l'observation doit vérifier les résultats *rationnels* du calcul, et le calcul doit contrôler les données *expérimentales* parties des différents observatoires.

Dans la philosophie même, et ce sera notre dernier exemple, aucune partie ne peut se passer de la réunion des deux méthodes. La psychologie, qui est essentiellement expérimentale, ne peut se poursuivre cependant qu'avec le principe de causalité : il ne suffit pas d'observer, et les dernières questions de la psychologie, celles de l'unité et de la spiritualité du moi ne peuvent être exactement résolues que par l'adjonction du procédé démonstratif. La méthode démonstrative peut s'appliquer et s'applique souvent à des données expérimentales, pourvu qu'on traite les faits admis comme des principes, et qu'on regarde les idées qui représentent les faits comme une base indiscutable. La *logique* et la *morale* ne font pas autre chose que tirer, par la méthode démonstrative, des conséquences de toutes les observations faites par la psychologie, mais en les rattachant aux deux principes rationnels du vrai et du bien.

En résumé, la méthode démonstrative et la méthode expérimentale, quoique très distinctes, ne doivent que dans des cas très rares marcher séparément. La *méthode* les comprend et les unit toutes les deux, parce qu'il n'y a pas dans l'homme *trois intelligences* ni *deux moi* ; l'intelligence unique qui est le moi, ou plutôt le moi qui possède l'unité de l'intelligence exerce simultanément *ses sens*, *sa conscience* et *sa raison* : ses opérations, pour être complètes et vivantes, ont besoin de toutes ses forces, il ne faut jamais l'oublier. Chaque science particulière emploie des procédés spéciaux : aucune d'elles ne peut affirmer qu'elle ne sera pas obligée d'appeler à son secours une autre méthode : quand le moment sera venu de faire LA SCIENCE, *synthèse de toutes les analyses qui portent le nom de sciences particulières*, on proclamera alors la méthode unique qui associera d'une manière définitive et dans leur juste mesure tous les procédés que l'on aura si longtemps déclaré ne pouvoir être appliqués qu'à l'exclusion les uns des autres.

97. — Distinguer l'observation et l'expérimentation.

« L'homme, interprète et ministre de la nature, dit Bacon, n'agit sur elle et ne la connaît qu'à la condition d'observer ses lois. » Cette vérité si simple et qui paraît si évidente ne fut pourtant reconnue et proclamée que par Bacon. C'est lui qui a remplacé les fausses théories, fondements ruineux des sciences physiques, par l'observation et l'expérimentation.

L'observation n'est pas la simple connaissance qu'un homme ignorant peut prendre des choses sans y attacher son attention et sans en tirer de conséquences. Observer, c'est regarder avec intelligence et méthode ; c'est même diriger ses regards. Savoir observer est déjà une grande science ; il faut, pour y arriver, prêter aux choses que l'on observe une attention soutenue, laborieuse, active, qui serve à démêler les différentes parties des phénomènes si complexes de la nature, à en reconnaître les propriétés, les caractères essentiels et secondaires ; l'attention atteint ainsi presque à la hauteur de l'analyse, et l'analyse a besoin d'être complétée par la synthèse, c'est-à-dire par un travail inverse qui reconstitue le tout, en réunissant les parties et les propriétés dans l'ordre de la nature.

Telles sont les règles vraies et éternelles que Bacon a données et qui sont celles du bon sens. On peut encore ajouter qu'il faut, autant que possible, se débarrasser de tout système ou prévention théorique avant d'observer la nature, suivre l'ordre qu'elle indique elle-même, et, si nous ne le saisissons pas tout de suite, le supposer sans l'affirmer ; enfin s'attacher d'abord aux parties ou aux propriétés les plus importantes dans ce qu'on examine, pour passer de là aux accessoires et préparer ainsi le travail de la classification, qui est parfois le but unique et toujours un des objets principaux des sciences physiques.

Mais l'observation, si parfaite qu'on la suppose, ne suffit pas pour connaître les secrets de la nature. C'est un procédé trop passif : elle ne peut apprendre qu'un petit nombre de phénomènes ; car l'homme qui l'exerce est comme perdu dans le temps et dans l'espace. Il faut donc qu'il cherche à multiplier l'observation, à reproduire ce qui s'est présenté par hasard à ses yeux, à voir mieux enfin, en voyant plus. Ce procédé nouveau de la méthode des sciences physiques est l'expérimentation.

L'expérimentation est une véritable chasse « *odoratio quædam venatica* » qui demande du flair, de l'habileté, presque de la ruse. Il faut savoir trouver les faits qui ne viennent pas à nous et leurs causes qui se cachent ; il faut faire violence à la nature, la questionner et l'interpréter sans cesse. Bacon a donné encore des règles pour cet art si difficile, qu'il faut guider avec tant de soin. Les procédés principaux qu'il indique sont de varier les expériences, de les prolonger, de les transporter, de les renverser, de les compulser, de les appliquer, de les coordonner ; enfin même de s'abandonner parfois au hasard qui est souvent un si grand maître, et à qui l'on doit, par parenthèse, la découverte du télescope et des propriétés de la vapeur.

Reproduire et varier, voilà au fond tout l'art de l'expérimentation. On voit par là même qu'elle se distingue profondément de l'observation, à qui elle est unie par des liens si étroits. Regarder une fois la nature, ce n'est pas ajouter quelque chose à la science ; mais reproduire et varier au hasard ce qu'on a mal observé y peut encore moins ajouter. L'observation et l'expérimentation n'ont de valeur que si elles s'unissent toujours, et, par des procédés différents, arrivent à un seul et même résultat.

98. — Des hypothèses.

Si les suppositions étaient absolument interdites dans les recherches scientifiques, nos connaissances se développeraient avec une lenteur extrême, et peut-être même certaines vérités utiles resteraient ignorées. En recourant, au contraire, à des explications qui ne sont considérées d'abord que comme provisoires, et que l'on appelle *hypothèses* (ce terme est synonyme du mot *supposition*, *upothésis*), on peut accélérer la découverte de la vérité, et faire accomplir aux sciences des progrès plus rapides.

Toutefois, il ne faut pas employer ce procédé d'une manière indiscrète, et sans prendre toutes les précautions auxquelles on doit s'astreindre pour en rendre l'usage réellement fécond.

Les règles à observer, dans l'emploi des *hypothèses*, sont relatives : 1° à leur *formation*; 2° à leur *vérification*.

Parlons d'abord de leur *formation* :

1° On ne doit avoir recours aux hypothèses que dans les cas d'absolue nécessité, c'est-à-dire quand on a épuisé tous les moyens que fournit l'observation, aidée de l'expérimentation, pour arriver à l'explication des phénomènes dont on veut rendre compte.

Si les sciences sont demeurées si longtemps dans l'enfance, c'est, en effet, qu'on négligeait presque complètement l'observation, et que l'on imaginait à chaque instant de nouvelles combinaisons hypothétiques pour expliquer la nature. Toutes les fois donc qu'il y a quelque moyen de constater ce qui est, il faut écarter de notre esprit les inventions même les plus spécieuses, il faut s'abstenir avec soin de toute hypothèse, c'est en ce sens que Newton disait : *Hypotheses non fingo, je ne forge point des hypothèses.*

2° Lorsqu'on est amené à faire l'application de ce procédé, il faut tirer l'hypothèse des faits mêmes dont on veut déterminer la loi et de leurs principales circonstances.

3° Il y a lieu d'examiner si l'hypothèse n'est pas contradictoire en elle-même, c'est-à-dire si les différents éléments que l'on y fait entrer ne se détruisent pas les uns les autres, ce qui arrive plus souvent qu'on ne pense.

4° Il faut enfin que l'hypothèse ne soit en contradiction avec aucune des données scientifiques déjà acquises.

Quant à la *vérification* de l'hypothèse, on l'effectue au moyen de la *déduction*, qui permet de faire des applications variées du principe auquel elle a abouti. En vérifiant l'hypothèse, on doit s'assurer qu'elle rend compte de tous les faits qu'il s'agit d'expliquer. On peut aussi examiner si elle ne répand pas un jour nouveau sur des questions qui n'ont pas encore été résolues jusque-là. C'est ainsi que procéda Newton, quand il expliqua le mouvement des corps célestes à l'aide de la gravitation. La chute d'un fruit tombant de la branche d'un arbre le mit sur la voie de sa belle théorie, et il féconda cette donnée si simple par une méditation persévérante, comme il l'a dit lui-même.

La découverte de l'anneau de Saturne est un bel exemple de l'emploi de l'hypothèse. Huyghens, en considérant les aspects bizarres que présente cet astre, conçut la pensée qu'il devait être enveloppé d'un anneau lumineux. Partant de cette supposition, il détermina, à l'aide du calcul, les apparences ou *phases* que cet astre devait présenter, suivant les positions diverses qu'il prenait dans sa révolution autour du soleil. L'observation concorda avec ses calculs; c'était une première vérification. Mais, plus tard, il y en eut une plus directe, quand on eut découvert des télescopes d'une assez grande puissance pour permettre de constater la présence de l'anneau qui entoure cette planète.

Il résulte de tout ce que nous venons de dire, que les hypothèses employées avec sagesse peuvent donner d'admirables résultats, et qu'elles ont contribué puissamment à l'extension de nos connaissances; car il n'est peut-être point de théorie importante dans les sciences d'observation qui ne se soit présentée d'abord à l'esprit sous forme d'hypothèse. Mais, quelque fécond que soit ce procédé, il ne faut en user qu'avec beaucoup de circonspection et dans les limites qui viennent d'être indiquées : sans quoi les hypothèses pourraient, comme cela a eu lieu par le passé, obstruer le champ de la science d'une foule de constructions qui n'auraient aucune base solide et qui ne seraient propres qu'à retarder le progrès des connaissances.

99. — Distinguer par des traits précis l'induction et la déduction.

On a quelquefois donné les noms d'induction et de déduction à deux opérations de notre esprit, l'une saisissant le général et l'universel sous les faits particuliers, l'autre déterminant une vérité particulière en la faisant sortir d'un principe général antérieurement connu; mais le plus souvent, ces deux mots désignent les opérations intellectuelles correspondant à ces facultés : c'est dans ce dernier sens que nous les prendrons.

L'induction est l'opération de l'intelligence par laquelle nous étendons spontanément, à tous les points de l'espace et du temps, à tous les êtres et à tous les faits d'une même classe, ce que nous avons observé dans quelques-uns de ces êtres. Par exemple, nous croyons que le mode perçu par nous dans un corps y existait avant notre perception, qu'il y persistera quand celle-ci aura cessé. Ce raisonnement instinctif, l'esprit l'étend à tous les êtres semblables à celui qu'il a observé; les propriétés qu'il a constatées, il les considère comme permanentes et générales et les rapports conçus comme constants et généraux deviennent des lois à ses yeux. Ainsi, l'enfant qui s'est plus d'une fois brûlé en approchant du feu, et qui s'en souvient, en conclut immédiatement qu'il se brûlera de nouveau toutes les fois qu'il y touchera, non-seulement aujourd'hui et dans cet endroit, mais toujours et partout.

Mais un tel raisonnement est-il légitime? — Oui, l'induction est légitime, et le procédé qu'elle emploie est naturel; car elle s'appuie sur un jugement primitif de la raison humaine, sur un principe nécessaire et universel. Ce principe, c'est celui de la *causalité* exprimé en ces termes : *Tous les phénomènes sont régis par des lois constantes et générales.* Que cette croyance instinctive à la constance des lois de la nature serve, en effet, de base à tout raisonnement inductif, c'est ce qui est évident; car comment pourrons-nous conclure de quelques faits particuliers à toute une classe de faits semblables, si nous n'avons pas la conviction intime qu'une même cause placée dans les mêmes circonstances produira toujours le même effet? Cette croyance a pour elle tous les caractères de la légitimité : la priorité, on la constate tous les jours chez les enfants; l'universalité, sans elle nous ne pourrions vivre ni isolés, ni en société.

Quelques-uns ont voulu, il est vrai, confondre l'induction avec la déduction, et ils ont affirmé que la première n'est pas autre chose qu'un syllogisme, qu'elle s'appuie, par conséquent, sur le même principe, le principe d'identité ou de *contradiction*. Mais une simple notion de la nature de la déduction doit suffire pour montrer la fausseté de cette opinion.

La déduction, nous l'avons déjà dit, est une opération par laquelle d'une vérité générale connue l'esprit tire d'autres vérités que celle-ci contient implicitement; c'est donc descendre du général au particulier, du principe à la conséquence. Le syllogisme en est la forme la plus exacte et la plus rigoureuse. Ainsi, pour tirer de cette vérité générale que tous les hommes sont mortels, cette vérité particulière que Pierre est mortel, je fais le raisonnement suivant : *Tous les hommes sont mortels. Or Pierre est homme : donc Pierre est mortel.* Incapable de saisir immédiatement le rapport des deux termes *Pierre* et *mortel*, je les compare l'un et l'autre à un troisième terme : *homme*, et je conclus leur rapport entre eux de celui que chacun présente avec le terme de comparaison. Ce raisonnement repose tout entier sur ce principe : *Deux choses égales à une troisième sont égales entre elles*, principe premier, irréductible, dont l'autorité s'appuie sur notre constitution intellectuelle même et devient ainsi une autorité irréfragable.

Les principes généraux, d'où la déduction tire les vérités particulières, sont de deux sortes, les uns évidents par eux-mêmes, nécessaires, indépendants de toute réalisation, par exemple : *Tout mode suppose une substance*; ce sont les principes absolus que nous fournit la raison; les autres, dégagés par nous à la suite d'observations, d'expériences répétées, et toujours relatifs à une réalisation particulière, par exemple : *Les volumes des gaz sont en raison inverse des pressions :* ce sont les éléments donnés par l'induction. Le syllogisme se sert des uns et des autres, et les conséquences qu'il en tire sont de la même nature, nécessaires, si ces principes sont absolus, variables et perfectibles, si ces principes sont des lois générales obtenues par voie d'induction.

L'induction et la déduction sont donc deux opérations essentiellement distinctes, s'appuyant sur deux principes irréductibles : le principe de causalité et le principe d'identité. La première fournit les majeures, la seconde les développe dans leurs conséquences les plus vastes et les plus variées. L'induction est une opération primitive de notre intelligence ; la déduction la suit et en est le développement. On ne commence pas, en effet, par déduire, il faut auparavant posséder la connaissance du général. Cette différence est fondamentale et elle est le principe de toutes les autres. — Les êtres, en effet, peuvent être étudiés ou dans leurs qualités concrètes et dans leur réalité, ou dans leurs qualités abstraites et absolues. De là, deux grands ordres de sciences, les sciences de fait et d'observation, et les sciences de raisonnement. C'est par l'induction que s'établissent les premières, par la déduction que se développent les secondes. A la première classe appartiennent les sciences physiques et naturelles, et les sciences morales. Dans ces sciences, après avoir observé les phénomènes et les propriétés, nous nous élevons, par l'induction, à la connaissance des lois qui les régissent. Il n'y a que les mathématiques qui appartiennent exclusivement à la seconde classe des sciences et qui soient complètement indépendantes du procédé inductif ; elles partent de principes abstraits pour en tirer toutes les conséquences qu'ils contiennent, et leur développement n'est pas autre chose que la découverte de nouvelles conclusions des axiomes déjà connus. Le syllogisme n'est donc qu'un instrument docile pour le développement de la vérité ; l'induction, au contraire, nous met, sans retard, aux prises avec la nature. Dès que nos organes fonctionnent, nos sens travaillent, et l'esprit, ainsi mis en rapport avec les objets, ne tardera pas à observer et à induire. La déduction pure dans les sciences d'observation ne mène qu'à l'hypothèse et à l'erreur ; l'induction, au contraire, nous y assure des résultats féconds et certains, et quand même l'expérience des siècles antérieurs ne le montrerait pas suffisamment, les faits de chaque jour prouvent d'une manière irrécusable qu'à elle seule est réservé l'avenir de la science, qu'elle est véritablement le *novum organum* dont l'humanité avait besoin pour dominer la matière.

100. — Importance de l'induction. — Montrer qu'elle est aussi nécessaire dans la vie humaine que la mémoire.

L'induction est un procédé logique par lequel l'esprit, allant au delà des faits qui lui servent de point de départ, conclut du particulier au général. C'est ce que signifie le mot *inducere*, *induire*, parce que nous introduisons pour ainsi dire des faits particuliers dans un ensemble qui les dépasse et sur l'existence duquel nous fondons une loi. La déduction procède en sens contraire : elle va du général au particulier, du principe à la conséquence; elle fait sortir du contenant le contenu qu'on n'avait pas d'abord reconnu : elle est l'instrument indispensable et unique des sciences abstraites ou mathématiques.

Quoique l'induction n'ait pas une valeur logique absolue, elle ne laisse pas de jouer un rôle considérable dans les actions ordinaires dont la vie se compose, et même dans l'acquisition de certaines connaissances scientifiques; car elle est fondée sur le principe suffisant de la constance des lois de la nature.

1° L'induction, en nous faisant connaître par l'expérience et l'observation, qui sont ses premiers procédés, les propriétés dont sont doués les objets ou corps qui nous entourent, et celles qui sont communes à tous les individus d'une même espèce, nous dirige dans l'usage que nous devons faire de ces objets pour la conservation et les agréments de notre vie. Dès le plus bas âge, lorsque nous ne pouvons pas encore nous servir de notre raison, l'induction est notre guide dans nos rapports avec les choses extérieures. L'enfant qui a éprouvé quelque mal de la part d'un objet, l'évite avec soin, et, s'il en a éprouvé quelque bien, il le recherche avec empressement, parce qu'une induction souvent trop rapide le pousse à croire que cet objet continuera à posséder les mêmes propriétés à son égard. Dans un âge plus avancé, et lorsque nous faisons usage de notre raison, l'induction ne nous est pas d'un moindre secours. Si nous mangeons un végétal dont nous avons antérieurement reconnu les propriétés nutritives, c'est que nous supposons par induction que ces propriétés sont permanentes dans le corps dont il s'agit. Si le laboureur se donne tant de peine pour cultiver la terre, s'il ne craint pas de lui confier une semence précieuse, c'est qu'il a la confiance qu'elle lui rendra avec usure ce qu'il lui aura confié. D'où cette confiance lui vient-elle, si ce n'est de l'induction, de la persuasion où il est que la nature continuera à suivre les lois qu'elle a suivies jusqu'à présent?

L'induction est le fondement des relations sociales, le lien qui unit les hommes entre eux. C'est par l'induction que nous attribuons aux signes qui expriment la pensée et les sentiments de nos semblables une signification fixe et constante, sans laquelle tout commerce avec eux nous serait impossible. Lorsque nous nous confions à la probité ou à la sincérité d'une personne, c'est qu'après lui avoir reconnu cette qualité, nous supposons par l'induction qu'elle doit être une qualité permanente, comme tout ce qui tient au caractère moral de l'homme. Ainsi, pour les relations sociales comme pour la conservation même de la vie, l'induction nous sert continuellement de guide, et nous ne pouvons presque jamais faire un seul pas sans elle.

2° L'induction est l'instrument indispensable pour l'acquisition des sciences expérimentales, c'est-à-dire des sciences qui empruntent leurs données à l'observation des sens et à celle de la conscience, telles que sont les sciences physiques et morales. Les sciences physiques et naturelles ont pour objet la connaissance des lois de la matière, et la classification des différentes espèces d'êtres dont se compose la nature matérielle. Or, les lois de la matière aussi bien que les propriétés qui différencient généralement et spécifiquement la série des êtres, ne se peuvent établir que par l'induction.

La psychologie a pour objet principal de faire connaître les facultés de l'esprit humain et les lois que suivent ces facultés dans le jeu de leurs opérations; la morale a pour objet spécial la connaissance de la volonté humaine et des lois qui la dirigent. Or la connaissance de toutes ces facultés et des lois auxquelles elles sont assujetties, ne se peut acquérir que par le moyen de l'induction. Si donc on supprimait l'induction, ou si l'on révoquait en doute sa légitimité au moins relative, avec elle périraient toutes les sciences expérimentales dont nous venons de parler, ainsi que tous les arts libéraux et les arts mécaniques qui en dépendent.

Les actes dont se compose la vie humaine n'ont en conséquence d'autre point de départ, d'autre garantie que l'induction logique portée à une plus ou moins haute puissance, et on peut dire avec justesse qu'elle est aussi nécessaire que la mémoire, cette faculté merveilleuse qui conserve et reproduit le passé, et sans laquelle l'induction elle-même deviendrait impossible. Les connaissances ne peuvent nous être véritablement utiles qu'à la condition de n'être pas fugitives; notre travail intellectuel n'a de valeur qu'à la condition de ne pas recommencer sans cesse à nouveau avec des efforts également pénibles ; rien n'est possible comme progrès sans la conservation du passé ; mais aussi sans la pensée de l'avenir, sans les conditions du développement de la vie comprises et suivies avec confiance, sans la croyance aux lois du monde physique et du monde moral, que serait l'homme renfermé dans le présent? La mémoire et l'induction sont deux facultés maîtresses sans lesquelles toute intelligence reste essentiellement limitée, sans lesquelles aucun être intelligent ne peut exister.

---

101. — Du raisonnement inductif. Donner par des exemples une idée nette de la nature de cette opération ; du genre de certitude qu'elle comporte; des conditions requises pour qu'elle soit scientifiquement correcte.

A. Le raisonnement en général est le procédé par lequel l'esprit va du connu à l'inconnu ; mais, tandis que la déduction prend comme point de départ un principe dont elle tire les conséquences, le raisonnement inductif consiste à aller des faits aux lois, c'est-à-dire de la connaissance des faits particuliers à celle des conditions générales d'existence qui les régissent et les expliquent. Les faits ne sont pas ainsi l'objet même de la science ; ils ne sont que les matériaux sur lesquels l'esprit opère pour arriver à son véritable objet, la conception des lois : Socrate et Aristote, en effet, ont dit, il y a plus de deux mille ans, et la scolastique a souvent répété au moyen âge, que « il n'y a de science que du général, *nulla est fluxorum scientia* ».

B. Un exemple familier suffira pour donner une idée nette de la nature de cette opération. Je suppose que je soumette diverses masses gazeuses à différentes pressions : je pourrai constater dans tous les cas que le volume de chacune d'elles reste inversement proportionnel aux pressions qu'elle supporte, pourvu que sa température reste constante ; si j'exprime sous une forme universelle les résultats obtenus, j'aurai exactement l'énoncé de la loi de Mariotte. Tant que j'en suis encore à cette première période du *raisonnement inductif* qui est l'observation des faits, je ne fais pas encore de la science : je n'entre dans le domaine scientifique que lorsque j'énonce la loi universelle.

C. Mais la question est de savoir précisément si c'est bien là un résultat scientifique ; si l'esprit n'est pas dupe de ses illusions en se hâtant d'affirmer que les choses se passent partout et invariablement dans les conditions où nous les avons vues se produire quelquefois ; si, en mettant les choses au mieux, les résultats affirmés avec tant d'assurance, ne seraient pas simplement, en dernière analyse, de très hautes probabilités, confirmées en général par les expériences ultérieures, mais que d'autres expériences peuvent contredire aussi du jour au lendemain. Les lois énoncées ne semblent-elles pas devoir être considérées seulement comme les formules où nous exprimons les résultats de nos efforts pour connaître, mais non comme des *connaissances positives et certaines?* Elles ne formeraient dans leur ensemble, dès lors, qu'un catalogue provisoire, et toujours modifiable au fur et à mesure que l'expérience viendrait diminuer notre ignorance de la nature. Une objection grave plane, en effet, sur toute induction : de quel droit dépassons-nous dans nos affirmations le nombre des cas constatés, nécessairement restreint et limité, pour affirmer que tous les faits de même ordre se produisent de la même manière? L'induction n'est-elle pas un cas particulier du sophisme par dénombrement imparfait ? — Il n'a pas manqué de philosophes pour adresser à l'induction ces reproches que nous venons de résumer : dans la *Logique de Port-Royal* nous trouvons cette déclaration très concluante : « L'induction seule n'est jamais un moyen certain d'obtenir une science parfaite ». (Part. III, ch XIX, §. 9). Le philosophe écossais Hamilton exprime non moins résolument la même défiance. Ces reproches sont-ils fondés, ou l'induction est-elle un procédé capable de nous donner la certitude scientifique ?

D. La réponse à cette question sera très différente, suivant la manière dont on conçoit le procédé de l'induction. Pour certains philosophes, principalement Stuart Mill, ce raisonnement n'est qu'une association devenue habituelle dans l'esprit, entre des faits observés, et rapprochés naturellement d'après leurs rapports de ressemblance, de contiguïté dans le temps et l'espace, etc. ; c'est donner comme unique fondement à l'induction l'expérience. D'après une autre doctrine, toute sa valeur repose sur un principe à priori de la raison, qui dirige et domine l'expérience, et donne au procédé toute sa légitimité, toute sa signification, toute sa portée.

1° La théorie empirique se trouve exposée tout au long dans la logique de Stuart Mill, et dans celle de son disciple M. Bain. Suivant cette doctrine, l'inférence se fait d'abord dans l'esprit, du particulier au particulier : par exemple, un enfant qui s'est une fois brûlé en s'approchant du feu se garde bien de s'en approcher une autre fois, parce qu'il craint de se brûler encore ; puis peu à peu, l'observation lui ayant montré d'autres événements analogues à celui qu'il a pu expérimenter par lui-même, et lui ayant montré que d'autres personnes se sont brûlées aussi dans des circonstances semblables, il en vient à énoncer sous une forme générale sa première inférence, d'abord toute particulière. — C'est contre une pareille théorie de l'induction que portent toutes les objections énoncées plus haut. Il est incontestable, en effet, que si les seuls éléments sont ici des faits d'expérience, la moindre loi ne pourra être énoncée : tout ce que je pourrai affirmer, en effet, sous peine de dépasser absolument le cadre rigoureux de l'expérience, c'est que jusqu'à présent, dans tels et tels cas par moi constatés, ou venus à ma connaissance par d'autres témoins également bien informés, tel phénomène s'est produit de telle manière ; mais ignorant totalement le nombre infiniment plus considérable, sans aucun doute, de tous les cas où le même fait a pu se produire dans le passé et actuellement, et ne pouvant absolument pas concevoir sous une forme quelconque un avenir que l'expérience ne peut même me faire soupçonner, il m'est impossible d'affirmer que tous les faits de même nature se sont produits, se produisent, et se produiront, de même manière. Nous avions donc raison de dire que l'empirisme est impuissant à formuler la moindre loi.

2° Aristote, avec sa merveilleuse intelligence de tous les grands problèmes philosophiques, semble avoir compris, malgré l'estime où il tient en général l'expérience, son impuissance ici comme partout à donner par son seul effet une solution : aussi ramène-t-il l'induction à une forme particulière de la déduction, qui consisterait à conclure l'un des extrêmes du moyen par l'autre extrême. (*Analytiques*, liv. II, ch. 23). Exemple :

L'homme, le cheval et le mulet sont des animaux sans fiel ;
Or l'homme, le cheval et le mulet vivent longtemps ;
Donc tous les animaux sans fiel vivent longtemps.

Cette théorie de l'induction n'est pas, en somme, plus acceptable que la précédente, car elle suppose que ce raisonnement peut procéder par énumération totale ; or, en réalité, l'énumération de faits constatés par l'expérience ne peut jamais être épuisée, par conséquent la substitution de l'un des extrêmes au moyen terme, qui ne pourrait être légitime qu'au cas où l'énumération serait véritablement complète, est toujours hypothétique.

3° Reste la troisième doctrine, celle de l'Ecole Ecossaise, reprise et interprétée par une remarquable logicien et métaphysicien contemporain, M. Lachelier : « La nature obéit à des lois constantes et universelles », dit Royer-Collard ; car, selon M. Lachelier, tout être a sa raison dans la cause intelligente qui dirige et gouverne le monde. La conviction à priori que tout être a une cause et une fin nous permet seule, en voyant bien observés, un certain nombre de phénomènes, et à la rigueur même en constatant exactement *un seul* phénomène, qu'il y a là une loi. Ainsi, grâce aux lois et aux principes à priori que l'esprit trouve en lui-même, grâce à l'activité propre et féconde de sa pensée, il devient, comme le dit Bacon, l'interprète de la nature *(homo interpres naturæ)*, et pénètre de plus en plus avant dans les secrets de cet univers, où il lui est donné de vivre en roi et sa royauté est imprescriptible, car c'est celle de la pensée et de la science.

E. G. D.

102 — Du fondement de l'induction.

L'induction est cette espèce de raisonnement par lequel l'entendement s'élève de l'observation attentive des phénomènes à la loi qui les régit. Nous lui devons de concevoir l'ordre général et permanent des phénomènes moraux ou naturels. Nous pouvons, grâce à elle, étendre à tous les cas, à tous les temps, à tous les lieux, les rapports observés entre un nombre restreint de phénomènes, dans un point limité de l'espace et de la durée.

La certitude, d'ailleurs conditionnelle, qu'engendre l'induction, est fondée sur cette croyance que la nature est régie par des lois universelles et constantes. Comme nous sommes persuadés que ces lois sont universelles, nous croyons qu'étant connues dans un seul cas, elles le sont dans tous les cas semblables. De ce qu'elles sont constantes ou stables, il suit aussi pour nous qu'étant connues en un point de la durée, elles le sont dans tous. C'est ainsi que l'induction embrasse toute l'étendue réelle, et même possible, qu'elle devine l'avenir et refait le passé. Grâce à elle, par exemple, nous affirmons que le feu qui nous a brûlés aujourd'hui, nous aurait brûlés hier, si nous avions été placés dans les mêmes conditions, et qu'il nous brûlerait demain, et toujours, si nous nous trouvions placés dans les mêmes conditions.

Il y a donc, dans toute induction, deux éléments à distinguer: l'un expérimental, et l'autre rationnel; le premier, qui porte sur l'observation des faits particuliers, et le second qui nous aide à en tirer une loi générale. Il y a eu un long débat, entre les partisans de l'expérience pure, et les partisans exclusifs de la connaissance *à priori*, double erreur qui mettait en conflit l'expérience et la raison, impliquées l'une et l'autre dans toute vérité induite. Mais le débat entre les empiriques et les rationalistes est sur le point d'être vidé. En effet, ces derniers n'admettent-ils pas depuis longtemps la nécessité de l'observation pour produire une induction légitime ? Et les premiers ne commencent-ils pas à reconnaître un élément à priori dans la connaissance humaine, certaines prédispositions intellectuelles, dues à la longue accumulation des expériences, et héréditairement et spécifiquement transmises par voie d'hérédité à chaque homme ? Quant à nous, il nous semble que cette vieille question doit trouver d'accord tous les esprits dégagés de préjugés et uniquement inspirés par l'amour de la vérité.

Après avoir aussi sommairement et, aussi clairement que possible, posé plutôt que résolu la question, bornons-nous à conclure de ces courtes observations : que l'induction est fondée sur la croyance universelle à la généralité et à la stabilité des lois de la nature. Cette croyance nous pousse à chercher ces lois, c'est-à-dire à observer les faits qu'elles expliquent, et, dans certaines conditions réglées par la logique, elle nous donne la pleine assurance de les avoir trouvées.

B. P.

108 — Les lois de la nature sont-elles contingentes ou nécessaires ?

Les lois, a dit Montesquieu, d'une façon générale, sont les *rapports* nécessaires qui dérivent de la nature des choses. Nous croyons que tous les faits ont leurs lois, qu'il y a des rapports permanents de succession et de simultanéité entre les phénomènes. C'est cette croyance unanime, fondement de l'induction, qui nous fait chercher les lois de la nature et du monde moral, et les lois établies par la science sont d'autant plus parfaites et durables, qu'elles paraissent plus conformes à l'ordre et à la liaison même des phénomènes naturels. Nous avons à nous occuper ici, non des lois scientifiques, mais des lois physiques, et à nous demander si elles sont nécessaires ou contingentes.

Cette question : « Le monde est-il régi par des lois nécessaires ? » rentre évidemment dans celle-ci : « Le monde a-t-il été créé, ou existe-t-il de toute éternité ? » Si le monde a été créé de rien par une cause suprême, ce qui est l'opinion des théistes modernes, si même, coexistant éternellement avec Dieu, il a été façonné et réglé par lui dans l'état où nous le voyons, ce qui était l'opinion de tous les théistes grecs, les lois de la nature sont incontestablement contingentes : celui qui les a librement imposées à la matière, peut les abroger ou en suspendre le cours. Ces lois ne nous paraissent pas changer ; mais, leur cause étant libre, leur changement n'implique point contradiction. Rien n'est nécessaire dans la nature : telle est et doit être l'opinion des philosophes théistes. Quant aux athées, aux positivistes, et aux matérialistes logiques, ne se préoccupant pas d'autre chose que d'observer le plus de faits et le mieux possible, et d'en formuler les lois les plus raisonnables, ils se bornent à constater l'uniformité et la constance des lois de la nature, à les désigner par le nom de nécessité, et ils laissent aux métaphysiciens l'espoir d'approfondir les caractères de cette nécessité.

Le problème est beaucoup moins simple pour les philosophes qui croient en Dieu, et qui donnent le nom de science à la métaphysique. Ils se sont demandé, par exemple, si les lois de la nature ne présentent pas une certaine nécessité jointe à la contingence. La nature étant donnée, disent-ils, peut-on croire sans absurdité que les relations naturelles des phénomènes ne sont pas fixes en même temps qu'uniformes : que l'aiguille aimantée ne tourne pas fatalement vers le nord, que les corps ne sont pas nécessairement dilatés par la chaleur, que le volume d'un gaz ne diminue pas inévitablement en raison inverse de la pression qu'il supporte ? Ce sont là des inductions si bien établies, que la raison ne peut conserver le moindre doute sur la liaison des faits, sur les rapports qu'elles expriment. C'est là ce qui faisait dire à Bacon : « La forme (loi) d'une nature quelconque est ce qu'on ne peut supposer, sans que la nature donnée s'ensuive infailliblement. Elle est constamment présente, quand cette nature est présente, elle nous la fait affirmer universellement et lui appartient dans toute son extension. La forme est également ce qu'on ne peut écarter, sans faire disparaître infailliblement la nature donnée. » Cette explication de l'un des caractères essentiels des lois physiques s'accorde de tous points avec la définition des lois par Montesquieu.

La doctrine qui admet un Dieu créateur et ordonnateur de la matière peut donc logiquement admettre, dans les lois de la nature, une nécessité en quelque sorte relative, un rapport réel, essentiel, nécessaire dans la contingence. Il est nécessaire, disent-ils, que les corps tombent dans le vide avec la même vitesse, parce que les corps ont été doués de cette propriété. Mais Dieu, cause libre, aurait pu, et pourrait, s'il le voulait, faire qu'il en fût autrement. Quelques-uns même des philosophes précités trouvent dans la sagesse divine une raison de croire plus fortement à la stabilité des lois de la nature. « Je sais, dit M. Jacques, *(Manuel de Philosophie)*, que la nature est l'œuvre d'un être sage, qui, parce qu'il est sage, ne fait rien capricieusement, et qui, ayant du premier coup choisi le meilleur monde, et, pour gouverner ce monde, les meilleures règles, s'y tient et ne les change point. »

Les philosophes qui croient à une cause suprême de toutes choses, et ceux qui, à l'exemple de Laplace, nomment Dieu une brillante hypothèse, admettent également, quoique à des degrés différents, la nécessité des lois de la nature.

B. P.

104. — De l'analogie.

La méthode expérimentale est formée de plusieurs procédés, parmi lesquels l'induction et l'analogie tiennent une place importante, car c'est par elles que les données de l'expérience sont fécondées.

On ne peut bien comprendre la nature et l'usage de l'*analogie* qu'à la condition de la rapprocher de l'induction.

Le procédé logique appelé induction consiste dans l'application de ce principe : les lois de la nature sont stables et générales. Cette formule est appelée : *principe d'induction*. Notons-en la signification et la portée. Les lois de la nature sont *stables*, cela signifie : toutes les fois que le même être sera soumis à l'influence des mêmes circonstances, le même fait se produira en lui. — Les lois de la nature sont *générales*, c'est-à-dire : toutes les fois que des êtres doués d'une même nature seront soumis à l'action des mêmes circonstances, ils seront le théâtre des mêmes faits. Il importe de remarquer que, dans l'induction, on va toujours du même au même, on considère uniquement des êtres qui ont la même nature.

Le procédé logique, nommé *analogie*, consiste dans l'application du principe d'induction à des objets qui ne sont pas *identiques*, mais seulement *analogues*, ou du moins entre lesquels on n'a encore constaté, au moment où l'on a recours à l'analogie, qu'une ressemblance plus ou moins éloignée, et non une nature commune, une véritable identité.

L'analogie peut facilement conduire à des hypothèses hasardeuses et à de faux résultats; mais si elle a de grands inconvénients, elle présente aussi des avantages que la science ne doit pas négliger. Elle fait soupçonner entre certains objets des relations que l'expérience ne nous révélerait peut-être jamais, si nous n'avions pas à l'avance le soupçon de leur existence.

Comment faut-il donc se servir de l'analogie pour éviter les dangers qu'elle présente et profiter de ses avantages ? Il n'y a qu'à vérifier par l'expérience l'exactitude des résultats auxquels on est parvenu en s'en servant. Un exemple fera bien comprendre notre pensée. C'est l'analogie apparente qui existe entre l'éclair sillonnant la nue et l'étincelle électrique, qui a fait soupçonner à Franklin que la foudre était un phénomène d'électricité. Ce soupçon d'un homme de génie a été soumis à l'épreuve de l'expérience, et il y a résisté. Pendant quelque temps, les expériences, qui n'étaient point faites sans doute dans des circonstances favorables, ne confirmèrent pas l'opinion de Franklin; mais, un jour, le cerf-volant armé d'une pointe de fer, qu'il lança dans les airs par un temps d'orage, soutira l'électricité des nuages; l'expérience justifia enfin pleinement la prévision du savant. On sait le fruit qu'on a retiré de cette découverte : une application importante en a été faite, celle des paratonnerres. On a raison de dire que Franklin est allé chercher la foudre dans les cieux pour la diriger à son gré. On voit, par cet exemple, combien l'analogie peut contribuer aux progrès de nos connaissances quand on en a fait un emploi vraiment scientifique, en soumettant les résultats qu'elle fournit à une vérification rigoureuse.

Il ne sera pas inutile de faire observer, en terminant cette rapide esquisse sur l'analogie, que le sens de ce terme varie souvent dans le langage philosophique. Dans certaines doctrines, on appelle induction l'application du principe de la stabilité des lois de la nature, et analogie l'application du principe de la généralité des mêmes lois. D'autres prennent les mots induction et analogie dans la même acception; ils les emploient indistinctement. Enfin, d'après le point de vue que nous avons développé, et c'est celui qui est le plus généralement suivi, l'induction est l'application de ce double principe : les lois de la nature sont stables et générales toutes les fois qu'il y a identité entre les objets que l'on considère; et l'analogie est l'application de la même formule, dans le cas où l'identité des objets que l'on a en vue n'est pas encore constatée. Ainsi, dans les deux cas il y a, au fond, un même procédé. Toute la différence provient des objets auxquels on en fait l'application.

105. — Comparer la méthode des sciences physiques à la méthode des sciences morales.

C'est à l'observation et à l'expérience aidées du calcul et guidées par la raison que les sciences physiques doivent depuis deux siècles leurs progrès rapides. « L'homme, interprète et ministre de la nature, dit Bacon, n'agit sur elle et ne la connaît qu'à la condition d'observer ses lois soit par les sens, soit par la réflexion. Il ne sait et ne peut rien au delà. »

La simple application des sens nous donne déjà une certaine connaissance des choses. L'observation calme, patiente, intelligente, la perfectionne; conduite avec méthode, elle devient l'analyse à laquelle doit succéder la synthèse, c'est-à-dire un travail inverse qui reconstitue le tout en réunissant les parties et les propriétés dans l'ordre même de la nature. L'expérimentation enfin cherche, pour ainsi dire, les vérités que l'observation laissait venir à elle. Bacon l'appelle ingénieusement *odoratio quædam venatica*; elle est, en effet, comme une chasse de la science. Mais nous ne nous bornons pas à enregistrer et à coordonner les faits soumis à l'expérience; nous aspirons à dépasser ce cercle trop étroit et à nous élancer du connu vers l'inconnu. Or nous remarquons, dans l'univers, uniformité, stabilité, harmonie; ce grand fait une fois reconnu, l'esprit, s'emparant d'une observation particulière, peut légitimement, à l'aide de l'induction, l'étendre à tous les temps comme à tous les lieux, et proclamer la loi. A côté de l'induction, mais à un rang moins élevé, se placent l'hypothèse, l'analogie, etc., etc., qui, sans produire la certitude, sont pour nous encore une source féconde de connaissances probables et utiles, au moins pour la pratique de la vie.

Mais la science humaine n'étudie pas seulement les lois qui régissent l'ordre matériel et les êtres que contient le monde visible. Il y a pour nous deux natures : l'une, extérieure par rapport à nous, l'autre, intérieure, qui est à nous ou plutôt qui est nous. De là, outre les sciences *physiques*, un ordre particulier de sciences appelées *métaphysiques* ou *morales*; les principales s'appellent : psychologie, logique, morale, droit, politique, grammaire générale, théodicée, esthétique, histoire.

Notre nature, qui a avec la nature extérieure une ressemblance constitutive, exige comme elle une méthode expérimentale pour être connue. Le monde moral se compose, comme le monde physique, de réalités que l'observation seule peut nous faire connaître avec certitude : analyse, synthèse, observation, expérimentation, classification, induction, tous ces procédés doivent se présenter encore, lorsque nous nous étudions nous-mêmes.

Mais, en même temps, tous les procédés des sciences exactes sont ici nécessaires. Car il y a au fond de nous des principes certains, des axiomes éternels, en un mot ces idées fondamentales de la raison dont quelques-unes servent de base aux sciences exactes ; telles sont les idées de la *cause*, du *vrai*, du *juste*.

Il y a alors, par une conséquence nécessaire, dans les sciences morales des démonstrations mathématiques, des définitions et des axiomes.

La méthode qu'il faut employer dans les sciences *morales* est donc double et réunit la méthode des sciences *physiques* et celle des sciences *exactes*. Le philosophe veut-il connaître les phénomènes de l'âme, ses opérations, ses facultés? Veut-il pénétrer les ressorts cachés qui font mouvoir le cœur humain, démêler nos penchants secrets, nos vices et nos vertus? Il *observe*. Veut-il s'élever plus haut et sonder, autant qu'il le peut, les mystères de l'existence divine et de notre destinée? Il doit forcément employer le *raisonnement*. L'*observation*, si elle était seule, laisserait dans l'ombre les *principes*; le *raisonnement* seul, y laisserait les *faits*. Ce qui constitue notre supériorité sur le monde, c'est que notre nature, *terrestre* pour ainsi dire, parce qu'elle renferme comme le monde des faits et des sentiments, est en même temps *divine* parce qu'elle recèle un reflet de la *vérité*, c'est-à-dire de *Dieu*.

Le simple exposé des méthodes des sciences physiques et des sciences morales en a fait comprendre la ressemblance et la différence. Les sciences morales sont supérieures aux sciences physiques autant que l'homme l'est au monde, autant que la raison l'est à la vie bornée des animaux ou des plantes.

106. — Le témoignage devant la justice et dans la vie privée.

La plus grande partie de nos connaissances repose sur le témoignage, c'est-à-dire sur l'affirmation d'autrui. C'est par lui seul que nous pouvons connaître l'immense majorité des faits qui se passent soit dans le monde physique, soit dans le monde moral, tous ceux en effet que nous ne percevons pas directement; sans lui nous serions renfermés dans le cercle étroit de nos sensations et de nos réflexions. Il est donc très important d'en apprécier la valeur philosophique. La certitude du témoignage repose sur l'induction, non pas sur cette induction vague qui n'est que l'analogie plus ou moins déguisée, mais sur ce grand principe que les lois naturelles sont immuables. Nous savons que, toutes les fois que nous ouvrons la bouche, nous disons la vérité, à moins qu'une passion ou qu'un intérêt ne nous fasse déguiser notre pensée ; nous en concluons que tel est le cas de tous les hommes. Ce raisonnement est irréfutable, et il suffit pour établir la valeur scientifique du témoignage. Sans nous arrêter à l'étude du témoignage dans la science historique dont il est la base, recherchons dans quelles circonstances nous pouvons l'invoquer soit devant la justice, soit dans les relations quotidiennes de la vie.

Les conditions pour la valeur du témoignage sont les mêmes, quelque part que celui-ci se produise. Elles peuvent se résumer de la manière suivante : présence des témoins au fait, capacité relative de ceux-ci, moralité reconnue, absence de passion ou d'intérêt. Le nombre des personnes affirmant un même fait est une preuve de plus de sa vérité ; il est en effet très difficile que plusieurs hommes, surtout s'ils sont d'âge, de condition, d'intérêts différents, se trompent sur un fait qu'ils voient se passer sous leurs yeux. Dans les causes judiciaires, plusieurs conditions sont encore nécessaires ; elles sont d'ailleurs indiquées par la nature. Un témoin doit avoir atteint un certain âge, celui où il peut juger des circonstances du fait qui se produit devant lui, où surtout sa raison et sa mémoire sont assez développées pour qu'il puisse en faire une déposition sensée en pleine connaissance de cause. La loi défend en outre d'entendre les parents ou alliés, les domestiques de ceux qui sont en cause, et encore ceux qui leur ont une obligation pécuniaire. La raison montre en effet que ces personnes ne sont pas suffisamment désintéressées, que l'affection, la reconnaissance, etc., peuvent leur dicter des paroles qui ne soient pas l'expression exacte de la vérité, et même mettre le mensonge dans leur bouche. Enfin il est une condition que nous nommons la dernière, parce qu'elle est la plus importante pour la valeur du témoignage, c'est la liberté des témoins, non-seulement la liberté du corps, mais surtout la liberté morale, c'est-à-dire l'exemption de toute crainte à propos des conséquences de leur déposition. La nécessité de cette condition n'a pas besoin d'être démontrée. La liberté se produit de plus en plus devant les tribunaux, où elle était malheureusement trop inconnue autrefois ; le jour où elle sera complète pour tous les procès, quels qu'ils soient, sera le jour d'un des grands triomphes de la morale sociale.

Dans la vie privée, la valeur du témoignage repose encore sur les bases que nous venons d'indiquer. Il est donc inutile d'y revenir. Nous devons seulement faire remarquer que la confiance dans la moralité du témoin prend dans les relations ordinaires une importance prédominante, qui est d'ailleurs facile à expliquer. L'homme dont on connaît la vertu exerce nécessairement sur l'esprit une plus grande puissance qu'un inconnu, et surtout que celui de la bonne foi duquel on est en droit de douter. De plus on ne peut pas souvent avoir recours à un grand nombre de témoins; la confiance inspirée par un honnête homme est alors la seule source de croyance. Quelquefois des erreurs très difficiles à détruire s'enracinent ainsi dans l'esprit; mais ces cas sont rares, et alors la confiance disparait totalement pour l'avenir. C'est pourquoi un homme vraiment honnête n'affirme jamais que ce qu'il sait rigoureusement vrai; c'est d'ailleurs la seule manière d'acquérir l'estime complète de ses semblables et la légitime influence à laquelle chacun a droit ici-bas.

107. — Des rapports de l'histoire avec la philosophie.

Toutes les sciences ont avec la philosophie des rapports généraux, quant à leurs principes, à leur méthode et à leur fin; les sciences morales, telles que le droit, l'éloquence, l'histoire ont avec elle des rapports plus particuliers, parce qu'elles ont l'homme pour objet. Nous exposerons ce que l'historien doit à chacune des quatre parties de la philosophie, à la psychologie, à la logique, à la morale, à la théodicée.

L'étude de la psychologie, c'est-à-dire des facultés de l'homme, est indispensable à l'historien. 1° Il doit, pour pénétrer au cœur des personnages et des choses, pour comprendre les événements, connaître l'homme, savoir quels sont ses travers et ses passions, ses vertus et ses faiblesses, ne voir en lui ni un héros ni un monstre. Ainsi l'on remonte aux causes et on découvre les véritables; on n'aperçoit pas en tout de grands calculs, mais souvent de petits caprices. La politique et l'expérience ne décident pas toujours, la vanité et la sottise dirigent fréquemment les affaires les plus importantes. 2° L'historien doit encore connaître l'homme parce qu'il doit le peindre. Dans un portrait le pinceau n'erre pas au hasard; chaque coup de pinceau doit être un trait de caractère. Que Salluste est bien entré dans l'âme de Catilina et dans celle de Jugurtha! Il dit du premier : *alieni appetens, sui profusus, ardens in cupiditatibus, satis loquentiæ, sapientiæ parum*; du second : *pollens viribus, decora facie, sed multo maxime ingenio validus,... plurimum facere, minimum ipse de se loqui*. 3° Il faut mériter les suffrages du lecteur, et par suite connaître celui qu'on veut convaincre. Ce ne sont pas des faits que nous cherchons, c'est nous-mêmes. Que nous importent les dates et les batailles, les conquêtes et les traités, si, pour parler comme Fénelon, les événements sont « décharnés, » si nous ne voyons qu'un « squelette » d'histoire? Un mot nous touche plus qu'un récit, si dans ce récit il n'y a que des faits, si dans ce mot on trouve un homme.

La logique n'est pas moins utile à l'historien que la psychologie. 1° L'historien juge les hommes et les choses; il doit prendre garde de s'égarer. Un moderne a vu dans Tibère une honnête nature. Il y a des erreurs encore plus étranges. Polybe, par exemple, raisonne « très bien »; ne nous plaignons donc pas, comme Fénelon, qu'il raisonne « trop ». Si sa manière d'écrire est une « anatomie exacte », elle n'est pas une espèce de « mécanique ». 2° On ne saurait, sans la logique, établir la certitude historique. Les faits se transmettent par la tradition orale, par les monuments, par l'écriture; c'est de là qu'il faut tirer la vérité. La tradition orale est surtout respectable dans les premiers âges; il n'y avait alors ni écriture, ni monuments. La mémoire, étant seule à conserver le passé, était plus tenace. D'ordinaire, les monuments ont été bâtis peu de temps après le fait qu'ils rappellent et célèbrent, mais ils peuvent être menteurs comme l'orgueilleux qui les a élevés. C'est surtout sur l'écriture que se fonde la certitude; il faut se défier des faussaires de mauvaise ou de bonne foi. Il y a des gens qui fabriquent des chartes, et les vendent pour authentiques; on refit, à la suite des invasions barbares, en imitant la vieille écriture, des actes de donation brûlés ou enlevés. Il arrive que les historiens se trompent ou trompent. Tite-Live prétend que Rome peut imposer au monde, avec ses armes, ses légendes; la Germanie, qui n'a pas cédé à Auguste, n'a pas cru Tite-Live. Malgré ces difficultés, l'historien arrive à la certitude quand, le fait étant possible, le témoin est honnête et sagace, quand, malgré leurs appréciations et leurs passions diverses, les historiens, ses prédécesseurs, sont d'accord.

1° L'histoire est véritablement utile, parce qu'elle est la protectrice vengeresse de la morale. C'est la conscience du genre humain; c'est le juge publiant la condamnation prononcée par la société. Elle fait ce que fait Dieu, mais avec cette différence qu'elle est faillible et que ses arrêts ne frappent que des morts; elle punit le mal et récompense le bien. Les triomphes des tyrans sont réduits au néant, leurs pensées sont arrachées du fond de leur cœur, les débauches de Caprée sont mises au jour. Les honnêtes gens qui ont souffert sont élevés, et souvent un homme, mort pour la vertu, est plus glorieux qu'un conquérant. 2° On conçoit que, pour être historien, pour raconter la vie de Tibère ou de Néron, il faut être honnête homme, *vir bonus, scribendi peritus*, haïr le vice, aimer la vertu. Juvénal a dit :

.... Facit indignatio versum;

si l'indignation fait le poète, la colère fait l'historien. Il donne alors des leçons. Nous admirons Léonidas se sacrifiant à la Grèce, Socrate aux lois, et nous voudrions imiter ces grands citoyens. Salluste, qui fut un gouverneur rapace et vorace, s'élève contre la licence de son temps, comme s'il sentait qu'un historien a de plus grands devoirs que n'en avait un proconsul.

Dans la théodicée, nous nous élevons vers Dieu. Or, ce n'est pas le destin qui gouverne le monde, mais la Providence, c'est-à-dire Dieu. « Ne parlons plus, dit Bossuet, de hasard ni de fortune ». L'histoire est incompréhensible, si la prudence humaine est maîtresse des événements, de la gloire et du succès. Que voyons-nous sans cesse ? les conquérants les plus formidables, les politiques les plus profonds tomber au milieu de leurs triomphes ou de leurs calculs. Babylone, Carthage, Rome, des cités superbes deviennent tour à tour des amas de ruines. Dieu parle, et l'herbe cache les murs de Jérusalem. C'est que Dieu tient en ses mains puissantes les rois et les peuples. « Veut-il faire des conquérants? il fait marcher l'épouvante devant eux... Veut-il faire des législateurs? il leur envoie son esprit de sagesse et de prévoyance. » L'histoire ne s'explique pas davantage, si la fatalité conduit et pousse l'homme. Cette prétendue fatalité cède à la persévérance : aide-toi, le ciel t'aidera. Ainsi Dieu est partout et en tout ; il dispose, l'homme ne fait que proposer.

L'histoire a donc d'étroits rapports avec la philosophie : par la psychologie, l'historien connaît l'homme ; il le juge et le peint mieux, il l'intéresse et le gagne. Par la logique, il apprend à conduire son esprit, à discerner le vrai du faux. Vengeur de la morale, il doit l'aimer et l'observer. La théodicée lui montre Dieu en toutes choses.

108. — Du témoignage et de la critique historique. Principales sources des erreurs en histoire ; règles à observer pour s'en défendre.

Tandis que les sciences physiques et naturelles ont pour méthode l'observation et l'expérimentation directes sur les faits, que les sciences mathématiques enchaînent les unes aux autres les vérités qui constituent leur matière par le raisonnement déductif, l'histoire est, au point de vue de la méthode, dans des conditions spéciales : on peut la ranger, il est vrai, parmi les sciences de faits, mais comme les faits dont il s'agit sont passés, et qu'on ne peut après un long temps écoulé s'assurer par soi-même de leur existence, il faut avoir recours au *témoignage* de nos semblables. C'est là un procédé d'information tout particulier ; on a essayé de ramener la croyance au témoignage à l'*induction* ou plutôt à l'*analogie*, par le moyen de l'association : tels hommes, dit-on, placés dans telles et telles circonstances, ne se sont pas trompés et n'ont pas voulu tromper : tels témoins sont actuellement dans les mêmes conditions, donc ils ne se trompent pas, et ne peuvent vouloir nous tromper. Cette explication est vraie, en partie seulement ; l'analogie et l'association peuvent bien, du moins dans un grand nombre de cas, servir de vérification et de contrôle expérimental à la croyance que nous avons dans le témoignage d'autrui, mais elles n'expliquent pas la tendance primitive, et comme l'explication du désir d'étendre notre connaissance en y ajoutant celle de nos semblables : Reid a pénétré plus profondément, il nous semble, dans la question, en donnant comme raison principale de cette tendance le besoin inné de *véracité* et celui de *crédulité* dans l'âme humaine ; il est vrai de dire que le second est réductible au premier, par voie d'analogie : nous croyons que les autres hommes disent la vérité, parce que nous avons une disposition irrésistible à la dire nous-mêmes.

Mais cette inclination, comme toutes celles de notre nature, ne doit pas être aveuglément satisfaite, surtout en matière scientifique : nous nous exposerions aux plus graves erreurs en histoire, si nous croyions un fait par cela même qu'un de nos semblables l'affirmerait ; il faut que l'affirmation énoncée soit, non pas *contrôlée*, ce qui n'est pas possible à proprement parler, mais *discutée*; il faut, en un mot, faire la *critique* du témoignage. Quelles sont les règles de cette critique ? En les indiquant, et en disant quelles précautions sont à prendre pour s'assurer de l'exactitude des témoignages, on montrera du même coup les moyens d'éviter, autant que possible, l'erreur en matière historique. Il va de soi que la certitude dont il s'agit ici n'est pas la certitude absolue, du moins *théoriquement,* puisque, si imposant que soit l'accord des témoignages donnés sur un fait, le fait contraire est toujours absolument possible, et n'implique pas contradiction ; cependant la probabilité ainsi obtenue est immense, et se rapproche tellement de la certitude à proprement parler, que *pratiquement* on peut la considérer comme telle.

Les règles relatives à la critique historique sont de deux sortes : celles qui regardent les témoins, et celles qui concernent les faits eux-mêmes.

I. — 1° S'il y a un seul témoin, il faut qu'il soit : (a) intelligent (comme dit Thiers dans la Préface de l'Histoire de la Révolution française), c'est-à-dire apte à bien voir tout ce dont il peut témoigner, habitué à démêler dans la masse des faits et de leurs circonstances ce qu'il y a d'important et d'essentiel ; — (b) bien informé sur les faits en particulier dont il s'agit, c'est-à-dire qu'il ait été bien placé pour voir les événements ; — (c) préoccupé de la vérité ; — (d) désintéressé, c'est-à-dire n'ayant aucun intérêt à la falsifier. — 2° S'il y a plusieurs témoignages, ils peuvent être *unanimes*, ou *partagés*. A. — L'unanimité des témoignages est une présomption de véracité ; cependant il faut s'assurer : (a) que les témoins aient été tous bien informés ; — (b) qu'ils n'aient pas voulu tromper, poussés par un intérêt commun ; (c) quand même ils auraient voulu se concerter pour mentir, qu'ils aient été dans l'impossibilité de le faire ; — (d) que, même s'ils ont pu s'entendre, ils aient été découverts. — B. Si les témoignages sont partagés, il ne faut pas les *compter*, mais les *peser*, c'est-à-dire chercher non pas où sont les plus nombreux, mais où sont les plus compétents et les plus véridiques. — En somme, qu'il s'agisse d'un seul témoin ou de plusieurs, les qualités indispensables pour que le témoignage soit accepté sont la *compétence*, la *sincérité*.

II. — Les règles relatives aux faits eux-mêmes se rapportent à la *tradition* orale, aux *monuments*, à l'*histoire* proprement dite.

1° Les conditions principales que doit remplir la tradition sont (a) d'être *uniforme*, c'est-à-dire qu'il n'y ait pas plusieurs versions qui se détruisent les unes les autres ; — (b) de ne pas avoir subi d'*interruptions*, ce qui serait une cause d'altérations très probable ; — (c) de ne pas avoir été mise en circulation trop longtemps après l'événement qu'elle rapporte ; — (d) de n'avoir pu être détruite par une majorité intéressée à la faire disparaître.

2° Les monuments, pour être classés parmi les sources de l'histoire, doivent : (a) être *publics* ; — (b) *remonter jusqu'aux faits attestés*. Les monuments sont extrêmement variés : temples, statues, tombeaux, arcs de triomphe, colonnes, inscriptions, médailles.

3° Les monuments écrits (ou l'histoire proprement dite), doivent être *authentiques*, et pour cela remplir les conditions suivantes : (a) être cités ou nommés à plusieurs reprises par des auteurs dignes de foi, ou à fortiori par des auteurs intéressés à dire le contraire, surtout si ces auteurs sont des contemporains ; — (b) être intacts, c'est-à-dire ni *interpolés*, ni *altérés* en aucune manière ; — (c) avoir la couleur locale des situations, des personnages, de mille détails plus ou moins importants ; — (d) ne pas être en opposition manifeste avec les croyances, le caractère, le talent connus de l'auteur présumé ; — (e) ne pas renfermer d'allusions à des personnes ou à des événements postérieurs à la date dont il s'agit ; — (f) porter l'empreinte du style de l'auteur, être écrit de son écriture connue ; — (g) il faut se défier des copies d'ouvrages qui peuvent avoir été altérées volontairement ou involontairement ; — (h) critiquer sévèrement surtout les *mémoires*, écrits le plus souvent avec un parti-pris.

Si ces diverses conditions sont remplies, et elles sont toutes plus ou moins utiles et indispensables, l'histoire arrivera à cette certitude morale qui est la seule à laquelle elle puisse ici prétendre, et qui en soi n'est que le plus haut degré de la probabilité : la certitude historique, comme nous l'avons dit précédemment, n'en est pas pratiquement moindre pour cela, et ici, comme partout, la méthode pour éviter l'erreur est en même temps l'ensemble des moyens pour arriver à la vérité.

E. G. D.

109. — L'erreur est-elle dans l'idée ou dans le jugement ?

Quand l'eau courbe un bâton, ma raison le redresse, a dit La Fontaine, dans sa langue si expressive. Et Bossuet :

« Le vrai, c'est ce qui est, le faux, ce qui n'est pas. On peut bien ne pas entendre ce qui est, mais jamais on ne peut entendre ce qui n'est pas. L'entendement, de soi, est fait pour entendre, et toutes les fois qu'il entend, il juge bien, car s'il juge mal, il n'a pas assez entendu. »

Le néant étant l'absence absolue de toute entité, ne peut avoir aucune cognoscibilité. L'erreur n'est donc pas dans l'idée, elle est dans le jugement. Nier cette proposition, serait supposer que le faux, c'est-à-dire ce qui n'est pas, peut être perçu ou connu, peut devenir l'objet d'une notion, d'une perception. Le jugement étant essentiellement affirmatif, l'erreur consiste à affirmer comme réels les objets ou les rapports que suppose une idée fausse.

L'analyse de quelques erreurs communes dissipera les équivoques.

L'œil qui ne verrait pas courbé le bâton plongé dans l'eau et l'œil qui ne le verrait pas du tout, seraient deux yeux détestables, également réfractaires aux lois de la lumière. L'œil normal doit voir le bâton et le voir tel que ces lois le font paraître. On attend cela de sa qualité et de son rôle de témoin. Mais là aussi expire sa compétence. Il n'est pas responsable du jugement qu'on porte sur son témoignage. Toutes les erreurs prétendues des sens ont également leur origine dans les jugements que l'on a formulés à tort après avoir recueilli ces témoignages. *Non quia falsi sunt testes*, dit saint Augustin, *sed quia tu malus judex*.

D'où vient l'erreur dans la méthode déductive? De ce que telle conséquence est affirmée faussement comme contenue dans tel ou tel principe. Le principe ne sera pas faux, l'idée exprimée dans la conclusion aura un objet correspondant. Mais le rapprochement établi entre l'idée du principe et l'idée de la conclusion n'est fondé sur rien. C'est en voulant formuler ce rapprochement, c'est dans l'affirmation d'une relation entre le principe et la conséquence que le logicien s'égare, c'est dans son jugement que réside l'erreur.

S'il s'agit d'une science qui emploie la méthode inductive, l'erreur proviendra d'une cause analogue. Supposons qu'après un dénombrement imparfait, je formule une loi générale. Il restera toujours vrai que les objets trop peu nombreux observés par moi existent; que chacun d'eux correspond à l'idée que je m'en suis faite; et, si je me bornais à constater leur existence, je ne serais pas dans l'erreur. Mais je tombe dans l'erreur en formulant ma loi, puisque je veux qu'elle s'applique aussi bien aux objets dénombrés qu'à d'autres que je n'ai pas vus et qui peuvent être fort différents des premiers.

Voici deux classifications, l'une artificielle, l'autre naturelle. Les auteurs de la première peuvent très bien parler de tous les êtres, arbres, animaux, etc., qu'il s'agit de classer. Leur classification sera défectueuse parce que leur jugement n'aura pas saisi les rapports essentiels d'après lesquels ces êtres doivent être classés.

Les jugements de cause à effet offrent aussi de nombreux exemples qui corroborent notre thèse. L'eau monte dans la pompe pour l'observateur qui dit que la nature a horreur du vide, aussi bien que pour celui qui invoque la cause naturelle de la pesanteur de l'air. Depuis Lavoisier on ne parle plus du phlogistique. Le phénomène de la combustion est expliqué; mais la combustion était avant Lavoisier ce qu'elle est maintenant pour tout le monde. L'erreur était dans le jugement qui substituait une fausse cause à la véritable.

Béraud.

110. — Nature et causes générales de l'erreur.

A. 1° *Nature de l'erreur.* — L'intelligence humaine porte en elle-même les principes qui lui permettent d'atteindre au vrai, elle est faite pour le vrai, comment donc expliquer que dans bien des cas elle s'égare, alors que la voie lui semble toute tracée, et qu'elle se trompe, c'est-à-dire qu'elle tombe dans l'erreur? Il est si fréquent pour l'homme de prendre ainsi une voie pour l'autre, qu'il est passé à l'état de proverbe de dire : *Errare humanum est.* Quelle est donc la nature de l'erreur? Telle sera la première question que nous avons à nous poser. Quelles sont les causes principales de l'erreur? Tel sera le second problème que nous aurons à résoudre, et dont la solution viendra compléter les conclusions auxquelles nous serons arrivés sur le premier point.

2° Bossuet définit l'erreur « ce qui n'est pas »; mais d'autre part, comme dit Malebranche, « le néant n'est pas intelligible », nous ne pouvons donc pas penser « ce qui n'est pas », absolument parlant : il serait plus exact de dire que l'erreur résulte d'un rapport inadéquat entre l'esprit et la réalité, c'est-à-dire qu'elle est une vérité incomplète. C'est ce qui explique que celui qui se trompe croit savoir, car il sait en réalité quelque chose, mais il ne sait pas tout ce qu'il faut savoir pour la question qu'il s'agit de résoudre; nos facultés ne peuvent nous tromper dans leur usage normal, et dans le domaine où elles doivent s'exercer d'après les lois que leur a imposées la nature de notre esprit; mais l'erreur commence lorsque nous leur demandons plus ou autre chose que ce qu'elles sont capables de nous donner. De ce que nous voyons clairement tel point de vue de la vérité, nous nous hasardons à affirmer au delà, et à dépasser dans nos affirmations les limites du résultat acquis, et alors nous nous trompons.

B. 3° *Causes principales de l'erreur.* — L'erreur consiste donc dans une disproportion entre les acquisitions légitimes de notre esprit, et les affirmations que nous formulons, et pour lesquelles nous n'avons pas actuellement les matériaux nécessaires. Cette disproportion peut avoir deux sources : ou bien le besoin impérieux de connaître mieux et davantage, et l'impatience d'un esprit généreux et passionné pour le vrai, enfermé dans des limites trop étroites; dans ce cas, l'erreur prend le nom de paralogisme. Ou bien l'erreur vient de l'amour-propre (mal placé), de l'orgueil : nous voulons paraître savoir plus que ce que nous savons en réalité, et alors nous ne nous trompons pas seulement nous-mêmes, nous n'hésitons pas à tromper encore autrui : ces sortes d'erreurs s'appellent sophismes.

4° Donc l'erreur peut avoir deux sortes de causes: *logiques* , *morales*. Les causes logiques sont faciles à signaler, sinon à supprimer, car le redressement des erreurs et la conquête de la vérité ne se font que grâce à de laborieux efforts; ce sont les fautes de raisonnement, déductif ou inductif, et quelque vice caché de méthode, c'est-à-dire d'analyse ou de synthèse.

5° Les causes morales sont l'orgueil, la vanité, l'envie de compter parmi les esprits ingénieux ou rares, de briller et de nous distinguer au milieu de nos égaux, autrement que par l'effort sincère de la pensée uniquement préoccupée de la recherche du vrai. Il faut signaler aussi une autre cause morale, l'indifférence pour la vérité, l'apathie et la paresse dont plus d'un d'entre nous est coupable. C'est ainsi que nous jugeons trop souvent avec nos préjugés, nos passions, et que nous nous délivrerions d'un grand nombre d'erreurs, si nous avions le courage d'extirper de notre âme tant de sources d'aveuglement. (Voir le profond chapitre de Nicole, dans l'*Art de penser*, sur le sophisme d'amour-propre, d'intérêt, de passion); nous rapportons souvent aussi nos jugements à l'autorité de certaines personnes, de certains auteurs qui nous en imposent..., etc. L'homme qui cherche sincèrement et de toutes ses forces la vérité devra débarrasser préalablement son cœur de toute passion, de toute préférence secrète; faute de quoi, il « n'enfantera, comme dit Pascal, que des chimères au prix de la réalité des choses ». — Toutes les fois que nous n'avons pas fait ces efforts sincères, nous sommes responsables de nos erreurs dans la mesure où nous avons failli, et où notre volonté pouvait ne pas faillir.

6° *Conclusion.* Il est donc important de faire dans l'erreur la place à l'intelligence et à la volonté. L'intelligence est faite pour chercher le vrai, sans espérer cependant l'atteindre absolument; mais elle doit y travailler, et pour cela la volonté doit s'unir à elle par toute son énergie et sa persévérance, parce que le vrai est intimement uni au bien, et que les progrès intellectuels sont la condition du perfectionnement moral de l'humanité.

E. G. D.

---

111. — Des sophismes. Quelle en est la source ? Exemples.

Le sophisme est un raisonnement faux comme le paralogisme; mais le sophisme suppose l'intention de tromper, tandis que le paralogisme est une simple erreur de notre esprit, que nous devons éviter, mais qui n'a rien de honteux.

Aristote distingue les sophismes de *logique* et les sophismes de *grammaire* ou de mots : ceux-ci qui affectent le sens des mots; ceux-là qui sont des vices de *raisonnement*. Nous pouvons aussi, dans les sophismes de logique, distinguer ceux qui sont particuliers à l'*induction* et ceux qui le sont à la *déduction*.

Il y a trois sophismes d'induction :

D'abord le sophisme de la cause. On prend pour cause ce qui n'est pas cause *(non causa pro causa)*. Un médecin, par exemple, peut s'attribuer la guérison d'un malade que la nature seule a sauvé, ou encore expliquer le sommeil que procure l'opium par la vertu dormitive de l'opium. Un astrologue rapportera tout aux influences des astres. Il arrive qu'un philosophe confonde des causes de nature différente, et prenne par exemple la cause occasionnelle ou la condition matérielle d'un fait pour la cause efficiente ou pour la cause finale de ce fait. — Le sophisme *post hoc, ergo propter hoc*, ressemble beaucoup au précédent. Parce que deux faits se suivent, nous avons tort souvent de conclure entre eux à un rapport de cause.

Ensuite le sophisme de l'accident *(fallacia accidentis)*, qui consiste à attribuer à une chose d'une manière absolue ce qui n'est qu'accidentel. Socrate, le plus sage des hommes, comme disait Alcibiade, était en même temps très laid ; s'ensuit-il que la beauté soit incompatible avec la philosophie ? Ce sophisme est la suite la plus ordinaire d'une fausse association d'idées.

Enfin l'énumération imparfaite, qui est surtout funeste dans les sciences d'observation. Si les expériences sont mal faites ou trop peu nombreuses, la loi qui s'appuie sur elles manque de solidité. C'est ce qui a si longtemps empêché le progrès de la physique. — Le dilemme peut être un sophisme : car il pose une alternative qui n'admet pas de milieu, là où souvent le vrai est dans le milieu et la mesure.

Les sophismes de *déduction* sont :

L'ignorance du sujet *(ignorantia elenchi)*. Souvent deux personnes disputent, quoiqu'elles soient du même avis, par la seule raison qu'elles ne comprennent pas le sujet dont elles parlent. Souvent aussi on attribue à un adversaire des pensées qu'il n'a pas, qui sont absurdes ou blâmables, et dont on a facilement raison. Le moyen d'éviter ou de combattre ce sophisme est de fixer le sujet, de définir les termes de la question, et d'y ramener toujours la discussion.

La pétition de principe ou cercle vicieux, qui consiste à supposer prouvé ce qui est en question. La fameuse preuve métaphysique ou ontologique de l'existence de Dieu que saint Anselme a trouvée est un cercle vicieux : car de ce que nous supposons un être parfait, il ne s'ensuit pas qu'il existe, quoique l'existence soit une perfection. Kant est le premier qui, en précisant les termes de cette question, en ait démontré la fausseté.

Les sophismes de mots viennent de l'altération, du changement et des différents sens des mots. Les mots raison, nature, par exemple, peuvent s'interpréter de mille façons.

On peut réduire à trois chefs tous les sophismes de *mots*.

L'équivoque ou l'ambiguïté des termes, qui consiste à employer un mot à double sens dans ses deux sens différents. La définition en est le remède certain.

Le sophisme de composition *(fallacia compositionis)* par lequel on passe du sens divisé au sens composé, c'est-à-dire qu'on affirme, des choses jointes ensemble, ce qui n'est vrai que quand elles sont prises séparément. Dieu, dit-on, justifie les impies; les impies ne deviennent justes que quand ils se sont repentis et qu'ils ne sont plus impies.

Enfin le sophisme de division *(fallacia divisionis)*, qui consiste à prendre dans le sens divisé ou séparément ce qui n'est vrai que dans le sens composé, c'est-à-dire quand les choses sont réunies. Si l'on dit par exemple que le corps humain est doué de vie, il ne suit pas de là qu'un bras coupé aura la vie comme auparavant.

C'est à cette classe de sophismes que se rapportent certains sophismes célèbres de l'antiquité, Horace cite l'argument de la queue de cheval : il en arrache tous les crins l'un après l'autre, sans faire de tort, dit-il, à la queue.

La définition des termes est le vrai moyen d'éviter tous les sophismes de *mots*; la détermination du sujet et la réduction de notre raisonnement en syllogisme empêchent tous les sophismes de *logique*.

112. — Des différentes espèces de sophismes : citer des exemples.

La logique, après avoir donné les règles du raisonnement, doit fournir les moyens de reconnaître les raisonnements vicieux, que l'on désigne par les noms de paralogismes et de sophismes. Dans les deux cas, le raisonnement pèche contre les règles ; mais dans le paralogisme l'erreur est involontaire, tandis que le sophisme suppose toujours l'intention de tromper les autres.

Nous allons passer en revue les principaux sophismes en donnant pour chacun d'eux un exemple qui fixe les idées.

I. — *Ignoratio elenchi* (elenchos, argument), ignorance du sujet. — Ce sophisme a pour cause morale la précipitation dans le jugement, pour cause matérielle des termes mal définis. Partant d'un principe mal énoncé on voudra tirer la conséquence en feignant de ne voir que le sens le plus contestable du principe ; on fermera les yeux sur le point de départ ; on voudra *ignorer* ce que l'adversaire oppose, ce qu'il accorde, pour lui prêter des prémisses ou des conséquences qui lui répugnent. Les mots *liberté, honneur, patrie, préjugés*, etc., sont l'occasion de disputes interminables là où deux mots suffiraient si les adversaires parlaient sans arrière-pensée ou prenaient soin de s'expliquer. C'est ce qu'on fait souvent trop tard après s'être donné beaucoup de peine, et on s'aperçoit qu'on était d'accord dès le commencement.

II. — *Petitio principii*, pétition de principe. On suppose prouvé, on admet comme point de départ ce qui est à démontrer ; ou bien on présente comme preuve une chose aussi inconnue, aussi contestée que celle qui est en question : deux manières de méconnaître l'essence même du raisonnement qui va du connu à l'inconnu. Pour résoudre, par exemple, la question de savoir si c'est la terre ou le soleil qui tourne, le sophiste se contentera de dire : *C'est le soleil qui tourne, puisque la terre est immobile* ; ou, *c'est la terre qui tourne, puisque le soleil est immobile.* A la pétition de principe se rattache le *cercle vicieux* : On veut prouver A par B et B par A ; on vous dira : *Les corps existent parce que Dieu existe, et Dieu existe parce que les corps existent.*

III. — *Non causa pro causâ*, prendre pour cause ce qui n'est pas cause. Pas de sophisme plus fréquent peut-être que celui qui consiste à supposer, reliées par l'étroit enchaînement de la cause à l'effet, des choses qui n'ont aucun rapport entre elles. *Des fléaux ont accompagné ou suivi l'apparition de certaines comètes ; donc les comètes ont causé des fléaux. Post hoc, ergo propter hoc.*

IV. — *Fallacia accidentis*, erreur de l'accident. Juger d'une chose par ce qui ne lui convient qu'accidentellement, ou par suite de certains abus. *Quelques médecins se sont trompés ; donc condamnons la médecine. On ne peut pas assigner l'espace précis qu'occupa Babylone ; donc Babylone n'a pas existé.*

V. — *Transitus à dicto secundum quid ad dictum simpliciter.* Passer de ce qui est vrai à quelques égards à ce qui est vrai absolument. Exemple : *Vous avez mangé aujourd'hui ce que vous avez tué hier* ; *or vous avez mangé aujourd'hui un lièvre rôti, donc vous avez tué hier un lièvre rôti.* Le plus ordinairement, ce sophisme se commet en concluant du relatif à l'absolu. Ainsi, disaient les Épicuriens, *les Dieux ont la forme humaine, parce qu'il n'y en a pas de plus belle.* — La forme humaine peut être la plus belle par rapport aux corps, mais cela ne constitue pas la forme humaine à l'état de beauté absolue.

VI. — *Fallacia divisionis et compositionis*, passer du sens composé au sens divisé, et réciproquement. Le sens composé est celui qui embrasse deux objets ou deux actes conjointement ; le sens divisé est celui qui nous représente les objets séparément. Quand on dit : *Les aveugles voient*, les sourds entendent, les collines sont aplanies, les distances se rapprochent, les extrêmes se touchent, cela signifie : *Ceux qui étaient autrefois aveugles voient* ; ceux qui étaient sourds entendent maintenant ; on a ôté les collines de la place qu'elles occupaient ; on met maintenant moins de temps pour parcourir la même distance: les extrêmes se touchent, mais jamais sous le même rapport. Une même ville peut réunir des hommes extrêmement riches et d'autres extrêmement pauvres sans diminuer la différence qui se trouve entre la pauvreté et la richesse.

On fait aussi des sophismes en passant du sens collectif, qui convient à l'espèce ou à la famille, au sens distributif, qui convient à quelques individus ou à un seul. *Les Français ont vaincu l'Europe, donc Pierre, qui est Français, a vaincu l'Europe* ; *les Anglais triomphèrent à Waterloo, donc William, qui est Anglais, a triomphé à Waterloo.*

VII. — *Le dénombrement imparfait.* Ce sophisme consiste à tirer une conséquence d'une divison incomplète, ou une loi d'une induction défectueuse, comme si l'on disait : *Le soleil, les étoiles fixes sont des corps lumineux; donc tous les astres sont des corps lumineux.*

VII. — *L'ambiguïté des termes* n'est pas une espèce particulière de sophisme, mais peut donner lieu à tous les faux raisonnements. Grâce à l'ambiguïté des termes, tantôt le terme moyen sera pris deux fois particulièrement, tantôt il sera pris en un sens dans la première proposition, et en un autre sens dans la seconde ; ici on voudra tirer une conséquence de deux prémisses négatives, là on répétera le moyen terme dans la conclusion, ailleurs on oubliera dans la conséquence la signification que le même mot avait dans les prémisses, etc.

Remarque. La fausseté d'un discours sophistique ne saute pas toujours aux yeux comme dans les quelques exemples que nous avons cités. Mais tout sophiste, précisément parce qu'il est tel, manquera à plusieurs ou à quelqu'une des règles du raisonnement. Prenez donc les propositions qu'il a avancées ; démontez-les comme les pièces d'un mécanisme, le défaut de rapport ou de justesse vous apparaîtra. Pour reconnaître le point précis où cesse le raisonnement juste, vous n'aurez besoin que d'avoir présentes à l'esprit les huit règles classiques. Au besoin, il vous suffira de celle-ci qui les résume toutes : « La conclusion, qui ne doit jamais contenir le moyen terme, doit être contenue dans les prémisses, et les prémisses doivent le faire voir. »

BERAUD.

---

113. — Examiner le sophisme de logique qui consiste à supposer vrai ce qui est en question, ou pétition de principe. Donner des exemples de ce genre de sophisme.

Le raisonnement consiste à prouver une vérité à l'aide d'une autre vérité connue de laquelle on fait sortir celle que l'on veut établir ; c'est donc une fort mauvaise manière de raisonner, que de substituer à cette vérité qui doit être connue une proposition incertaine, et dont on attend encore la démonstration. C'est à ce genre de sophisme qu'Aristote a donné le nom de pétition de principe.

Aristote, comme l'a prouvé Galilée, est tombé lui-même dans ce défaut lorsqu'il a voulu prouver que la terre est le centre du monde. Toute son argumentation peut se réduire aux termes suivants :

La nature des choses pesantes est de tendre au centre du monde, et celle des choses légères de s'en éloigner.

Or, l'expérience nous fait voir que les choses pesantes tendent au centre de la terre et que les choses légères s'en éloignent.

Donc le centre de la terre est le même que le centre du monde.

Il y a une pétition de principe dans la majeure de ce raisonnement. Nous voyons bien que la nature des choses pesantes est de tendre au centre de la terre ; mais où Aristote a-t-il appris qu'elles tendent au centre du monde ? Evidemment il suppose d'abord que le centre de la terre se confond avec le centre du monde, et c'est ce qu'il faudrait démontrer.

C'est encore une pétition de principe que de dire : L'opium fait dormir parcequ'il a une vertu dormitive Ainsi encore dans Molière, le faux médecin fait une pétition de principe quand il raisonne de cette manière : Je touche au but du premier coup, et je vous apprends que *votre fille est muette.* — Oui, mais je voudrais bien que vous pussiez me dire d'où cela vient. — Il n'y a rien de plus aisé : cela vient de ce qu'*elle a perdu la parole.* — Fort bien ; mais la cause s'il vous plait, qui fait qu'elle a perdu la parole ? — Tous nos meilleurs auteurs vous diront que *c'est l'empêchement de l'action de sa langue.*

Démontrer l'immortalité de l'âme par la spiritualité, et établir ensuite qu'elle est spirituelle parce qu'elle est immortelle, c'est commettre une pétition de principe. Sous cette forme, la pétition de principe prend le nom de *cercle vicieux* ; ce sophisme consiste à s'appuyer sur une proposition qui, dans l'ordre de la démonstration, n'est pas encore établie.

On peut encore rattacher à la pétition de principe le sophisme qui consiste à tirer une preuve d'un principe différent à la vérité de celui qui est en question, mais que l'on sait n'être pas moins contesté. Ainsi, on reconnait également qu'il est de foi que les enfants sont capables de baptême, et que tous les points de la foi ne sauraient se prouver par l'Ecriture seule. Ce serait, comme dit la *Logique de Port-Royal,* fort mal raisonner contre les catholiques, que de prouver qu'ils ont tort de croire que les enfants soient capables de baptême parcequ nous n'en voyons rien dans l'Ecriture : cette preuve supposerait qu'on ne doit croire de foi que ce qui est dans l'Ecriture, et cela est nié par les catholiques.

Si l'on examine les exemples que nous avons cités, il est facile de voir que la pétition de principe résulte d'une illusion de notre esprit. Le même terme semble différent, parcequ'il est exprimé d'une manière différente, et on croit, au premier abord, voir dans cette proposition : l'opium a une vertu dormitive, quelque chose de plus que dans celle-ci : l'opium fait dormir. Il suffira donc de bien définir tous les termes pour éviter la pétition de principe : il faudra faire attention, non aux mots, mais aux idées qu'ils expriment.

MORALE

114. — La morale est-elle dépendante de la théodicée ?

Il s'est fait depuis quelque temps un certain bruit autour de cette question : La morale a-t-elle dans l'homme son point de départ et sa fin, ou bien a-t-elle un caractère transcendant et nos conceptions, en ce qui touche à la science des mœurs, sont-elles subordonnées aux idées que nous nous faisons de la cause première ? En d'autres termes, faut-il, oui ou non, faire intervenir la métaphysique dans la morale ?

Faisons appel à l'expérience interne : étudions, à sa lumière, la formation de l'idée du devoir, et nous verrons si cette notion est, comme on semble le dire, un corollaire de la théodicée. Par cela même que je me conçois comme une personne en possession de certains attributs ou facultés, je me reconnais le droit d'user de ces facultés et je sens qu'on ne pourrait violer ce droit en ma personne qu'en commettant une injustice. Mais, si j'ai le droit d'être respecté dans ce qui constitue ma personnalité, j'ai le devoir de respecter ce droit chez les autres. Respect de la personne humaine ou justice, voilà le principe générateur de la morale, et il est dû à l'expérience, puisqu'il est puisé dans la conscience, n'ayant par conséquent nul besoin, pour s'établir, d'un secours emprunté aux croyances surnaturelles.

Mais, nous dit-on, si vous refusez de reconnaître à l'idée du bien une provenance divine, si de l'expérience de la nature humaine dérivent, à vos yeux, tous les motifs d'action, aussi bien le motif du devoir que le motif de l'intérêt ou celui du plaisir, quelle raison avez-vous d'assigner au premier un rang privilégié, et comment expliquez-vous qu'il soit obligatoire lorsque les autres ne le sont pas ? A cela nous répondons que pour pratiquer le bien tel que nous le concevons, nous n'avons pas à rechercher ce qu'est le bien *en soi* : nous croyons même que cette recherche n'aboutirait à rien de scientifique. Que nos conceptions morales correspondent à un objet extérieur à notre esprit ou qu'elles soient purement subjectives, que le bien ait une existence réelle ou qu'il n'ait qu'une existence logique, peu nous importe : restons sur le terrain de la pratique. Ayant à choisir entre deux actions, nous jugeons immédiatement que l'une est bonne et que l'autre est mauvaise, qu'en accomplissant l'une nous sommes à l'abri du reproche, qu'en accomplissant l'autre nous sommes coupables. Or, lorsqu'une proposition est évidente, va-t-on s'enquérir de ce qui fait son évidence?

Une dernière objection des partisans de la morale soumise à la théodicée est celle-ci : en écartant la sanction divine vous retirez à l'homme un des motifs les plus efficaces qui puissent l'engager à faire le bien et à éviter le mal : c'est-à-dire l'espoir de la récompense et la crainte du châtiment. Nous ne nierons pas l'influence que des considérations de cet ordre peuvent exercer sur certaines âmes, mais en revanche on admettra avec nous qu'un acte, inspiré par de pareils mobiles, quel qu'il soit d'ailleurs matériellement, n'a rien de commun avec la morale. Être vertueux par intérêt, ce n'est pas être vertueux. Quand je juge qu'il vaut mieux tenir sa parole que de la violer, être utile à ses semblables que de leur nuire, etc., je juge ainsi sans songer aux conséquences heureuses ou malheureuses que peut entraîner pour moi l'une ou l'autre de ces deux manières d'agir. Penser autrement, c'est faire un moyen de ce qui doit être la fin ; c'est ravaler le devoir, impératif catégorique, au rang d'un impératif hypothétique.

Quel avantage y a-t-il à rendre la morale autonome et souveraine dans son domaine propre ? Il est très important que la science des mœurs ne soit point exposée à subir le contre-coup des fluctuations de la métaphysique : si vous l'asservissez à tel ou tel système sur l'infini ou sur la cause première, elle suivra la fortune de ce système ; compromise avec lui, elle partagera son sort, elle sera tour à tour triomphante et vaincue, au gré de la polémique intellectuelle du moment. Or, c'est là précisément ce qu'il faut éviter. L'homme, pour régler sa vie, a besoin de principes fixes qui ne soient point à la merci des hasards de la spéculation philosophique. En isolant la morale, on lui rend en réalité un très grand service, car on la constitue sur un terrain solide et non plus sur le sable mouvant des théories ; on rompt une alliance dont elle n'a que les charges sans en recueillir aucun avantage véritable.

Au surplus, dégager ce qui est commun à des hommes rattachés aux doctrines les plus diverses, fonder ainsi une éthique rationnelle et humaine en dehors des systèmes et des sectes, ce n'est nullement prendre un rôle agressif vis-à-vis de ces sectes et ces systèmes. L'adhésion à la morale ainsi comprise n'implique point la renonciation à aucune des idées que l'on peut avoir sur la théodicée. Il suffit que l'on cesse de subordonner la première à la seconde.

115. — Des fondements de la morale.

La logique se rattache au principe rationnel du vrai.
La morale se rattache au principe rationnel du bien.

Comme il n'y a pas de science qui ne fasse appel aux deux méthodes déductive et inductive, nous trouverons les fondements de la morale par ce double procédé. La méthode déductive nous fournit la distinction du bien et du mal; la méthode inductive nous apprend quelle est la nature de l'homme, sujet de la loi morale.

Demander s'il y a une distinction entre le bien et le mal, c'est demander s'il y en a une entre la vérité et l'erreur, entre l'être et le non-être. Que l'on veuille, en effet, réfléchir à toutes les applications que nous faisons des mots de bien et mal. S'agit-il d'un tableau? Le bien sera dans la juste disposition des parties, dans l'expression des physionomies correspondant aux données historiques ou à l'imagination de l'artiste, dans l'impression produite par l'ensemble. Autant de fois nous serons portés à dire : cela est bien, autant de fois nous découvrirons que ce jugement est motivé par une perfection, une qualité aperçue dans l'œuvre que nous examinons. L'œuvre d'un architecte, d'un sculpteur, les discours, les écrits, les poèmes soumis à l'analyse donneront lieu aux mêmes conclusions. Dans la série des êtres, parcourez les règnes minéral, végétal, animal; autant sont nombreuses les perfections ou les qualités possédées par un être quelconque, autant vous dites que s'accroît la somme de bien qui est en lui. Là où vous apercevez qu'une perfection ou une qualité lui manque, là vous dites que le mal commence pour lui. Le minéral existe, il est dans la classe des êtres possibles qui ont été réalisés; mais c'est à peu près tout ce qu'on peut en dire : il n'a le bien qu'à ce degré-là. La plante existe, et elle vit, elle se développe; c'est un degré de plus. Mais la plante n'est pas douée de la faculté de locomotion; pour elle, là commence le mal, ou le manque, la négation d'une faculté supérieure que l'animal possède. Les animaux se meuvent et sentent, mais ils ne jugent pas; cette dernière faculté est le propre de l'homme, qui a toutes les perfections ou qualités des règnes inférieurs, par conséquent, tout ce qu'il y a en eux de bien, plus un bien infiniment plus précieux, la faculté de juger et de raisonner. La jouissance de cette faculté constituant le bien pour l'homme, sa privation constitue un mal pour tout ce qui est inférieur à l'homme. Le bien est donc un être ou une certaine quantité d'être, le mal n'est qu'une privation, un défaut, un manque. Il y a donc entre le bien et le mal la même différence qu'entre l'être et le non-être, entre la vie et la mort; la distinction entre le bien et le mal tient à l'essence même des choses.

C'est cette distinction qui est pour nous le premier fondement de la morale.

Nous placerons le deuxième dans la nature de l'homme, être à la fois raisonnable et libre. Libre, il devra tendre vers sa fin par une direction acceptée, choisie et non imposée. Raisonnable, il devra, en vertu des prescriptions de sa raison, non-seulement préférer le bien au mal, mais encore s'attacher, parmi les biens divers, à ceux qui ont le plus d'importance et qui correspondent le mieux à sa destination.

De là découlent tous les devoirs de l'homme, à commencer par ceux qu'il doit remplir à l'égard de lui-même. L'homme possède l'être à un certain degré, il est un certain bien; il est donc respectable jusqu'au degré même où il possède l'être. Il devra respecter chacun des éléments de sa double nature dans la proportion des qualités ou des perfections qui la constituent : le culte du corps sera donc subordonné à celui de l'âme.

La famille étant plus que l'individu, la nation plus que la famille, et l'humanité plus que la nation, les devoirs et le dévouement de l'homme à l'égard de ses semblables devront se régler d'après cet ordre d'importance. Dieu étant la somme de toutes les perfections, nous l'honorerons par-dessus tout ce qui nous entoure.

La loi morale sera ainsi, conformément à la définition de Montesquieu, l'ensemble des rapports qui découlent de la nature des choses. Nous nous garderons bien toutefois d'appeler la morale ainsi comprise *morale indépendante*. Toutes les sciences sont indépendantes, ou elles n'existent pas.

BÉRAUD.

---

116. — Est-il vrai de dire avec les stoïciens que le premier principe de la morale est de vivre conformément à la nature ?

I. — La morale est le beau côté du stoïcisme. Par elle, cette école a, chez les Grecs et chez les Romains, exercé une salutaire influence sur les âmes et sur les caractères. Mais cette morale participe des imperfections d'une métaphysique et d'une psychologie auxquelles elle se rattache assez étroitement. Dieu est la force qui anime la matière, qui l'ordonne, il en est l'âme et la raison ; sous son action, toutes choses se meuvent selon des lois immuables et pour des fins rationnelles. Mais la matière, c'est encore la force détendue, relâchée; par ses alternatives de relâchement et de tension, le feu divin produit et détruit tour à tour toutes choses. Eternellement, l'univers rentre en Dieu pour en sortir de nouveau: il est la substance unique et universelle. L'âme, parcelle de la divinité, unie au corps comme Dieu l'est au monde, est aussi un principe d'énergie et de raison. Son idéal moral, son souverain bien, est de soumettre à la raison les tendances instinctives et les affections. Mais la raison, c'est Dieu, et Dieu, c'est la nature. De là le précepte: *la vertu consiste à suivre la nature*.

II. — Une des premières imperfections de la morale stoïcienne résultait de la fatalité inhérente au système. C'était un noble idéal à proposer à l'homme, que de s'élever jusqu'à la raison universelle, de mettre dans ses diverses fonctions une harmonie plus estimable que ces fonctions mêmes. Malheureusement, le but était aussi vague et peu défini qu'il paraissait grand et élevé ! Zénon disait que l'homme doit *vivre selon la vertu*. Rien de mieux. Mais quelle vertu? et qu'était-ce que la vertu? C'est, dira Cléanthe, la vie *conforme à la nature*, c'est-à-dire à la raison faisant choix dans nos tendances naturelles. Mais ce choix est-il possible, puisque la raison se confond avec Dieu, ou la nature, et que tout dans la nature se succède selon les lois d'une nécessité inexorable et sans but ? Au précepte de Zénon, Cléanthe substituait une formule plus vague encore et beaucoup plus dangereuse, parce qu'elle impliquait plus ouvertement le fatalisme. Chrysippe prétendit préciser la formule éthique de l'école en professant que l'homme doit vivre *conformément à la nature humaine*. Mais comme il voyait dans la nature humaine un abrégé de la nature universelle, son précepte ne valait ni plus ni moins que celui de ses prédécesseurs. Vertueux ou non, l'homme obéit, toujours et quand même, aux lois absolues de la nature. De là un acquiescement, une résignation à tout ce qui arrive en vertu de ces lois, à la souffrance, à la maladie, à la mort, à l'oppression. L'abdication est complète. Alors à quoi bon parler de la raison faisant son choix, de l'effort de l'âme se ramassant tout entière sur soi pour lutter contre les choses extérieures?

III. — Non seulement le stoïcisme enlève à l'homme tout sérieux prétexte ou motif d'agir, en mettant le principe d'action en Dieu, dans la raison ou la nature, mais il supprime même le ressort moral en supprimant les divers mobiles de la conduite. Le sage du Portique est l'égal des dieux, il est plus qu'un héros, mais il n'est pas même un homme. Il est impassible et impeccable, le mal n'existe pas pour lui, il peut dire à la goutte : « Douleur, tu n'es pas un mal. » C'est trop demander à la nature humaine. Mais, en outre, puisque toute passion est un mal, et le seul mal pour le sage, il ne fait pas de différence entre elles : elles ont toutes ce commun caractère de lui ravir sa liberté, sa dignité, son calme divin. Toutes les fautes sont égales, et il n'y a plus de degrés dans la vertu.

Ce ne sont pas là les seules exagérations de cette fameuse doctrine. Contentons-nous de relever les plus choquantes. Le sage est maître de soi, il est libre, il est roi, mais c'est au prix d'une indifférence absolue. Il ignore toutes les faiblesses, même la pitié, toutes les entraves, même les affections et les relations sociales. Il vit pour lui-même, fier de sa vertu parfaite, heureux de son *ataraxie* et de son *apathie*. Il contemple de sang-froid tout ce qui se passe autour de lui, au lieu d'agir en vue du bien de ses semblables. Le souverain bien, sa liberté, la possession de soi, lui suffit à tel point qu'il dédaigne la tyrannie, et qu'il est juge du moment où il peut supprimer sa vie pour garder intacte sa précieuse liberté. Il peut même, sans souillure, traverser la fange, il peut s'y plonger sans déchoir: les stoïciens n'ont pas tous évité cet excès logique où sont tombés tant d'adeptes du mysticisme.

IV. — Résumons-nous: une conception panthéiste et fataliste de la nature et de l'homme, grâce à laquelle la fin de l'homme est un idéal qu'il ne peut atteindre, faute de liberté, et faute de mobiles propres à entraîner sa volonté, telle est la contradiction irrémédiable de la morale stoïcienne. Mais, quoiqu'elle mutile l'âme humaine sous prétexte de l'épurer, elle n'en a pas moins indiqué à l'homme un but plein de grandeur, en lui montrant la vertu supérieure au plaisir, et trouvant en elle-même sa récompense. Du reste, le caractère dur et farouche des premiers stoïciens s'adoucit chez les stoïciens Romains qui prêchèrent l'égalité des hommes et la bienveillance universelle. Ainsi, par ses contradictions avec lui-même, et surtout par ses admirables exemples, le stoïcisme atténua ou contre-balança ses plus dangereuses exagérations.

B. P.

117. — Qu'est-ce que la conscience morale? Faut-il la rapporter à la sensibilité ou à la raison?

Le mot conscience a deux acceptions en philosophie : on dit conscience psychologique ou sens intime ; conscience morale ou discernement du bien et du mal.

Le sens intime perçoit ce qui se passe en nous : sensations, sentiments, inclinations, passions; observations, abstractions, raisonnement, souvenir, travail de l'imagination; désirs, déterminations de la volonté, le tout indistinctement, idées vraies et idées fausses; tendances vers le bien, acquiescement au mal. C'est Ulysse après la guerre de Troie:

Qui mores hominum multorum vidit et urbes.

Mais tous ces faits qui se passent en nous ont par là même quelque chose d'individuel, de variable, d'accidentel. Ils sont le produit de nos trois facultés : sensibilité, intelligence, volonté, et ne pourraient être rapportés à une seule, la sensibilité.

A plus forte raison, ne saurait-on rapporter la conscience morale à la sensibilité.

Si les actes de chacun de nous sont variables et quelquefois contraires, ils ne sont pas, de la part de la conscience morale, l'objet d'une simple constatation. Celle-ci doit nous éclairer dans la délibération intérieure à laquelle ils sont soumis, nous guider dans leur accomplissement : elle juge ces actes quand ils sont faits, c'est d'elle qu'ils relèvent.

Mais nos actes, pour être bons, conformes au devoir, doivent être inspirés par des motifs revêtus du triple caractère d'universalité, de constance et d'obligation. Ils doivent répondre à la maxime de Kant : « Agis toujours d'après une règle telle que tu puisses vouloir qu'elle soit universelle. » Il y a dans la vie humaine la partie variable et transitoire qui constitue la moralité individuelle; il y a la partie durable et absolue, c'est-à-dire la règle à laquelle on compare ces actes comme dignes d'éloge ou de blâme. Les actes sont relatifs, l'idée qui permet de les apprécier est une idée absolue, une de celles qui sont perçues par la raison.

Le discernement entre le vrai et le faux est le propre de l'entendement; le discernement entre le bien et le mal est le propre de la conscience morale.

Nous rapportons donc celle-ci à la raison. De même qu'il y a une différence entre l'être et le non-être; de même, il y en a une entre le bien et le mal. La première est perçue par l'intelligence, mais sans qu'aucune intelligence finie soit la mesure du vrai et du faux. La seconde est perçue par la conscience morale, sans qu'aucune conscience finie soit la mesure du bien et du mal. Vrai et faux, bien et mal ne sont que les termes opposés correspondant à la même idée de l'absolu, considéré sous divers aspects. Et cette lumière, qui forme toute raison, doit guider la volonté après avoir éclairé l'intelligence.

BERAUD.

118. — Apprécier la valeur de ce terme : le *sens moral*.

C'est surtout dans la langue philosophique qu'on peut dire en toute vérité : « Il n'y a pas de synonymes. » On n'en saurait trouver un plus frappant exemple que celui de ces deux termes si souvent confondus dans le langage ordinaire et que le philosophe doit distinguer avec soin : *conscience* et *sens moral*.

Ce double nom, dit-on souvent, désigne une même faculté. On entend par là ce sixième sens qui nous donne le sentiment du bien et du mal, celui qui nous enseigne nos devoirs, qui se révolte et se débat en nous quand une mauvaise action l'a blessé, celui enfin qui suffit à guider notre volonté dans la vie morale.

Cette théorie superficielle, et par cela même toute populaire, considère le principe de la moralité comme une sorte d'instinct supérieur, comme une voix sortant du cœur, c'est-à-dire comme un phénomène de notre nature sensible. Vice radical, dangereuse erreur, dont la première conséquence doit être de faire perdre à la notion du devoir son caractère essentiel, celui de l'*obligation*. Faire le bien par instinct, suivre un penchant généreux, un noble sentiment, qu'il s'appelle l'amour, la charité, le dévouement, l'enthousiasme religieux ou humanitaire, c'est sans doute l'heureux privilège de quelques âmes à qui la nature ou l'éducation a rendu facile et comme nécessaire la pratique du bien ; mais ce n'est pas là établir dans son inébranlable simplicité le principe rationnel, obligatoire, qui s'appelle la *loi morale*. Le sentiment dépasse sans doute quelquefois la stricte mesure du devoir ; mais que de fois aussi ne reste-t-il pas en deçà ? C'est du cœur que viennent les plus hautes et les plus pures inspirations ; mais c'est du cœur aussi que viennent à leur tour les impulsions de l'intérêt, les terribles suggestions de la passion, et les honteuses défaillances de la sensibilité. Ce n'est pas à ce flux et reflux du sentiment qu'une ferme et saine morale peut se confier ; mieux vaut pour elle ne pas monter si haut que de s'exposer à retomber si bas. Il lui faut une base fixe, que la raison assure contre les retours soudains d'une sensibilité capricieuse.

Un des plus grands philosophes qui aient honoré les temps modernes, Emm. Kant, a montré, avec sa rigueur de méthode et sa profondeur d'analyse, que le devoir doit s'appuyer non pas sur une sollicitation du sens moral, mais sur un ordre impérieux de la raison, « le caractère essentiel de toute détermination morale d'une volonté libre, c'est que la volonté soit déterminée *uniquement* par la loi morale sans le concours d'aucun attrait sensible et même au préjudice de nos inclinations les plus chères (1). » Or, une *loi* est une notion de la raison, et c'est à cette faculté supérieure qu'il appartient de nous donner et l'idée du devoir et son caractère distinctif, l'obligation et la formule même ou le criterium du bien. « La loi morale, dit Kant, et la conscience que nous en avons est un fait de la raison pure. »

S'il en est ainsi (et il est difficile d'effacer ce caractère rationnel de la loi morale sans en effacer la majesté tout entière), faut-il donc rayer de la langue ce mot si accrédité le *sens moral* ?

Peut-être serait-ce corriger un excès par un autre. Quand la conscience s'est formée sous la sévère discipline de la raison, il arrive un heureux moment où le devoir y est si fortement empreint qu'il semble se confondre avec l'instinct, avec le sentiment. Cette loi souveraine qui nous donne (ne nous privons pas d'un terme énergique quoique barbare) qui nous donne un *impératif catégorique*, cette loi, qui oblige la liberté, a une origine aussi rationnelle que les plus fermes vérités des mathématiques ; mais elle touche de plus près à notre vie sensible dont elle règle les actes, dont elle domine les émotions, et il ne faut ni s'étonner ni se plaindre qu'elle emprunte parfois le langage et les formes du sentiment. Sortie de l'esprit, elle passe par le cœur et elle y prend je ne sais quoi de doux et de chaud, d'ému et de vivant, qui nous la fait presque confondre avec une inspiration spontanée, avec un élan naturel de notre âme. C'est de cette confusion qu'est né le terme qui nous occupe.

La vérité philosophique, c'est-à-dire la vérité humaine, est dans la réunion de ce double caractère, de ce double élément de la moralité, l'un essentiel qui est l'*idée*, l'autre secondaire qui est le *sentiment*. Aussi, le vrai nom qui convient à la faculté morale ce n'est ni celui de *raison pure*, ni surtout celui de *sens moral* ; c'est celui qui les résume et les rectifie tous deux : la *conscience*,

---

(1) Kant, *Critique de la raison pratique*, traduction de M. Jules Barni, p. 246.

119. — De l'universalité des notions morales; discuter les objections des sceptiques.

Les notions morales que nous révèle la conscience morale, font partie des notions premières. Elles sont au nombre des idées absolues perçues par la raison, car elles se réduisent en principe à la distinction du bien et du mal. Dès lors, il faut nous attendre à les retrouver chez tous les êtres doués de raison, dans le temps et dans l'espace. Elles sont cette loi première dont parle Cicéron, qui n'est pas autre à Rome, autre à Athènes, autre chez les différentes nations. Et, de fait, les législations de tous les peuples ont contenu certaines prescriptions et certaines prohibitions formulées en vertu de la distinction du bien et du mal.

Aucune n'a encouragé l'incendie, le meurtre, le vol, etc. Ce qu'on raconte à ce sujet des Spartiates n'est pas une exception à la règle. Le vol était autorisé dans certains cas, comme d'autres dérogations à la loi morale, pour former des citoyens plus capables de défendre leur patrie, d'échapper aux ruses des ennemis. Des peuples ont pu se tromper sur l'application du principe, tous les peuples ont encouragé le dévouement à la patrie, qui est un bien.

Nous ferons la même distinction sur le fameux exemple, qui a déjà tant servi aux sceptiques, du sauvage débarrassant ses vieux parents de l'existence, pour les débarrasser de la souffrance. C'est une application vicieuse, mais c'est une application des notions morales.

Il ne faut pas prendre au sérieux la boutade de Pascal : « Vérité en deçà des Pyrénées, erreur au delà. » Les moralistes, gens d'humeur chagrine, et non sans motif; parlent de la manière dont la morale est pratiquée, plutôt que de la manière dont elle est comprise. Leurs traits de satire, les tableaux de nos vices sont destinés à marquer vivement la distance qui sépare souvent la théorie de la pratique; ils ne nient pas pour cela la théorie. La Fontaine ne conseille pas le pillage, bien que dans *Le Chien qui porte au cou le dîner de son Maître*, il s'exprime ainsi :

> Je crois voir en ceci l'image d'une ville
> Où l'on met les deniers à la merci des gens.
> . . . . le plus habile
> Donne aux autres l'exemple. . . . . . .
> Si quelque scrupuleux, par des raisons frivoles,
> Veut défendre l'argent et dit le moindre mot,
> On lui fait voir qu'il est un sot.
> Il n'a pas de peine à se rendre :
> C'est bientôt le premier à prendre.

Un des premiers sceptiques modernes, par le style dont il a su revêtir des paradoxes, M. de Maistre, a donné cette variante du mot de Pascal : « J'ai vu des Anglais en Angleterre, des

Russes en Russie, des Italiens en Italie; je n'ai trouvé l'homme nulle part. » Cette observation vagabonde a tout juste la portée de celle que ferait un naturaliste qui dirait : « J'ai trouvé des cèdres au Liban, des palmiers en Afrique, des sapins en Suède, des chênes en France; je n'ai trouvé l'arbre nulle part. »

Après ces objections tendant à nier l'universalité des notions morales dans l'espace, en voici d'autres qui tendent à la nier dans le temps. Il n'est pas rare d'entendre dire : La Morale moderne, le Droit moderne, etc. Ceux qui emploient ces expressions ne s'aperçoivent pas que, loin d'ébranler notre thèse, ils ne font que la confirmer. Car il ne peut y avoir une morale moderne, un droit moderne, qu'à la condition qu'il y ait eu un droit ancien, une morale ancienne, c'est-à-dire que toujours on ait fait une distinction entre le bien et le mal, entre certaines choses permises et d'autres défendues. Il y aurait une morale nouvelle, un droit moderne, s'il y avait un homme autrement composé que ceux qui ont occupé l'histoire; s'il y avait une raison autre que la raison. Jusque-là, de telles expressions, ou n'auront pas de sens, ou seront des contradictions dans les termes.

Reconnaissons, pour être dans la vérité, que la *morale moderne*, le *droit moderne*, cela signifie tout simplement un point de morale plus généralement pratiqué, un droit enfin reconnu, parce que les protestations contre l'injustice ont fini par prévaloir. Quoi de plus moderne, quoi de plus récent, par exemple, que l'abolition de l'esclavage dans l'Amérique républicaine? Est-ce la proclamation de Lincoln qui a pu donner aux esclaves le droit d'être libres? Mais cette proclamation n'aurait jamais pu être rédigée s'il n'y avait eu une idée des droits de l'homme antérieure à cette proclamation. C'est la reconnaissance du droit qui est moderne, ce n'est pas le droit; c'est la morale qui est enfin pratiquée, ce ne sont pas des notions morales qui commencent.

Disons donc que toutes les objections contre l'universalité des notions morales se bornent à des plaisanteries ou à des équivoques.

---

120. — Réfuter l'opinion suivant laquelle la distinction du bien et du mal n'est qu'un résultat de la coutume et de l'éducation.

Ou nous avons affaire à un sceptique complet et alors il n'a rien à nous dire, et il est inutile de lui parler; ou nous avons affaire à quelqu'un qui admet l'existence de certains êtres vivant en société; et, logiquement, il doit admettre cela, puisqu'il suppose l'éducation et la coutume. L'éducation ne peut être que l'influence d'un individu sur un autre; la coutume est la répétition de certains faits. S'il y a des faits, il faut qu'ils soient produits par des agents; si des individus cherchent à agir sur d'autres par l'éducation, nécessairement ces individus existent. Il y a, par conséquent, une différence entre ces deux propositions : il existe des individus, il n'en existe pas; quelque chose existe, rien n'existe.

Nous n'en demandons pas davantage pour établir une différence essentielle entre le bien et le mal. Le bien, pour un être, c'est de posséder l'être ou les qualités de l'être au plus haut degré possible; il y en a plus dans la plante que dans la pierre, il y en a plus dans l'animal que dans la plante et plus encore dans l'homme que dans la pierre, la plante et l'animal; l'être parfait est celui qui possède souverainement toutes les qualités, de même donc que l'on reconnaît une différence entre *être* et *n'être pas*, exister et ne pas exister, on sera forcé, sous peine de contradiction, d'admettre une différence entre exister à tel ou tel degré et exister avec telle ou telle perfection, c'est avoir plus ou moins d'être, s'élever de plus en plus au-dessus du néant; or, on a reconnu qu'il y a une différence entre l'être et le non-être.

Ce degré de perfection dans l'être s'appelle le bien métaphysique, et la privation d'une perfection ou d'un degré de perfection s'appelle le mal métaphysique Ainsi l'homme, qui pense, a un degré d'être, ou un bien métaphysique plus grand que l'animal, qui ne pense pas; l'animal, à son tour, a plus d'être ou de bien que la plante qui ne peut se mouvoir. Et l'impossibilité de se mouvoir constitue le mal métaphysique de la plante par rapport à l'animal, de même que la privation de la pensée constitue le mal métaphysique de l'animal par rapport à l'homme.

S'il y a une différence entre l'être et le non-être, il doit y en avoir une entre la continuation et la cessation de l'être et non-seulement entre la cessation et la continuation, mais encore entre la pure continuation et l'accroissement, le développement, le perfectionnement de l'être. Or, le développement de l'être physique, c'est le bien physique et le développement, le perfectionnement de l'être moral, c'est le bien moral. De même donc qu'on admet une différence entre le néant et l'être, on doit forcément en voir une entre la vie et la mort. La distinction du bien et du mal est donc fondée sur la nature, sur l'essence des choses, loin d'être le résultat de l'éducation et de la coutume.

C'est ce que nous confirme le sens intime qui, en présence de deux actions, trouve celle-ci juste, celle-là injuste.

C'est ce que confirme la pratique. Car un moment arrive où l'homme juge ses éducateurs, et les exemples ne sont pas rares de gens qui ont réagi contre leur éducation. Quant à la coutume, c'est le propre du sage de la braver souvent; il sera même d'autant plus homme de bien quelquefois, qu'il aura méprisé plus profondément les façons d'agir de ceux qui l'entouraient : dans ces circonstances, on l'admire, loin de le blâmer.

Mais, dira t-on, chez certains peuples on a admis des notions du bien et du mal tout à fait en contradiction avec les notions d'autres peuples sur le même sujet. Cette objection ou cette observation appuie notre thèse plutôt qu'elle ne l'ébranle. Ce que tel peuple a jugé bon, tel autre l'a jugé mauvais : cela prouve que tous les peuples ont jugé avec des notions premières du bien et du mal. Cela prouve, en outre, que ces notions sont assez vivaces pour ne pas rester stériles; seulement le principe de la distinction du bien et du mal n'est pas plus qu'un autre garanti contre de fausses applications.

Il suffit, pour nous y tenir, que nous le trouvions démontré par l'expérience, confirmé par le sens intime, et qu'il soit fondé sur la nature même des choses : d'après ce qui précède, il a tous ces caractères.

121. — Peut-on expliquer par l'éducation et la coutume l'origine des idées morales dans l'humanité?

D'où procèdent les idées de bien et de juste? Faut-il croire que, les hommes ayant érigé en règle de conduite les actions qu'ils accomplissaient habituellement, la morale n'ait d'autre fondement que la coutume? Il y a sans doute une grande affinité entre le mot *mœurs* et le mot *morale*; mais gardons-nous d'attacher trop d'importance à un simple rapprochement grammatical; demandons-nous plutôt si ces deux choses, la coutume et la morale, ne présentent point des caractères tellement différents qu'il soit impossible de confondre l'une avec l'autre. Née des besoins d'un peuple, des conditions particulières que lui font ses antécédents historiques, sa race, son tempérament, le climat sous lequel il vit, etc., le propre de la coutume est d'être locale, de varier avec les latitudes et les milieux, de se modifier lorsque les circonstances qui l'ont fait naître se modifient elles-mêmes. Au contraire, la loi morale ne connaît point de limites géographiques; elle est universelle, et son empire s'étend à tous les hommes indistinctement, quelque divisés qu'ils soient d'ailleurs par la diversité des usages. Chaque pays a ses mœurs: ici on pratique de fréquentes ablutions, là les bains sont presque inconnus; telle nation se nourrit à peu près exclusivement de végétaux, telle autre préfère l'alimentation animale. Mais cette contradiction dont nous pourrions aisément multiplier les exemples, vous ne la retrouvez plus, quand du terrain de la coutume vous passez sur celui de la morale. Ici l'accord règne entre tous les hommes malgré la distance des lieux et la variété des habitudes. Partout en effet, on estime qu'il est plus beau de tenir sa parole que de la violer, d'être reconnaissant envers ses bienfaiteurs que de leur témoigner de l'ingratitude, de respecter la vie, l'honneur et la propriété de ses semblables que d'y porter atteinte. Le mot sceptique de Pascal: « Vérité en-deçà des Pyrénées, erreur au-delà! » est vrai, s'il s'applique à la coutume: pour ce qui est du devoir, on peut dire, à peu près comme Louis XIV : « Il n'y a pas de Pyrénées. »

A l'appui de notre thèse vient s'ajouter une autre considération. Parmi les diverses coutumes nous distinguons très bien celles qui sont conformes à l'équité et celles qui sont iniques; nous approuvons les unes, nous blâmons les autres. Or, pour opérer ce triage, pour juger de la sorte, où prenons-nous notre critérium, sinon dans un ordre d'idées indépendant de la coutume? Si les mœurs et la morale ne font qu'un, si le fait et le droit sont identiques, il n'y a plus lieu de distinguer entre les divers usages au point de vue du juste et de l'injuste; tous se valent sous ce rapport; on peut distinguer parmi eux des différences d'utilité, non des différences de moralité.

Cette origine des idées morales que nous avons vainement cherchée dans la coutume, la trouvons-nous dans l'éducation? Pas davantage. Nous ne nierons pas l'influence de l'éducation; nous accorderons que l'homme est le plus souvent ce que l'ont fait les enseignements de l'enfance, et que nos qualités comme nos vices résultent, pour une large part, de la manière dont nous avons été élevés. A supposer cependant que la vérité morale ne soit qu'un dépôt transmis de génération en génération, dans cette hypothèse, c'est de mes parents que je tiens mes idées sur le bien et le mal, et eux les avaient reçues à leur tour de la même façon. Il faut remonter ainsi jusqu'aux premiers hommes; or, ceux-ci de qui tenaient-ils le trésor qu'ils nous ont transmis, puisqu'avant eux il n'y avait personne?

L'éducation, comme le mot l'indique (*educere*, faire sortir) est susceptible de développer l'élément moral, mais elle ne le crée pas: bien loin d'avoir cette puissance, elle serait condamnée à échouer misérablement, là où elle ne trouverait pas le germe qu'elle doit cultiver, c'est-à-dire la conscience. La conscience individuelle, voilà la vraie source des notions de juste et d'injuste, notions qu'on peut appeler premières, car elles existent au moins virtuellement dans toutes les âmes, et tout l'effort de l'éducation serait impuissant à les inculquer dans une intelligence qui en serait dépourvue. Ses idées constituent la loi naturelle que Cicéron a ainsi définie: *Est non scripta, sed nata lex, quam non accepimus, didicimus, legimus, verum ex natura ipsa arripuimus, hausimus, expressimus, ad quam non docti, sed facti, non instituti, sed imbuti sumus.*

---

122. — Etablir que les motifs de nos actions ne peuvent être ramenés à un seul.

On a distingué en morale trois motifs qui dirigent nos actions: la *passion*, l'*intérêt*, le *devoir*.

Sous l'influence du premier, nous poursuivons notre satisfaction immédiate ou le *plaisir*; sous celle du deuxième, nous recherchons le *bonheur*; sous celle du troisième, nous accomplissons le *bien*.

De tout temps les écoles sensualistes ont voulu ramener ces motifs à un seul. Elles ont prétendu que le motif de nos actions est toujours l'intérêt. Cependant, l'analyse montre jusqu'à l'évidence que ces trois motifs sont bien distincts.

On peut établir la différence radicale qui existe entre eux, à l'aide de plusieurs ordres de considérations, tirées : 1° du langage ; 2° de leur nature psychologique ; 3° de la lutte qui s'établit souvent entre eux ; 4° des sentiments fort différents que les hommes inspirent à leurs semblables suivant le motif qui détermine le plus ordinairement leur conduite.

1° Dans toutes les langues, il y a des termes spéciaux pour désigner ces trois motifs. Nous ne croyons pas exprimer la même pensée quand, par exemple, nous employons tour à tour ces deux formules : j'ai agi par *passion*, j'ai agi par *devoir*. Ces distinctions se retrouvent partout. C'est ainsi que nous voyons, dans le *De Officiis*, Cicéron consacrer le premier livre de ce beau traité à l'*honnête* et le deuxième à l'*utile*. Or, le langage est l'expression spontanée de la pensée humaine. C'est un témoin impartial des dépositions de la conscience psychologique ; et son témoignage mérite d'autant mieux confiance qu'il n'a rien de systématique.

Les trois motifs d'action correspondent le plus ordinairement à trois états psychologiques différents. Il n'y a chez celui qui agit par passion, ni grand développement intellectuel, ni grande force de volonté. Presque toujours celui qui obéit à ce motif est dominé par ses impressions, il a bien rarement l'énergie nécessaire pour se posséder.

L'homme qui a surtout en vue l'*intérêt* fait preuve de plus d'intelligence. Il a en général plus de capacité, il n'est pas rare qu'il se livre à un travail intellectuel assez complexe pour combiner les moyens d'atteindre son but. D'un autre côté, il s'habitue aussi à se posséder, à exercer un certain empire sur lui-même ; car il faut qu'il sache résister aux sollicitations de la sensibilité, qui le détourneraient de sa voie et compromettraient le résultat qu'il cherche.

Quant à celui qui agit conformément au *devoir*, il se sent lié moralement envers la loi morale sans être contraint. Il obéit à la voix intérieure qui lui commande d'accomplir le bien, et son acte est *désintéressé*, il ne recherche pas si cet acte lui sera avantageux ou nuisible. L'homme de devoir suit la maxime : *Fais ce que dois, advienne que pourra*. L'analyse psychologique nous montre que ce qui distingue profondément le devoir des deux autres motifs, c'est qu'il se présente à notre conscience avec un caractère *obligatoire*.

On peut renoncer au plaisir ou à l'intérêt, mais on ne peut, sans s'avouer que l'on se dégrade, renoncer au devoir.

2° La lutte qui s'établit entre la passion, l'intérêt et le devoir en rend la distinction également sensible pour tout esprit attentif. Nous n'insisterons pas à cet égard.

3° Enfin, nous ferons remarquer que les hommes inspirent des sentiments fort différents à leurs semblables, selon qu'ils agissent d'ordinaire sous l'empire de l'un ou de l'autre de ces motifs.

Celui qui est esclave de la *passion* encourt le *mépris*, parce qu'il est le jouet des circonstances et manque de dignité. L'homme qui est attentif à veiller sur ses *intérêts*, obtient déjà une certaine *considération* que lui valent son intelligence et son esprit de suite. L'homme de *bien*, l'homme fidèle au *devoir* dans les épreuves difficiles de la vie, obtient, quand ses intentions sont bien connues, l'*estime* et la *vénération* de ses semblables.

---

123. — De l'obligation morale. En quoi elle consiste, et ce qu'elle produit en nous.

J'ai vu coucher le soleil aujourd'hui, je le verrai lever demain; je sais qu'après, comme avant mon passage sur la terre, celle-ci tournera sur elle-même dans le même espace de temps; je laisse tomber cette pierre, elle va au fond du puits; mon baromètre a monté parce que je me suis rapproché du niveau de la mer, il baissera si je retourne à la cime de la montagne. Il répugnerait de dire que pour le soleil, la terre, la pierre ou le baromètre, il y a obligation : dans leurs mouvements, ils suivent des lois *fatales*.

Voici un prisonnier qui suit son vainqueur; un détenu qui se lève, travaille, se promène, mange et boit, toujours à la même heure. Il répugnerait encore ici de dire qu'il y a obligation; la langue française est heureusement mieux faite, elle nous dit qu'il y a *contrainte*, parce que, si le prisonnier a l'intelligence, il n'a pas la liberté.

L'obligation morale exclut la fatalité et la contrainte, elle suppose l'intelligence et la liberté.

Mais cette obligation existe-t-elle? Y-a-t-il, avant toute loi particulière, une loi générale qui s'impose à l'être moral, c'est-à-dire à tout être raisonnable et libre L'homme n'a qu'à regarder au dedans de lui pour apercevoir cette obligation. En effet, on ne peut pas dire que l'intelligence soit faite pour le faux. On ne peut pas dire non plus que le mal puisse être désiré. Nous ne pouvons désirer que le bien, lui seul est capable d'attirer notre volonté, faite pour le bien comme notre intelligence pour le vrai.

L'obligation morale consiste dans cette nécessité, pour l'être raisonnable, de vouloir le bien.

Cette nécessité est tellement constante que nous ne pouvons même vouloir le mal que sous les apparences du bien. La première loi qui découle de l'obligation morale c'est que l'homme a une destinée et que cette destinée doit être en harmonie avec l'ordre général. Et, en même temps que la raison nous donne cette notion d'un ordre général, auquel se rattache notre destinée particulière, elle nous dit que le bien, pour un être, est de tendre à sa destinée, de se développer dans le sens de sa fin; c'est là que résidera pour lui le souverain bien. Il sera donc impossible à l'homme, en tant qu'être raisonnable, de ne pas tendre au souverain bien; seulement, parmi les moyens de l'atteindre, il pourra choisir celui-ci ou celui-là; il pourra aussi placer sa fin, sa destinée, son bien, là où ils ne sont pas; préférer un bien relatif ou passager qui est un mal par rapport à l'ensemble : c'est l'exercice de la liberté. Mais si ce mal ne nous apparaissait pas comme un bien par rapport à nous-mêmes, nous ne le choisirions pas. Nous pouvons même choisir le mal uniquement parce que l'exercice de notre liberté, la faculté de faire notre choix, nous paraitra le plus grand bien du monde.

De l'obligation morale découlent encore les notions de droit et de devoir. Si j'ai une fin, je dois la poursuivre de toutes mes forces. D'un autre côté, quiconque mettrait obstacle à l'accomplissement de mes devoirs, serait un criminel. Ce que je veux qu'on respecte en moi, je dois le respecter dans les autres : voilà le fondement de la morale sociale.

124. — De l'utile et de l'honnête. En exposer les différences.

La philosophie doit analyser toutes les conceptions de notre raison, toutes les idées de notre intelligence. Elle doit, par conséquent, étudier l'existence et la nature de la notion de l'*honnête*. Cette notion, si délicate et en même temps si vulgaire, tout le monde la comprend, tout le monde en parle; mais bien peu arrivent à en saisir la nature intime. Il est réservé au philosophe d'apprendre aux hommes ce qui la constitue, ce qui, étant contenu dans chacune des actions honnêtes, n'est pourtant épuisé par aucune et leur reste antérieur et supérieur à toutes.

La notion de l'honnête se rattache à l'idée du bien; et nous disons sans crainte que tout ce qui est honnête est bien, que tout ce qui est bien est honnête. Or, l'idée du *bien* est une des idées nécessaires qui constituent notre raison. Il en sera donc de même de la notion de l'honnête; on reconnait son caractère absolu à la force avec laquelle elle agit sur la conscience et par l'universalité de son action sur les hommes. En vain j'essayerai de me démontrer que le mensonge est permis; à mon hésitation, à la rougeur de mon front, aux remords que j'éprouverai, si je m'y laisse aller, je reconnaitrai bien que j'ai agi contre ma nature, que l'acte que j'ai fait, je ne devais pas le faire, que je suis coupable et digne de châtiment.

Cette loi à laquelle, comme tout être créé, je me vois soumis, c'est la loi de l'ordre universel et absolu, le plan sublime de l'ordre divin qui exige la soumission de la raison aussitôt qu'il se manifeste à elle. Quand je me soumets à cette loi, quand, à l'idée de l'ordre absolu, je foule aux pieds toute autre considération, je fais un acte honnête. L'essence même de l'honnête est donc de subordonner tout l'individu à cette loi supérieure. L'obligation qui en résulte, c'est le devoir, non pas seulement celui qui est prescrit par les lois positives, mais celui qui est imposé par la nature même des choses. Car partout où un acte s'unit avec l'ordre universel, l'honnête et le devoir commencent.

Cette idée de l'honnête, si immuable dans la conscience de l'humanité, est cependant loin de présenter la même fixité dans les systèmes des philosophes. Platon, dans sa *République*, Cicéron, dans son *Traité des devoirs*, et Kant surtout, dans sa *Critique de la raison pratique*, ont, il est vrai, développé avec force et autorité le concept de l'honnête et les caractères auxquels on peut le reconnaître; mais Epicure faisait consister le bien dans la sensation agréable, et les philosophes utilitaires ont ravalé la notion de l'honnête aux calculs de l'égoïsme et des intérêts matériels. Quelques mots suffisent pour montrer leur erreur.

L'agréable, c'est ce qui flatte la sensibilité; l'utile est affaire de l'intelligence qui voit ce qui est le plus conforme à l'idée que nous nous formons de nos propres intérêts. Ni l'un ni l'autre ne possède le caractère absolu de l'honnête; ce sont donc deux mobiles d'action qui en sont parfaitement distincts.

L'utile, d'ailleurs, pourra souvent paraître opposé à l'honnête. Je puis, par un mensonge, obtenir pour moi ou pour les autres un avantage considérable, peut-être sauver ma vie ou celle d'un de mes semblables; ce mensonge, au reste, ne peut nuire à personne. Cependant, je ne crois pas pouvoir proférer ce mensonge et je me détermine à m'en abstenir. Autre exemple : je me trouve seul à seul avec mon ennemi, je puis facilement m'en débarrasser en le blessant, en le mettant à mort : et cependant ma conscience me crie que je ne dois pas le faire, et je ne le fais pas.

Cette différence n'est pas la seule. L'utile ne peut pas être toujours recherché pour lui-même; ce n'est pas pour mentir que je profère un mensonge, c'est pour atteindre un but que je ne puis atteindre que par ce moyen. L'honnête, au contraire, ne doit rien qu'à lui-même : J'accomplis le devoir parce qu'il est beau de le suivre; je ne recherche le bien que pour lui-même. Et c'est pour cette raison que l'honnête est le même aux yeux de tous les hommes; car, aux yeux de tous, il resplendit de la même beauté, de la beauté de l'ordre. L'utile, au contraire, varie pour chaque homme et chaque jour de sa vie; chacun imagine son bonheur d'après ses sensations et ses idées actuelles.

Cicéron a admirablement développé toutes ces pensées dans son *Traité des devoirs*. Ce livre est un de ceux qu'on ne se lasse pas d'admirer, qui étonnent le plus par la grandeur des pensées et la beauté du style. Nous ne pouvons l'analyser, mais nous finirons par un argument du philosophe latin. Malgré toutes les différences qu'on peut établir entre l'honnête et l'utile, l'honnête est toujours utile, et quiconque accomplit un acte honnête accomplit, par là même, un acte utile; car il est de l'ordre que le bien soit récompensé. L'homme honnête est donc habile et d'autant plus qu'il essaie moins de l'être.

125. — Que l'intérêt ne peut être le fondement de la loi morale.

On a souvent proposé de substituer à la théorie spiritualiste qui fonde la morale sur une notion toute spéciale, celle du *devoir*, une théorie plus simple et plus pratique, celle de l'*intérêt bien entendu*. Recherchez votre véritable intérêt, votre véritable bien, disent toutes les écoles sensualistes, et par cela même vous ferez votre devoir : le devoir et l'intérêt, l'utile et l'honnête se confondent.

Cette réduction de la loi morale à une règle d'utilité pratique est-elle légitime et rationnelle ? — Mais, d'abord, l'expérience nous montre à chaque instant l'intérêt et le devoir, non-seulement distincts, mais directement opposés. Un homme peut sauver sa fortune, sa réputation, sa vie par un mensonge : dira-t-on que ce mensonge serait honnête parce qu'il serait utile ? Dira-t-on qu'un homme en pareille circonstance n'a qu'à consulter son intérêt pour connaître son devoir ?

Mais prenons même le cas où l'intérêt et le devoir ne sont pas en lutte. C'est un devoir d'être charitable, bienfaisant, de secourir nos semblables. Si un homme remplissait ce devoir par un motif intéressé, pour gagner l'estime ou l'admiration, pour s'attirer des éloges ou des récompenses, aurait-il vraiment accompli des actes méritoires et vertueux ? Il aurait suivi son intérêt : aurait-il par là même fait son devoir ? Évidemment la vertu a cessé en lui au moment où ont commencé les calculs et les profits. Une action ne peut être faite à la fois par devoir et par intérêt. L'un des deux exclut l'autre.

Dès lors comment pourrait-on prendre pour base de la morale, une notion qui diffère de l'idée même de la morale, non par quelques caractères accidentels, mais par sa nature même ?

Il faut le remarquer en effet, il y a une raison essentielle pour que cette différence soit aussi constante que profonde : c'est que le principe de l'intérêt est variable, relatif et complexe ; il dépend d'une infinité d'influences et de circonstances, du lieu, du temps, du tempérament, de l'éducation, du caractère, des goûts, des caprices même de chaque individu. Le principe moral au contraire, ne connaît ni limites, ni conditions ; il est un pour tous, il ne varie ni d'âge en âge, ni d'homme à homme, il ne laisse rien à l'appréciation individuelle : il est pareillement obligatoire pour tout être moral. Supprimer cette base certaine et solide pour la remplacer par la recherche de l'intérêt bien entendu, c'est ôter à la science morale tout ce qui en fait la valeur, son caractère d'obligation permanente et toujours identique. Une fois dépouillée de la notion d'un devoir impératif, une fois réduite à la recherche pratique de la plus grande utilité possible, la morale ne fait plus que tâtonner et se contredire : car chacun est libre de décider à sa manière quel est son plus grand intérêt. Les uns trouveront l'intérêt dans la pratique de toutes les plus pures vertus : les autres, et ce sera malheureusement le plus grand nombre, mettront leur véritable intérêt plus bas et plus près ; ils courront aux jouissances prochaines, aux plaisirs immédiats, aux richesses, au bien-être présent, et, laissant quelques rêveurs poursuivre, par la lutte et la souffrance, une félicité future et non assurée, ils préféreront prendre ici-bas leur part de bonheur.

Admettons même, par impossible, qu'on puisse fixer d'une manière constante et générale la nature de ce qu'on appelle l'*intérêt bien entendu*. Supposons qu'il n'y ait plus sur cette idée d'hésitation possible et que tous soient forcés d'entendre par là la pratique de la vertu. Si excellentes que puissent être les actions accomplies par ce motif et dans cet esprit, ces actions n'auront pas le vrai caractère moral, car, on l'a très bien dit, à parler rigoureusement, il n'y a pas d'*actions* morales, il n'y a que des *intentions* morales. Or, toute vertu inspirée par la considération de l'intérêt, a sa source dans une intention qui n'est que le désir d'être utile à nous-mêmes, la recherche de notre propre satisfaction. Et cette intention-là n'est qu'un calcul plus ou moins heureux, mais nullement moral.

Kant l'a dit : La condition *sine qua non* de la moralité, c'est le désintéressement. La plus grande ou plutôt la seule perfection morale consiste à faire son devoir par devoir et non par intérêt. La langue vulgaire, expression d'une philosophie plus naïve, mais non moins profonde, a condamné à sa manière la morale de l'intérêt par cette belle et fière devise de tous les honnêtes gens :

Fais ce dois, advienne que pourra !

126. — Bons et mauvais effets de l'amour de soi.

Prima sibi caritas, charité bien ordonnée commence par soi-même. Sans doute le proverbe, même ainsi traduit, n'aurait rien que de très acceptable, s'il était toujours pris dans sa rigueur philosophique. L'homme est un petit monde : intellectuellement, rien n'est vrai pour nous que ce qui nous paraît évident, toutes les vérités se rapportent à notre raison ; moralement, rien ne méritera un effort, une tendance de notre volonté que ce qui nous sera réellement bon, notre volonté étant faite pour le bien, comme notre intelligence pour le vrai. C'est en ce sens que nous devons tout rapporter à nous, et jusqu'à un certain point mesurer tout à notre mesure. Malheureusement, à côté de l'*amour de soi* qui devrait toujours se prendre en bonne part, de l'amour de soi, bien réglé, existe aussi l'amour déréglé ou désordonné, c'est-à-dire l'*égoïsme*, qui ne peut jamais être pris en bonne part.

Il y a donc deux espèces d'amour de soi, l'un contraire à la morale, funeste à la société, l'autre conforme à la morale, utile à la société et à nous-mêmes.

Au point de vue de la morale individuelle, l'amour de soi, guidé par la raison, aura pour premier effet de nous porter à nous connaître nous-mêmes, à accomplir le grand précepte *Gnoti seauton*. Pour savoir jusqu'à quel point nous devons nous aimer, il faut commencer par bien comprendre ce que nous valons. La connaissance que nous aurons de nous-mêmes devra logiquement déterminer les soins que nous nous devons d'après l'importance ou l'excellence des deux éléments qui composent la nature humaine. Celui qui s'aimera raisonnablement voudra soigner et développer son corps de manière à le rendre le plus apte possible au travail, le plus propre à servir d'instrument à la partie supérieure de notre être. L'hygiène, la propreté, la santé, la force, l'aisance si c'est possible ; fuir la misère, mère de tous les vices : voilà ce que nous devons au corps, parce qu'il est bon en soi ; mais voilà ce qu'il ne faut lui donner ni exclusivement, ni arbitrairement, ni au détriment de l'âme, parce que le corps n'est pas ce qu'il y a de meilleur en nous. L'amour de soi, toujours guidé par la raison, ne poussera pas à imiter le sauvage qui coupe l'arbre pour en manger les fruits ; l'amour de soi sera prévoyant, précisément pour mériter ce nom. Car, outre la satisfaction de conscience que donne l'empire sur soi-même, les fruits de la prévoyance se retrouveront plus tard ; l'amour de soi ainsi réglé n'est que l'intérêt bien entendu.

Mais les résultats auxquels nous pouvons atteindre par l'énergie corporelle sont bien peu de chose. Qu'est-ce que l'homme le plus robuste en face d'un taureau ou d'un lion ? C'est par l'âme qu'on vit et qu'on agit réellement. Nous ne permettrons donc pas que la partie matérielle domine en nous la partie spirituelle. Un tel renversement de choses serait la négation philosophique, rigoureuse, de l'amour de soi. L'amour de soi, chez l'homme vicieux produit le remords, l'affaiblissement plus ou moins rapide de l'idée morale et l'infamie ; chez l'homme vertueux, il produit la satisfaction intérieure, une vigueur continuelle, le mérite et peut-être la gloire. Quand même la raison ne commanderait pas, l'intérêt suffirait pour décider de notre choix entre ces deux façons de s'aimer. Qui donc pourrait hésiter, s'il s'agit de laisser après soi un souvenir, à s'appeler Titus plutôt que Néron, Marc-Aurèle plutôt que Vitellius ?

Au point de vue de la morale sociale, l'amour de soi doit être réglé par la justice. Avec elle nous ne commettrons aucune prévarication contre le précepte *négatif* ou *prohibitif* : *Ne fais pas à autrui ce que tu ne voudrais pas qu'on te fît* ; et nous accomplirons le précepte *positif* ou *impératif* : *Fais à autrui ce que tu voudrais qu'il te fît.*

L'amour de soi mal entendu, engendre la sotte prétention, la vanité, gonflée de vent, l'envie, qui ne sait que ricaner. L'amour de soi, bien entendu, nous inspirera un juste orgueil, ne cherchant jamais à rabaisser les autres, mais s'estimant à sa valeur parce qu'il sait ce qu'il en coûte pour produire un homme. L'amour de soi, mal entendu, vous poussera à vous faire aussi petit que possible pour vous dérober à toutes les charges, à tous les devoirs. L'amour de soi, bien entendu, constituera en vous la dignité vraie, qui respecte assez la parole donnée pour la tenir toujours ; qui fait tenir ses engagements, estime qu'il faut payer les dettes et rendre le dépôt confié. C'est à l'amour de soi que nous devons la noble fierté qui recule devant une seule chose, le mal, et qui ne relève que de la vérité et de la justice.

L'amour de soi mènera même à l'ambition, à propos de laquelle on peut équivoquer beaucoup. Les passions, bonnes par elles-mêmes, ne deviennent mauvaises que si on leur assigne un but pervers, ou si on les soustrait à l'empire de la raison. L'ambition, n'étant que le désir de tirer de nos facultés le meilleur parti possible, est donc en soi très légitime. La nature ne nous a pas doués d'aptitudes pour que nous les laissions dormir inutiles. Dirigée vers le bien, l'ambition a produit les plus grands hommes, les plus illustres, les plus utiles à leurs semblables. Les Décius, Jeanne d'Arc et tant d'autres ont été plus que justes, ils ont été dévoués, ils ont recueilli la gloire. Au contraire, l'histoire nous fait connaître des monstres qui ont violé tous les droits, et se sont déshonorés en faisant souffrir aux autres des maux incalculables. L'ambition des premiers a été gouvernée par des motifs sublimes ; le dérèglement de l'amour de soi n'a conseillé aux derniers que l'assouvissement brutal de leurs passions furieuses.

Nous le répétons donc en terminant : pour être raisonnable, l'amour de soi doit être fondé sur une exacte connaissance de l'homme même, et, pour qu'il ne nuise pas à la société, il faut qu'il ne blesse jamais l'idée, et n'entrave jamais la pratique de la justice.

Beraud.

127 — A supposer que l'intérêt bien entendu produise les mêmes résultats pratiques que le motif du devoir, est-il important de maintenir la distinction théorique entre ces deux motifs ?

Partant de ce principe que la vertu est le souverain bien, ou plutôt le seul bien, les stoïciens concluaient à l'identité de l'utile et de l'honnête. L'école qui préconise de nos jours la morale de l'intérêt, ne commet point la faute de confondre deux notions que le sens commun a toujours parfaitement distinguées. Il existe un bien matériel comme il existe un bien moral. Vouloir absorber l'un dans l'autre, ainsi que le faisaient, chacune à sa façon, la secte de Zénon et celle d'Épicure, c'est aller à l'encontre de la nature elle-même. Les utilitaires se bornent à soutenir que, quand l'homme agit mal, c'est par une vue fausse de ce qu'il croit lui être avantageux, et qu'au contraire, éclairé sur son véritable intérêt, il produit les mêmes actes que celui qui prend ses inspirations dans sa conscience.

Cette opinion est fort contestable, mais nous ne la discuterons pas ici. Nous ferons plus ; nous admettrons, si l'on veut, que tout crime est une faute, que toujours la suprême habileté, c'est l'honnêteté. Cependant, à supposer qu'il en soit ainsi, à supposer que les dictées de l'égoïsme intelligent aboutissent invariablement aux mêmes résultats pratiques que les prescriptions du devoir, nous n'en croyons pas moins essentiel de conserver à ce dernier motif sa prééminence sur les autres mobiles qui peuvent solliciter l'activité humaine.

Et tout d'abord ces mots, *intérêt bien entendu*, dont on voudrait faire la base de la morale, suggèrent une objection péremptoire. Pour qu'une règle de conduite soit applicable à tous les hommes, il faut que tous la puissent comprendre. Car l'ignorance et le défaut de jugement empêchent un très grand nombre d'individus de démêler au milieu des divers partis à prendre celui qui leur est le plus avantageux. Ce prétendu principe de moralité qu'on nous propose n'est à la portée que de quelques-uns ; il est impuissant à diriger la masse, et cela seul suffit pour le réfuter. Le devoir, au contraire, n'est pas un principe laissé à la merci du plus ou moins de raison, du plus ou moins de culture de ceux qui sont appelés à l'appliquer. Sa marque propre est une clarté, une évidence qui ne trouve aucune intelligence rebelle. Devant lui, il n'y plus ni ignorants ni lettrés, ni incapables ni habiles. Tout le monde en effet sait faire immédiatement la différence entre le juste et l'injuste, entre le bien et le mal.

En second lieu, l'intérêt quel qu'il soit, bien entendu ou autre, est dénué du caractère impératif indispensable à la loi morale. Il conseille, il sollicite, il persuade, mais il n'oblige pas. Essayez de moraliser un jeune homme en invoquant des motifs intéressés ; dites-lui que l'inconduite compromettra sa fortune, nuira à son établissement dans le monde, altérera sa santé : votre sagesse vulgaire, au lieu de le convertir, risque fort d'exciter son mépris. Entre l'utilité et le plaisir, le choix est purement arbitraire, après tout, et il le sent bien. Si, au contraire, vous faites appel à des considérations d'un ordre plus élevé, si vous représentez que l'abus des plaisirs dégrade l'homme, attache l'âme aux choses sensibles et la détourne des objets pour lesquels elle est faite, si, en un mot, vous empruntez la voix du devoir et non plus celle de l'égoïsme intelligent, le jeune homme comprend qu'en refusant de vous écouter il ne s'expose plus seulement à être *malheureux*, mais encore à être *coupable*. Le premier risque pouvait ne pas l'effrayer : un esprit généreux est toujours troublé par la perspective du second.

Dépourvu de clarté, dépourvu d'autorité, l'intérêt a encore cela contre lui qu'il enlève aux actions dont il est l'inspirateur toute beauté, toute noblesse, toute grandeur. La philosophie n'est pas l'économie politique ; elle a le droit d'apprécier dans l'agent humain autre chose que la matérialité de ses actes. Il est donc puéril de dire, pour légitimer l'égoïsme, qu'en fait, la recherche sagement entendue de notre bien personnel conduit au même résultat que l'accomplissement gratuit du devoir, car ce qui mesure la moralité d'un acte, ce qui en fait le mérite ou le démérite, c'est l'intention et rien que l'intention. Les financiers millionnaires qui créent, à notre époque, de si vastes entreprises sont assurément des hommes fort utiles. Ils multiplient les voies de communication dans un pays, facilitent les échanges, amènent la richesse, le mouvement et la vie dans des contrées autrefois misérables, procurent du travail et du pain à des légions d'ouvriers et d'employés. Toutefois ces bienfaits n'ont aucun prix aux yeux de la morale, parce qu'ils proviennent d'une source intéressée. Ces capitalistes, bienfaisants sans le savoir, n'agissent qu'en vue d'eux-mêmes; aussi l'homme de cœur ne les honorera-t-il jamais comme il honore l'obscur martyr du devoir militaire ou civique qui meurt sur un champ de bataille, sans profit souvent pour sa cause. L'estime, l'admiration, la reconnaissance, ces sentiments qu'il est si doux d'éprouver et si glorieux de faire naître, ne sauraient avoir de place dans un monde d'où l'on aurait chassé le désintéressement, dans une société où, pour employer l'ingénieuse expression de Benjamin Constant, toutes les vertus seraient abaissées à hauteur d'appui.

128. — Exposer et réfuter la doctrine qui fait reposer toute la morale sur le sentiment.

La loi morale, comme toute loi, doit à *priori* être uniforme, invariable, universelle et claire. Examinons, d'après ce principe, la doctrine qui fait reposer toute la morale sur le sentiment. Les philosophes qui la soutiennent ne lui donnent pas tous la même base : Adam Smith pense imposer à toutes nos actions pour mobile moral la sympathie de nos semblables; Rousseau, le plaisir de la vertu, le remords du crime; Jacobi, la conscience instinctive.

La sympathie est le penchant qui nous attire vers nos semblables, nous fait partager leurs jouissances et leurs peines, nous rend sensibles à leur mépris. Peut-elle servir de loi morale?

Elle n'est pas uniforme, car elle s'oppose souvent à elle-même; il n'est pas rare de voir une même action louée par ceux-ci, blâmée par ceux-là, parce que, dit Quintilien, « *In quibusdam virtutes non habent gratiam; in quibusdam vitia ipsa delectant*. Le Don Juan de Molière n'excite pas la même indignation que son Tartufe.

Est-elle invariable? Non : la morale est bien plus élevée de nos jours qu'elle n'a pu l'être à l'origine des sociétés; l'idée s'en est épurée à mesure que le progrès s'est fait sentir ailleurs.

Est-elle universelle? Non : la vengeance est un devoir chez les Corses; et, chez certains peuples, un bon fils devait manger son père quand il était vieux et usé par l'âge.

Est-elle claire? Non, par cela même qu'elle n'est pas uniforme, invariable et universelle; en quel lieu, à quelle époque trouver le sentiment qui doit régler nos actions? Et dans l'estime même ou le mépris de nos semblables, pouvons-nous toujours voir clairement ce qu'il entre de passions étrangères, d'intérêts et de préjugés? Enfin, si nous sommes loin du regard de nos semblables, s'il faut nous séparer pour ainsi dire de nous-mêmes pour nous juger et pour nous faire un public, pourrons-nous dépouiller toute partialité?

Enfin cette doctrine a le grave inconvénient de placer en dehors de l'homme la règle de ses actions. On peut même dire qu'elle va quelquefois contre la vraie morale; car Socrate, condamné par les Athéniens, eut raison de mépriser leur haine et de mourir pour les lois de son pays. Bien souvent, comme Cicéron, l'honnête homme doit se dire : « *Mea mihi conscientia pluris est quam omnium sermo.*

Rousseau a senti qu'il fallait placer dans l'homme la loi qui le dirige, et il a pris pour règle de nos actions la satisfaction morale. Mais d'abord le remords va s'affaiblissant par l'habitude du crime; on rencontre des gens qui n'ont plus le sentiment moral, ou chez qui il n'a jamais été développé par une sage éducation. Ensuite, la satisfaction morale est la conséquence d'une bonne action; comment peut-on en faire la cause? le remords est la conséquence d'une mauvaise action; comment peut-on en faire la cause? C'est confondre l'effet avec le principe, la loi morale avec sa sanction; et si la loi n'existait pas, elle n'aurait pas besoin de sanction. Rousseau se trouve, au fond, soutenir la même thèse qu'Epicure; faire une bonne action pour en ressentir du plaisir était aussi la vraie doctrine du philosophe grec.

Jacobi et Rousseau lui-même ont cherché dans la conscience instinctive la loi qu'ils ne voulaient pas voir dans la raison. Suivant eux, l'instinct du bien ne trompe jamais; ils rejettent complètement la réflexion, et croient que toujours le premier mouvement est le meilleur. Ainsi c'est un instinct aveugle qu'ils veulent faire suivre à l'homme! La raison ne devra jamais le guider ou l'éclairer!

Si, au contraire, on appelle au secours de cet instinct primitif la réflexion et le raisonnement, si on soumet la conscience à l'autorité de la raison, alors on ruine la doctrine de Rousseau, qui pèche surtout parce qu'elle est trop exclusive; on se trouve revenir à la vraie morale qui met dans la raison le principe du bien inspiré par Dieu même.

---

129. — En quoi consiste la doctrine morale que l'on appelle du sentiment? Quels en sont les mérites et les défauts? En quoi diffère-t-elle de la doctrine du devoir?

Parmi les philosophes qui ont cherché la règle des actions humaines dans l'homme même au lieu de la chercher en dehors de lui, les moralistes du sentiment méritent une place à part. D'abord leur doctrine s'appuie sur des faits incontestables; ensuite les erreurs qui s'y mêlent ne sont point de celles qui doivent inspirer le mépris pour leurs auteurs. Avec Hutcheson et Adam Smith, nous avons affaire à des esprits généreux qu'on est tenu d'honorer, alors même qu'on est forcé de repousser leurs théories.

Le premier peut être considéré comme le père de la morale sentimentale. Ayant remarqué que l'homme est naturellement bienveillant, porté d'instinct à aimer ses semblables, il fait de cette bienveillance la source de toutes les vertus et de tous les devoirs. Pas n'est besoin d'aller chercher ailleurs, ni plus haut le principe de moralité : le sentiment affectueux, sous les différents noms qu'il prend, dans les multiples applications qu'il comporte, suffit à diriger nos actes; c'est le cœur, ou, si l'on aime mieux, l'amour, qui doit fournir la règle de notre conduite. Adam Smith, disciple de Hutcheson, mais disciple plein d'originalité, s'attache moins à la bienveillance qu'à la sympathie. Le vers si connu de Térence,

> Homo sum, humani nihil a me alienum puto,

pourrait servir à caractériser la phase nouvelle dans laquelle entre l'école sentimentale avec l'éminent auteur de la *Théorie des sentiments moraux*. Smith a observé la tendance native de l'homme à partager les joies et les peines, les émotions, les manières d'être d'autrui. Selon lui, quelles sont les actions que nous approuvons, en les appelant honnêtes ou morales? Celles qui nous font sympathiser avec leur auteur. Quelles sont les actions que nous appelons malhonnêtes ou immorales? Celles qui nous affectent d'une manière contraire. Voulons-nous par conséquent apprécier la moralité de nos actes? Demandons-nous quelle impression en recevrait un témoin étranger. Ainsi, d'après Smith, nos jugements moraux sur la conduite de nos semblables seraient antérieurs à ceux que nous portons sur nous-mêmes.

Indiquer les mérites et les défauts de la morale du sentiment, c'est en même temps indiquer en quoi elle diffère et de la doctrine utilitaire et de la doctrine du devoir. Si l'on tient compte de l'époque où elles se sont produites, on trouvera que les idées dont nous venons de donner le résumé sont une réaction très nette contre la théorie de l'égoïsme, mise en faveur par nos encyclopédistes. A l'encontre du baron d'Holbach, d'Helvétius et de Saint-Lambert, Hutcheson et Smith prouvent qu'il y a des actions désintéressées; ils établissent que si l'amour de soi est un puissant motif de l'activité humaine, ce motif n'exclut pas l'amour du prochain. Le dévouement, l'abnégation de son plaisir ou de son bien propre, ce sont là des faits moraux très réels qu'une analyse incomplète du cœur humain peut seule méconnaître. L'expérience de la vie démontre que, dans un grand nombre de cas, nous oublions notre personnalité pour suivre l'irrésistible attrait qui nous pousse à obliger nos semblables, à leur être agréables, à nous identifier en quelque sorte avec eux en prenant notre part de leurs joies et de leurs douleurs. Voilà la vérité : si les philosophes du sentiment s'étaient bornés à la mettre en lumière, s'ils n'avaient voulu que protester contre des doctrines malsaines, venger notre nature diffamée par l'idée à la fois fausse et injurieuse que s'en faisaient les utilitaires, nous n'aurions assurément que des éloges à donner à leur œuvre.

Mais ils sont allés plus loin. Non contents de relever victorieusement ce qu'il y a d'affectueux dans l'homme pour s'en faire une arme contre les adeptes de la morale de l'intérêt, ils ont prétendu remettre à cette partie de nous-mêmes le gouvernement exclusif de nos actes. Là était l'erreur. Par là, après avoir réfuté les partisans de l'égoïsme, ils se sont exposés à leur tour, aux justes critiques des moralistes du devoir. Que manque-t-il, en effet à la bienveillance comme à la sympathie pour être le principe régulateur de la vie humaine? Deux conditions essentielles, l'universalité et l'autorité. Toute morale qui procède de la sensibilité, qu'elle dérive de la sensation ou du sentiment, pèche par la base : car elle repose sur un sol mouvant, sur le terrain des phénomènes relatifs et variables. Quoi de plus divers suivant les individus, et, dans le même individu, quoi de plus changeant que l'impression dont Smith entend faire le critérium du bien et du mal? Ajoutons que le sentiment n'agit sur nous qu'à la manière d'un attrait auquel on cède : il entraine, mais il n'impose pas. Le caractère impératif lui fait défaut. Tels sont les points faibles de la morale sentimentale ; telles aussi les différences qu'elle présente avec la véritable morale, celle du devoir.

---

130. — De la responsabilité morale : son principe, ses conditions, ses conséquences.

Principe. — La responsabilité morale a son fondement dans le libre arbitre. Supposez un agent doué de conscience et de liberté, ayant la faculté de choisir entre plusieurs actes possibles : s'il en réalise un, autrement dit s'il se décide à un acte de préférence à un autre, il sent dès lors que cet acte lui appartient, qu'il ne saurait le décliner, qu'on est en droit de le lui imputer, bref, qu'il en est *responsable*. La responsabilité et l'imputabilité sont, en effet, deux termes connexes : le premier s'applique à l'agent, le second à l'acte.

Conditions. — L'homme nous apparait comme la seule force autonome qui existe dans l'univers ; seul, par conséquent, il possède la responsabilité entendue dans son acception philosophique comme dans son acception vulgaire. Certaines formes de langage qui semblent impliquer chez des êtres matériels une sorte d'intentionnalité, et, par suite, de responsabilité, les mots : cieux incléments, élément perfide, etc., sont des expressions métaphoriques, dont personne n'est dupe, des qualificatifs transportés, par assimilation, de l'agent libre et conscient à l'agent fatal et aveugle. Nous pouvons quelquefois *attribuer* les accidents et les désastres qui nous arrivent à la nature extérieure, mais nous ne les lui *imputons* pas à crime ; nous ne l'en rendons pas responsable, parce que nous savons qu'elle n'a pas en elle-même le principe de ses actes. L'histoire s'est moquée et se moquera toujours de Xerxès infligeant à la mer le supplice du fouet.

Mais cette responsabilité que l'être humain ne partage avec aucun autre, n'en est-il jamais dépossédé? A cette question nous répondrons par l'exposé des conditions dans lesquelles s'exerce ce précieux et redoutable privilège. L'homme n'est responsable que dans la mesure où il est libre : puisque la responsabilité dérive de la liberté, toute circonstance qui affaiblit, suspend ou annule celle-ci, affaiblit, suspend ou annule également celle-là. Pour que l'agent puisse véritablement répondre de ses actes, il faut qu'il les ait accomplis avec une entière connaissance et une pleine possession de lui-même; il faut qu'il ait été, au moment d'agir, parfaitement maître de lui, *sui compos*, ainsi que disent les Latins. Or, ce gouvernement de nous-mêmes, il est deux séries de causes, les unes morales, les autres physiologiques qui contribuent à nous en dépouiller, soit totalement, soit en partie.

Les causes morales, à la vérité, (ignorance, passion, habitude) ont plutôt pour effet d'amoindrir la responsabilité que de la supprimer. L'ignorance, quand elle est involontaire et invincible, est une excuse aux yeux de la morale comme de la loi. Si l'on ne sait ni ce qu'est le bien, ni ce qu'est le mal, il est clair qu'on n'est pas libre de choisir entre eux. Mais où trouver une pareille ignorance? Là où on la rencontre, elle se confond avec l'idiotisme et prend rang dans la série des causes physiologiques. Pour ce qui est de la passion, sans doute, elle ôte à l'homme la réflexion, mais, sauf des cas extrêmement rares, son empire ne va pas jusqu'à annihiler complètement le libre arbitre. Enfin les actes de l'habitude, caractérisés par une absence plus ou moins grande d'intentionnalité, comportent moins de responsabilité assurément que les actes délibérés et volontaires, toutefois on en est responsable dans la proportion de ce qu'on a gardé de conscience et de liberté en les exécutant.

Il nous reste à parler des influences physiologiques, tant normales qu'anormales, qui opèrent au préjudice du libre arbitre et conséquemment de la responsabilité. Il résulte de l'union de l'âme et du corps que certains états morbides de l'un ont une action marquée sur les facultés de l'autre. Tandis que les circonstances morales, énumérées tout à l'heure, diminuent plutôt qu'elles ne détruisent notre liberté, l'ivresse, la fièvre, la folie, l'hallucination, le somnambulisme nous ramènent à la condition d'agents aveugles et irresponsables. A côté de ces phénomènes anormaux, il y a des phénomènes réguliers qui produisent le même effet. Dans le sommeil, qui suspend l'activité volontaire, la responsabilité est interrompue : il est vrai que nous avons dans les songes l'illusion d'une certaine liberté, nous nous blâmons, nous nous applaudissons, mais tout cela n'est que l'ombre prolongée de notre liberté réelle. Constatons aussi l'absence de caractère intentionnel dans les actes de l'enfant. C'est ce que la législation romaine reconnaît dans ce texte fameux : *Infan-*

tem innocentia consilii tuetur. Là où le discernement fait défaut, la responsabilité ne saurait exister.

Conséquences. — Par cela même que l'homme s'attribue l'acte qu'il a accompli en toute connaissance et liberté, il se conçoit comme digne de récompense si cet acte est bon, et comme digne de punition si cet acte est mauvais. Le mérite et le démérite, avec leurs innombrables applications pratiques, découlent donc de la responsabilité morale. C'est en vertu de ce sentiment inné qu'on blâme et qu'on loue, qu'on respecte et qu'on méprise, qu'on honore et qu'on flétrit. Estime et mépris, gloire et infamie, récompenses et châtiments seraient autant de contre-sens, si l'homme n'était pas responsable de ses actes.

131. — La vertu suffit-elle au bonheur sur cette terre ?

La vertu et le bonheur sont-ils deux termes identiques ? Plusieurs écoles philosophiques dans l'antiquité l'ont pensé, et l'on voit même, chose curieuse, deux sectes opposées de moralistes se rencontrer sur ce point. Le sage seul est heureux, disent les stoïciens. La vertu seule procure et conserve le bonheur (*sola quæ possit facere et servare beatum*) s'écrie à son tour l'épicurisme par la bouche d'Horace. Mais la félicité dont parlent les disciples de Zénon est une félicité qu'on peut appeler abstraite, car elle est en contradiction formelle avec la voix de la nature et la sincérité du sentiment humain. Il n'y a guère que Posidonius qui, en proie aux souffrances de la goutte, puisse dire à la douleur: « Tu n'es pas un mal ! » et se sentir heureux sur son lit de patient. D'autre part, il est permis de trouver étrange le raisonnement des épicuriens, qui, au nom du plaisir, concluent à la pratique de la vertu. Tâchons, nous, de voir les choses comme elles sont, sans nous laisser égarer par l'esprit de système.

Nous l'avouons, cette égalité d'âme, célébrée par Boileau,

« Que rien ne peut troubler, qu'aucun désir n'enflamme, »

cette *ataraxie* tant vantée des stoïciens serait le souverain bien si elle était réalisable. Mais en est-il ainsi ? Où a-t-on vu, sauf à l'état d'exception problématique, cette vertu superbe dans sa tranquillité, qui plane au-dessus des faiblesses inhérentes à l'humanité ? En réalité, le devoir, pour être accompli, rencontre dans notre nature de sérieux et d'incessants obstacles. Mille désirs nous sollicitent dans un sens contraire au bien : c'est l'intérêt, c'est le plaisir qui font entendre à notre oreille leur décevant langage. Il y faut résister: à cette condition seulement on sera vertueux. La lutte nous prend au sortir de l'enfance et ne nous abandonne qu'à la tombe. Jusque-là un combat continuel, pas de trêve, pas de repos, pas de place par conséquent pour le bonheur, car on ne saurait donner ce nom à la condition faite sur la terre à la vertu militante : tant que dure cet état violent, cet effort pour soumettre la partie déraisonnable de lui-même à la partie raisonnable, l'homme ne peut se dire véritablement heureux.

Par la lutte qu'elle nous impose, la vertu est déjà pour nous une cause de souffrance : avons-nous besoin d'ajouter qu'elle ne nous garantit nullement des coups de la fortune, que l'individu vertueux n'est pas plus que l'individu vicieux à l'abri des pertes de biens, des maladies, des deuils domestiques, etc? Contre ces afflictions trop réelles nous pouvons nous armer de constance et de fermeté, mais il ne dépend pas de nous d'y être absolument insensibles. Là est l'erreur de la secte stoïcienne qui enseigna aux hommes l'impassibilité en face du malheur, tandis qu'elle aurait dû, pour rester d'accord avec la nature, se borner à leur demander la résignation et la patience.

Sachons donc le reconnaître sans crainte de lui rien ôter de son prestige sur les âmes généreuses : non, la vertu ne fait pas le bonheur dès cette vie ; non, il n'est pas vrai que l'exercice du devoir suffise dans ce monde à procurer le contentement absolu. S'il en était ainsi du reste, on serait honnête par intérêt, ce qui dépouillerait l'honnêteté de toute valeur morale. Voici, croyons-nous, dégagée d'exagération et d'illusion, la notion véritable des rapports qui unissent la vertu au bonheur : notre destinée est d'être heureux : seulement cette destinée n'est qu'en préparation ici-bas, elle ne s'y accomplit point. En faisant le bien, l'homme acquiert le droit de jouir dans une autre existence de la félicité qu'il rêve dès celle-ci, il se rend digne d'une récompense que la justice divine est tenue de lui accorder, après qu'il l'a méritée par une conduite vertueuse.

Mais, lors même que les promesses d'immortalité seraient une chimère, celui qui, placé dans le double sentier mythologique, opterait comme Hercule, n'aurait pas encore à regretter son choix. Assurément prétendre que le devoir porte toujours avec lui sa rémunération, c'est une assertion réfutée cent fois par l'expérience. Comme nous l'avons dit plus haut, outre que la vertu est déjà par elle-même un effort pénible, elle ne nous empêche nullement d'éprouver les infortunes dont la vie humaine est semée. Cependant, aux chagrins par lesquels les victimes du vice expient leurs tristes jouissances, il n'est pas sans utilité d'opposer les avantages qui, dans notre condition présente même, sont inhérents à la pratique du bien. D'un côté, l'agitation perpétuelle, l'inquiétude née de désirs aussitôt réveillés qu'assouvis, l'aiguillon vengeur du remords ; de l'autre, le calme de la conscience, l'équilibre intérieur, la satisfaction intime qui accompagne toujours la victoire sur les passions. Entre ces deux alternatives l'homme de sens n'a que faire, pour se décider, d'un intérêt d'outre-tombe : son choix est tout fait.

132. — La croyance à l'immortalité de l'âme enlève-t-elle à la vertu son *désintéressement* et son mérite ?

I. *Nature de la vertu.* — La vertu est la conformité de la conduite à la loi morale ; c'est l'accomplissement du devoir, qui n'est lui-même que l'obligation d'agir suivant la loi. Or la loi morale s'adresse à la conscience humaine sous la forme d'un commandement absolu, d'un impératif catégorique *(Kant)* : Fais le bien, parce que c'est le bien, sans te préoccuper des conséquences extérieures qui peuvent en résulter ; fais ce que dois, advienne que pourra ; — voilà le précepte moral. La vertu est par là absolument *désintéressée*.

Par cela même, l'acte vertueux portant sa valeur en lui-même, et étant une fin en soi, le progrès dans la vertu manifeste un accroissement de valeur de la personne morale, c'est-à-dire le mérite ; la vertu est donc aussi méritoire, et c'est là son second caractère.

II. La perspective des sanctions, et en particulier des récompenses de la vie future, rend-elle la vertu moins désintéressée ? — Si telle est la nature de la vertu, à quoi bon alors les sanctions ? — On appelle sanctions, en parlant des lois positives « l'ensemble des peines ou des récompenses attachées à l'exécution ou à la violation de la loi » (M. Janet, *Morale*) ; dès lors, dit-on, en appliquant une telle conception à la loi morale, l'acte vertueux court grand risque de n'être plus accompli pour lui-même, mais pour les sanctions qui en seront les conséquences : cette perspective, altère la pureté de la conception du devoir, et la croyance à l'immortalité de l'âme elle-même, la plus belle et la plus élevée cependant dans la nature humaine, a le tort d'enlever à la vertu son caractère méritoire et désintéressé.

III. *Réponse : Identité du bonheur avec la vertu.* — Une telle objection résulte de la conception fausse du bonheur dans la vie future : il ne faut pas croire que le bonheur que doit nous procurer l'immortalité de l'âme soit un ensemble de jouissances extérieures à la vertu, et d'une autre nature qu'elle, qui viennent s'y ajouter en sus, comme une sorte de prix décerné au mérite par la justice divine. La prétendue conciliation du stoïcisme, qui considère la vertu seule, et de l'épicurisme qui ne s'attache qu'au bonheur et à la réunion de ces deux facteurs distincts dans une *harmonie* future, est une fausse manière de concevoir la sanction de l'immortalité. La sanction de la vertu ne saurait être que la conséquence naturelle des actes, contenue dans l'exécution même de la loi ; le mot de *récompense* de la vertu ne doit donc pas être entendu à la lettre, car la vertu est à elle-même sa propre récompense. Comprendre autrement la sanction, c'est altérer la pureté de la conception du devoir ; la vertu ne serait plus, dès lors, qu'un moyen de gagner le bonheur, un placement à gros intérêts de sacrifices qui ne seraient plus, par conséquent, des sacrifices. On voit tomber sous ce reproche le fameux argument du pari de Pascal, conseillant de risquer la perte de la vie actuelle, qui est peu de chose après tout, comme enjeu contre une éternité bienheureuse ; le jeu « à croix ou pile. »

Disons donc, non pas avec Kant que la vertu est *digne du bonheur*, mais avec les stoïciens : « *La vertu n'est autre que le bonheur* ; » répétons avec Spinoza : « La béatitude n'est pas la récompense de la vertu, mais la vertu même. » Ajoutons que, pour qu'il en soit ainsi, la vie future est nécessaire ; car dans la vie actuelle, l'homme qui tend à réaliser de toutes ses forces l'idéal de la vertu en est empêché par mille obstacles. Cet idéal pour lequel il a tant travaillé, tant peiné, tant souffert, il a droit à jouir enfin de sa réalisation sans que plus rien puisse l'en priver : l'affranchissement définitif de la liberté élaboré dans cette vie, réalisé dans l'autre, — c'est-à-dire la sainteté, voilà ce que nous pouvons espérer dans la vie immortelle. La vertu n'est pas rendue par là moins méritoire et moins désintéressée, puisque c'est alors seulement qu'elle a toute sa valeur et tout son prix.

E. G. D.

---

133. — Qu'entend-on par devoir positif et devoir négatif ? En donner des exemples, soit dans la morale individuelle, soit dans la morale sociale, soit dans la morale religieuse.

Avant d'aborder les détails de la morale pratique, on fait une première division des devoirs en :
Devoirs larges et étroits ;
Devoirs positifs et négatifs ;
Devoirs de justice et devoirs de charité.

Les devoirs étroits, négatifs ou de justice, sont compris dans cette formule : « ne fais pas à autrui ce que tu ne voudrais pas qu'il te fit. » Les devoirs larges, positifs ou de charité, sont compris dans cette formule : « fais à autrui ce que tu voudrais qu'il te fit. »

Il y a entre les uns et les autres plusieurs différences tant pour la théorie que pour la pratique. Nous noterons les principales.

Les devoirs négatifs ou étroits sont prohibitifs, ils défendent tel ou tel acte. Les autres, au contraire, imposent, commandent tel ou tel acte.

Les devoirs négatifs nous obligent toujours et à chaque minute de notre vie. Ce qu'ils nous défendent, il n'est jamais permis de le faire. Les actes imposés par les devoirs positifs doivent être faits, non tous les jours et à chaque instant, mais dans telle ou telle circonstance déterminée.

Ces différences ressortiront mieux par quelques exemples pris dans la morale individuelle, dans la morale sociale, dans la morale religieuse.

Morale individuelle. Le devoir négatif m'interdit de dégrader mon être, soit dans sa nature corporelle, soit dans les facultés de mon âme. Dans aucune circonstance, à aucun moment de ma vie, la morale n'autorisera la paresse, l'ivrognerie, la débauche, etc. Mais, il n'est pas dit que je doive tous les jours et surtout à tous les instants du jour travailler, lire, étudier, etc., car l'arc ne peut pas toujours être tendu, et il faut du repos à l'esprit et au corps. Je dois cultiver mon corps en vue de l'âme ; c'est le devoir positif qui me prescrira un exercice modéré, des soins de propreté, des mesures propres à entretenir la santé. Mais, chaque chose devra venir à son heure, tandis qu'il n'y aura pas d'heure où il me soit permis d'attenter à mon existence.

Morale sociale. Le devoir positif prescrit la bienfaisance à l'égard de nos semblables ; elle veut que nous gardions le dépôt confié, que nous tenions notre parole, nos conventions, nos serments. Mais la morale autorise des limites dans la bienfaisance, un choix dans ceux qui en sont l'objet. Le dépôt, la parole donnée, les conventions supposent des engagements préalables et ne nous obligent qu'à l'égard de ceux qui ont reçu ces engagements. Le devoir négatif nous dira qu'il n'y a aucun moment où nous puissions tromper autrui, le voler ou lui nuire d'une façon quelconque.

Morale religieuse. Adorer Dieu, lui rendre un culte extérieur et public, est, en morale religieuse, un devoir positif. Toutefois, il y aura des jours et des moments où nous devrons particulièrement manifester notre adoration, prendre part aux cérémonies du culte. En vertu du devoir strict ou négatif, nous ne devrons jamais prononcer une parole, nous arrêter à une pensée qui puisse offenser Dieu.

Beraud.

134. — L'homme a-t-il des devoirs envers lui-même ?

La morale *pratique*, qui est un *art*, a pour objet les différentes applications de la loi morale, dont la morale *spéculative*, qui est une *science*, a assigné la nature et les caractères.

Tout devoir est l'expression d'un rapport entre des êtres moraux. Comment donc entendre que l'homme ait des devoirs envers lui-même ?

Sans doute, l'homme est un ; mais, dans l'homme qui est un, on peut distinguer l'être intelligent et la personne morale et responsable, c'est-à-dire concevant une loi qui l'oblige. C'est donc la personne morale que l'être intelligent est tenu de respecter en lui-même.

A proprement parler, ce n'est pas envers lui-même que l'homme a des devoirs ; c'est à la loi qui régit sa nature, loi impersonnelle et absolue, qu'il est tenu de soumettre ses actions.

L'homme est à la fois âme et corps. Il aura donc des devoirs envers son âme et des devoirs envers son corps.

Devoirs envers l'âme. — L'analyse psychologique reconnaît dans l'âme diverses facultés qui sont : la sensibilité, l'intelligence, la volonté.

D'une manière générale, l'homme est tenu ;

1° De se respecter dans son âme, de ne pas nuire à sa personne morale, de ne pas dégrader ses facultés ;

2° D'améliorer, de développer ces mêmes facultés.

Cette double règle s'applique successivement à chacune de nos facultés. D'abord à la sensibilité : l'homme manquerait à sa loi s'il ne cherchait à donner à sa sensibilité plus de développement et de délicatesse. De là, les rapports de la morale avec cette science particulière qui a pour objet la haute culture de la sensibilité : *l'esthétique.*

Les mêmes devoirs d'action et d'abstention nous sont imposés envers l'intelligence. C'est pour l'homme une obligation de cultiver son entendement, de le rendre de plus en plus capable de percevoir le vrai. De là aussi les rapports certains de la morale et de la logique.

Mais c'est surtout à diriger et à exercer sa volonté que l'homme doit s'appliquer. Car c'est sa volonté qui constitue spécialement sa personnalité ; la volonté, c'est l'homme même.

Pour que cette culture de l'âme soit aussi fructueuse qu'elle peut l'être, il faut que l'homme fasse sur lui-même de fréquents retours, que le moi, se repliant sur lui-même et réfléchissant, compare ses actions à la règle qu'il trouve en lui, et juge comment, d'après l'application qu'il en a faite, il doit se qualifier lui-même, apprécier son état moral et conclure qu'il doit ou non persévérer dans la voie qu'il a volontairement suivie.

Devoirs envers le corps. — On pourrait, à la rigueur, soutenir que l'homme n'a des devoirs qu'envers son âme, car l'âme, c'est le moi, l'homme ; son corps est à lui, mais il n'est pas lui. Mais comme notre personnalité présente a pour condition l'existence du corps, on dit que l'homme a des devoirs dont l'accomplissement a pour objet la vie du corps.

La double règle qui comprend tous les devoirs de l'homme envers son âme, s'applique encore ici :

1° L'homme doit s'abstenir de nuire à son corps, de l'avilir ;

2° Il doit non-seulement pourvoir à la vie du corps, mais en améliorer, en fortifier, en développer toutes les énergies.

L'accomplissement des devoirs qui ont pour objet le corps, réagit sur l'accomplissement des devoirs qui ont l'âme pour objet. De là, les rapports de la morale et de l'hygiène en général : *Mens sana in corpore sano.*

A cette question générale des devoirs de l'homme envers lui-même se rattache la question particulière du suicide. L'homme qui se donne la mort viole-t-il la loi morale ? Dans un seul et même acte il manque à ses devoirs envers lui-même, parce qu'il interrompt volontairement le cours d'une destinée dont il n'a pas le droit de disposer ainsi ; envers ses semblables, parce qu'il se dérobe à toutes les obligations qu'il a contractées envers la société dont il a accepté les bienfaits et les services ; envers Dieu, parce qu'il met fin violemment à une existence que Dieu ne lui a pas donnée pour l'abréger au gré de sa passion ou de sa folie.

135. — Du droit en Morale. — Dans quel rapport sont entre elles selon vous les notions du droit et du devoir? Donner des exemples.

Il y a en morale deux notions étroitement associées entre elles, qui s'impliquent et se supposent réciproquement, l'une étant ordinairement opposée à l'autre : ce sont l'idée du devoir et l'idée du droit. Le devoir, c'est l'obligation pour l'homme, être essentiellement moral, de conformer sa conduite à la loi du bien ; c'est, comme dit Kant, une « nécessité consentie », c'est-à-dire nécessité conçue par la raison (il faut que je fasse le bien), et consentie par la liberté (je conforme ma conduite à la loi, parce que je le veux). Le droit, c'est le pouvoir moral », selon la belle expression de Leibnitz, appartenant naturellement à un être raisonnable et libre ; c'est le caractère inviolable attaché à la personne, en tant que personne. L'homme, en effet, seul de tous les autres êtres, a des droits ; l'animal n'en a pas, parce qu'il n'est qu'une chose, c'est-à-dire un moyen, un instrument au service de l'homme, que celui-ci peut s'approprier, et dont il peut tirer parti à son gré, pour le faire servir aux fins supérieures de la civilisation, de l'industrie, du progrès. C'est pourquoi l'homme n'a aucun scrupule de tuer les animaux nécessaires à son alimentation ou à ses besoins ; d'en asservir d'autres pour les employer au trait, au labour, ou comme montures ; d'en dépouiller certains autres enfin des richesses naturelles ou accumulées par leur travail, comme de prendre au mouton sa laine, à l'abeille son miel, etc.

Nous pouvons donc définir le droit : « l'inviolabilité de la personne morale, pour lui rendre possible l'accomplissement du devoir. » Par là se trouve énoncée la subordination complète de l'idée du droit à celle du devoir. En réalité même cette dépendance du droit à l'égard du devoir est double ; le droit suppose en effet dans la personne qui en jouit, et qui peut en revendiquer le bénéfice, la faculté de concevoir une loi immuable et absolue de conduite, et une volonté capable de se soumettre de son plein gré au commandement formel, à l'impératif catégorique de cette loi : en d'autres termes cette personne n'a de droits que parce qu'elle a des devoirs. Et d'autre part, l'idée du droit qu'a un individu moral à être respecté suppose que pour d'autres êtres c'est un devoir de respecter ces droits. Par exemple, j'ai le droit d'être respecté dans l'exercice de ma liberté individuelle (principe d'habeas corpus, dans la constitution anglaise)

15.

c'est-à-dire j'ai le droit d'aller et de venir à mon gré, à la condition de ne pas empiéter sur la liberté de mes semblables ; j'ai le droit d'acquérir par mon travail, de conserver les richesses, de quelque nature qu'elles soient, que j'ai ainsi amassées ; j'ai le droit d'en disposer, soit par donation dans le présent, soit par testament pour l'avenir ; j'ai le droit de penser ce qui me paraît être la vérité, en matière politique, en matière religieuse (liberté de conscience) ; j'ai le droit d'exprimer librement, soit par la parole, soit par la plume, mes opinions (liberté de réunion, liberté de la presse); j'ai le droit de défendre, par les moyens les plus appropriés, et ma vie et ma réputation ; etc. : pourquoi ? parce que ce sont là les conditions du devoir à accomplir, ou les résultats du devoir accompli ; parce que ce sont là les éléments constituants de ma personnalité morale ou son extension et son expansion légitime, et que porter une main coupable sur l'un ou l'autre de ces droits, ce serait me traiter comme un simple *moyen*, non comme une *fin en soi*, pour reproduire les fortes expressions de Kant, c'est-à-dire comme un être qui porte en lui-même la raison de sa valeur incontestable et de son inaliénable dignité. Dire ainsi « j'ai le *droit* d'être respecté », c'est une façon de marquer que mes semblables ont le *devoir* de me respecter.

Cette corrélation étroite du droit chez un être moral avec les devoirs que ses semblables ont envers lui, sert de fondement à une distinction importante entre les devoirs auxquels correspond toujours quelque droit chez l'être qui en est l'objet ; et ceux qui ne correspondent à aucun droit : les premiers sont les *devoirs de justice*, les autres les *devoirs de charité*. C'est une stricte justice en effet qui m'oblige à respecter la propriété d'autrui, à lui payer par exemple une dette que j'ai contractée envers lui, et il a rigoureusement droit à ce que je me conduise ainsi à son égard ; mais si le même homme, envers qui je suis absolument quitte au point de vue de la justice, tombe dans le malheur et la misère, il ne saurait invoquer aucun droit à être secouru par moi : ce n'en est pas moins un devoir sacré pour moi de l'aider dans sa détresse, dans la mesure où cela m'est possible, et je suis au moins aussi coupable d'y manquer que si j'avais manqué à mes devoirs de justice envers lui. On objecte que les lois positives ne m'obligent pourtant pas à accomplir ces devoirs : j'en conviens, mais aussi les lois positives n'ont rien à faire ici, parce que les limites de leur domaine sont exactement celles du domaine du droit ; là où finit le droit strict, là aussi expire l'autorité et la raison d'être des lois humaines ; la question du devoir se pose dès lors au fond le plus intime de la conscience, dans le sanctuaire caché où s'élaborent les dévouements sublimes et les sacrifices héroïques.

Il ressort de tout ce que nous venons de dire que s'il y a des devoirs auxquels ne correspondent pas des droits, il n'y a pas, par contre, de droits qui ne touchent de toutes parts à la notion du devoir. Des moralistes savants et profonds ont contesté la dépendance absolue du droit à l'égard du devoir et ne seraient pas plus disposés à admettre la subordination du devoir au droit : pour eux, l'une et l'autre notion reposent sur un même fondement, la dignité de l'être humain, responsable de sa propre destinée. Il est vrai que ce sont là deux manifestations très distinctes du prix infini qui s'attache à la personne humaine, mais il semble impossible néanmoins de ne pas faire consister toute la dignité de l'homme dans le fait d'être lui-même l'artisan de sa destinée, car il n'existe que pour le devoir, et il n'est respectable que s'il a en soi quelque chose qui mérite d'être respecté, c'est-à-dire sa bonne volonté.

Il y a plus : cette prétention de constituer la notion du droit indépendamment de celle du devoir pourrait exposer ceux qui la soutiennent à de graves erreurs et à des dangers qui méritent d'être signalés. Si le droit n'est pas, en effet, comme nous avons essayé de le faire voir, une conséquence et comme un corollaire du devoir, quel domaine lui assignera-t-on ? jusqu'à quelles limites pourra-t-il s'étendre ? Comment le distinguera-t-on du besoin, de la force, de l'utilité ? En vertu de quel principe dira-t-on au malheureux qui a faim, et qui est tenté de se procurer par le vol ce que son travail n'a pu lui donner : « Tu n'as pas le droit de prendre ce qui appartient à autrui »? il ne comprendra pas pourquoi, et il aura cent bonnes raisons à faire valoir pour soutenir ce qu'il croira être son droit : « ce boulanger est riche, il a moins besoin que lui, il ne souffre pas de la faim comme lui et les siens, » etc. — Que lui répondre, sinon qu'il a le devoir de respecter la propriété d'autrui, et que cette propriété est respectable précisément parce qu'elle est le fruit légitime du travail, c'est-à-dire du devoir accompli ? — Les arguments sont les mêmes à l'égard de la doctrine qui identifie le droit et la force : c'est la doctrine de Hobbes, de Spinoza, de Pascal dans son amer scepticisme. Or la force sera presque infailliblement mise au service du besoin, si la notion du devoir ne vient pas protester hautement; en vain nous dit-on que « la force prime le droit, » que

« La raison du plus fort est toujours la meilleure »,

nous répondons que c'est là le fait, non le droit, ce qui est, non ce qui doit être; nous sentons une révolte au fond de nous-mêmes contre ces maximes brutales, et avec une confiance inaltérable dans le caractère sacré du droit, nous nous disons que, quand même la force opprime momentanément le droit, quand même la puissance physique usurpe la place du pouvoir moral, celui-ci doit toujours inévitablement triompher; la victoire de la force brutale ne peut être qu'éphémère, et elle ne peut prévaloir contre le droit qui est éternel : tôt ou tard, celui-ci reprend sa place et son pouvoir souverain, et se sert à son tour de la force, en la subordonnant aux fins supérieures de la moralité. En sorte que l'idéal de l'humanité serait une république de personnes, uniquement préoccupées de leur perfectionnement moral, et soucieuses de conserver à l'égard les unes des autres le respect qu'elles se doivent; que de progrès seraient accomplis, et de combien d'autres ceux-ci seraient la promesse, le jour où chacun serait convaincu que l'homme est chose sacrée pour l'homme, — *homo homini res sacra*.

E. G. D.

136. — Quelles sont et en quoi consistent les quatre vertus considérées comme fondamentales par les anciens philosophes ?

Rien n'est plus célèbre et plus constant dans la philosophie ancienne que la division de la morale en quatre vertus, considérées comme le résumé de *l'honnête* ou du *devoir*. Cicéron, qui a donné à cette classification le plus haut degré de précision, de justesse et de simplicité, nomme ces quatre vertus cardinales : *prudentia, temperantia, fortitudo, justitia*. Il suffira de définir, d'après Cicéron lui-même, et d'après tous les moralistes anciens, ces quatre termes si fameux, pour montrer sur quel fondement repose cette division de la morale qui, loin d'être arbitraire et artificielle, comme elle peut le paraitre au premier abord, correspond au contraire à une division psychologique très naturelle et très raisonnable.

La morale n'a proprement qu'un objet : régler l'usage de notre liberté. Mais tantôt nos actes n'intéressent et n'engagent que nous-mêmes, tantôt ils atteignent nos semblables. De là, la distinction que l'antiquité établit entre la morale intérieure ou individuelle qui règle nos devoirs envers nous-mêmes, et la morale extérieure ou sociale qui fixe nos devoirs envers autrui.

De ces vertus les trois premières ne concernent que l'accomplissement de nos devoirs envers notre propre personne. Or en nous-mêmes qu'avons-nous à régler, à diriger, à soumettre enfin à une législation morale ? Rien autre chose que notre intelligence d'une part, nos passions de l'autre.

La direction à donner à notre intelligence, tel est l'objet de la première vertu, *prudentia*. Ce n'est que par un grossier contre-sens qu'on peut traduire ce mot par *prudence*, puisque Cicéron lui-même prend soin de le définir *indagatio veri*, la poursuite du vrai. Sans intelligence, pas de morale : c'est là le point de départ de la morale ancienne. Aussi tous les philosophes anciens placent-ils en quelque sorte au seuil de la vie morale la science, l'étude, le développement de la raison, la culture de l'esprit. Socrate va jusqu'à résumer toutes les vertus dans celle-là : la vertu à ses yeux n'est pas autre chose que la science, comme le vice n'est que l'ignorance même.

Plus que l'intelligence, les passions ont besoin d'un gouvernement énergique. Les anciens distinguaient deux sortes de passions, les appétits grossiers et les instincts généreux. Les uns ont besoin d'être modérés, sinon supprimés, et c'est ce que doit faire la tempérance, *temperantia*. Les autres doivent être encouragés et mis au service du devoir : de là, la nécessité de la vertu active appelée *fortitudo*, le courage. Toute la sagesse des anciens est, on peut le dire, dans l'équilibre de ces deux vertus, l'une qui nous fait résister au plaisir, l'autre qui nous fait vaincre la douleur. Sans doute la modération, la mesure qui tempère tout, même l'excès du bien, est vraiment leur vertu favorite : *Rien de trop*, c'est le mot du sage et surtout du sage antique. Mais il ne faut pas croire qu'ils se soient bornés à une recherche mesquine du juste milieu. Le stoïcisme, par exemple, a su recommander et pratiquer jusqu'à l'héroïsme le courage moral avec ses deux grandes maximes : *Abstine, sustine !*

A cet empire sur nous-mêmes se bornent les préceptes de la morale individuelle. Il reste à régler nos rapports avec autrui, et c'est ce que fait la quatrième vertu, celle qui résume à elle seule toutes les prescriptions de la morale sociale, *justitia*, la justice. Le principe qui la constitue et que nous pourrions formuler aujourd'hui en ces termes : Respecte la liberté d'autrui, revêt une double forme chez les moralistes anciens. Ils distinguent la justice négative, celle qui défend de nuire à autrui, et une justice plus pure et plus entière, qui nous impose le devoir de rendre service. Cicéron, dans son traité *de Officiis*, ramène très justement tous les devoirs envers le prochain à cette formule à la fois générale et précise : *Suum cuique reddere* ; par là, il entend avant tout le respect de la vie, de la propriété, de l'honneur et des droits de nos semblables, ce sont là les devoirs de justice stricte et pour ainsi dire légale ; mais ce n'est pas assez de ne pas faire de mal à autrui, la justice rigoureuse se complète par les prescriptions d'une justice supérieure, que Cicéron a nommée le premier de son beau nom, *caritas*. Sous ce titre, que la morale chrétienne a transcrit en l'élargissant encore, Cicéron a rangé toutes les aspirations les plus nobles et les plus élevées de l'âme humaine : l'amitié, le dévouement, les affections domestiques, le patriotisme, un sentiment plus général encore qu'il a désigné d'un mot admirable : l'amour de l'humanité, *caritas generis humani* ; enfin au couronnement de tout l'édifice moral se place la forme la plus parfaite de la justice positive, *pietas*, la piété, qui, dans la morale ancienne, se dit à la fois de la vénération envers les parents, du respect des vieillards et de l'adoration que nous devons à la divinité.

Tel est, dans la simplicité et dans la régularité de ses grandes lignes, le plan de la morale ancienne : telle est la théorie des quatre vertus qui a été à Rome et dans la Grèce la règle de tant de belles vies et la base d'une si solide éducation morale.

Morale individuelle :
- concernant l'*intelligence*......*Prudentia*.
- concernant les *passions* :
  - mauvaises *Temperatia*
  - généreuses *Fortitudo*.

Morale sociale :
- devoir de ne pas faire de mal......*Justitia*.
- devoir de faire du bien........*Caritas*.

Morale religieuse : devoirs envers la divinité..*Pietas*.

187. — Expliquer et développer par quelques exemples la maxime latine : *Summum jus, summa injuria.*

1° On divise en Morale les devoirs sociaux en deux catégories : devoirs de justice, devoirs de charité, les premiers, rigoureusement obligatoires et stricts, les seconds, larges. Cette distinction est juste, à condition qu'on ne la pousse pas trop loin et qu'on ne sépare pas absolument, comme on est tenté quelquefois de le faire, les devoirs de justice et les devoirs de charité. Il y a en effet les plus grands inconvénients à dresser ainsi une barrière entre ces deux ordres de devoirs, à en faire comme deux domaines absolument distincts dans la Morale ; et pour vouloir déterminer trop rigoureusement, les limites de la justice, mesurer sa conduite à un étalon fixe et immuable établi une fois pour toutes, on risque d'être souverainement injuste. Il arrive par là que ce qu'on croit être la plus exacte justice, fondée sur l'exacte réciprocité des droits, n'est souvent que la suprême injustice, *Summum jus, summa injuria.*

2° A tout devoir strict correspond, dit-on, un droit, dans la personne qui en est l'objet ; au point de vue de la stricte justice, les personnes doivent donc rester les unes à l'égard des autres sur le terrain de leurs droits respectifs. Mais le droit pris à la lettre peut être féroce ; par exemple, dans une déroute une armée doit passer toute entière sur un pont étroit ; chaque soldat se presse pour passer sans s'occuper de ceux qui tombent à côté de lui. « Chacun pour soi », pourvu qu'on ne cause aucun dommage à autrui, — telle est la formule du droit strict, qui croit respecter par là scrupuleusement la justice.

3° Il ne faut pas confondre la *justice* ainsi entendue, à la lettre, en un sens étroit et dur, avec l'équité, ou justice selon l'esprit, selon la conscience, qui sait se relâcher à propos de la rigueur de son droit, pour traiter autrui comme on voudrait raisonnablement être traité par lui. Avec l'*équité*, nous complétons la justice stricte, et nous nous acheminons vers la *charité*.

4° Il ne suffit pas, en effet, de ne pas faire de mal à autrui ; et la formule « Ne cuiquam noceas », est bien loin de la perfection que la morale nous commande de réaliser, selon nos forces. C'est dire que la charité doit indispensablement compléter la justice. Sans doute la personne humaine est une « *fin en soi* » (Kant), et elle doit revendiquer résolument son droit ; mais l'homme ne doit pas être intraitable dans la revendication de son droit à l'égard de ses semblables *(homo homini lupus, Hobbes)*, et il doit faire pour les autres ce qu'il voudrait que les autres fassent pour lui. Le plus sûr moyen de faire *tout* son devoir, c'est de faire *plus* que ce qu'on croit être strictement son devoir ; la justice en effet n'est que la limite inférieure, (encore variable et mobile selon les circonstances et les personnes) de la moralité : vouloir rester trop fidèlement attaché à ce minimum du devoir, c'est risquer bien souvent de rester au-dessous. C'est en morale surtout qu'il est vrai de dire : « *La lettre tue, l'esprit vivifie* ».

E. G. D.

138. — Exposer quels sont les devoirs de l'homme dans la famille.

L'homme, intelligent et libre de sa nature, est un être essentiellement moral; à ce titre, s'il jouit de droits absolus et incontestés, il a aussi, par une raison réciproque, des devoirs impérieux à remplir envers Dieu, la société, la famille, et envers lui-même. C'est ce caractère indélébile de haute et universelle moralité qui constitue sa force et le met à même d'atteindre son but, un bonheur progressif et indéfini. « Platon, dit un moraliste moderne, a été le premier qui ait mesuré la grandeur de l'homme au nombre et à la rigueur de ses devoirs. »

Parvenu au sommet de l'existence, dans la plénitude de ses facultés physiques et intellectuelles, que doit-il à la famille dont il est le chef naturel?

Epoux d'abord, il est tenu de développer toutes les facultés de l'être délicat que son cœur a choisi pour partager les joies et les douleurs inséparables de la famille. Il ne doit pas tenir sa femme dans un état d'infériorité intellectuelle ni morale; il doit la rendre heureuse par l'affection, lui communiquer ses connaissances pour la conduire à la vérité, l'élever par la pratique constante et raisonnée du devoir. Tout devant être commun entre eux, il ne doit jamais perdre de vue cette belle maxime du poète:

On ne jouit d'un bien qu'autant qu'on le partage.

Et d'un autre côté, il est évident qu'on supporte à deux plus courageusement et plus légèrement le poids de la vie, selon cet adage de l'antiquité: Malheur à celui qui est seul: *Væ soli!*

La production ne s'arrête jamais dans la nature: l'espèce humaine doit se perpétuer et se multiplier. La grande loi qui prime toutes les autres et régit l'ensemble des êtres organiques, depuis le brin d'herbe invisible jusqu'à l'animal le plus parfait, jusqu'à l'homme, c'est-à-dire la transmission de la vie, est un des devoirs et un des bonheurs de l'humanité.

Les enfants une fois nés, que leur doit le père?

Puisqu'il leur a donné l'existence, il est tenu de la leur conserver et de pourvoir à leurs besoins jusqu'à l'époque où ils seront en état de se suffire à eux-mêmes. De là résulte l'obligation absolue, pour le père et pour la mère, de fournir à leurs enfants la subsistance, l'abri, le vêtement, et tous les secours indispensables à la conservation de la santé. La sollicitude de la plupart des animaux envers leurs petits peut servir de modèle à cet égard. Les parents sont tenus en outre de préparer et d'assurer, autant qu'il est en eux, l'avenir de la famille dans la société; héritiers des économies de ceux qui les ont précédés, ils doivent conserver ce fonds de réserve, l'accroître s'il est possible, et le transmettre à leurs enfants qui, à leur tour, le passeront à d'autres mains. Pour mieux garantir la famille des revers imprévus de la fortune, ils établiront comme règle le travail et l'économie, et ils fourniront à chacun des membres les moyens d'exercer une profession ou une industrie.

Si les soins matériels ont leur importance, le côté moral de l'éducation impose des devoirs bien autrement graves. « Tel, dit J.-J. Rousseau, croit être un bon père de famille, et n'est qu'un zélé économe. » Il faut donc s'attacher par-dessus tout à former, à développer la sensibilité, l'intelligence, la volonté de ses enfants, à leur inspirer l'affection et le respect d'autrui, à leur faire aimer la vérité, pratiquer la justice, honorer et seconder le travail social, afin qu'ils puissent accomplir dignement leur destinée humaine et civile.

Autour des enfants, pour les protéger et leur adoucir les peines des premiers efforts, se groupent des serviteurs de degrés différents. Le père de famille a des devoirs stricts envers eux. Il ne leur doit pas seulement le salaire convenu ; il est obligé d'employer envers eux la raison et la bienveillance, en se souvenant sans cesse que sa supériorité n'existe que dans la famille, en comprenant bien que les serviteurs ont, dans la maison d'autrui, besoin de justice, de confiance et de respect, et qu'en dehors de cette maison, ils ont des droits civils et politiques égaux à ceux de tous les autres citoyens.

Dans ce petit monde, dans cette société primordiale et restreinte de la famille, les devoirs sont donc sévères et nombreux : donner à tous, autour du foyer, l'exemple de l'honnêteté, de l'équité, de la modération, de la constance, de l'affection et de la fermeté, c'est rendre un service incontestable qui, allant bien plus loin que la famille et même que la cité, prépare souvent l'avenir, heureux ou funeste, de la nation.

---

189. — **Définir chacune de ces expressions :** *Société, État, Patrie, Gouvernement.* — **En montrer les rapports et les différences.**

1º *La Société.* L'homme n'est pas fait pour la vie individuelle et isolée : il est un être éminemment et essentiellement sociable, un « animal politique *(zóon politicon)* », comme l'a dit Aristote, c'est-à-dire fait pour la *vie en commun (Societas)*. L'état social n'est donc pas artificiel, il n'est pas le résultat d'un contrat fait par l'homme pour sortir de l'état de guerre (Hobbes), ou pour garantir l'exercice de la liberté individuelle (Rousseau). L'homme est partout pour l'homme un *semblable* ; tous les hommes ont même origine, même nature :

Homo sum, humani nihil a me alienum puto (Térence),

enfin ils ont tous une commune destinée, qu'il ne leur est donné de réaliser que par l'association de leurs efforts et la collaboration de leurs aptitudes. En effet, à la vie sociale se rapporte toute une catégorie de *devoirs*, ceux des hommes entre eux *(justice et charité)*, et c'est aussi dans la vie sociale qu'apparaît une notion non moins essentielle à la conscience que celle du devoir, la notion du *droit*. On voit donc combien est naturelle à l'homme la vie sociale, c'est-à-dire la vie en commun, indépendamment de la constitution de l'Etat et de celle du gouvernement dans les différents groupes humains.

2° *L'Etat.* La nature pousse les hommes à l'état social, et les fait par un instinct irrésistible se rapprocher, se grouper et s'unir. Le premier groupe ainsi formé est la *tribu*; dans le groupe humain le plus humble et le plus rudimentaire, nous voyons déjà régner la préoccupation de régler l'exacte proportion des devoirs et des droits de chacun : cette préoccupation, c'est la charge de l'Etat, qui doit être (s'il ne l'est toujours) la partie du groupe social (législateurs, magistrats) : à qui est déléguée l'interprétation et l'application des lois établies pour le plus grand bien de tous ; c'est l'Etat qui doit ainsi veiller à la garantie des intérêts de la nation.

3° *La Patrie.* La patrie ou nation est le groupe tout entier des individus réunis sous des lois communes et pour des intérêts communs, sans distinction de ceux à qui est remis le pouvoir et de ceux à l'égard de qui il est exercé. Bien des conditions concourent à la formation de la patrie : 1° communauté de territoire ; 2° communauté de race ; 3° communauté de langue ; 4° communauté d'intérêts ; 5° communauté de mœurs et de coutumes ; 6° communauté de lois ; 7° communauté de passé historique ; 8° communauté de croyances religieuses. Chacune de ces conditions est à elle seule insuffisante ; il faut ajouter à leur réunion la communauté des volontés unies pour la grandeur et la gloire de la patrie (voy. H. Marion. Leçons de Morale). Le sentiment de la patrie est l'un de ceux qui peuvent donner naissance aux plus admirables dévouements (d'Assas, Chevert, Eblé...)

4° *Le Gouvernement* est la forme particulière que prend l'Etat, selon la nature du principe qui y domine, c'est-à-dire selon qu'une place plus ou moins grande y est laissée à la liberté individuelle.

Montesquieu reconnait quatre sortes de gouvernements : 1° *le despotisme,* où la volonté absolue du souverain fait la loi, sans donner ses raisons ; — 2° *la monarchie,* où le pouvoir est entre les mains d'un roi qui gouverne selon les lois ; — 3° *la république,* où chaque citoyen prend part ou directement ou indirectement au gouvernement ; — 4° le gouvernement mixte ou *représentatif,* où des chambres élues ont le pouvoir législatif, et où le pouvoir exécutif appartient à un roi. (La démagogie est l'absence de gouvernement, elle serait une forme spéciale du despotisme.)

Toutes ces expressions désignent les diverses formes de l'état social ; les notions auxquelles elles correspondent tiennent une si grande place dans la vie humaine, qu'il est impossible de douter que l'homme soit vraiment un être naturellement sociable au plus haut degré.

E. G. D.

140. — Montrer que l'homme est né pour la société.

La destinée d'un être se déduit de sa nature. Si donc l'homme est né pour la société, s'il est un animal sociable : *politicon zôon*, comme le dit Aristote, les conditions de sa nature bien constatées doivent fournir la réponse à cette question.

Considérons successivement les deux éléments réunis dans la personne humaine ; une rapide comparaison nous convaincra que l'homme, qui a cent fois plus de besoins que les autres animaux, aurait cent fois moins de moyens de les satisfaire, s'il restait isolé.

Qu'est-ce que l'homme, dans sa partie matérielle ? Le plus faible des êtres animés, le plus incapable de se suffire à lui-même. Les êtres qui nagent dans l'eau, qui volent dans l'air, qui marchent ou rampent sur la terre, naissent avec une peau, des plumes, des écailles, qui les mettent à l'abri des rigueurs de la nature. L'homme laissé seul ne tarderait pas à succomber aux atteintes de tout ce qui l'entoure. Si la plupart des animaux sont capables, dès leur naissance, d'aller chercher leur nourriture, l'homme, non-seulement ne peut pas se la procurer, mais il ne saurait faire un mouvement pour la prendre ; à peine indique-t-il qu'il la désire. Sa mère, aussi faible que lui, est pour longtemps malade. Qui le nourrira et qui soutiendra sa mère ?

Aux animaux la famille pourrait suffire, à l'homme jamais. Que de choses, que de forces, que d'industries mises à contribution pour donner des langes à cet enfant, pour le coucher dans son berceau !

Le voilà enfin sorti de sa longue enfance. On a éveillé ses sens, on lui a montré l'usage de ses membres, il a appris à se tenir sur ses jambes ; il marche, il court ; encore quelques années et il est adulte. — Les autres animaux sont pourvus d'un instinct qui annonce la présence d'un ennemi : grâce à leur agilité, ils l'éviteront ; ils le combattront ou se mettront à l'abri avec leurs armes offensives et défensives. Ce n'est ni par la supériorité de ses sens, ni par la rapidité de sa course, ni par sa force, ni par ses armes que l'homme résiste à ses ennemis, les dompte ou les détruit. Il ne pourvoit à sa conservation, il ne se montre *roi de la nature* que par des moyens artificiels. Or, ces moyens supposent les recherches, la délibération, le concert de plusieurs pour les inventer ; ils supposent l'effort commun, la *coopération* de plusieurs, de la foule quelquefois, pour les mettre à exécution. Que de choses pour élever l'enfant ! quel concours prodigieux de richesses créées pour permettre à l'homme de se conserver et de se développer ! Si, au lieu de consulter l'expérience des autres, il veut suivre son goût, il s'empoisonnera et se donnera la mort en croyant manger un mets savoureux. S'il veut franchir rapidement l'espace sur terre ou sur mer, il profite des recherches et des découvertes des générations qui l'ont précédé. Il ne fait pas ses habits, il n'a pas bâti sa maison ; à chaque instant, il met à contribution vingt métiers ; il se sert, comme de l'air qu'il respire, du capital lentement accumulé par ses semblables. Que serait-il, existerait-il même, si la société ne l'avait reçu dans son sein?

La partie intellectuelle chez l'homme ne réclame pas moins impérieusement l'intervention et les secours de la société. L'intelligence se développe plus tardivement que l'instinct; elle paraît aussi rétive que les membres étaient débiles et engourdis; on a présenté à l'enfant le lait goutte à goutte, il faudra lui verser la science pareillement. La plupart des animaux naissent avec le cri de leur espèce, l'homme en est réduit à des sons inarticulés tant qu'il n'est pas en possession de sa langue, instrument social par excellence, créé par la société et pour elle. Du jour seulement où il peut manier cet instrument merveilleux, on conçoit l'espoir fondé de voir en lui un homme, et non plus un animal moins bien doué que tant d'autres.

C'est par la langue que l'homme entre en rapport avec ses semblables, qu'il participe à la vie intellectuelle. Ici encore, il va demander à la société d'incalculables tributs. C'est pour lui donner la sécurité que la société a fondé des Etats. Les historiens ont travaillé pour lui faire connaître le développement de l'humanité, les savants pour lui livrer les secrets de la nature, les poètes pour le charmer et purifier ses sentiments, les philosophes pour élever ses idées. Sa curiosité naturelle est alimentée par les découvertes de tous les siècles, tandis qu'à lui seul, isolé, il userait sa vie à résoudre le moindre problème.

Mais l'homme ne désire pas seulement savoir; il est tourmenté d'un besoin que les animaux, avec leurs aptitudes spéciales, n'ont jamais éprouvé; l'homme veut communiquer son savoir, ses pensées. Ce besoin n'a rien de factice, il caractérise notre nature. La conservation de l'individu et la reproduction de l'espèce, tel est le terme de l'activité des animaux; hors de là, ils sont indifférents les uns aux autres. La ressemblance des idées créera plus de relations intimes, établira un accord plus durable entre deux hommes vivant l'un en Europe et l'autre en Amérique, qu'entre deux individus nés à l'ombre du même clocher, mais qui auront en morale et en politique des opinions opposées. Ce qui fait la grandeur de l'homme, c'est la pensée, qui, à mesure qu'elle s'élève, devient un agent plus puissant pour cette sociabilité que ne peuvent déjà plus arrêter ni les climats, ni les frontières.

Notre nature, convenablement interrogée, nous répond donc que l'homme est un animal sociable. Aussi plus on diminuera ce qui fait obstacle aux relations des hommes entre eux : préjugés de race, de couleur, de religion, d'habitudes, de fortune, plus on marchera dans le sens de la destinée de l'humanité.

Béraud.

141. — Rapports de la politique et de la philosophie.

La politique est généralement définie : la science du gouvernement. Or qui dit gouvernement suppose nécessairement gouvernants et gouvernés, et rapports entre les uns et les autres. Sans nous occuper de rechercher quelle est l'origine des gouvernements, ni quelle en est la meilleure forme, voyons seulement quelles sont les bases de la politique. C'est à la philosophie que nous devons les demander. Les hommes réunis en société, ayant des droits et des besoins communs, ont remis à l'un d'eux le soin de pourvoir aux intérêts de tous ; mais ils doivent lui donner le moyen d'atteindre ce but. De là les devoirs réciproques des gouvernants envers les gouvernés, et des seconds envers les premiers.

Les gouvernants sont des mandataires de la Société ; c'est en elle seule qu'ils puisent les principes de leur souveraineté, c'est le seul maintien de ses droits qu'ils doivent avoir en vue. Or les droits de la Société sont ceux des hommes qui la composent, c'est-à-dire la liberté, la sûreté et la résistance à l'oppression. Le gouvernement fait les lois ; il ne peut les faire que dans ce triple but. La liberté pour chacun consiste à penser, à dire, à faire ce qui ne nuit pas à son prochain ; donc la liberté de conscience, de la presse, des actes de la vie privée, voilà autant de principes que la loi doit sanctionner. Mais là ne s'arrête pas le devoir du chef de l'Etat ; il doit non-seulement reconnaître les droits des citoyens, mais encore veiller à ce que personne ne les viole ni dans les personnes, ni dans les biens. De là la nécessité pour lui de constituer une force publique qui garantisse les droits de tous, mais il ne doit s'en servir que pour l'utilité générale. L'entretien de la force publique, sous la forme de tribunaux, de police, etc., exige des dépenses auxquelles la Société pourvoit par les contributions personnelles ; le gouvernement n'a le droit d'établir d'impôts qu'autant que ceux-ci sont strictement nécessaires ; il doit veiller à ce que la répartition en soit faite entre les citoyens suivant la proportion de leurs richesses. En un mot, et pour nous servir d'une expression parfaitement appropriée au sujet, celui ou ceux qui sont à la tête du gouvernement d'un peuple, ont le devoir d'agir en bon père de famille ; ils sont les représentants de la Société, ils doivent en être de fermes soutiens.

Les citoyens qui forment la nation ont, de leur côté, des devoirs envers celui qu'ils ont placé à leur tête. Ces devoirs se résument en deux mots : respect et obéissance aux lois. Telle est aussi l'expression des devoirs des gouvernés les uns envers les autres. Sans lois, en effet, la Société ne se conçoit pas, ou du moins ne peut exister sans conflits quotidiens. Trop souvent les limites des droits de chacun sont obscurs ; c'est à la loi de les établir. C'est à elle qu'il appartient également de déterminer pour chaque citoyen sa part dans les charges communes. Elle est la règle inflexible devant laquelle tous doivent s'incliner sous peine de déroger à l'ordre immuable. En outre, chaque citoyen doit, autour de lui, parmi ses inférieurs, puisqu'il y en a dans toute société, chez ses enfants surtout, répandre le respect de la légalité, qui n'est autre chose, en fin de compte, que la première vertu morale, le respect de soi-même, puisque chaque citoyen, en instituant le gouvernement dans une Société bien ordonnée, est lui-même l'origine première des lois. Voilà ce que la morale philosophique apprend à quiconque la consulte. Plus un peuple sait plier devant les lois qu'ils s'est données, et plus il est parfait.

L'immense famille humaine se partage en un grand nombre de Sociétés civiles ou Etats particuliers ; les climats, les distances, les mœurs différentes sont autant de causes de cette division. Ces sociétés ont entre elles des rapports constituant ce que l'on appelle le droit international ou droit des gens. La philosophie doit encore en poser les bases. Celles-ci se résument toujours dans le grand principe de la morale : « Ne fais pas à autrui ce que tu ne voudrais pas qu'on te fît à toi-même. » Les nations sont des personnes morales, et elles doivent agir comme telles. L'ambition aveugle, des intérêts mal entendus viennent trop souvent se mettre à l'encontre. De là cette hideuse chose qu'on appelle la guerre, qui ne consacre jamais que le droit du plus fort, c'est-à-dire le principe le plus immoral. La conscience universelle proclame que, dans la politique internationale comme dans les relations privées, la force n'est qu'un fait brutal, et non un droit, et qu'elle ne peut rien sanctionner. Le souvenir de la loi naturelle, c'est-à-dire de la justice, est le véritable guide des rapports des nations entre elles : les Etats comme les simples particuliers ne doivent avoir que cet objectif. Tout autre est contraire à la raison et amène inévitablement tôt ou tard les revers et la chute. C'est ce que la vraie philosophie proclame, c'est ce que l'histoire aurait dû aussi nous apprendre.

142. — Quels sont les droits respectifs de l'Etat et des individus dans la morale sociale ?

Cette question qui touche à la fois à la philosophie, à la politique et à l'histoire, n'est autre que celle de l'équilibre possible entre l'autorité et la liberté. Elle a reçu jusqu'à nos jours les solutions les plus défectueuses, sans doute parce qu'on ne l'avait pas posée dans ses véritables termes. Sous ce rapport, les républiques anciennes auxquelles un vain esprit d'imitation nous a souvent portés à faire des emprunts, ne méritent guère de servir de modèles. A Athènes comme à Rome, la liberté pour le citoyen consistait à être gouverné par la loi et non par un homme, mais cette loi était dans bien des cas profondément despotique. La législation de Solon, si vantée, et à certains égards si digne de l'être, contient plus d'une disposition dont la tyrannie nous révolte aujourd'hui. En thèse générale, dans les sociétés antiques, l'individu est absolument subordonné, pour ne pas dire sacrifié, à l'Etat.

Une autre théorie politique fort accréditée par le catholicisme, mais dont l'origine semble remonter à l'empire romain, c'est la théorie du droit divin. Ici le chef de l'Etat est considéré comme le représentant de la divinité. A ce titre, son autorité est absolue, et les individus n'ont d'autres droits que ceux qu'il lui plait de leur octroyer. Imbu de ces idées, Louis XIV se croyait de très bonne foi le maître légitime des biens et de la vie de ses sujets. Une conséquence si peu admissible réfute d'elle-même la doctrine, et nous dispense d'insister sur la supposition qui lui sert de base.

La théorie du gouvernement paternel, forme adoucie de la précédente, soulève des objections analogues. Elle assimile, d'une façon tout à fait gratuite, l'Etat à un père de famille dont les citoyens seraient les enfants ; elle consacre l'absolutisme, quitte à le revêtir d'un déguisement hypocrite.

Au fond, les divers systèmes que nous venons d'énumérer, malgré les différences qu'ils présentent entre eux, offrent un caractère commun : la négation des droits individuels au profit de l'omnipotence de l'Etat.

Avec Rousseau la question a fait un grand pas. Certes, on se tromperait grossièrement si l'on voulait voir dans le *Contrat social* un fait historique : aucune charte, aucune constitution primitive ne fait mention d'un pacte de cette nature. Mais, pris comme symbole, il exprime à merveille l'essence vraie du pouvoir. Or la notion de l'origine et des conditions du pouvoir une fois bien comprise, les droits respectifs de l'Etat et des individus en découlent actuellement comme nous l'allons voir.

Supposez l'homme en dehors de la société : sa liberté est illimitée. Robinson seul dans son ile ne relève que de lui-même. Mais cette liberté absolue, inoffensive chez l'être humain isolé, devient dangereuse dans le milieu social. On l'a dit avec raison : ma liberté finit où commence la liberté de mon voisin. Le difficile est pour moi de savoir toujours exactement la limite au delà de laquelle expire ma liberté légitime. Et si même je connais cette limite, serai-je toujours assez maître de moi pour ne la point franchir ? En prévision des perpétuels conflits qui naîtraient inévitablement d'une telle situation, les individus remettent une partie de leurs droits à quelques-uns d'entre eux, à la charge pour ceux-ci de leur garantir la possession et l'exercice du reste. Voilà l'Etat constitué, au moins dans sa fonction première, qui est de veiller à la sécurité individuelle des citoyens. De plus, toute collectivité humaine a des besoins généraux — défense nationale, travaux d'utilité publique, par exemple — auxquels les ressources et les efforts isolés des particuliers ne pourraient pas, ou ne pourraient que difficilement faire face. Ces grands intérêts, l'Etat est encore chargé d'en procurer la satisfaction.

A ces fonctions correspondent naturellement des droits. Responsabilité implique autorité. Sans force pour remplir les obligations dont il est chargé par la confiance des citoyens, l'Etat ne pourrait rendre aucun des services qu'on attend de lui. Il a donc le droit de faire des lois obligatoires pour tous et de veiller à leur stricte exécution. Il lui appartient de déterminer dans quelle mesure les droits individuels peuvent être exercés sans porter atteinte à l'intérêt social.

En regard des prérogatives de l'Etat, plaçons maintenant les droits des individus. L'autorité publique étant une délégation, les citoyens nomment les dépositaires du pouvoir, élisent les législateurs et participent de la sorte à la confection des lois auxquelles ils doivent obéir. La loi perd ainsi le caractère tyrannique qu'elle aurait si elle émanait d'une autre source et devient, selon le beau mot d'un ancien, l'expression de la raison générale.

Cependant, bien qu'on puisse dire en un certain sens que la loi fixe le droit des individus, il est des droits individuels antérieurs et supérieurs à la loi, qu'aucune constitution politique ne saurait infirmer, fût-elle votée par la majorité d'une assemblée ou même par la majorité de la nation. Quels sont ces droits? Leur nombre varie, suivant les publicistes qui se sont occupés de la question. Sans entrer à cet égard dans aucune querelle d'école, disons seulement que le droit de propriété, par exemple, nous paraît être un de ceux auxquels le législateur ne pourrait toucher qu'en commettant une injustice.

143. — De la Morale religieuse ou des devoirs de l'homme envers Dieu.

Nous devons un culte à Dieu. Le fait de notre origine, celui de notre fin, créent pour nous cette obligation. Nous avons été créés par Dieu, et placés par lui sur la terre afin de nous y préparer à une vie immortelle et heureuse; Dieu nous a donc traités en père et par suite nous lui devons amour et reconnaissance.

Mais, non content de nous donner la vie, il y a encore ajouté, avec la liberté, l'intelligence et l'amour; il nous a fait concevoir sur sa nature tout ce qui nous est nécessaire pour le connaitre et pour l'aimer. La connaissance de ces perfections crée encore pour nous l'obligation d'aimer notre Créateur et de lui rendre un hommage digne de lui.

A ces deux preuves vient s'ajouter le besoin irrésistible de tous les hommes, de chercher au-dessus d'eux un Etre dont ils veulent dépendre et auquel ils adressent leurs hommages et leurs prières. — Mais Dieu, dira-t-on, n'a pas besoin de ce culte qui n'ajoute rien à sa gloire; nous ne pouvons donc pas y être obligés. — Sans doute Dieu n'a pas besoin de notre culte; mais sa perfection infinie ne doit pas nous dispenser de nos devoirs envers lui. Est-ce qu'un homme est dispensé de la reconnaissance qu'il doit à son bienfaiteur, si ce bienfaiteur est tellement riche, tellement grand qu'il ne puisse rien recevoir de son obligé? — Et d'ailleurs nous, nous avons besoin de ce culte pour puiser dans la pensée d'un Dieu bon et parfait, la force et l'énergie qui nous feraient souvent défaut dans l'accomplissement de nos autres devoirs.

La nécessité d'un culte envers Dieu étant reconnue, quelles sont les obligations qui en résultent pour nous? — Ces obligations sont ordinairement divisées en deux classes; les premières, qui se rattachent au culte intérieur, c'est-à-dire aux sentiments de l'âme envers la divinité; et les secondes, qui forment le culte extérieur, celui qui se compose des prières et des cérémonies imposées par la religion.

Les devoirs du culte intérieur ressortent immédiatement de la considération des différents rapports qui nous unissent à Dieu. Nous sommes imparfaits et finis, Dieu est l'être infini, souverainement parfait; nous sommes des créatures et Dieu est notre créateur; nous avons une fin, et Dieu est cette fin; nous avons enfin besoin de secours pour atteindre cette fin, et Dieu seul peut nous les accorder. L'adoration, l'amour, la reconnaissance, l'espérance puisant la force dans la prière, tels sont donc les devoirs du culte intérieur. De plus longs développements seraient inutiles, tant ces devoirs sont simples et faciles à comprendre. Une seule difficulté peut-être élevée : c'est au sujet de l'efficacité de la prière. Bien des hommes se plaisent à répéter que celle-ci est inutile parce qu'elle tend à faire changer les lois de la nature et les décrets divins qui sont immuables. Mais, si les décrets divins sont immuables, la liberté de Dieu existe cependant. Sans doute, c'est là un problème impossible à résoudre pour nous; mais l'immutabilité et la liberté de Dieu ne peuvent se détruire mutuellement : chacune à sa part dans le gouvernement du monde, et c'est précisément à la part de la liberté que répond chez nous le besoin de la prière.
— De plus, notre nature ne peut pas nous tromper; elle nous incline à chercher en Dieu secours et protection; donc nous devons les y trouver, et notre prière doit être efficace. S'il en était autrement, nous serions rendus aveugles par les penchants mêmes que Dieu a mis en nous.

On prétend souvent que le culte intérieur et l'amour de la vertu constituent à eux seuls nos obligations envers Dieu. Rien de plus faux que cette opinion. Les sentiments de notre cœur, quelque vivaces qu'ils soient, disparaissent toujours facilement, lorsqu'ils ne sont pas entretenus par des actes extérieurs qui tournent vers un même but notre esprit et notre cœur, et ravivent les impressions qui allaient s'effacer. Cette nécessité est d'autant plus grande pour le culte intérieur que l'idée de Dieu est absolument différente des objets ordinaires de notre attention, et des mille préoccupations dont nous sommes sans cesse assiégés. De là la nécessité d'un culte extérieur.

Malheureusement le rôle de la raison cesse ici. Elle nous démontre qu'il faut honorer Dieu; mais elle ne dit pas par quelle parole, par quelle action, à quel lieu, à quelle heure. Elle marque le devoir, et nous laisse libres de l'accomplir de la manière qui nous semble bonne. Tout ce quelle nous ordonne, c'est de ne pas souiller par des paroles ou des actions déshonnêtes et sacrilèges la sainteté des sentiments qui doivent remplir l'âme.

---

144. — Définir le droit en général et le droit de propriété en particulier. Origine philosophique de ce dernier et sa nécessité sociale.

Le droit est ce qui appartient à tout être.

D'où le premier droit pour moi est celui que j'ai sur ma personne et sur ce qui compose ma personne, c'est-à-dire mes facultés, mon intelligence, ma volonté.

Ai-je droit aussi à ce qui sera l'effet de mon activité, à ce que produiront mes facultés? Si je n'avais pas droit à ces produits, ce seraient d'autres qui y auraient droit, ou ce ne serait personne; il est impossible de concevoir une quatrième hypothèse.

Dire que personne n'a droit aux produits de mon activité est une thèse assez puérile et fort dangereuse; relativement à la propriété, la difficulté n'a jamais été de susciter des compétiteurs, mais bien plutôt de régler des compétitions fort surexcitées. — Dire que ce sont les autres qui ont droit à mes produits, c'est m'autoriser à élever une prétention semblable à leur égard, ce serait tout simplement provoquer un échange de réclamations, emmêler l'écheveau, embrouiller ou reculer la question, mais non pas la résoudre. Toutes les preuves que les autres pourront apporter pour appuyer leurs prétentions se résumeront en ceci: qu'ils veulent s'approprier le fruit de mon travail par la raison qu'ils ne l'ont pas produit. — Cette raison n'est pas suffisante, et comme, en outre, la nature ne m'a pas donné des facultés pour qu'elles me soient inutiles, ce sera moi qui aurai droit sur les produits de mes facultés.

La propriété sera donc le droit aux fruits, aux produits, aux résultats de l'activité individuelle. Sans doute, puisque nous vivons en société, d'autres que moi profiteront de mon travail; mais il m'appartiendra de régler les conditions dans lesquelles ils pourront en profiter, après qu'il m'aura été assuré une juste et préalable prélibation.

L'origine du droit de propriété étant expliquée, il nous est facile de repousser les systèmes qui, au préjudice de l'individu, voudraient attribuer le droit de propriété, soit à l'Etat, soit à la communauté, soit à la famille.

L'Etat n'est point un être mystique et fantastique reposant entre ciel et terre; l'Etat, cela veut dire un homme ou quelques hommes que leurs semblables ont chargés de l'administration publique. Ils ont droit à une rémunération pour leurs services; ils ne pourraient être propriétaires des biens d'un pays que s'ils avaient produit ces biens; pour que tout leur appartint, il faudrait qu'ils eussent tout fait: hypothèse irréalisable. La logique veut qu'on traite les membres de l'Etat comme les autres hommes : ils auront des droits en raison de ce qu'ils auront produit.

Quant au communisme, il sera dans le vrai quand on pourra dire qu'il y a en France, par exemple, non plus 37 millions d'individus ou de personnes, mais un seul et même individu, une seule et même personne, une monstrueuse machine à 37 millions de têtes et 74 millions de bras. Il n'y aurait alors qu'une seule activité, et il serait juste de ne reconnaître qu'un seul droit de propriété. Heureusement l'espèce humaine n'est pas polype. — Ce n'est pas à dire pour cela que quelques individus s'associant ne puissent créer un produit collectif; dans ce cas, le droit de part sur le produit sera proportionnel à l'activité de chacun.

Des esprits inconséquents, après avoir reconnu les inconvénients du communisme qui absorbe l'individu et arrête toute activité, refusent néanmoins de reconnaître le droit de propriété privée, pour vouloir que la famille seule soit propriétaire. C'est aller jusqu'au seuil de la vérité pour se donner le plaisir de ne pas entrer. Nous opposons à la famille propriétaire le même argument qu'à l'Etat et au communisme. La famille n'est pas une personne, elle est une collection de personnes; elle produit, non pas comme famille, mais par chacun des individus qui la composent, comme produit toute association. La famille n'est pas un être simple. Ne reconnaître le droit de propriété qu'à la famille, qu'à deux individus considérés conjointement, ce serait le saper par la base aussi bien qu'en adoptant le système des communistes qui ont l'idolâtrie de l'Etat.

MÉTAPHYSIQUE

145. — Qu'est-ce que la métaphysique? Montrer que la philosophie, comme la plupart des sciences, a un côté spéculatif, et un côté pratique : établir cette distinction par des exemples.

La métaphysique est la partie de la philosophie qui a pour objet les premiers principes de la nature et de la pensée sur les causes les plus élevées de l'existence et de la connaissance. On a souvent déversé le mépris sur cette science, et il faut regretter que Voltaire lui-même ait prêté le patronage de son grand nom aux railleries dirigées contre une étude difficile sans doute, obscure, sujette à s'égarer dans l'hypothèse, mais qui n'en tient pas moins aux instincts les plus impérieux de la raison humaine. Au fond, en effet, de quoi s'occupe la métaphysique? J'existe et le monde existe : sommes-nous l'un et l'autre par nous-mêmes, ou bien l'être nous a-t-il été communiqué? Je possède certaines idées : ces idées correspondent-elles à des objets réels en dehors de moi, ou ne sont-elles que les lois régulatrices de mon entendement? Vainement prétendrez-vous interdire l'examen de telles questions sous prétexte que les réponses qui y ont été faites se sont souvent trouvées fausses ou conjecturales; vous n'empêcherez pas l'intelligence de rester inquiète et avide de solutions en présence de ces problèmes qui s'imposent invinciblement à ses recherches.

Parce que, seule entre toutes les branches du savoir humain, la philosophie s'élève à la notion de l'universel et de l'absolu, notion la plus opposée à la connaissance sensible, ce serait s'abuser étrangement que de méconnaître son caractère pratique et de tracer une injurieuse ligne de démarcation entre elle et les autres sciences. Quoi! la science de l'homme serait la seule qui n'aurait pas d'utilité pour l'homme? Non, certes. La philosophie a son côté utilitaire, de même que les études les plus chères aux esprits positifs ont leur côté spéculatif. Pour ne parler d'abord que celles-ci, nul ne songe à contester les services rendus par la géométrie : cependant les lignes et les figures géométriques sont des lignes et des figures abstraites, la géométrie suppose ce qui n'existe pas dans la réalité : le cercle parfait, le point sans étendue, etc. La physique et la chimie, dont on connaît les nombreuses applications industrielles, rentrent sur le terrain de la science désintéressée, quand elles étudient, non plus les propriétés générales et particulières des corps, mais l'essence de la matière elle-même. La physiologie confine à la métaphysique quand, au lieu de se borner à constater les phénomènes de la vie, elle s'en prend à la vie elle-même, lui demande son secret, cherche à savoir si le principe vital ne fait qu'un avec l'âme, ou s'il en est distinct. L'histoire naturelle, en opérant ses classifications, en groupant les individus par genres et par espèces, obéit à une idée d'ordre qui est une conception métaphysique.

A son tour la philosophie n'est point un de ces exercices stériles que les Romains flétrissaient du nom de *umbratilia studia*. Le penseur qui aime la vérité pour elle-même, et l'homme pratique qui la recherche surtout pour ses effets, trouvent l'un et l'autre à se satisfaire ici. Dans l'analyse délicate de la perception, du souvenir, de la volition, etc, il n'y a peut-être d'intérêt que pour le psychologue de profession. Certes, il est clair que nous produisons les actes inhérents à notre constitution spirituelle, sans avoir aucunement besoin de savoir le *comment* de ces phénomènes. Mais la science de l'âme ne se borne pas à décomposer les opérations sensitives, intellectuelles et volontaires; elle nous apprend à régler nos facultés, à les perfectionner, à ne leur demander que ce qu'elles peuvent légitimement nous donner; c'est là un enseignement qui n'est plus de pure curiosité, et dont tout le monde peut faire son profit. Certaines parties de la logique n'ont pas une grande importance, et ne doivent être considérées tout au plus que comme une gymnastique de l'esprit : telles sont les catégories d'Aristote, tels sont aussi divers arguments subtils proposés dans les écoles de l'antiquité. En revanche, quoi de plus indispensable à qui veut se former un jugement, que l'étude des procédés à l'aide desquels on enchaîne rigoureusement une démonstration, on distingue le vrai d'avec le faux, on découvre le vice des raisonnements captieux? Si nous passons à la théodicée, nous rencontrons tout d'abord une question qui appartient, au premier chef, à la métaphysique : Quelle est la cause première? Dieu est-il immanent au monde, ou bien est-il distinct des choses, conscient de lui-même, *rémunérateur et vengeur* comme l'appelait Voltaire? Cette question n'est nullement oiseuse, et il n'est point indifférent qu'on la tranche dans un sens ou dans l'autre, car c'est notre destinée tout entière qui y est engagée. Pour ce qui est de la morale, si elle paraît offrir un caractère spéculatif, du moins théorique quand elle recherche le principe qui doit diriger les actions humaines, c'est-à-dire ce que les anciens appelaient le *souverain bien*, elle redescend des hauteurs de la spéculation sur le terrain de la pratique, alors que, ce principe une fois trouvé, elle en a fait l'application aux diverses circonstances de la vie (Morale particulière).

La philosophie est donc autre chose qu'un noble, mais inutile exercice de l'intelligence. Ce ne sont pas d'orgueilleux monuments destinés à charmer ou à éblouir la vue, ce sont surtout des demeures faites pour abriter l'humanité, que ces temples élevés par la science des sages, dont parle le poète :

Edita doctrina sapientum templa serena.

---

146. — Que doit-on entendre par les différentes expressions *certitude, doute, opinion, erreur, science?* **En quoi consistent le** *dogmatisme,* **le** *scepticisme,* **le** *probabilisme ?*

La connaissance humaine est susceptible de bien des formes et de bien des degrés ; et on y peut établir plusieurs distinctions capitales, suivant le point de vue où l'on se place pour l'envisager. Un grand fait y domine tous les autres, c'est que tous les actes de l'intelligence peuvent prendre deux caractères opposés, sous quelque aspect qu'on les considère. Notre esprit est toujours placé à l'entrée de deux routes, entre lesquelles il devra choisir souvent avec peine, toujours avec attention.

Si l'on se place au point de vue le plus général et le plus indéterminé, on trouve les deux grandes alternatives que désignent ces deux mots: *savoir*, — *ignorer*. Ce sont les deux termes extrêmes ; l'un marque le point de départ de l'intelligence avant toute étude et toute instruction, l'autre marque le résultat qu'auront les longs efforts de la pensée et l'exercice soutenu de la réflexion. L'*ignorance* est le minimum dans cette série de développements progressifs dont la *science* au contraire sera le maximum.

Mais il peut arriver que nous ayons conscience de notre ignorance ou qu'au contraire en ignorant nous nous imaginions savoir. L'ignorance dont on a conscience engendre le *doute*, puisqu'on se demande si l'on doit ou non attacher quelque créance aux jugements qu'on a formés. Douter, c'est savoir qu'on ignore et s'abstenir, en conséquence, d'affirmation ou de négation. On peut douter quelquefois de choses qu'on n'ignore pas véritablement, mais qu'on croit ignorer: ne pas savoir qu'on sait et en douter comme si on ne savait pas, c'est ce qui arrive parfois aux esprits qui pèchent par excès de prudence. D'autres, au contraire, croient savoir très pertinemment ce qu'en effet ils ignorent: c'est là l'origine de l'*erreur*. Ignorer n'est jamais nécessairement errer. On ne commence à errer que quand à tort on se figure savoir. L'erreur consiste dans le jugement par lequel nous affirmons ce qu'il faudrait nier, ou nions ce qu'il faudrait affirmer, ou encore révoquons en doute ce qui mériterait affirmation ou négation expresse. L'erreur n'est donc pas simplement l'ignorance, mais l'ignorance qui ne se connait pas et se prend pour une science réelle.

Quand la science, au contraire, est effective et vraie et que nous la reconnaissons comme telle, notre esprit sort du doute et passe à la *certitude*. On appelle ainsi l'état de notre pensée quand elle est entrée en possession de la vérité soit par démonstration, soit par évidence immédiate. Il n'y a pas de degré dans la certitude. De quelque manière qu'elle se soit produite, une fois qu'elle existe, elle est ce qu'elle est, la même pour tous les genres de vérités auxquels elle peut s'appliquer. C'est toujours l'assentiment que l'esprit donne à une vérité dont il se sent incapable de douter.

Ainsi le *doute* s'oppose à la *certitude*, comme l'*erreur* à la *vérité*, comme l'*ignorance* à la *science*. Entre ces deux séries de termes opposés, on a pourtant cherché à établir un intermédiaire tenant à la fois de l'un et de l'autre: c'est l'*opinion*. Les philosophes grecs en ont souvent parlé pour l'opposer soit à la science, soit à l'ignorance, soit au doute. L'opinion, en effet, c'est le jugement qu'on ose émettre, mais qu'on n'oserait pas donner pour certain et irréfutable. C'est ce qu'on ose *opinari*, mais non *asserere*, c'est ce qui nous semble possible, c'est une simple apparence de vérité qui peut être ou n'être pas la vérité elle-même, c'est en un mot ce que nous affirmons ou nions sans nous faire à nous-mêmes d'illusion sur la valeur de notre jugement.

Trois systèmes ont été fondés sur ces trois manières de penser, la certitude, le doute et l'opinion. Ceux qui croient que la science humaine est capable d'atteindre à des vérités certaines sont les *dogmatiques*, et le dogmatisme affirme non seulement qu'il y a des vérités, mais quelles sont ces vérités. Ceux qui croient au contraire que la science humaine est une illusion, qu'affirmer et nier catégoriquement sont des actes téméraires, réduisent la science à une abstention perpétuelle, à une suspension du jugement qui prévienne toutes les erreurs, si elle n'engendre aucune vérité: ce sont les *sceptiques*, dont le système est encore souvent appelé *pyrrhonisme* du nom de Pyrrhon, fondateur du scepticisme grec. Enfin ceux qui cherchent un milieu entre la croyance et le doute, entre le savoir et l'ignorance, croient le trouver dans l'*opinion*, qui offre à la science humaine un asile commode contre tous les excès. Le probabilisme ne demande pas à la science d'affirmer, de nier, ni même de douter; il lui permet d'opiner, de supposer, de se borner à un perpétuel *peut-être*. A cette condition, elle ne se trompera jamais, et dans la pratique on pourra se servir de ces opinions comme si c'étaient des affirmations expresses: on éviterait ainsi et les dangers du dogmatisme et ceux du scepticisme, en en gardant tous les avantages dans l'usage commun et pour le commerce ordinaire de la vie.

L'exposé qui précède peut se résumer dans le tableau suivant :

Pensée humaine
- *Ignorance*
  - Inconsciente, produit l'*erreur*.
  - Consciente, produit le *doute*, fondement du SCEPTICISME.
- *Opinion*
  - Produit la *foi* ou *conjecture*, fondement du PROBABILISME.
- *Science*
  - Inconsciente, produit le *doute*.
  - Consciente, produit la *certitude*, fondement du DOGMATISME.

147. — Expliquer le sens des termes contingent et nécessaire, relatif et absolu, concret et abstrait, objectif et subjectif.

Les objets de nos connaissances peuvent être divisés en deux grandes classes, quand on les considère dans leur *essence*.

Les uns nous apparaissent comme pouvant être ou n'être pas ; ils sont appelés, pour cette raison, *contingents*, du mot latin *contingere*, arriver. Ce terme indique qu'ils ne sont pas par eux-mêmes, en vertu de leur essence, ils constituent ce qu'on pourrait appeler, par opposition à la cause première, le *devenir* : un arbre, un homme individuel sont des objets contingents. Ces objets sont saisis par la *perception extérieure* dans le monde physique, et par la *conscience* dans le monde intérieur ou psychologique.

Les autres objets, au contraire, sont conçus comme ne pouvant pas ne pas être. Il y aurait absurdité pour notre raison à supposer la non-existence de ces choses. De ce nombre sont le temps, l'espace, la substance, la cause. Ces objets sont appelés *nécessaires*, précisément parce que nous comprenons qu'il est impossible qu'ils ne soient pas, qu'ils n'aient pas toujours été. Les objets nécessaires de nos connaissances sont saisis par la *raison*.

Il convient aussi de remarquer que nos connaissances se divisent également en deux groupes ; que les unes sont appelées *contingentes*, parce qu'elles représentent des objets qui, par essence, peuvent être ou ne pas être, et les autres appelées *nécessaires* parce que les objets qu'elles nous font connaître ne peuvent pas ne pas être.

Ce ne sont pas seulement les notions des objets eux-mêmes qui reçoivent ces dénominations, mais aussi les principes, vérités universelles ou vérités générales qui s'appliquent aux ordres de choses que nous avons distingués. C'est ainsi qu'il y a des jugements généraux *nécessaires* et des jugements généraux *contingents*, les uns exprimant des vérités dont le contraire implique contradiction, les autres constatant seulement des vérités de fait qui auraient pu ne pas être.

Les objets *nécessaires* sont aussi nommés *absolus*, parce qu'ils sont par eux-mêmes, indépendamment de toute autre chose et de toute condition. Il en est de même des vérités *nécessaires* : elles sont *absolues*. Les objets *contingents* sont, au contraire, dits *relatifs*, parce qu'ils supposent d'autres objets sans lesquels on ne saurait en comprendre l'existence. Ainsi, tout être créé suppose un principe qui le fait être. Tout corps suppose un espace, une étendue qui le contient. De même les connaissances *contingentes* sont nommées *relatives*, parce qu'elles ne peuvent satisfaire complètement l'esprit que dans leur union avec les vérités nécessaires qui sont leur fondement logique.

Les termes *concret* et *abstrait* s'appliquent à la connaissance seulement. L'opposition des deux termes n'existe point dans la réalité, la réalité étant toujours un concret. Dès lors, on le comprend, ces expressions ne s'appliquent qu'à la pensée et au langage. La notion, l'idée est dite concrète lorsqu'elle représente les objets tels qu'ils sont dans la nature avec toutes leurs propriétés et leurs substances réunies. L'idée d'un arbre individuel est une idée concrète, l'idée de l'Apollon du Belvédère est une idée concrète. Mais quand on considère isolément dans les objets, ou la substance, ou une qualité, ou un point de vue, on forme une idée abstraite : l'idée de la *couleur* d'un objet, celle de sa *forme*, celle son *poids*, sont autant d'idées *abstraites*. Les idées concrètes précèdent toujours les idées abstraites, car ce n'est qu'en décomposant les idées concrètes qu'on arrive à concevoir des idées abstraites.

Tous les termes que nous venons de définir sont surtout employés dans la psychologie et dans la logique. Il en est de même des mots : *objectif* et *subjectif*, dont la philosophie allemande a fait un si fréquent usage.

On entend, en philosophie, par *sujet* de la connaissance, l'être qui connaît, c'est-à-dire le *moi* ou *principe pensant*; et, par *objet*, la chose connue, qu'elle appartienne au monde physique, ou au monde psychologique, ou au monde métaphysique.

Dans certains systèmes idéalistes, où l'on considère les notions de la raison comme de purs *concepts*, comme des catégories subjectives de la pensée, on affirme qu'il n'y a aucun objet réel correspondant à ces concepts; la substance, la cause, ne sont que des idées de notre esprit, ces conceptions n'ont qu'une valeur subjective, une valeur logique. Elle servent à coordonner la connaissance, mais elles n'ont point de portée hors de notre esprit; elles ne correspondent à rien de réel. Dans les doctrines où l'on assigne, au contraire, à la raison

son véritable domaine, on admet que ces notions sont l'expression de la réalité elle-même. Il y a donc en elles quelque chose d'objectif.

Le mot subjectif est souvent employé, dans la philosophie française, pour distinguer des faits intellectuels les phénomènes de la sensibilité, et pour exprimer que le caractère qu'ils présentent dépend de l'état du moi, de l'état de l'être ou *sujet* qui les éprouve, et non de l'objet avec lequel nous sommes en rapport. Le même objet peut, sans avoir changé, exciter en nous tantôt le plaisir, tantôt la peine, tantôt la joie, tantôt la douleur; le phénomène dépend donc ici du *sujet* dans lequel il se passe, il est *subjectif*; ce caractère le distingue du phénomène intellectuel qui est, au contraire, *objectif* de sa nature, ce qui veut dire qu'il dépend de l'objet avec lequel nous sommes en rapport quand il se produit.

Il importe beaucoup de préciser le sens de ces termes pour comprendre les vrais rapports de la pensée avec les objets qu'elle représente et pour assigner au langage sa véritable valeur comme expression soit de la pensée, soit de la réalité elle-même.

148. — Caractère de la certitude. — Facultés qui la donnent.

La certitude peut se définir : l'adhésion ferme et inébranlable de l'esprit à la vérité. Son caractère essentiel est d'être absolue, exclusive de toute limitation. Lorsqu'on n'accepte une proposition qu'avec hésitation, lorsqu'il y a doute, ce doute fût-il très léger, la certitude n'existe pas. Dans ce cas, on ne *sait* pas, on *croit*; or, la croyance repose sur la probabilité, laquelle admet un très grand nombre de degrés, tandis que la certitude, par cela seul qu'elle existe, est, de sa nature, pleine et entière. La science est, ou elle n'est pas. Pour peu qu'on songe à la mettre en question, on la détruit, on la fait tomber au rang d'opinion. La certitude n'est pas autre chose que la science considérée subjectivement.

Ce serait donc se tromper que d'accorder une valeur différente à la certitude suivant qu'elle est dite physique, métaphysique ou morale. Ces diverses épithètes signifient, non pas que l'esprit adhère plus énergiquement à la vérité dans un cas que dans l'autre, mais que la vérité appartient tantôt à la région sensible, tantôt au monde rationnel, tantôt à l'ordre moral : elles qualifient non le sujet, mais l'objet.

Quelles sont les facultés qui donnent la certitude? Les mêmes qui donnent la connaissance, à savoir : le sens intime, la perception externe, la mémoire, la raison et le raisonnement. Chacune de ces facultés est souveraine dans son domaine propre : chacune nous doit la vérité, et nous la fournit à condition de n'être consultée que sur ce qu'elle peut légitimement connaître.

C'est par la conscience ou le sens intime que nous sommes informés des faits psychologiques qui se passent en nous. Notre pensée, notre liberté, la disposition actuelle d'esprit ou de sentiment dans laquelle nous nous trouvons, tout cela nous est révélé par cette faculté. Et non seulement elle connait les phénomènes du *moi*, mais elle atteint jusqu'à la substance du *moi* lui-même. Bien que certains philosophes l'aient nié, la chose parait incontestable, car nous nous sentons comme un être, non comme une collection de modifications.

La certitude physique est due à la perception externe. C'est au moyen des sens que nous connaissons l'existence et les propriétés des corps. Sans doute nos perceptions ne sont pas toujours conformes à la réalité, mais le plus souvent elles ne nous trompent point; elles ne nous trompent même jamais, lorsque le jugement rectifie ce que la donnée sensible a parfois de forcément inexact. Quand on observe mal, on commet des erreurs: ce n'est pas une raison pour nier l'autorité du témoignage des sens.

Les deux facultés précitées nous apprennent d'une manière certaine, l'une ce qui se passe en nous, l'autre ce qui se passe hors de nous, mais leur action se borne au présent. Il est une troisième faculté, la mémoire, qui nous restitue les faits passés. Le souvenir, lorsqu'il est clair, distinct, dégagé de toute obscurité, emporte avec lui un caractère de véracité auquel il est impossible de ne pas se rendre, et qui nous le fait ranger sans hésitation parmi les sources de la certitude.

On a vu jusqu'ici comment nous arrivons à la connaissance des vérités de fait. Quant aux vérités nécessaires, indépendantes de la réalité, elles ne s'acquièrent point à l'aide des facultés empiriques. Les unes, comme les axiomes, sont conçues par une perception immédiate de la raison; les autres sont encore le résultat de la raison, mais de la raison discursive, agissant par déduction et non plus par intuition. C'est ce qui nous a fait distinguer la raison du raisonnement, bien que ce soient moins deux facultés spéciales que deux modes divers d'une même faculté. Le premier fournit les principes, le second projette l'évidence du principe sur la proposition particulière qu'il contient.

Tels sont nos moyens directs de connaitre, les canaux par lesquels la certitude nous arrive. Mais si l'homme était réduit aux seules sources d'informations qui jaillissent de son organisation intellectuelle, il ne lui serait pas possible de savoir grand'chose. Placé à un point déterminé de l'espace et de la durée, il serait condamné à ignorer tout ce qui s'est passé avant lui, et tout ce qui se passe loin de lui, c'est-à-dire hors de la portée de ses perceptions. Aussi a-t-on coutume de ranger le témoignage humain ou l'autorité parmi les facteurs de la certitude. Le témoignage a en effet une importance considérable, et, quand il se présente escorté des garanties qui le valident, son évidence ne le cède pas à celle que produisent les facultés énumérées plus haut. Toutefois si l'on analyse ce moyen de connaitre, on s'aperçoit que, loin d'être indépendante, sa valeur suppose, pour être admise la légitimité des autres voies d'information précédemment indiquées. S'agit-il d'un fait qui m'est raconté par un témoin oculaire? J'ajoute foi à ce récit, mais c'est parce que déjà je tiens pour vraies les perceptions sensibles. Par là se réfute l'erreur grossière du traditionalisme qui prétendait faire de l'autorité l'unique critérium de la certitude.

Séduisante par son apparence systématique, c'est une tentative grosse de périls que celle qui consiste à vouloir ramener toutes nos connaissances à une même source. Revendiquer la vérité au profit d'une seule de nos facultés, c'est infirmer le témoignage de toutes les autres pour aboutir à un scepticisme au moins partiel. Or, — un profond penseur l'a dit — on ne fait pas au scepticisme sa part. Mieux vaut s'en tenir à la division que nous avons adoptée: laisser à la conscience les faits psychologiques, à la perception le monde extérieur, à la raison les vérités suprasensibles.

149. — Quelle est la valeur de la distinction qu'on établit ordinairement entre l'évidence immédiate et l'évidence médiate ?

Les philosophes de l'antiquité, qui souvent suppléaient au défaut de rigueur et de précision dans leurs abstractions par la justesse heureuse des images, définissaient l'*évidence* « *fulgor quidam rerum qui mentis aciem perstringit.* » Cette définition ne fait que développer la métaphore enfermée dans l'étymologie même du mot latin (e, *videri*) ou du terme grec plus énergique encore (*enargheia*, formé de en augmentatif et de l'adjectif homérique *argos*, éclatant de blancheur).

Ces termes, dans leur simplicité, ont l'avantage de fe sentir en quelque sorte que l'évidence est un caractère c idées, une propriété des objets intelligibles et que cette pr. priété ou cette manière d'être n'a pas de degrés. C'est une lumière qui éclaire, qui illumine avec une splendeur toujours égale. Elle peut paraître ou être absente, mais elle ne peut varier. Une idée est évidente ou elle ne l'est pas, mais jamais elle ne l'est à demi.

Sur quoi repose donc cette distinction si accréditée entre une évidence plus parfaite, si l'on peut ainsi dire, qu'on appelle *immédiate* et celle qui, plus lente à paraître, s'appellerait l'évidence *médiate* ou *dérivée* ? Sans doute si nous disons : *Tout ce qui commence d'exister a une cause;* si nous disons ensuite : *Les trois angles d'un triangle sont égaux à deux droits,* ce sont là deux vérités diversement évidentes. Mais à quoi tient cette diversité? A ces vérités prises en elles-mêmes ou bien aux procédés intellectuels par lesquels nous nous y élevons?

La réponse ne peut se faire attendre. Que l'évidence nous apparaisse dès le premier coup d'œil sans effort et sans étude, ou qu'elle éclate seulement à la suite d'une préparation laborieuse de l'esprit, elle n'en reste pas moins identique et égale à elle-même. C'est donc soit aux objets de la pensée, soit aux procédés différents de l'intelligence qu'il faut attribuer cette propriété de provoquer, ou immédiatement, ou seulement d'une manière indirecte l'irrésistible clarté de l'évidence. Il serait donc plus juste de dire que c'est la *certitude* qui s'obtient d'une façon médiate ou immédiate. La *certitude* en effet c'est l'évidence perçue et reconnue par l'esprit, c'est, comme disaient les anciens, cet acquiescement de l'esprit, cet *assensus animi* qui tantôt est comme ravi, emporté, enlevé en un seul instant par la vue soudaine de la vérité dans tout son éclat, et tantôt ne se laisse gagner que par des preuves laborieusement déduites, par des raisons savamment enchaînées. Dans l'un ou dans l'autre cas, la certitude se produit, aussi pleine, aussi absolue, aussi invincible, puisqu'elle atteint également l'évidence, mais elle y arrive par des voies ou plus directes ou plus détournées.

Quel que soit l'ordre de vérités dans lequel nous cherchions un exemple, partout nous trouverons que le plus ou moins de rapidité dans l'acquisition de la certitude ne tient pas à l'éclat plus ou moins frappant de l'évidence, c'est-à-dire de la vérité considérée dans les objets, mais à des circonstances propres à l'intelligence elle-même. Si telle proposition de la géométrie a besoin d'une démonstration, ce n'est pas qu'elle soit par elle-même moins évidente que les axiomes les plus clairs : c'est que l'esprit doit écarter les voiles qui la lui cachent. Cette vérité : *deux et deux font quatre* n'est pas plus claire en elle-même que celle-ci par exemple, pour en prendre une du même ordre : 4993 *unités multipliées par* 2 *donnent* 9986. Seulement il faut à l'esprit un plus grand degré d'habitude, une gymnastique plus assidue pour reconnaître la seconde vérité que pour affirmer la première.

C'est donc à l'esprit et non aux vérités elles-mêmes qu'il faut rapporter le plus ou le moins de lenteur qu'il met à se les assimiler. C'est à la *certitude*, état de l'esprit, et non à l'*évidence*, caractère des objets intelligibles, qu'il convient d'appliquer ces épithètes : *médiate* ou *immédiate*.

---

150 — Criterium de la certitude : Quels sont les différents principes auxquels on attribue le rôle de criterium ?

Le *criterium*, ce mot qui, d'après son étymologie, devrait désigner tout « moyen de juger, » ne signifie dans la langue philosophique de nos jours que le caractère qui permet de distinguer le vrai du faux. On appelle criterium de la vérité, ou, plus exactement, criterium de la certitude, le signe auquel nous reconnaissons la vérité.

Existe-t-il un signe semblable ? En d'autres termes nous est-il possible de discerner sûrement la vérité de l'erreur ? Les sceptiques le nient, et, d'après eux, il n'y a point de caractère distinctif qui sépare une notion exacte d'une pure illusion. Ils veulent bien dire, si on les presse, que le criterium de la vérité, c'est le *phénomène* ou l'*apparence* ou encore la *sensation* ; mais comme chacune de ces expressions désigne un objet purement subjectif, variable, relatif, il s'ensuit que la vérité elle-même est dans un devenir perpétuel et n'a point de stabilité.

Descartes a posé un autre criterium. « Ayant remarqué, dit-
« il, dans ma première proposition *je pense, donc je suis*,
« qu'il n'y a rien du tout qui m'assure qu'elle est vraie, si-
« non que je vois très clairement que pour *penser* il faut
« *être*, je jugeai que je pouvais prendre pour règle générale
« que les choses que nous concevons fort clairement et fort
« distinctement sont toutes vraies, mais qu'il y a seulement
« quelque difficulté à bien remarquer quelles sont celles que
« nous concevons distinctement. » C'est en ces mots que Descartes pose l'*évidence* comme signe indispensable et distinctif de la vérité.

Bossuet et quelques autres cartésiens, pressant la doctrine du maître, en ont tiré quelques conséquences assez importantes et l'ont même considérablement modifiée. L'*évidence*, proposée comme criterium par Descartes, est-elle autre chose que le caractère inhérent à toute notion intelligible ? Une vérité évidente est une proposition qu'on comprend bien : ajouter qu'on la comprend distinctement, clairement, facilement, etc., c'est ajouter des mots qui servent à montrer qu'on est bien sûr de de l'avoir comprise. Dès lors ce n'est pas le degré de clarté, de netteté, d'éclat que cette vérité a pu revêtir, c'est le fait même qu'elle puisse être comprise, qui est important et qui fournit le criterium cherché. Aussi Bossuet dit-il non seulement : « Tout ce qui est évident est vrai, » mais encore « tout ce qu'on entend est vrai. Et il ajoute : « Quand on se trompe,
« c'est qu'on n'entend pas ; et le faux, qui n'est rien, de soi,
« n'est ni entendu ni intelligible. Le vrai c'est ce qui est, le
« faux ce qui n'est pas. L'entendement, toutes les fois qu'il en-
« tend, juge bien. » Ainsi, dans ce système qui n'est que le développement de celui de Descartes, le criterium de la vérité, c'est non pas l'évidence, mais l'*intelligibilité*. Toute notion intelligible est vraie ; et toute notion vraie est intelligible. Il n'y a pas opposition du reste entre ce criterium et le précédent ; car l'évidence n'est autre chose que l'intelligibilité poussée à son maximum de force et de clarté.

C'est à peu près à la même théorie que se ramènent les savantes observations de Leibnitz sur ce sujet. Leibnitz veut qu'on s'assure si la proposition qu'on reconnaît vraie n'implique pas contradiction ; et c'est par exemple au nom des contradictions dont elles sont pleines, alors même qu'elles seraient claires et distinctes, qu'il déclare fausses les illusions des rêves. Mais ce criterium rentre dans celui de l'intelligibilité, puisqu'une idée contradictoire est en même temps une idée inintelligible. Il importe de se rappeler du reste qu'il ne suffit pas de ce principe pour assurer la vérité d'une proposition ; et c'est la longue erreur où sont restées les sciences physiques de concevoir comme réelles toutes les hypothèses qui étaient *possibles*, c'est-à-dire qui, sans être prouvées, n'impliquaient pourtant pas contradiction et ne pouvaient être réduites à l'absurde.

Enfin, et de nos jours même, on a voulu trouver un autre criterium qui, bien compris, se confond avec ceux que nous venons de signaler. Une idée est vraie, dit-on, quand elle est admise par le genre humain tout entier, quand elle a pour elle le consentement universel. Ce que tous les hommes croient ne saurait être erroné ; ce que tous rejettent ne saurait être vrai. Si on le restreint en ces limites, ce nouveau criterium est solide et sûr, et il n'est qu'une autre manière de dire : L'évidence est le signe de la vérité. Car une vérité admise par la terre entière est précisément ce qu'on appelle vérité de sens commun ou vérité d'évidence.

Il est inutile d'ajouter que, dans les différents ordres de vérités, le criterium prend des formes diverses tout en demeurant le même au fond : ainsi le témoignage dans le domaine des faits, l'évidence du sentiment dans les choses du cœur, l'évidence des axiomes dans les mathématiques, l'évidence du simple bon sens dans les vérités premières, etc., ne sont que des applications différentes du même criterium.

---

151. — Du consentement universel; ses principales applications aux diverses questions philosophiques; appréciation de la valeur de cet argument.

Le *consentement universel* est la forme la plus complète du *témoignage* humain: c'est le témoignage rendu à un fait, à une vérité, non par quelques hommes, mais par l'humanité même.

Au premier abord, il semble qu'une pareille unanimité soit le criterium le plus parfait de la certitude ; car, lorsque tous les hommes s'accordent, on ne peut plus raisonnablement supposer qu'ils soient tous le jouet d'une illusion, d'un préjugé, d'un intérêt, en un mot d'une erreur individuelle. Par quelle prodigieuse coïncidence se tromperaient-ils tous en un même point et de la même manière? Aussi s'est-il trouvé une école pour affirmer que le consentement universel est le seul signe certain de la vérité. Suivant cette école, les plus sûres déductions, les conceptions les plus profondes, les plus sagaces découvertes ont moins de certitude que les décisions éclatantes de ce grand tribunal qui se compose de toutes les âmes humaines prononçant ensemble et en dernier ressort sur toutes les questions. — Ce système pèche par le vice ordinaire de tous les systèmes exclusifs: il outre et dépasse la vérité, il la pousse jusqu'à l'erreur.

Toute manière de chercher le vrai, tout procédé d'investigation et de connaissance, a son emploi légitime en deçà de certaines limites, et, si je puis dire, dans un domaine qui lui est propre. Il en est du consentement universel comme de l'expérience, de la raison, de la conscience, en un mot de toutes les facultés et de toutes les opérations intellectuelles. Chacune d'elles, isolée, érigée en règle unique et absolue est abusive; il est un point où chacune d'elles commence et un point où elle finit. La raison est mauvais juge des choses d'expérience, et l'expérience ne vaut rien pour décider sur les affirmations de la raison pure. Il faut donc, avant tout, déterminer nettement les limites dans lesquelles le consentement universel a une valeur indéniable.

Le consentement universel est évidemment la preuve par excellence dans toutes les circonstances où le témoignage fait loi. Or, le témoignage n'a d'autorité que quand il est appliqué à la recherche des *faits*. Seulement le témoignage atteste les faits particuliers accidentels, les événements historiques, en un mot tout ce qui est arrivé dans un certain lieu, en un certain temps; il nous dit ce qu'il a vu, entendu, touché, constaté enfin à l'aide des sens. Au contraire, le consentement universel témoigne des faits généraux ou pour mieux dire universels, qui se passent non pas à tel ou tel moment, mais toujours et nécessairement au fond des âmes : il nous apprend ce que les hommes pensent, sentent, aiment, espèrent: il est le témoin de la vie intérieure de l'humanité tout entière.

C'est dans cet ordre de témoignages et dans le cercle de ces affirmations subjectives que le consentement universel doit nous inspirer une pleine confiance. Et c'est ainsi seulement qu'il convient de l'interroger. Il suffit de passer en revue les principales questions philosophiques auxquelles il s'applique pour reconnaître que le consentement universel n'a de compétence et de valeur que pour exprimer les aspirations naturelles de l'âme humaine.

Dans l'ordre logique, tous les hommes s'accordent sur les principes de la raison, sur les axiomes ou vérités premières, sur les notions mathématiques, sur les vérités de sens commun. Mais tout cet ordre de jugements n'est pas seulement *universel*, il est *nécessaire*, et par conséquent le témoignage humain n'est qu'une confirmation utile à recueillir, mais très secondaire.

Dans l'ordre moral, tous les hommes s'accordent sur le devoir de faire le bien et non le mal, sur la responsabilité de l'homme pour tous ses actes volontaires, sur le principe de mérite et de démérite, et sur tous les principes de la morale. Ici le consentement universel est précieux à constater: car, si l'humanité tout entière ne témoignait de ce fait considérable, savoir qu'elle connaît le *bien* et qu'elle s'y sent obligée, on se demanderait si tous les hommes sont également doués de conscience morale, si le sentiment du bien et du mal n'est pas un produit artificiel, si enfin, dans tous les pays et tous les temps l'homme doit être traité comme responsable et puni de ses fautes. Le témoignage universel de l'âme humaine coupe court à toute indécision et sert d'inébranlable point d'appui à la morale et à la société.

Dans l'ordre plus délicat et plus obscur de la psychologie, tous les hommes s'accordent sur les phénomènes qui se passent en eux et qui constituent leur vie spirituelle. Et c'est à cette source de sûres informations que le psychologue doit puiser, sinon toutes ses connaissances, du moins les plus générales et les plus essentielles, et avant toute autre celle du *moi* ou de l'existence personnelle. Le fait le plus important de cet ordre, celui sur lequel le consentement universel est le plus souvent appelé à prononcer, c'est le sentiment de notre *liberté*. L'âme humaine n'hésite pas: instinctivement et pour ainsi dire à son insu elle affirme sa liberté, sans se charger du reste de la concilier avec la toute-puissance divine ou avec telle ou telle autre difficulté. Ce témoignage est de la plus haute valeur, alors même qu'on n'en pourrait rien conclure de plus que le sentiment subjectif, mais invincible et inné, de notre libre arbitre.

Enfin c'est dans l'ordre de la théodicée que se trouve l'application la plus populaire et la plus célèbre du consentement universel: l'affirmation de l'existence de Dieu. Cicéron l'a développée en d'admirables pages. Tous les hommes ont l'idée d'un Être supérieur à eux et au monde, cause de tout, force suprême, loi souveraine. Sans doute ils s'en font le plus souvent de grossières images: combien de peuples lui rendent encore un culte superstitieux et d'indignes hommages! Pendant combien de siècles l'humanité a-t-elle entrevu le vrai Dieu à travers les ombres du paganisme! Mais il n'en est pas moins vrai que tous ces misérables symboles expriment le sentiment et la notion de Dieu. Alors même qu'ils n'en comprenaient pas la sagesse, la bonté, la justice, les hommes disaient: il y a un Dieu! C'est en ce sens qu'un illustre docteur de l'Église, Tertullien, aimait à interroger l'histoire de tous les peuples, leurs légendes et leur culte pour tirer de tout cet amas d'erreurs et de superstitions la preuve de la croyance universelle en Dieu et ce qu'il appelait le *témoignage de l'âme naturellement chrétienne*: testimonium animæ naturaliter christianæ.

---

152. — L'antiquité et la généralité des opinions doivent-elles servir de règle à notre raison dans les sciences physiques et mathématiques? Quelle est sur ce point l'opinion de Pascal exposée dans le fragment *De l'autorité en matière de philosophie?*

Dans un fragment où le génie éclate, Pascal a examiné la question encore fort peu étudiée de son temps : Quelle est la mesure du respect que nous devons aux anciens dans les sciences? On s'accordait généralement alors à tenir l'antiquité des doctrines pour une forte présomption en leur faveur. Une idée longtemps et universellement accréditée passait pour avoir je ne sais quoi de vénérable qui faisait hésiter, même les plus hardis, à y porter la main. Physique et morale, vérités mathématiques et œuvres d'art, tout ce qui venait de l'antiquité était considéré sinon comme sacré, du moins comme très supérieur à toutes les *nouveautés* qu'on eût pu songer à y substituer.

Pascal, qui montra si bien lui-même dans le domaine des sciences physiques qu'une expérience moderne suffit à renverser toutes les autorités les plus anciennes et les plus révérées, n'a pas hésité non plus à attaquer en principe comme un préjugé superstitieux ce respect exagéré de l'antiquité et ce mépris des modernes.

On ne saurait aujourd'hui encore, après deux siècles de progrès ou plutôt de transformations radicales de la science, exprimer avec plus de précision des vues plus judicieuses, des théories plus sûres que celles de Pascal dans ce précieux fragment. « Les anciens, dit-il, en répétant à sa manière une pensée de Bacon, étaient véritablement nouveaux en toutes choses et formaient l'enfance des hommes proprement. » Qu'ils aient fondé les sciences, qu'ils aient commencé cette longue suite d'études dont chaque génération n'accomplit qu'une faible portion, qu'ils aient créé, tracé, découvert les premiers linéaments de chaque science, qu'ainsi l'antiquité ait les titres les plus sérieux au respect et à la gratitude des modernes, c'est chose évidente. Mais comme nous commençons où ils se sont arrêtés, comme les derniers partent, ainsi que disait Descartes, du point où les précédents étaient parvenus, la science marche par un continuel progrès, et au bout de quelques siècles elle est plus parfaite qu'à son début : la science des modernes sera donc nécessairement plus complète et plus profonde que celle des anciens. De sorte que, suivant l'expression justement fameuse de Pascal, toute la suite des hommes pendant le cours de tant de siècles doit être considérée comme un seul homme qui subsiste toujours et qui apprend continuellement. Qui ne voit donc que dans « cet homme universel », comme Pascal appelle « l'humanité qui étudie, » l'âge le plus distant de l'enfance est aussi celui où le trésor des connaissances se sera le plus enrichi?

Pouvait-on dire plus clairement ou penser plus sainement? Et ne serait-il pas à souhaiter que de nos jours mêmes tout le monde fût bien pénétré de ces idées qui devraient être élémentaires? Ceux qui comprennent bien l'opinion de Pascal sont également loin de méconnaître et d'exagérer le rôle de la tradition dans la science. Ils ne s'imaginent pas, — comme l'on fait quelques rêveurs insensés et même quelques hommes de génie trop complaisants pour leurs utopies, — qu'il sera donné à un savant, à un philosophe, à un rénovateur quelconque de refaire de fond en comble la science humaine tout entière, de rompre avec tout le passé de notre espèce, de passer l'éponge sur les œuvres des civilisations antérieures pour créer de toutes pièces je ne sais quelle science universelle toute neuve. Mais, d'un autre côté, ils ne s'interdiront pas de chercher, d'innover en dehors de tous les exemples et de toutes les traditions.

C'est surtout dans les sciences de la nature et dans les mathématiques que le respect absolu ou l'absolu dédain des travaux antérieurs serait incompatible avec les progrès de la connaissance positive. Que dirait-on d'un physicien qui se ferait gloire d'ignorer les idées reçues, les explications proposées ou adoptées dans l'antiquité ? Combien de précieux documents il négligerait! Combien de leçons recueillies par les anciens et qu'ils nous ont transmises, dont il se priverait volontairement! Combien de questions étudiées, résolues peut-être depuis longtemps, dont l'étude absorberait inutilement un temps qu'il pourrait consacrer à des travaux plus fructueux! Mais aussi que dirait-on d'un naturaliste ou d'un mathématicien qui, jurant par Euclide, par Aristote ou par Pline, se ferait scrupule de différer sur tel point de leurs opinions? Il ne faut sans doute s'en écarter qu'à bon escient et pour de solides raisons ; mais, si l'on croit reconnaître qu'ils se sont trompés, quelle crainte ridicule que celle d'abandonner l'erreur ancienne pour lui préférer la vérité nouvelle! Aristote, Euclide et les autres, s'ils vivaient aujourd'hui, seraient les premiers à nous affranchir de ces scrupules par trop respectueux et à nous redire : *Amicus Plato, sed magis amica veritas!*

153. — Que vaut l'autorité en matière de philosophie? — Quelle est, sur cette question, l'opinion de Pascal ?

Il y avait dans l'antiquité une secte de philosophes qui poussaient jusqu'au fétichisme le respect de la parole du maître. Le mot *ipse dixit* tranchait pour eux toutes les discussions. Quand on pouvait alléguer ce témoignage si vénéré à l'appui de l'opinion que l'on soutenait, la question était vidée. Ce sentiment si peu scientifique s'est perpétué dans la philosophie moderne jusqu'au XVII° siècle. A cette époque, il y eut une réaction très énergique contre les anciens, et en particulier contre Aristote dont l'empire s'était maintenu incontesté pendant tout le moyen âge. Pascal figure au premier rang des novateurs qui revendiquèrent alors la liberté de la science. Sous ce rapport, la préface du *Traité du vide* est un véritable manifeste: l'auteur y proclame la déchéance du principe d'autorité en même temps qu'il affirme vigoureusement les droits de la raison.

L'illustre écrivain commence par établir une distinction entre les sciences qu'il appelle historiques (histoire, théologie, jurisprudence, etc.) et les sciences de raisonnement (philosophie, mathématiques, physique, etc.). Les premières, n'ayant pour objet que de nous apprendre ce que d'autres ont écrit, reposent évidemment sur l'autorité, mais il n'en est pas de même des secondes. Ici la raison est souveraine maîtresse. Peu importe, dans cet ordre d'idées, ce qu'ont pensé nos devanciers ; car les résultats auxquels ils sont arrivés peuvent être infirmés par des découvertes nouvelles. Pascal, à proprement parler, ne professe pas un mépris injurieux pour l'antiquité ; il admet qu'il faut lui tenir compte des services qu'elle a rendus à la science. On doit même, suivant lui, admirer d'autant plus les anciens, dans les vérités qu'ils ont trouvées, que ces vérités, ils les ont obtenues le plus souvent à l'aide de méthodes imparfaites et d'instruments défectueux, ce qui, peut-être, suppose chez eux plus de force d'esprit que chez les modernes, lesquels ont moins de difficultés à vaincre, étant en possession de moyens d'enquête perfectionnés. Renfermé dans les limites tracées par la reconnaissance et le bon goût, le respect n'a rien que de légitime; il cesse d'avoir ce caractère quand il dégénère en obéissance servile.

Et pourquoi le travail des vieux âges enchaînerait-il l'effort des générations nouvelles? Ne voyons-nous pas qu'en exigeant du présent une aveugle fidélité aux errements du passé, nous nions implicitement la raison humaine, nous effaçons la distinction qui existe entre l'homme et la brute? En effet, ce qui nous rend supérieurs aux animaux, le signe de notre grandeur spéciale entre tous les êtres de la création, c'est l'aptitude à innover, la faculté du progrès. L'intelligence des bêtes (si l'on peut ainsi parler) offre cette différence avec l'intelligence de l'homme que la première reste stationnaire, tandis que la seconde produit, invente sans cesse. Or, le culte exagéré de l'antiquité aurait pour effet de nous assimiler aux castors ou aux abeilles, dont les ouvrages sont conçus et exécutés invariablement de la même manière depuis les premiers temps du monde.

Autre argument de Pascal. Les anciens que l'on vante ont eu des prédécesseurs. Qui parlerait d'eux aujourd'hui, qui proposerait leurs travaux à l'admiration publique, s'ils s'étaient bornés à suivre docilement la trace de ceux qui leur avaient ouvert la voie? Mais ils ont compris que toute tradition servilement gardée est un obstacle à la découverte de la vérité; ils ont donné libre carrière à leur génie, et agrandi de la sorte le domaine de la science. Eh bien! imitons-les en cela; puisque, les premiers, ils nous ont donné l'exemple de l'indépendance en s'affranchissant de l'autorité de leurs devanciers, sachons à notre tour nous rendre indépendants de leur propre autorité. A cette condition seulement nous pourrons mériter que les siècles futurs nous honorent comme nous-mêmes nous honorons les anciens.

A ces diverses considérations Pascal en joint une troisième aussi ingénieuse que juste. Il fait remarquer combien le mot antiquité est improprement employé par ceux qui s'en servent pour l'opposer à l'esprit d'initiative des modernes. Dans l'homme, ce qu'on appelle la vieillesse est le temps le plus éloigné de la naissance. Si l'on se représente le genre humain passant par les mêmes phases d'existence que l'individu, on trouvera que l'antiquité correspond à la jeunesse du monde, et que c'est nous précisément qui sommes les anciens.

Il n'y a rien à ajouter à cette belle défense du libre examen en matière scientifique. N'est-il pas singulier que la main qui a signé une telle affirmation, si sensée et si ferme, des droits de la raison, soit la même qui a écrit le livre désolant des *Pensées*? Mais à l'époque où il fit la *Préface du Traité du vide*, Pascal était jeune et fortement imprégné de cartésianisme : le philosophe sceptique, le contempteur de la science humaine ne s'est révélé que plus tard.

154. — Rapports et différences du scepticisme et du mysticisme.

Parmi les systèmes philosophiques, il en est deux qui, dans l'histoire, apparaissent ordinairement ensemble au moment où se termine une des grandes périodes du développement de la pensée humaine. Presque toutes les époques organiques et créatrices dans l'ordre de la philosophie sont suivies d'un âge d'affaissement et de critique où les esprits semblent se partager entre le mysticisme et le scepticisme. La philosophie grecque expire entre la chaire d'Ænésidème et celle de Plotin. La décomposition de la philosophie catholique du moyen âge engendre au seizième siècle, à côté du scepticisme que Montaigne armera de tout son bon sens gaulois, le hardi mysticisme dont Jacques Bœhm ne sera que le dernier interprète. Plus tard, entre la fin du dix-septième et le commencement du dix-huitième siècle, ce moment de transition, où le cartésianisme épuisé attendait encore que l'Allemagne le recueillît et le transformât, est marqué par un nouveau développement de ces deux systèmes, l'un si finement exprimé par un Bayle et par un Daniel Huet, l'autre représenté à la fois par les rêveries des tendres quiétistes et par l'exaltation convulsionnaire des jansénistes dégénérés. Partout même phénomène, partout la même connexité historique entre ces deux formes ou apparences si diverses de la pensée philosophique. Faut-il ne voir là qu'une simple coïncidence, qu'un rapport accidentel et fortuit? Avant d'adopter une solution superficielle, on doit rechercher si la nature même du mysticisme et du scepticisme ne fournirait pas une explication plus naturelle et plus sérieuse de leur éclosion simultanée.

Quelle est la thèse essentielle du scepticisme? C'est que la raison humaine n'est pas capable d'atteindre la vérité. Les uns lui reprochent son inconstance, ses incertitudes, ses ignorances, ses erreurs et ses variations; les autres se plaisent à mettre en relief les insolubles antinomies entre lesquelles oscillent ses jugements; d'autres, qui prouvant trop ne prouvent plus rien, creusent un abîme infranchissable entre le monde objectif et nos facultés où tout est subjectif. Tous se rencontrent dans cette conclusion que la raison de l'homme avec toutes ses facultés intellectuelles et morales est hors d'état de connaître la vérité avec certitude.

Quelle est d'autre part la prétention des mystiques? C'est de substituer à l'impuissante raison une faculté supérieure et des procédés plus sûrs. Tous les mystiques prennent dans le scepticisme les prémisses et la raison d'être de leur système. Tous applaudissent avec Pascal aux coups que les sceptiques portent à la raison, et tous avec Pascal, avant de conclure : « *Il faut être mystique*, s'écrient : « *Il faut être pyrrhonien.* »

Entre les uns et les autres le rapport est manifeste. Leur point de départ est absolument le même : l'impuissance de la raison. C'est là le fait qu'ils constatent en commun : les uns et les autres se plaisent également à dévoiler la maladie désespérée dont l'esprit humain est atteint, disent-ils : seulement, pour les uns le mal est incurable et il n'y a qu'à se résigner; les autres ont un remède à offrir et le succès en est infaillible, pourvu que nous renoncions définitivement aux lumières trompeuses de la raison.

Ainsi, au fond, ces deux systèmes ont leur source dans la même erreur, disons mieux, dans le même découragement. Ce sont les deux formes de la défaillance qui parfois s'empare de la pensée humaine brisée par ses propres efforts. Quand elle a longtemps cherché en vain, quand elle a rêvé ou construit à force d'hypothèses un système de métaphysique où elle a cru un instant trouver l'entière vérité et qui tout à coup s'est écroulé après tant d'autres, il semble qu'elle ne puisse résister à un moment de doute, de lassitude et de désespoir. C'est alors que chacun, suivant sa force d'âme et sa vigueur d'esprit, prend parti ou pour l'abstention ou pour un autre ordre de recherches et d'espérances. Ceux qui ont besoin de certitude, d'affirmations, ceux qui ne peuvent pas vivre sans avoir une croyance arrêtée, voyant la raison convaincue d'impuissance, ont recours à d'autres facultés, et appellent à leur aide des moyens suprarationnels, la contemplation, les visions brûlantes, les rêves de l'extase, les entretiens secrets avec Dieu, les effusions de l'amour, les douces superstitions du cœur ou les délicieuses souffrances de l'ascétisme. Les esprits plus froids, plus sévères ou plus patients, prennent leur parti de la situation indécise que le scepticisme leur fait, ils suspendent leur jugement et préfèrent une sage réserve aux illusions du mysticisme.

Nous ne parlons ici que des esprits honnêtes et sincères dans leur croyance ou dans leur absence de croyance. Car il ne faut imputer proprement ni au scepticisme ni au mysticisme les immorales conséquences qu'en tirent ceux que la Bruyère appelle des âmes sales. Le scepticisme sérieux n'est pas plus directement responsable des excès effrénés de la sophistique qui, sous prétexte de douter de tout, trafique de tout, que le mysticisme n'est coupable des supercheries grossières des thaumaturges et des charlatans de tous les siècles.

Remarquons seulement que l'un et l'autre système s'est exposé lui-même à tous ces travestissements et à tous ces abus, en prenant sa base hors du bon sens et en se privant d'avance du contrôle de la raison. L'un ou l'autre est aisément poussé jusqu'à l'absurde, précisément parce que, au-dessus comme au-dessous de la raison, on ne peut faire un pas sans rencontrer l'absurde. Aussi ces deux systèmes doivent-ils être considérés comme des produits de la décadence philosophique et, malgré toute la hardiesse de quelques uns de leurs paradoxes, comme les signes d'un esprit qui a perdu la fécondité de la pensée, la sûreté de jugement et l'originalité véritable.

155. — Exposer et réfuter les objections des sceptiques contre la certitude de la connaissance humaine.

On peut définir le scepticisme le système qui nie la certitude, et qui proclame le *doute* l'état naturel de la raison humaine.

Les anciens avaient ramené à dix, puis à cinq les objections de différente nature que l'on peut élever contre la certitude de la connaissance humaine.

Il y a, entre le scepticisme ancien et le scepticisme moderne, cette différence essentielle, que l'un est tout *subjectif* l'autre au contraire, tout *objectif* : c'est-à-dire que l'un, le scepticisme moderne, tire surtout ses arguments de la nature du *sujet* qui connaît, et que l'autre, au contraire, les empruntait à la nature de l'*objet* à connaître.

Les objections du scepticisme moderne se tirent principalement :

1º De la mobilité des opinions humaines ;

2º Du spectacle des erreurs dans lesquelles nos facultés nous jettent ;

3º De l'ignorance insurmontable où nous sommes sur la question de savoir si notre raison ne nous trompe pas.

Avant d'aborder la réfutation de ces objections, il est quelques considérations préliminaires qui ne laissent pas que d'avoir leur valeur.

En effet, tous les besoins et toutes les facultés de l'homme protestent contre le scepticisme. L'homme est naturellement crédule ; il cherche avec passion la vérité, il éprouve le besoin ardent de la connaître.

Le doute absolu serait chose impossible ; d'ailleurs, remarquons qu'il y a dans tout scepticisme qui s'affirme une inévitable contradiction. En effet, dire : « Je ne sais rien » équivaut à ceci : « Je sais que je ne sais rien. » Tout doute, toute négation implique nécessairement une affirmation.

Première objection. — Personne ne peut songer à contester que la mobilité des opinions humaines ne soit extrême. Si on en doutait, il suffirait d'ouvrir les *Essais* de Montaigne, et les *Pensées* de Pascal, où les variations de l'opinion sont consignées avec un si grand et si merveilleux développement. C'est cette mobilité même que Pascal a désignée par le mot célèbre : « Vérité en deçà des Pyrénées ; erreur au delà. »

Toutefois, il ne faut pas faire cette mobilité plus grande qu'elle ne l'est en réalité ; elle est certainement fort exagérée par les sceptiques. Enfin, n'oublions pas que sous cette mobilité, qui tient à tant de causes diverses (les temps, les climats, les institutions, l'éducation) il y a un fonds commun de vérités universellement reconnues, qui sont comme le patrimoine de l'humanité tout entière, et qui forment ce qu'on appelle le « *sens commun.* »

Deuxième objection. — On dit que nos facultés nous trompent ; mais comment le sait-on ? C'est donc que nous connaissons la vérité ; et alors elles ne nous trompent pas toujours.

On ne peut nier que nos facultés ne nous trompent quelquefois; mais il est facile de voir la cause de ces erreurs : elles naissent le plus souvent de nos passions, de la précipitation avec laquelle nous portons des jugements. Il y a toute une partie de la *Logique* qui a pour but de nous mettre en garde contre ces causes d'erreurs, et qui nous indique les moyens à suivre pour que nos facultés soient réellement ce que la nature les a faites, des instruments de vérité.

Troisième objection. — C'est Kant qui a soulevé contre la certitude de la connaissance humaine cette objection plus spécieuse que solide.

Suivant lui, les idées que conçoit notre esprit ne correspondent pas exactement à la vérité, ne nous mettent pas en rapport avec la réalité.

Mais qui ne voit que ce scepticisme contredit le sens commun? En effet, lorsque notre esprit conçoit une idée quelconque, le sens commun nous dit que cette idée correspond bien exactement à son objet. D'ailleurs, ce scepticisme ruine l'art, la science, la morale, et aboutit à un pur et complet *phénoménisme*.

Le doute a pourtant sa place légitime dans la science et la pratique de la vie humaine. C'est ainsi que le *Doute cartésien* ou l'*Ironie socratique*, loin d'aboutir à un désolant scepticisme, conduisent l'esprit à la recherche de la vérité et lui en facilitent la découverte. Mais il n'est rien de commun entre ce doute philosophique et le scepticisme, dont les effets sont désastreux, aussi bien pour l'individu que pour les sociétés.

156. — Exposer et réfuter les objections des sceptiques contre la certitude la connaissance humaine.

SECONDE MANIÈRE

Il y a longtemps que des philosophes, désespérant de jamais atteindre la vérité absolue, ont essayé d'ébranler la foi du genre humain dans la certitude de ses connaissances. Le scepticisme apparait à différentes époques sous différentes formes; les arguments sur lesquels il s'appuie sont divers; mais qu'ils appartiennent à Pyrrhon ou à Ænésidème, à Hume ou à Berkeley, ils peuvent tous se ramener à quatre principaux; nous allons les énumérer et montrer le peu de valeur qu'ils ont aux yeux d'une raison sévère.

Mais avant de commencer cet examen, il importe de remarquer que tout scepticisme repose sur une contradiction. Vous vous persuadez à vous-même et vous voulez me persuader, qu'il n'y a rien de certain dans nos connaissances. Mais ces arguments que vous invoquez pour établir cette proposition sont au moins certains à vos yeux; la raison, qui les connait et les accepte, connait et accepte au moins ces vérités : tout n'est pas absolument faux dans nos connaissances, la raison n'est pas toujours trompeuse; c'est seulement au prix de cette contradiction que le scepticisme peut exister.

Une des raisons les plus souvent indiquées contre la certitude est la contradiction qu'on remarque entre les opinions des hommes. Nous ne pensons pas sur les mêmes choses ce que pensent nos voisins ou nos amis. Notre propre opinion sur un seul objet varie du jour au lendemain, d'un instant à l'autre. Et quelles différences entre les idées, les croyances, les coutumes des différentes nations! « Vérité en deçà des Pyrénées, dit Pascal, erreur au delà. » Cet argument n'est que spécieux. Sans doute il y a bien de la diversité dans les opinions humaines; mais il y a aussi des vérités qui ne changent pas : la géométrie est la même chez tous les peuples et à toutes les époques. La preuve qu'il y a quelque chose de fixe dans nos connaissances, c'est que nous discutons : le pourrions-nous, si nous n'étions d'accord sur certains principes? Ces principes, que tout fait suppose une cause et tout phénomène une substance, n'ont jamais été contestés : ils sont immuables comme la raison même.

On reproche à nos connaissances d'être incomplètes et superficielles. Il est vrai, comme l'a dit Pascal, que nous ne connaissons le tout de rien; mais il ne résulte pas de là que ce que nous connaissons soit faux. Ainsi les anciens n'ont pas connu les lois de la nature comme nous les connaissons aujourd'hui, mais ils avaient sur ce même objet des connaissances que nul progrès n'a pu détruire. Enfin nos connaissances sont superficielles quand elles ont pour objet les phénomènes, essentiellement mobiles et changeants; mais nous connaissons aussi les substances et les causes, soustraites à la mobilité et au changement.

Les erreurs de toute nature, qu'il est facile d'énumérer, ont fait accuser la raison d'être trompeuse et mensongère. Mais d'abord, dire que la raison nous trompe toujours parce qu'elle nous trompe quelquefois, c'est un sophisme. En outre, l'erreur ne peut se comprendre que par rapport à la vérité. Comment savoir qu'une chose est fausse, si nous n'apprenons la vérité que nous avons d'abord méconnue? Si donc il y a des erreurs, c'est qu'il y a des vérités : l'argumentation tourne encore contre le scepticisme.

Peut-on enfin accuser la raison parce qu'elle est impuissante à tout démontrer? Mais toute démonstration suppose certains principes qu'on accepte comme évidents. Si l'on veut démontrer ces principes, il faudra remonter une série indéfinie, mais toujours arriver à certaines vérités qu'on ne démontrera pas. Le raisonnement n'est qu'un moyen intermédiaire qui aide notre faiblesse. Le vrai rôle de la raison est de connaître directement par l'intuition. L'intelligence infinie connaît toutes choses sans aucun circuit de raisonnement. Il faut donc que la raison s'en tienne aux principes irréductibles, et le dernier argument des sceptiques s'évanouit comme les précédents.

157. — Le principe de la vie est-il le même que le principe de la pensée ? Quelles raisons peut-on donner pour ou contre cette théorie ?

Les matérialistes ne voient dans les fonctions intellectuelles et morales qu'une conséquence des fonctions vitales, un résultat encore inexpliqué de l'organisation. D'autres philosophes, aujourd'hui peu nombreux, sans être ni se dire matérialistes, sans cesser de distinguer le physique du moral, le corps de l'âme, ont cru pouvoir les assimiler substantiellement, et quant à la nature, sinon quant au degré. Exposons succinctement et apprécions cette doctrine qui, empruntée par des philosophes à des médecins, a été de nos jours l'objet de discussions retentissantes.

Le chef de la secte médicale des animistes, Stahl, qui a compté de nombreux disciples, surtout dans l'école de Montpellier, prétendait que l'âme intelligente, principe d'action, est pour le corps inerte la cause première de la vie, et qu'elle dirige tous les phénomènes de la vie animale sans en avoir conscience.

« Tous les mouvements, circulatoire, secrétoire, excrétoire, se nourrir, dormir, digérer, se mouvoir, sont des actes de l'âme. C'est là une hypothèse toute gratuite, qui tend à faire de la médecine une des branches de psychologie. Que deviennent les sciences physiques et naturelles, l'anatomie, la chimie, la physiologie, pour le médecin persuadé que c'est l'âme qui préside à tous les phénomènes vitaux, dans l'état de santé et et dans celui de maladie ?

Mais cette erreur médicale, transportée dans le domaine de la psychologie, a des conséquences non moins graves. D'après les philosophes animistes, la « réalité sensible n'est que l'ombre de la réalité intelligible, et au fond tout se réduit à des puissances dont la conscience de l'effort nous permet de saisir le type en nous-mêmes. Entre tous les êtres, il y a donc différence de degrés, mais non différence de nature. Dès lors l'action de l'âme, puissance supérieure, sur les puissances inférieures *qu'elle agrège et dont elle fait la vie*, en même temps qu'elle est le principe du sentiment, de la pensée réfléchie et du vouloir, n'a rien qui implique contradiction. En effet, il est impossible de comprendre que l'inétendu agisse sur l'étendu, l'indivisible sur le divisible. Mais tout étant ramené à des éléments inétendus et indivisibles, il n'y a plus qu'action de l'inférieur sur le supérieur, et cette influence réciproque se comprend, parce que c'est l'action du semblable sur le semblable. Par cette doctrine, nous ne matérialisons pas l'âme, nous spiritualisons la matière, ou plutôt nous reconnaissons sa spiritualité. » (Cours de phil. Fabre.)

On se demande comment des philosophes peuvent admettre la spiritualité de la matière, et ne pas voir que cette assimilation prétendue relative, aboutit logiquement à l'assimilation absolue, c'est-à-dire à la matérialisation de l'âme ? Si, en effet, les éléments de la matière sont inétendus et indivisibles, ils ressemblent en cela au principe immatériel du spiritualisme, et comment expliquer cette différence de degrés, sinon comme un résultat de l'organisation? L'animisme a pu donc être appelé avec raison un matérialisme déguisé ou retourné. Mais, chez ses partisans, spiritualistes sincères, il aurait pu avoir pour conséquence un idéalisme voisin du mysticisme. Si le corps est élémentairement identique à l'âme, s'il n'est actuellement rien que par elle, n'est-ce pas la connaissance approfondie de la cause qui nous donnera celle des effets? C'est donc dans l'âme qu'il faudra étudier les faits de la vie organique, et de toute la matière brute elle-même. Et, la matière, objet de connaissance, étant supprimée au profit du principe pensant, n'arrivera-t-on pas facilement à la supprimer comme réalité?

Ce sont là les conséquences extrêmes de l'animisme, et, si nous les exagérons, c'est qu'il nous paraît impossible de s'arrêter en logique. Cette hypothèse gratuite nous paraît établir implicitement, ou la négation de la matière, ou la négation du principe immatériel. C'est aux animistes conséquents à faire leur choix entre ces deux doctrines.

B. P.

158. — Etablir la distinction de l'âme et du corps d'après les attributs essentiels de ces deux substances.

L'être des choses ne se manifeste jamais à nous directement. Nous n'arrivons à le connaître qu'en observant les propriétés et les phénomènes qui en révèlent la nature. Sur quoi se fonde le chimiste pour établir que deux substances sont distinctes? Il ne peut les atteindre dans leur fonds intime, mais il étudie les modes sous lesquels elles se présentent; il examine comment chacune d'elles se comporte sous l'influence de certains agents et il conclut de la diversité des caractères à la diversité des essences. Voici deux corps: l'un entre en fusion à une température plus élevée que l'autre ; celui-ci est meilleur ou moins bon conducteur de l'électricité que celui-là; il a plus ou moins de densité, etc. Cela suffit pour qu'on ne les confonde pas, pour qu'on leur reconnaisse à chacun une nature spéciale et qu'on leur donne une place à part dans la nomenclature chimique.

La science de l'homme étant une science d'observation, nous demanderons à la méthode que nous venons d'indiquer la solution du problème dont nous nous occupons. Si nous réussissons à montrer que l'âme possède certains attributs qui n'appartiennent pas et ne peuvent pas appartenir au corps, nous aurons cause gagnée contre le matérialisme.

La première propriété de l'âme, c'est d'être une. Ici il ne faut pas être dupe des mots. Quand on dit: Je sens deux hommes en moi, on ne fait qu'exprimer d'une manière vive l'opposition de deux pouvoirs appartenant à un sujet commun. Quand les anciens et après eux quelques scolastiques ont semblé parler de trois âmes : l'âme irascible, l'âme concupiscible et l'âme rationnelle, ils ont localisé pour les besoins de l'analyse les diverses facultés psychologiques, mais ni les uns ni les autres n'ont prétendu mettre en question la simplicité de l'essence agissante et pensante. La conscience nous atteste que le *moi* est indivisible, et la variété même de nos opérations sensitives, intellectuelles et volontaires ne sert qu'à mettre davantage en relief l'unité du principe qui les produit : car le *moi* est tout entier dans chacune d'elles. Ainsi, lorsque j'ai froid à une main et chaud à l'autre, j'éprouve simultanément ces deux impressions contraires, ce qui ne pourrait avoir lieu, si l'âme était composée de parties.

Le corps est-il *un* ? Sans doute il mérite cette qualification dans le sens figuré qui permet de l'appliquer à une maison, à une statue, à tout objet dont les parties sont disposées de manière à produire un ensemble harmonieux. Mais la simplicité qui est la véritable unité, l'unité par excellence, le corps, agrégation de molécules, ne la possède pas. Le propre de la matière en effet, c'est d'être composée et divisible. Donc, première différence radicale entre l'âme et le corps : l'âme est une, le corps ne l'est pas.

En second lieu, l'âme possède *l'identité*. Qu'entend-on par là ? La propriété que possède un être de rester le même à travers le temps, de ne point subir de modification substantielle. Cet attribut est une conséquence du précédent, car il n'y a que ce qui est simple qui puisse échapper à la décomposition et au changement. Il nous suffirait donc d'avoir prouvé l'unité de l'âme pour avoir établi du même coup son identité. Mais de plus, la mémoire nous apporte ici un témoignage précieux. Le phénomène du souvenir n'est possible qu'autant que le *moi* qui retourne à une connaissance antérieure est le même qui a eu autrefois cette connaissance.

A son tour, le corps est-il identique ? Il y a en lui un élément fixe : c'est la forme ou, pour parler plus exactement, le type. Mais si l'*habitus* corporel ne varie pas, il n'en est point de même de la substance, laquelle est dans un perpétuel écoulement. Le travail d'absorption et de résorption qui s'opère incessamment dans notre être physique est tel que, suivant l'opinion de physiologistes autorisés, la matière dont notre organisme est fait se renouvelle complètement tous les dix ans. Quoiqu'il en soit de cette assertion scientifique, ce qui est certain, c'est qu'on ne saurait attribuer à un composé de molécules l'identité qui est l'attribut essentiel d'une substance simple. Seconde différence radicale à constater entre l'âme et le corps.

Enfin remarquons que les phénomènes dont l'être humain est le théâtre se divisent en deux groupes bien tranchés. Les uns, dits physiologiques, tels que la nutrition, la circulation du sang, etc., s'accomplissent en nous sans que nous en ayons conscience : nous ne les connaissons que par l'étude des organes qui aident à leur élaboration. Les autres, dits psychologiques, comme la pensée, le souvenir, la volition, nous sont connus par le sens intime. Deux ordres de faits si dissemblables, qui se révèlent à nous par des voies si différentes, peuvent-ils avoir la même origine? Non: des effets distincts doivent évidemment émaner de causes distinctes.

Est-il besoin maintenant de conclure, et la conclusion ne s'impose-t-elle pas d'elle-même? S'il y a opposition radicale entre les attributs de l'âme et ceux du corps, il est impossible d'attribuer les fonctions psychologiques à l'organisme: il faut les faire dériver d'un principe *sui generis*, distinct de la matière.

159. — Démontrer l'unité et la simplicité du *moi* par l'analyse des opérations intellectuelles.

Les philosophes spiritualistes aiment à opposer aux inductions toujours plus hardies des observateurs empiriques des raisons tirées du sens intime ou de l'analyse abstraite des facultés intellectuelles. Rappelons, relativement à l'unité et à la simplicité de l'âme, quelques-uns de leurs raisonnements fondés sur cette analyse.

L'analyse des facultés intellectuelles amenait Laromiguière à prouver de la manière suivante que le moi est un principe un et indivisible. « Pour comparer, disait-il, il faut deux idées: si l'âme est composée de parties, ne fût-ce que de deux, où placerez-vous les deux idées? Choisissez: il n'y a pas de milieu. Ou les deux idées seront l'une dans une partie, l'autre dans une autre, et il n'y aura pas de rapprochement entre elles, pas de comparaison; ou les deux idées se trouveront rapprochées dans chaque partie, et il y aura deux comparaisons, deux substances, deux moi, mille, si vous supposez l'âme composée de mille parties. »

L'analyse de l'opération intellectuelle qui est désignée par le nom de jugement a fourni une argumentation du même genre. « Le corps, dit M. Joly. (*C. de Phil.*) est composé de parties séparables, puisque, s'il change, c'est par le renouvellement successif de chacune d'elles. Or, le principe qui pense peut-il être composé de parties? Prenons, par exemple, le jugement, qui est l'opération fondamentale de l'intelligence, Si le principe qui juge est composé de parties, chacune des parties apercevra-t-elle en même temps les deux termes et leur rapport? Alors il y aura autant de jugements que de parties. Une partie verra-t-elle un élément, une autre l'autre? Alors qui fera la synthèse? Il faut donc toujours en revenir à une substance simple, dans laquelle les éléments complexes de toute pensée sont rapprochés les uns des autres et compris dans un acte individuel. »

L'analyse psychologique de la mémoire démontre aussi, au philosophe que nous venons de citer, l'unité de l'âme en même temps que son identité. « Le corps vivant, il est vrai, conserve une certaine forme qui s'impose à toutes les molécules nouvelles et les maintient jusqu'au bout dans les mêmes rapports. Mais ce n'est pas là une identité comparable à celle dont nous avons conscience: c'est une identité toute de forme imposée du dehors. Les rapports qui unissent les nouvelles molécules sont les mêmes que ceux qui unissaient les anciennes. Soit! Dira-t-on que ce sont ces rapports qui pensent et se souviennent? Ce serait inintelligible. En admettant même que chaque nouvelle molécule a exactement les mêmes propriétés que les anciennes et qu'elle exécute des opérations toutes semblables, comprend-on pour cela qu'elle puisse avoir conscience et d'elle-même et de celles qui l'ont précédée? Nous l'avons vu, la persistance ou le retour des mêmes idées ne donne pas le souvenir proprement dit, tant que l'individu ne reconnaît pas l'idée d'autrefois et ne se retrouve pas lui-même aux différentes phases de son existence écoulée. Que les fibres cérébrales renouvelées continuent donc à vibrer de la même façon; ce n'est pas assez pour expliquer la véritable mémoire. » D'après ce raisonnement, le philosophe conclut que, l'identité entraînant nécessairement avec elle la simplicité et l'unité, de même que la non-identité est liée à la multiplicité des éléments et à leur divisibilité, l'unité de l'âme est aussi bien établie par l'analyse des opérations intellectuelles que par le témoignage du sens intime.

C'est ici la pure doctrine des rationalistes. Il est inutile de montrer comment le même raisonnement est appliqué par eux, à l'encontre des matérialistes, à toutes les opérations intellectuelles ainsi qu'à la sensibilité et à la volonté.

B. P.

160. — Spiritualité de l'âme.

Matérialistes et spiritualistes sont d'accord sur la constatation de certains phénomènes internes appelés sensation, sentiment, idée, pensée, désir, délibération, souvenir, etc. Nous prétendons que, la réalité de ces phénomènes une fois admise, il est impossible de ne pas les considérer comme les modifications d'un même sujet simple, comme les effets d'une cause unique, ou les résultats d'une force non composée de parties. Cette force, l'âme, quelle que soit au fond sa nature, il n'est pas permis de la concevoir comme susceptible de division.

Examinons quelques uns des effets les plus ordinaires produits par cette cause,

Je trouve en moi les idées connues sous le nom de notions premières: les idées de cause, d'effet, de simplicité, d'unité. Mettrez-vous l'idée d'unité, par exemple, dans chacune des parties qui composeraient cette force? Vous auriez autant d'idées que de parties, ce que personne ne peut soutenir et ne soutient, en effet, devant le témoignage du sens intime; et direz-vous que l'idée d'unité et de simplicité provient d'une addition de parties d'idées fractionnées dans chaque molécule? Vous arrivez à la contradiction dans les termes. Attribuerez-vous ces idées à une molécule privilégiée, a je suppose, tandis que les molécules b et c seraient incapables de vous les fournir? Mais, outre qu'il vous serait impossible de désigner quelles sont ces molécules d'une nature si particulière, vous reconnaîtriez, par là même, que le composé ne peut pas les donner.

Avec un principe pensant qui ne serait pas simple, comment aurions-nous l'idée d'un composé, d'un tout, d'un cheval, d'une maison? La porte, les fenêtres, le toit se trouveraient dans telles ou telles parties; mais cela ne composerait pas une maison.

Le sens intime ne nous dit pas seulement que nous avons des idées: il dit encore que nous les comparons. Or, pour répéter le passage si connu de Laromiguière : « Une substance ne peut comparer qu'elle n'ait deux idées à la fois; si la substance est étendue et composée de parties, ne fût-ce que de deux, où placerez-vous les deux idées ? Si les deux idées sont séparées, la comparaison est impossible; si elles sont réunies dans chaque partie, il y a deux comparaisons, et par conséquent deux substances qui comparent, deux âmes, deux *moi*, mille, si vous supposez l'âme composée de mille parties. » La faculté de comparer nous amène donc à conclure à la simplicité de la cause qui compare. Et, comme le raisonnement n'est qu'une série de comparaisons, chaque proposition formulée d'un syllogisme est une nouvelle preuve de la spiritualité de l'âme.

A ces arguments tirés des phénomènes intellectuels viennent s'ajouter ceux que nous fournit un rapide examen de la matière.

Si la matière pense, elle devra cette faculté ou à sa nature, ou à certaines formes qu'elle revêt, ou au mouvement qui l'agite.

S'il était dans la nature de la matière de penser, toute matière penserait, aussi bien le corps de l'homme que la pierre, le marbre, le bois, la boue, etc. Personne n'en est venu et n'en viendra jamais là. Sera-ce telle ou telle configuration qui donnera la pensée à la matière ? Les changements de formes n'aboutissent qu'à modifier l'espace occupé par un même morceau de bois ou de pierre, ils ne touchent pas à son essence. De plus, nous avons successivement l'idée d'un cercle, d'un carré, d'un triangle; la pensée ne tient donc pas à une configuration particulière. Nous avons simultanément l'idée de ces trois choses, et nous trouvons qu'elles ne se ressemblent guère. Au moment où nous faisons cette comparaison, quelle est celle de ces figures qui communique la pensée à la matière ? Ou encore, comment pouvez-vous vous représenter la figure en vertu de laquelle nous jugeons ces trois-là ?

Le mouvement, pas plus que la figure, ne change la nature de la matière. On ne soutient pas que toute matière pense par là-même qu'elle est mue; il suffirait alors de chasser une pierre du pied pour lui communiquer la pensée. On ne sera pas plus fondé à soutenir que la pensée serait le résultat de tel ou tel mouvement, plutôt que d'un autre; les mouvements ne pouvant différer entre eux que par l'intensité ou la direction, il n'y aura dans les uns et les autres qu'une quantité de plus ou de moins. Le navire dirigé vers l'Orient ne pensera pas plus que celui qui marche vers l'Occident; de même, il n'y aura pas plus d'intelligence dans un boulet lancé par un canon rayé que dans ceux que lançaient les canons lisses.

Disons que notre âme est une force simple.

---

161. — Enumérer les diverses preuves de la spiritualité de l'âme et en former une démonstration régulière.

Les corps nous sont connus au moyen de l'observation par leurs propriétés; l'observation nous révèle aussi dans l'âme des opérations ou des facultés qui ne peuvent appartenir qu'à un être absolument simple, et d'une nature distincte de celle des corps. En montrant que l'âme est simple et qu'en outre sa nature est toute différente de celle des corps, nous aurons satisfait à tout ce qu'exige la plus grande extension de ces termes : « spiritualité de l'âme. »

Prenons l'opération la plus ordinaire, Le sens intime nous apprend à chaque instant que nous avons le pouvoir de juger. Or, nous disons que le jugement est le fait d'un être simple.

En effet, juger c'est comparer deux objets et apercevoir leur rapport. Pas de jugement possible, si l'être qui juge est composé, ne fût-ce que de deux parties. Désignons ces deux objets, l'un par A et l'autre par B. Si vous supposez que, des deux parties de l'être jugeant, l'une voit A, et l'autre voit B, vous aurez, il est vrai, la connaissance de A, d'un côté, et de l'autre côté la connaissance de B, mais ces connaissances restent séparées. Pour que la notion du rapport soit possible, il faut que A et B soient vus en même temps, d'un seul coup d'œil, par la substance pensante. Il faut donc que cette substance soit simple. Cette preuve, dit Bayle, est une démonstration aussi assurée que celle des géomètres.

On l'applique aux autres opérations de l'âme comme on l'applique au jugement. En effet, nous sommes capables de connaître et de vouloir, c'est un fait. Avec l'hypothèse d'une âme composée de parties, il faut admettre : ou que les unes connaîtraient et ne feraient que cela, tandis que les autres voudraient et ne feraient que cela; ou que toutes ont à la fois la connaissance et la volonté. Le premier cas n'est pas soutenable, à cause de l'impossibilité manifeste qu'il se produise des volontés ou des volitions non précédées de connaissance : on ne veut que ce qui est connu. Le sens intime nous atteste que nous avons conscience non seulement de connaissances et de volitions, mais encore du rapport qui lie les secondes aux premières : il faut donc que le principe qui veut soit aussi celui qui connaît, que les deux n'en fassent qu'un. — Dans le second cas, celui où toutes les parties de notre âme auraient à la fois le connaître et le vouloir, nous aurions autant d'âmes que de parties connaissant et voulant : conséquence contredite par le sentiment du moi ou de l'unité, mais que nos adversaires pourraient adopter sans être plus avancés pour cela; car, ces parties étant simples, d'après l'hypothèse, il s'en suivrait toujours que connaître et vouloir est le fait d'un être simple.

Nous disons en outre que cet être simple, l'âme, est dans sa nature entièrement différent des éléments qui entrent dans la composition des corps. Ceux-ci, en effet, sont indifférents au mouvement, à tel mouvement aussi bien qu'à tel autre; ils le gardent une fois qu'ils l'ont reçu, sans en modifier l'intensité ni la direction, tant qu'une cause étrangère n'agit pas sur eux. L'âme, au contraire, est maîtresse de ses mouvements; elle passe d'un point du globe à l'autre, quitte une étude et la reprend, prolonge ses réflexions sur un objet, examine telle ou telle face d'une question, choisit et dispose les observations, les expériences, les raisonnements, selon qu'elle le veut, autant qu'elle le veut, sans jamais prendre conseil que d'elle-même. En étudiant ses opérations nous voyons en exercice une force *sui generis*; nous sommes donc fondés à en conclure l'existence d'une force particulière.

Non seulement les opérations de l'âme sont distinctes des mouvements de la matière, mais il n'y a aucune proportion entre elles et ce qu'on appelle l'action et la réaction physiques. Quelques mots dits à demi-voix : « Voici votre ennemi! Voilà l'épée qui vous menace! » font courir à toutes jambes un homme peureux, qui se promènera tranquille et indifférent au milieu des cris et du tumulte de la place publique.

Non seulement il n'y a pas de proportion entre l'action et la réaction physiques et les opérations de l'âme, mais celle-ci peut même réagir contre les phénomènes de la nature. Ce bâton qui trempe dans l'eau, ma raison le redresse. Je puis, par une convention, changer le sens des mots d'une langue reçue. — Un interlocuteur prévenu m'entendra, tous ceux en présence desquels nous parlerons y seront trompés; ils auront cependant eu les oreilles frappées des mêmes sons que celui qui me donnait la réplique. — Des sons fort divers : *Théos, Deus, Dieu, Dio, Gott,* quoiqu'impressionnant les organes d'autant de manières différentes, amènent pourtant la même idée dans l'esprit de celui qui comprend les langues auxquelles ces mots appartiennent.

Les opérations de l'âme nous forcent donc de reconnaître qu'elle est simple et d'une nature qui ne ressemble pas à celle du corps.

---

162. — Réfuter les erreurs des matérialistes.

La *matière*, l'*esprit* : telle est en deux mots la grande antithèse qui s'impose aux méditations de l'homme. Partout le sens commun la constate, et, s'il ne peut se l'expliquer, ne songe pas à la nier. Mais parmi les philosophes, il en est que le besoin d'unité, et le désir de ramener les phénomènes les plus divers à une même origine, ont porté à méconnaître les caractères distinctifs de l'esprit, et à combler, à force d'hypothèses, l'abime qui le sépare de la matière.

La thèse essentielle des matérialistes de tous les temps, et de toutes les écoles, se ramène à cette formule : *L'esprit n'est que la matière devenue pensante.* Le défaut irrémédiable de tous leurs systèmes peut être indiqué en aussi peu de mots : ils n'expliquent jamais *comment* la matière devient capable de penser. Qu'ils prennent, comme les anciens philosophes atomistiques, l'univers tout entier pour y appliquer leurs théories, ou qu'ils se bornent, comme le font de préférence les matérialistes contemporains, à l'étude approfondie de l'homme, en qui se trouve le nœud de toute question métaphysique, ils supposent toujours que certains atomes, certaines parcelles de la matière (par exemple, la substance du cerveau), peuvent produire et, comme quelques-uns l'ont dit, sécréter la pensée et la volonté. Une pareille supposition est par elle-même trop peu vraisemblable pour ne pas exiger des preuves très précises et très concluantes. Or ces preuves se font encore attendre.

Sans doute un nombre considérable d'expériences ont été faites pour prouver la dépendance intime qui assujettit l'âme, l'esprit, ou plus exactement les phénomènes d'ordre spirituel à l'organisme physique, et particulièrement à l'état du cerveau. On a démontré, sans peine d'abord, qu'il est impossible de penser, de sentir, de vouloir sans cerveau, c'est-à-dire sans matière ; que les faits subissent le contre-coup de toutes les altérations des organes, que la moindre lésion du cerveau entraine les plus complètes perturbations dans la faculté pensante, etc. Mais des milliers de faits semblables ne prouvent qu'une chose, reconnue depuis longtemps par tout le monde, c'est que dans l'homme, et dans tous les êtres que nous connaissons, la volonté, la pensée, le sentiment, la vie ont pour *condition* indispensable le corps, c'est-à-dire la matière. Mais il y a loin d'une *condition* à une *cause.* Un sol approprié, une température convenable, une quantité suffisante d'air et d'eau sont les *conditions* indispensables pour qu'un gland devienne un chêne : dira-t-on cependant que ce sont là les *causes* du chêne ? De ce que la pensée ne peut se produire sans le cerveau, s'ensuit-il qu'elle en résulte ?

Les matérialistes l'affirment ; mais l'assertion est tout au moins précipitée, et à supposer que les faits jusqu'à présent connus permettent deux explications, chacune d'elle n'est qu'une hypothèse. Or, hypothèse pour hypothèse, on ne voit pas ce qui recommanderait celle des matérialistes de préférence à la théorie contraire, qui, tout en reconnaissant les étroites attaches qui enchainent l'âme au corps, la pensée au cerveau, la matière à l'esprit, maintient l'existence réelle d'une force distincte, d'une nature immatérielle. Cette théorie, du moins, n'a contre elle ni le bon sens vulgaire, ni le danger de ses propres conséquences, tandis que le matérialisme, outre son insuffisance de preuves, entraine avec lui des suites aussi inévitables qu'inquiétantes. Si l'esprit n'est que l'épanouissement dernier de la

18.

matière, ou, comme le disaient les matérialistes grecs, si l'âme n'est que l'harmonie qui s'échappe de cette lyre appelée corps, qu'arrivera-t-il quand le corps retombera en poussière? La lyre brisée, que restera-t-il de l'harmonie? Cette perspective de retour au néant n'a rien de fortifiant pour la morale : le matérialisme a-t-il pour la fonder une autre base solide? Le devoir? Mais parlez donc de devoir à une machine, et nous ne sommes plus que des machines pensantes! La loi morale? Mais le matérialisme ne la connaît pas ; car il ne connaît pas la liberté, enfermé qu'il est dans les faits physiques et dans leurs rapports nécessaires. L'existence de Dieu? mais Dieu, c'est le monde, c'est la matière, et de ce juge-là, jamais la conscience humaine n'aura rien à craindre ni à espérer.

163. — Des rapports de l'âme avec le corps.

» Nous ne concevons point que le corps pense en aucune façon, » dit Descartes. En effet, la pensée diffère dans son essence de tous les produits organiques. Tandis que la secrétion de la bile, la circulation, la digestion et les autres phénomènes dont mon organisme est le théâtre, peuvent être aperçus par mes sens dont quelque instrument délicat avive la pénétration, le sentiment, le jugement, le souvenir ne se révèlent à moi que par la conscience, c'est-à-dire par le retour que fait mon âme sur elle-même.

De là deux ordres de faits bien distincts: les uns qui s'accomplissent dans le corps, les autres qui s'accomplissent dans l'âme; deux moyens de connaissance correspondent à ces deux ordres de faits : les sens, qui me font communiquer avec les premiers; la conscience, qui me donne le spectacle des seconds.

L'âme est donc entièrement distincte du corps dans son essence. Cependant, associée à lui dans cette union de deux substances diverses, l'esprit et la matière, qui est la vie, elle exerce sur lui une influence que nous atteste l'expérience de tous les instants, et subit à son tour des modifications que l'ébranlement de l'organisme lui apporte. Son activité, sa liberté se manifestent par l'entendement et par la volonté : elle fait mouvoir les membres quand il lui plaît ; elle commande au cerveau lui-même, ainsi que nous pouvons en juger par le phénomène de l'attention ou lorsqu'il s'agit de rappeler des souvenirs qui nous échappent, mais, d'un autre côté, sa dépendance du corps est manifestée par les *passions*. Elle éprouve du plaisir ou de la douleur à l'occasion du corps: dès que son mécanisme se dérange ou reçoit quelque atteinte, elle en est émue et troublée. Elle souffre de ses privations, elle jouit de son bien-être, « La nature, dit Descartes, m'enseigne par ces sentiments que je ne suis pas seulement logé dans mon corps ainsi qu'un pilote en son navire, mais, outre cela, que je lui suis conjoint très étroitement, et tellement confondu et mêlé que je compose comme un seul tout avec lui. Car si cela n'était, lorsque mon corps est blessé, je ne sentirais pas pour cela de la douleur, moi qui ne suis qu'une chose qui pense; mais j'apercevrais cette blessure par le seul entendement, comme un pilote aperçoit par la vue si quelque chose se rompt dans son vaisseau. Et lorsque mon corps a besoin de boire ou de manger, je connaitrais simplement cela même, sans en être averti par des sentiments confus de faim et de soif : car en effet tous ces sentiments de faim, de soif, de douleur, etc., ne sont autre chose que de certaines façons confuses de penser, qui proviennent et dépendent de l'union et comme du mélange de l'esprit avec le corps. »

Le cerveau, qu'on s'accorde généralement à envisager comme le siège de la pensée, s'il est troublé seulement dans quelqu'une de ses parties, son trouble s'accusera par l'incohérence de nos pensées, s'il est lésé, sa mutilation peut entraîner l'abolition de tout un ordre d'idées ou de sentiments. Conclure de là que la matière du cerveau sécrète la pensée, serait tomber dans l'erreur du plus grossier matérialisme. La seule conclusion qu'on en doit tirer, la voici : le cerveau est la condition et le moyen de la pensée ; tout ce qui nuit à son intégrité corrompt l'intégrité de nos facultés.

Il demeure établi pour nous que l'âme, dont le caractère essentiel est de penser, ne saurait être confondue avec le corps, dont le caractère essentiel est d'être étendu, et que, néanmoins, l'un et l'autre sont unis si étroitement, que le corps ne peut éprouver aucune émotion dont l'âme ne ressente l'effet : d'où il résulte une double action du corps sur l'âme et de l'âme sur le corps.

164. — Exposer, avec précision, la preuve de l'existence de Dieu, dite des causes finales.

Les preuves par lesquelles le philosophe peut démontrer l'existence de Dieu, se ramènent à trois grandes classes : les preuves physiques; les preuves morales et les preuves métaphysiques. Parmi ces preuves celle qui a été le plus attaquée, est probablement la preuve dite des *causes finales*; elle appartient à la classe des preuves physiques, et elle part du fait de l'ordre existant dans l'univers, pour s'élever à la conception d'un ordonnateur intelligent et suprême et pour en conclure l'existence de Dieu.

Existe-t-il un ordre véritable dans l'univers? Il suffit d'ouvrir les yeux pour s'en convaincre. Dans le monde sidéral d'abord, tout obéit à la grande loi de l'attraction, et le mouvement des astres est tellement régulier que nous pouvons d'avance indiquer toutes les révolutions des cieux, sans que jamais les prévisions de l'astronome se trouvent démenties par les faits. Sur la terre, quelques lois d'une simplicité étonnante et d'une constance non moins remarquable régissent le monde inorganique, lois qui sont les conditions de son existence et de sa durée, lois qui permettent à la vie de se montrer et de grandir à la surface du globe. Et dans le monde organique, dans ce monde composé des mêmes éléments que le monde inorganique, mais auxquels la vie, cette force encore inconnue, est venue s'ajouter, quel ordre, quelle régularité! Les végétaux et les animaux sont tellement groupés dans l'échelle des êtres que nous montons par une gradation ménagée avec un art infini, depuis le dernier jusqu'à l'homme, le plus parfait des êtres animés que nous connaissons. Les organes se transforment ou apparaissent suivant les nouvelles fonctions réservées aux classes plus élevées; et ces transformations partielles ne laissent aucun vide dans le nombre incalculable des genres et des espèces qui se succèdent à la surface de la terre. Rien n'est inutile, pas même ces organes qui, au premier abord, semblent ne point servir à une classe d'individus qui les possède et qu'on pourrait supposer l'effet du hasard : ils sont tout au contraire la preuve la plus frappante de l'existence de l'ordre ; car en rattachant cette classe à celle qui précède et qui se sert de ces organes, ils nous apprennent quel est son rang dans l'univers. Il y a donc dans l'étude des minéraux, des végétaux et des animaux, une source inépuisable d'observations, et plus on avance dans la connaissance de la nature, plus on est frappé de l'ordre et de la régularité qui règnent dans le monde.

Mais cet ordre et cette régularité ne peuvent pas être l'effet du hasard. De plus, avec quelque attention que nous considérions la nature, rien dans les forces que nous y constatons ne peut nous donner la raison dernière de ce fait. Tout nous apparait comme obéissant à un principe supérieur, comme la réalisation d'un plan, la traduction d'une intelligence organisatrice; au-dessus de l'ordre nous saisissons le principe intelligent de la coordination. Or, qui pourra être ce principe intelligent, cette force organisatrice, sinon celui-là seul qui a pu donner au monde l'existence, aux êtres organisés le mouvement et la vie? Dieu seul était assez maître de la nature, assez indépendant de tout autre être pour créer cette harmonie admirable entre la fin des choses et les moyens qu'elles possèdent d'y parvenir.

Le fait de l'ordre existant dans le monde nous mène donc immédiatement jusqu'à Dieu. Aussi l'argument si simple que nous venons de présenter rapidement a-t-il toujours été l'argument le plus populaire en faveur de l'existence de Dieu et la réfutation la plus complète de cette doctrine qui ne veut voir dans l'ordre de l'univers que le résultat des forces aveugles de la nature.

Connu des peuples de la plus haute antiquité, exprimé dans le psaume grandiose : *Cæli enarrant gloriam Dei*, cet argument fut, pour la première fois, développé sous une forme réfléchie par Socrate dans son dialogue avec Aristodème. Il fut reçu avec enthousiasme par la philosophie grecque. Plus tard le christianisme le développa avec prédilection; les docteurs, il est vrai, travestirent un peu la nature, mais ces erreurs de détail ne sont rien pour infirmer le grand principe de la finalité qui domine toute cette preuve.

Bacon et Descartes s'élevèrent avec force contre le principe des causes finales : suivant eux, la recherche en est stérile, et c'est avilir Dieu que de vouloir l'astreindre aux vues de notre petite sagesse. Nous répondrons que la vérité n'est pas responsable de ces exagérations ; sans doute il y a eu excès de la part de certains partisans des causes finales et leurs erreurs ont dû jeter un certain discrédit sur cette théorie ; mais que leur défaite nous instruise. Ne cherchons pas à faire un monde suivant les conceptions de notre esprit, c'est là l'exagération et l'erreur, mais toutes les fois que nous reconnaitrons un ordre évident ne craignons pas de proclamer l'existence d'une intelligence ordonnatrice poursuivant un but que nous ne pouvons déterminer exactement, mais dont nous ne pouvons aussi nier l'existence.

165. — Les causes secondes suffisent-elles à expliquer l'origine et le développement du monde ?

PLAN

Introduction. — La Dissertation vise évidemment le système de l'Evolution représenté par Darwin dans son dernier ouvrage et par Herbert Spencer. Ce système admet une matière cosmique *homogène* et explique les phénomènes divers par la loi de *différentiation*, en vertu de laquelle l'hétérogène se sépare de l'homogène pour évoluer dans toutes sortes de manifestations.

I. — Le système se réfute par cette observation que les lois qu'il invoque sont toujours suggérées après coup et ne sont que l'énoncé d'une série de faits, comme toutes les lois physiques et chimiques connues depuis longtemps. Le système n'innove donc pas ; c'est par un abus de mots qu'on donne à une série de faits, ou aux conditions d'un phénomène le nom de causes.

L'homme, la seule cause seconde, modifie, mais ne produit rien. Si donc la cause seconde, par la connaisssance des lois générales qu'elle applique, est pour quelque chose dans le développement, elle n'est pour rien dans l'origine du monde.

II. — Fénelon, raisonnant contre les Epicuriens, après avoir discuté la nature et le mouvement des atomes, dit : « mais, après tout, nous discutons une hypothèse que vous n'avez pas prouvée ; d'où viennent les atomes ? » C'est la même question pour *l'homogène*. Les partisans de l'évolution n'essaient même pas d'y répondre.

De sorte que, placés en dernière analyse en face de ces paroles de Bossuet : « Qu'il y ait un seul moment où rien n'existe, éternellement rien ne sera », nous sommes bien forcés d'admettre pour l'origine du monde une cause première, éternelle,

ayant sa raison suffisante dans la nécessité même de son existence. (1)
B.

166. — Indiquer quels éléments de la connaissance de Dieu nous avons puisés dans la connaissance de nous-mêmes.

L'existence de l'homme, être imparfait, suppose nécessairement l'existence d'un être parfait ; car, ainsi que le dit Bossuet : « Le parfait est plutôt que l'imparfait, et l'imparfait le suppose, comme le moins suppose le plus dont il est la diminution, et comme le mal suppose le bien dont il est la privation. »

La meilleure méthode pour indiquer quels éléments de la connaissance de Dieu nous puisons en nous, consiste à concevoir comme appartenant à cet être parfait toutes les perfections ou les qualités que nous découvrons en nous, moins les limites ou les imperfections qui accompagnent ces qualités. En un mot, tout ce qui chez nous est un bien se trouve en Dieu, seulement à un degré infiniment supérieur.

Ainsi :

1° Nous sommes une substance qui persiste à travers toutes les modifications, à travers tous les phénomènes, au même titre tout au moins que la matière subsiste à travers toutes les formes droites, courbes ou angulaires qu'on lui fait prendre. Et comme il est meilleur, comme c'est plutôt une perfection d'être une substance qu'une simple modification, Dieu nous apparaîtra, non comme une série de phénomènes déterminés par l'aspect changeant de ce monde, mais comme un être substantiel, comme étant la substance infinie. Le *Dieu qui devient* de quelques philosophes allemands n'a pas plus de droits à s'appeler Dieu, que ce à quoi il manque quelque chose n'a droit de s'appeler parfait.

2° Non seulement nous sommes, mais nous avons conscience de nous-mêmes ; nous nous sentons être. C'est par la personnalité que nous nous distinguons de tout le reste ici-bas. Comment dès lors refuser à Dieu le sentiment du moi, la personnalité ? On ne le pourra pas sous peine de contradiction, sous peine d'affirmer qu'un être est d'autant plus parfait qu'il se rapproche davantage de la nullité, c'est-à-dire qu'on peut moins lui assigner un nom, une place, un rang.

3° Nous sommes, nous nous sentons être ; j'ajoute maintenant que nous vivons, c'est-à-dire que notre substance est douée d'une certaine activité. Nous reconnaîtrons donc en Dieu l'activité ou la vie. Mais la vie de Dieu, parfaite de toute éternité, trouve dans la substance infinie son élément inépuisable : elle

(1) Voir le développement de cette preuve dans : *Un argument métaphysique de l'existence de Dieu*, par M. Beraud, brochure in-16 (Croville-Morant, 20, rue de la Sorbonne) prix : 1 fr.

ne se développe ni ne progresse, elle est toujours la même. Sans doute, il vaut mieux marcher que de rester cloué à la même place, quand on a un but à atteindre ; de même, progresser vaut mieux que rester stationnaire ; acquérir vaut mieux que ne pas acquérir, quand il vous manque quelque chose. Pour un être auquel il manque quelque chose, le progrès est chose excellente, mais il est en même temps la marque de son infériorité : la nécessité de progresser lui rappelle à chaque instant ce qui lui manque. Dieu, possédant tout de toute éternité, est soustrait à la nécessité d'acquérir en progressant. Il n'y a rien là qui doive nous surprendre : nous progressons, il est vrai, en découvrant des vérités nouvelles ; mais objectivement toute vérité est stationnaire : 2 et 2 font 4, hier, aujourd'hui et toujours.

4° L'intelligence (qui complète la sensibilité et précède la volonté) nous apparaît comme le mode le plus important de notre activité. Nous mettrons donc l'intelligence en Dieu, et nous dirons encore ici que Dieu connaît non pas certaines choses, mais tout ; non pas au moyen d'expériences, de recherches et de raisonnements, mais sans raisonnements et sans efforts. Raisonner est bien ; passer trois heures à comprendre un problème est une œuvre méritoire, mais, après tout, nous ne raisonnons que pour trouver un nouveau rapport, nous n'étudions un problème que pour la solution. Or, qui niera que ce fût l'œuvre d'une intelligence supérieure d'apercevoir ce rapport, cette solution instantanément, d'un seul coup ? C'est ainsi que l'intelligence divine voit les choses et qu'elle les voit toutes de toute éternité.

5° On raisonnerait de même sur tous les autres attributs de Dieu, conformément à la méthode que nous avons donnée en commençant, lui attribuant nos qualités sans leurs limites. Chez Dieu la volonté infinie ne pouvant rencontrer aucun obstacle, l'action est toujours égale au dessein, et nous devons reconnaitre en lui la toute-puissance aussi bien que le bonheur infini qui résulte de la pleine possession de l'omniscience et de la toute-puissance. Du reste, l'idée que nous aurons de Dieu ne pourra jamais être adéquate ; il faut tâcher qu'elle soit le moins imparfaite possible.

167. — Des attributs de Dieu.

Les attributs métaphysiques de Dieu, ou de l'être souverainement parfait, sont :

A. *La nécessité*. Par là même qu'il existe quelque chose, il est impossible de ne pas admettre que cette chose, quelle qu'elle soit, n'a pas été produite par une cause, d'après l'axiome : rien n'existe sans raison suffisante.

B. *L'éternité*. Il est impossible de ne pas admettre une cause qui ne soit produite par aucune autre, c'est-à-dire qui n'ait pas

ou de commencement. Car, supposez pour un moment que tout ait commencé, ou, ce qui revient au même, qu'il y ait une époque quelconque de néant absolu, rien n'est plus possible. Ce qui, dans cette hypothèse, aurait commencé à exister, aurait été produit par le néant, proposition contradictoire dans les termes, le néant n'agissant pas ; ou se serait produit soi-même, proposition qui se résout dans la précédente, puisque, avant d'agir pour se produire, il faut être, et que, suivant l'hypothèse, rien n'aurait existé. Rigoureusement donc, nous devons concevoir un premier être comme cause des autres, et nous devons le concevoir éternel, sous peine de ne pas concevoir même la possibilité des êtres qui ont commencé, mais cet être nécessaire et éternel aura :

C. *L'infinité.* Il sera infini dans sa nature. Et cela par plusieurs raisons dont la plus simple est qu'il ne saurait y avoir dans aucun être une qualité plus grande que la nature même de cet être. Se figure-t-on par exemple, un mètre qui aurait vingt-cinq lieues ? L'éternité étant une qualité infinie, l'être qui la possède doit être infini en nature ; et il aura également :

D. *L'unité.* Deux infinis formeraient pluralité, et dès lors la notion d'infini disparaîtrait, puisque pour compter un nombre si grand qu'il soit, on voit toujours le moment où il a été possible de dire un, et on ne voit jamais le moment où il ne serait plus possible d'ajouter unité.

E. *La simplicité.* Supposer des parties en Dieu, ce serait, par la raison que nous venons de donner, lui refuser l'infinité.

F. *L'immutabilité.* L'infini qui changerait ne serait plus infini après, ou ne l'aurait pas été avant. Ces deux hypothèses sont incompatibles, non seulement avec la notion d'infini, mais encore avec l'essence d'un être dont le caractère est la nécessité et l'éternité : la quantité d'être qui lui surviendrait ou qu'il perdrait en changeant ne serait ni nécessaire ni éternelle ; elle ne saurait donc subsister en Dieu.

G. *L'immensité.* C'est-à-dire que Dieu ne pourra être ni considéré comme absent d'un lieu quelconque, sans cela on concevrait un être plus grand que lui, un être qui serait présent dans tous les lieux ; ni considéré comme limité par un lieu quelconque, précisément parce qu'il est simple et infini.

Les attributs moraux de Dieu sont :

A. *L'intelligence.* Infinie comme tout ce qui est en Dieu, elle a pour premier objet sa substance même dont elle ne se distingue pas.

B. *La toute-puissance,* ne connaissant d'autres limites que l'absurde, ou plutôt n'en connaissant pas ; car le pouvoir de faire l'absurde est une preuve d'impuissance.

C. *La liberté.* Car l'être infini ne pourrait être forcé que par quelque chose de plus fort que lui et de plus grand que l'infini, proposition contradictoire dans les termes.

D. *La bonté*. Elle nous apparaît sous trois aspects. En elle-même, ou bonté *naturelle* : nul doute qu'elle n'existe en Dieu, l'être qui réunit toutes les perfections, sans aucun mal métaphysique. Par rapport aux actes, ou *sainteté* ; l'être parfait ne peut déchoir : ses actes seront donc toujours conformes à sa souveraine perfection. Par rapport aux créatures ou *beneficentia* ; Dieu ne manquant de rien, ne peut agir pour recueillir, pour gagner quelque chose ; son action ne peut donc être que dans l'intérêt des créatures,

F. *La justice*. Non celle qui rend à chacun ce qui lui est dû ; aucune créature n'est créancière de Dieu, du moins avant le mérite ; mais celle qui traitera chacun suivant ses mérites.

L'ensemble de ces attributs moraux constitue la Providence, par laquelle le monde est gouverné.

168. — Des attributs de Dieu.

Si, comme l'ont prétendu certains philosophes, la raison humaine ne pouvait faire autre chose, quand il s'agit de Dieu, que de démontrer son existence, notre connaissance serait incomplète et presque inutile. Que nous importerait de savoir que Dieu est, si nous ne pouvions dire ce qu'il est? Heureusement l'esprit de l'homme peut s'élever à la connaissance des attributs de Dieu ; la méthode qu'il doit suivre pour cela lui a été indiquée par Descartes : « Pour connaître la nature de Dieu autant que la mienne en était capable, je n'avais qu'à considérer, de toutes les choses dont je trouvais en moi quelque idée, si c'était perfection ou non de les posséder, et j'étais assuré qu'aucune de celles qui marquaient quelque imperfection n'était en lui, mais que toutes les autres y étaient. » En niant de Dieu les imperfections qui sont en nous, nous connaissons ses attributs métaphysiques ; en élevant à l'infini les perfections dont nous avons l'idée, nous connaissons ses attributs moraux.

Les preuves métaphysiques de l'existence de Dieu nous le font connaître comme essentiellement opposé aux choses finies et bornées ; si nous avons l'idée de l'infini, cette idée ne peut nous avoir été donnée par les choses finies, et nous ne pouvons la tirer de nous-mêmes : il faut donc qu'il existe un être *infini*, c'est Dieu. La nécessité s'oppose à la contingence comme l'infini au fini ; et nous n'aurions aucune idée de la nécessité, si Dieu n'était l'*Etre nécessaire*. A ces deux attributs, il faut ajouter l'*Eternité*. Si Dieu n'est pas éternel, il a commencé un jour à exister ; il y a donc une limite dans son existence, et avant d'exister, il pouvait ne pas être ; il n'est donc ni infini, ni nécessaire. L'*immutabilité* ne peut se séparer de l'éternité : si Dieu est éternel, il a toujours été et sera toujours ce qu'il est ; il ne peut donc point changer. Dieu, infini et nécessaire, est évidemment *présent partout*. De plus, il est *un et simple*, car s'il existait deux infinis, ils se détruiraient l'un l'autre, et il est contradictoire de supposer une substance infinie et nécessaire qui serait divisible. D'ailleurs l'unité de Dieu peut s'établir directement par une donnée immédiate de la raison. Au-dessus de toutes les unités relatives, il faut une unité absolue, comme au-dessus de tous les êtres finis, il faut un être infini.

Les attributs métaphysiques ne nous donnent que l'idée d'un Dieu abstrait; les attributs moraux nous le font connaître comme infiniment digne d'amour et de respect.

A coup sûr, l'intelligence est une des plus grandes perfections de notre nature; Dieu donc est infiniment *intelligent*. Il connait tout, sans incertitude et sans obscurité, et il n'a pas besoin de ces facultés discursives, nécessaires à la faiblesse de l'homme, l'abstraction, la généralisation, le raisonnement, etc. Il est la source de toutes les grandes vérités de notre raison. Et comme il est impossible de penser sans savoir que l'on pense, Dieu se connait lui-même; il serait absurde de lui refuser la *conscience*, comme l'ont fait certains philosophes.

Il nous est impossible de penser que Dieu ne soit pas *libre*; et d'un autre côté, comment Dieu serait-il libre de faire le mal? Il faut bien que Dieu soit soumis à la Raison infinie qui ne lui permet pas de faire autre chose que le bien; mais sa raison est lui-même, et il n'obéit qu'à lui quand il s'y soumet; il est donc libre. Même dans l'homme, la plus grande perfection de la liberté et de la volonté est de ne vouloir que le bien : c'est la sainteté.

La sensibilité est la moins parfaite de nos facultés; il y a cependant quelque chose de parfait dans l'amour. Il faut donc reconnaître l'amour parmi les attributs de Dieu, mais un amour infini, sans faiblesse et sans imperfection, toujours satisfait et toujours heureux.

Le Dieu infini et éternel que la raison nous fait connaître comme la cause première de toutes choses, est encore un Dieu *tout-puissant*. Sa *bonté* est infinie, comme sa sagesse et son amour; il est infiniment *juste*, parce qu'il est infiniment intelligent et infiniment puissant; et il cesserait d'être un Dieu parfait, s'il ne jouissait éternellement d'une parfaite *félicité*.

Tel est le Dieu que la raison nous fait connaître. En ajoutant les attributs moraux aux attributs métaphysiques, nous avons l'idée de ce Dieu que réclame le sentiment de tout le genre humain.

---

169. — **Etablir à quel point il est contraire à toutes les règles d'une juste induction de supposer des êtres intelligents qui n'auraient pas une cause intelligente.**

L'hypothèse d'êtres intelligents qui n'auraient pas de cause intelligente est une association d'idées contradictoires, une conclusion à laquelle aucune induction légitime ne saurait nous amener.

Comment, en effet, serions nous forcés d'en arriver là? Serait-ce par l'induction dite aristotélicienne, consistant dans une simple énumération? Par ce procédé d'induction on arrive à additionner les diverses parties d'un tout, lequel peut être pris pour une synthèse relativement aux parties qu'il contient. Mais, qui ne voit tout de suite que, ne pouvant additionner que des unités de même espèce, je dois retrouver seulement dans le tout chacune des parties apportées une à une pour le former? Si, comptant tous les individus qui habitent une ville, une contrée, je dis ensuite que cette ville, cette contrée, ont une population totale de tant de millions d'âmes, je ne mets et je ne dois trouver dans la somme que ce que m'ont fourni les individualités. Si j'ai opéré sur des êtres intelligents, j'aurai une collectivité d'êtres intelligents ; si j'opérais sur des êtres matériels, j'aurais une collectivité d'êtres matériels ; rien de moins, rien de plus. Il n'y a ici aucune action des êtres les uns sur les autres, la question ne peut pas même sérieusement se poser tant qu'on se renfermera dans les données de cette première espèce d'induction.

Voyons ce que nous permettra d'affirmer l'autre espèce d'induction, la grande induction, telle que l'a perfectionnée la philosophie moderne.

Cette induction ne se contente pas de remonter des parties au tout, elle va du particulier au général, du phénomène à la loi, ou même de l'effet à la cause. Examinons ces trois cas.

Conclure du particulier au général, c'est, après avoir observé chez plusieurs individus des caractères importants, identiques, invariables, classer ces individus par familles, espèces ou genres. En résumé, la classification repose sur la similitude des caractères, et tout objet qui ne présente pas cette similitude de caractères, est avec raison exclu de la classification. Or, ce serait à plusieurs égards s'écarter de ce procédé scientifique que d'admettre des êtres intelligents venant d'une cause non intelligente. Car, premièrement, on ne ferait pas une simple classification ; secondement, si l'on veut maintenir ce mot, ce serait une classification illégitime, puis qu'on irait du semblable au contraire.

L'induction qui va du phénomène à la loi, n'autorise pas davantage la conclusion que nous réfutons ici. Comment, par exemple, a-t-on formulé la loi de la pesanteur ? Une pomme, une pierre, un morceau de plomb sont attirés vers le centre de la terre ; ils sont attirés avec plus ou moins de vitesse, selon le milieu qu'ils traversent, la hauteur d'où ils tombent et la densité de leurs molécules. Les physiciens n'ont pas observé tous les corps ; l'expérience ne serait jamais finie. Mais, s'appuyant sur le caractère commun à tous les corps, à savoir qu'ils sont composés de molécules, ils ont conclu par induction que tous les corps sont pesants. Mais quoi! Formuler la loi n'est, au fond, rien autre chose que constater l'ensemble des phénomènes. *Il y a une loi de la pesanteur*, cela ne signifie pas autre chose que ceci : *tous les corps tombent ou s'attirent*. Est-ce par un procédé semblable que l'on voudrait attribuer à des êtres intelligents une cause inintelligente ? Nullement. Car, si ce résultat de l'observation : « il y a des êtres intelligents » peut, à la rigueur, être assimilé à celui-ci : « les corps s'attirent », la conclusion : « donc les êtres intelligents ont été produits par un être inintelligent » ne saurait être assimilée à celle-ci : « donc il y a une loi de la pesanteur. » En posant cet être inintelligent comme cause, je me précipite en dehors de l'induction qui va du phénomène à la loi ; je ne me contente pas de formuler une loi qui contienne tous les phénomènes, je soulève une question d'origine ; je ne me contente pas de comprendre sous une seule formule l'ensemble des êtres intelligents, je me demande à quoi il faut attribuer leur existence. Et nous arrivons ainsi au dernier argument qui réfute la thèse que nous combattons.

Cette thèse se trouve enfermée dans le dilemme suivant : ou l'intelligence est venue aux êtres intelligents sans cause aucune ; ou elle leur a été donnée par un être inintelligent, comme vous le soutenez. Dans le premier cas, vous avez un effet sans cause, quelque chose qui commence à exister et n'a été produit par rien, ce qui anéantit toutes les lumières de la raison. Dans le second cas, vous avez un effet plus grand que sa cause, ou une cause qui donne ce qu'elle n'a pas ; vous avez des ténèbres produisant la lumière, l'immobilité communiquant le mouvement, ce qui n'est pas moins inadmissible. Il faut donc renoncer au procédé de l'induction considérée dans ses différentes espèces, ou reconnaître qu'elle ne nous autorise pas du tout à faire venir les êtres intelligents d'une cause qui ne serait pas intelligente.

170. — Exposer les principaux attributs de Dieu. Insister principalement sur l'intelligence et la justice divine.

Parmi les attributs de Dieu, les uns sont appelés absolus, métaphysiques, parce qu'ils nous font connaître Dieu, considéré en lui-même ; les autres sont appelés relatifs, moraux, parce qu'ils nous font connaître Dieu considéré par rapport aux créatures.

Sans doute, en Dieu, ces attributs ne sont nullement distincts ; il est l'être absolu, infiniment parfait : quand on dit qu'il est, on a tout dit. Les épithètes que nous ajoutons après ce mot-là ne donnent rien d'effectif au souverain être. C'est notre esprit qui a besoin de distinguer et d'énumérer les perfections ou les attributs que comprend l'essence divine. Il est facile de classer d'une manière logique chacun de ses attributs dans l'ordre qui lui appartient ; ils se déduisent les uns des autres.

Le premier argument métaphysique de l'existence de Dieu est celui qui nous le montre comme l'être nécessaire, sans lequel il nous serait impossible même de concevoir les êtres contingents. Nous faisons aussi de cette existence nécessaire le premier attribut de Dieu.

L'être nécessaire existera tout entier à la fois, c'est-à-dire sera éternel ; sans cela il y aurait en lui des perfections qui ne seraient pas nécessaires.

L'être nécessaire et éternel sera infini, car les perfections, au lieu de s'exclure, s'attirent ; l'être ne répugne pas à l'être.

L'être infini sera nécessairement un, sous peine de ne pas avoir ce qu'un autre aurait, et de n'être plus infini.

L'être infini sera simple aussi, ou non composé de parties, parce que le simple vaut mieux que le composé et que ces mots : « Un nombre infini » renferment une contradiction dans les termes.

Enfin le même être sera indépendant, cela va de soi, et immuable ; car, s'il pouvait acquérir ou perdre quelque chose, c'est qu'il n'aurait pas été infini ou qu'il cesserait de l'être. Enfin, précisément parce que Dieu est infini, il est immense, c'est-à-dire présent partout, sans éprouver aucune limitation de temps ni de lieu.

Voilà pour les attributs du premier ordre.

Quant à ceux du second, ils découlent tous de l'intelligence divine. L'intelligence étant chez nous ce que nous avons de plus parfait, nous ne pouvons refuser l'intelligence à l'être souverainement parfait, et cette intelligence, pour être conforme à la nature d'un être infini, sera infinie aussi. Grâce à cette intelligence d'une puissance infinie, Dieu aura l'omniscience, ou saura tout ; sachant tout, il aura la souveraine sagesse. La sagesse n'étant que la faculté de conformer les moyens à la fin, on ne saurait soutenir qu'elle n'est pas parfaite en Dieu, puisqu'il connaît parfaitement toutes les fins possibles et tous les moyens capables d'atteindre une fin quelconque.

Grâce à l'infinie énergie de sa nature et à sa souveraine sagesse, si nous considérons Dieu comme agissant, nous sommes obligés de reconnaître qu'il peut tout. Et s'il est créateur, il gouvernera la création avec une bonté et une justice infinies.

Disons un mot de l'intelligence et de la justice, telles qu'elles doivent se trouver en Dieu.

L'être souverainement parfait existant tout entier en même temps, l'intelligence divine ne sera pas distincte de la substance ; elle ne sera pas autre chose que la substance connaissant. Pour la même raison, nous ne pourrons pas un seul instant nous représenter cette intelligence à l'état de faculté, pouvant ou devant plus tard entrer en exercice ; elle sera toujours en acte : l'intelligence divine est un acte pur, comme Dieu lui-même. Cette intelligence ne verra pas seulement le présent, mais, de toute éternité, elle voit le présent, le passé et le futur : ces termes successifs n'existent pas en Dieu, qui est immuable. Pour cette intelligence, il n'y aura point de hasard, mot que nous employons lorsque nous voyons un effet dont la cause nous échappe. Pour cette intelligence enfin, il n'y aura ni travail de recherche, ni travail de raisonnement d'aucune espèce : elle voit tout d'un seul coup d'œil, conformément à la nature de l'être parfait.

La justice est la volonté constante de rendre à chacun ce qui lui appartient. Une pareille volonté peut ne pas se produire pour trois raisons : ou parce que le bien n'est pas aperçu, ou parce que la constance se lasse, ou parce que nous ne connaissons pas tous les êtres et ce qui leur appartient. Or, Dieu voyant tout, voit tout le bien ; il puise dans l'énergie de sa nature une adhésion indéfectible au bien ; connaissant tous les êtres dans leur essence et dans leur substance, il voit ce à quoi ils ont droit. La justice de Dieu sera donc infinie.

---

171. — Quelle est la meilleure méthode à suivre dans la détermination des attributs moraux de la Divinité ?

On entend par attributs moraux de Dieu les qualités que l'on appelle morales dans l'homme. L'anthropomorphisme, faisant Dieu à l'image de l'homme, ne conçoit pas ces qualités autres en Dieu qu'on ne les voit dans l'homme. Le théisme rationaliste professe que l'être suprême les possède au plus haut degré de perfection.

Il y a un double procédé pour démontrer ces attributs, qui sont au nombre de cinq : l'omniscience, la toute-puissance, l'absolue liberté, la bonté et la justice souveraines. Par le procédé déductif, on exclut de Dieu, comme incompatibles avec l'idée d'un être parfait, toutes les bornes et les imperfections constatées dans la nature et dans l'homme. Par l'induction nécessaire ou socratique, on porte à la plénitude et à l'excellence tout ce que les divers êtres contiennent de qualités positives.

Voici, premièrement, comment on démontre les attributs moraux de Dieu, en s'appuyant sur l'idée de l'être infini et parfait. — L'être parfait ne peut se concevoir, sinon intelligent, et d'une intelligence sans limites ni défaillances, sans quoi cet être ne serait pas entièrement parfait. — Cet être, étant conçu comme un créateur qui a tiré le monde du néant, *ex nihilo omnia*, il est puissant, sa puissance ne peut être bornée que par sa perfection même, car Dieu déraisonnable, c'est-à-dire pouvant l'impossible, implique contradiction. Sa toute-puissance suffit aussi, sans l'idée de perfection, pour démontrer sa liberté : car s'il peut tout, peut-il dépendre d'autre chose que de lui-même ? D'ailleurs, privé de cet attribut, l'être suprême devient inférieur à l'homme, qui se détermine et agit par libre choix. — Sa bonté souveraine se démontre de la même manière : si on suppose quelque limite à son amour bienfaisant, il cesse en quelque point d'être parfait. — Enfin, qu'on lui enlève l'attribut de la justice parfaite, il est impossible de concevoir son activité libre, éclairée par une raison infaillible. Comme on le voit, tous les attributs moraux de Dieu se supposent les uns les autres, de même qu'ils sont tous fondés sur l'idée de la perfection.

« Nous avons aussi une autre voie pour arriver à affirmer de

Dieu, tous ces attributs. Dieu, disons-nous, nous a créés à son image en nous communiquant par bonté une partie de ses perfections. Mais nous croyons aussi que tout ce qu'il y a en nous de qualités positives doit se retrouver dans l'être de qui nous tenons ce que nous sommes. » (*Cours de phil. Joly*) Partant de ce principe, on affirme que Dieu possède, mais sans limites, et non seulement en puissance, mais en acte et en réalité, tous les germes de perfection qui se trouvent dans la nature, et surtout dans l'homme. La *personnalité* est dans l'homme une qualité qui lui confère un rang supérieur dans l'échelle des êtres : la personnalité doit être aussi un attribut de la divinité ; l'intelligence infinie est *consciente* d'elle-même, et se pense comme ce qu'il y a de plus parfait. De même, s'il y a dans l'homme une *activité* bornée, mais *libre* en une certaine mesure, s'il y a quelque *justice*, quelque *bonté*, et quelque *sagesse*, il faut qu'il y ait dans son divin et éternel exemplaire une activité infinie, une liberté absolue, une bonté, une justice et une sagesse infinies. Tels sont les attributs moraux que les spiritualistes modernes, les Descartes, les Fénelon, les Bossuet, les Leibnitz, à l'exemple de Socrate, de Platon, et de Cicéron, ont conçus en Dieu, en élevant à la perfection suprême les qualités relativement parfaites de l'homme.

Lequel des deux procédés que nous avons indiqués doit être adopté de préférence par quiconque, assuré de l'existence de Dieu, et, tout en reconnaissant qu'il est incompréhensible dans son essence, n'en croit pas moins possible de pénétrer la profondeur de quelques-uns de ces attributs ? Les esprits exercés aux méditations et aux déductions métaphysiques pourront préférer la démonstration à priori, et ceux qui ont l'habitude d'étayer leurs raisonnements sur des bases sensibles pourront être plus satisfaits de la méthode à posteriori. Le philosophe dont nous avons cité plus haut quelques lignes estime que ce sont là « deux méthodes aussi légitimes l'une que l'autre et qui nous font arriver toutes deux au même résultat. »

B. P.

172. — La conscience dans l'homme prouve la conscience dans Dieu.

On sait ce qu'est la conscience dans l'homme : faculté par laquelle nous nous connaissons nous-mêmes, c'est elle qui fonde véritablement la personnalité. Les choses existent sans savoir qu'elles existent ; les personnes seules ont à la fois l'existence et le sentiment de leur existence. Par conséquent, demander si Dieu possède la conscience, c'est demander s'il est un être personnel et réel. On comprend dès lors la gravité de cette question, l'une des plus hautes que la métaphysique puisse se poser.

Les philosophes panthéistes, Spinosa et Hégel entre autres,

qui refusent à Dieu la conscience, lui accordent cependant la pensée. Que disons-nous? Non seulement ils l'accordent, mais ils vont même jusqu'à lui sacrifier tout le reste. Pour l'un, Dieu est l'idée du monde; pour l'autre, les phénomènes ne sont que le développement logique de l'idée. Seulement, cette pensée qui est tout ne se connaît pas elle-même. Est-ce que cela est admissible? N'y a-t-il pas là au contraire une contradiction dans les termes?

Ainsi que l'a remarqué Bossuet dans le préambule du *Traité de la connaissance de Dieu et de soi-même*, toutes nos spéculations sur Dieu ont nécessairement pour base l'étude de l'âme humaine en toutes choses il faut partir du connu pour arriver à l'inconnu. Or, si nous examinons comment fonctionne l'intelligence humaine, quels éléments essentiels découvrons-nous dans la pensée? D'une part un objet, d'autre part un sujet qui se conçoit lui-même en même temps qu'il conçoit l'objet. On ne pense pas, sans savoir que l'on pense, ce qui nous permet de dire que la pensée sans la conscience est impossible.

Nos adversaires ne manqueront pas, à ce propos, de nous accuser d'anthropomorphisme; ils rééditeront à notre adresse le mot caustique de Voltaire : « Depuis que Dieu a fait l'homme à son image, l'homme le lui a bien rendu. » Ils soutiendront — ce qui d'ailleurs est vrai — qu'on ne peut assimiler la pensée divine à la pensée humaine, que la raison infinie se comporte autrement que la raison finie. Ces reproches seraient justes, si nous prêtions à la pensée de Dieu quelqu'une des limites ou des infirmités inhérentes à la pensée de l'homme, si nous en faisions, par exemple, un acte successif, sujet au changement, etc. Mais de la considération de l'intelligence humaine, nous ne dégageons, pour les appliquer à l'intelligence divine, que les conditions qui nous paraissent constituer essentiellement un acte intellectuel quelconque. Doter la pensée divine de conscience, ce n'est pas la rabaisser au niveau de la nôtre, ce n'est pas la diminuer en quoi que ce soit, c'est simplement lui attribuer ce sans quoi elle ne pourrait pas être. Du reste, répétons-le encore une fois, l'induction n'est pas téméraire quand, des attributs de l'âme humaine, elle infère, dans une certaine mesure, les attributs divins. C'est le seul moyen qui nous permette d'affirmer quelque chose sur Dieu, et il faut y recourir, à moins qu'on ne supprime toute théodicée. Pas plus que nous ne saurions supposer en Dieu une bonté ou une justice qui diffèrent radicalement de la bonté ou de la justice humain... nous ne pouvons supposer en lui une pensée totalement ... ente de la pensée de l'homme. Car on ne dit rien quan... pour essayer d'expliquer l'absence de conscience, on parle d... e pensée indéterminée; on ne fait qu'accoupler des mots qui n'offrent aucun sens précis.

L'argument le plus sérieux des panthéistes contre la conscience et la personnalité divines est celui-ci : Dieu est l'être infini, la conscience est la faculté par laquelle un être se distingue de ce qui n'est pas lui, car se connaître, c'est connaître en même temps ce qui n'est pas soi. Or, étant donné l'être infini, comment le non-moi peut-il exister vis-à-vis de lui ? Si Dieu se conçoit, il se limite ; vous êtes donc obligés d'opter entre un Dieu conscient de lui-même et un Dieu infini.

Nous n'hésitons par à le reconnaitre ; cette objection est grave, mais à quoi aboutit-elle ? à prouver que la nature divine est un mystère incompréhensible pour nos intelligences bornées. Elle ne détruit nullement la démonstration que nous avons présentée plus haut de la conscience divine ; elle tend seulement à établir que cette conscience est inconciliable avec l'infinitude. Or, ces deux attributs de Dieu étant prouvés — chacun séparément — il n'y a pas lieu de sacrifier l'un à l'autre. La sagesse nous enseigne en effet que, quand deux propositions, prises isolément, sont évidentes, leur apparente incompatibilité ne doit pas nous empêcher de les admettre toutes deux.

173. — Définir le panthéisme et le réfuter.

Nous concevons l'infini ; nous portons en nous l'idée d'un Être possédant au plus haut degré toutes les perfections concevables, et nous sommes invinciblement poussés à admettre son existence ; mais, d'un autre côté, nous nous voyons entourés d'êtres imparfaits et limités ; nous sentons que nous sommes nous-mêmes une nature imparfaite. Comment expliquer la coexistence de la nature infinie et des natures finies ? Voilà le problème d'où est sorti le panthéisme, sous quelque forme qu'on le considère.

On peut, en effet, définir rigoureusement le panthéisme : la doctrine des philosophes qui, ne voulant pas admettre l'idée de la création, c'est-à-dire la production du fini par l'infini, en dehors de lui, ont été amenés à nier l'existence d'un des deux éléments du problème, ou plutôt à confondre en une seule ces deux natures si distinctes. Partant de l'idée de l'infini, et rencontrant sur son chemin l'idée du fini, des phénomènes, le panthéisme engloutit celle-ci dans celle-là ; c'est ce dont il est facile de se convaincre quand on étudie les différentes formes sous lesquelles ce système s'est présenté.

En effet, depuis le panthéisme alexandrin, qui ne voit dans le monde qu'une émanation ou une suite d'émanations du grand Être, jusqu'à Spinosa, qui fait de la matière et de la pensée les deux formes nécessaires sous lesquelles se manifestent les modes infinis de Dieu, et jusqu'à Hégel, qui pose l'identité absolue de Dieu et de la nature, la doctrine panthéiste tourne toujours dans ce cercle qui la tourmente, expliquer la coexistence du fini et de l'infini.

Ne pouvant pas entrer dans un examen approfondi de chacun de ces deux systèmes, qu'il nous suffise de dire que le panthéisme est l'abolition de toute saine philosophie. En effet, ou rien n'est prouvé, ou il est prouvé que nous possédons l'idée de l'infini et celle du fini, et que nous concevons les deux classes d'êtres qui leur correspondent comme essentiellement distinctes. Le panthéisme le nie, et par là il se met en contradiction avec la raison. Il veut qu'il n'existe qu'une substance, et que cette substance ait des modifications contradictoires : quoi de plus absurde qu'une semblable pluralité dans l'unité ? Pourquoi ne pas admettre unité et pluralité distinctes, la première cause de la seconde, et la produisant hors de son sein ? Si cette solution est incompréhensible, du moins elle n'offense pas la raison, et mystère pour mystère, j'aime mieux celui qui ne me met pas en guerre avec le bon sens.

Mais le panthéisme ne détruit pas seulement la logique ; il s'attaque aussi à la morale. La personnalité, la liberté, l'immortalité de l'âme, autant de vérités qu'il renverse. Où est la personnalité sans la liberté, et comment pouvons-nous être libres, si nous ne sommes qu'une modification nécessairement subie par l'Être infini ? Fatalement produits, nous serons dans tous nos actes poursuivis par cette même fatalité, et jamais nous ne pourrons y échapper. Et ensuite, pourquoi notre âme serait-elle immortelle ? La vie future est nécessaire pour la récompense de la vertu, pour la punition du vice ; elle n'a plus de raison d'être, si on nie le vice et la vertu, et c'est le résultat auquel aboutit tout système qui détruit la liberté.

Qui ne voit que, ces bases de la vie morale étant détruites, la vie sociale devient également impossible ; pourquoi la société, pourquoi les lois civiles, si nous sommes poussés à tous nos actes par un destin invincible ?

Et cependant le panthéisme a toujours rassemblé autour de sa bannière un grand nombre d'âmes d'élite. La raison en est facile à saisir ; au premier abord, ce système a un air de grandeur et de simplicité bien fait pour séduire les âmes élevées. Mais ces apparences trompeuses s'évanouissent après un examen attentif. Le monde de la conscience, celui de la raison s'imposent à nous avec une autorité irrécusable, et chacun de leurs témoignages est une réfutation du panthéisme. Nous concevons la nature de Dieu, mais nous la concevons comme incompréhensible ; c'est pour n'avoir pas voulu admettre ce fait que tant d'esprits se sont laissé emporter par des conceptions vagues, et sont arrivés au panthéisme ; ils ont voulu tout comprendre, et ils sont arrivés à nier la raison. C'est le plus haut degré de la sagesse philosophique de savoir s'arrêter à temps, et de sauvegarder les facultés de notre nature, notre personnalité et notre liberté, en acceptant la supériorité de Dieu sur nous.

175. — De la Providence dans ses rapports avec le mal moral.

La Providence est l'action permanente par laquelle Dieu conserve ses créatures et les dirige vers leur fin. Quand nous considérons le monde physique, nous acquérons la preuve irrécusable qu'une sagesse infinie préside sans cesse au gouvernement de l'univers. Tout, en effet, y est soumis à des lois invariables, rien n'a été abandonné au hasard. A mesure même que nous pénétrons plus avant dans la connaissance des choses, le dessein merveilleux, qui les a produites et qui les fait subsister, se dévoile davantage à nos yeux. C'est ainsi que l'étude des sciences naturelles ne fait que confirmer la croyance à l'action providentielle s'exerçant dans le domaine de la matière.

Mais si nous passons de la contemplation de la nature à celle de l'humanité, le regard se trouble, le doute envahit l'esprit. Tout à l'heure l'ordre, la régularité, l'harmonie témoignaient de la présence d'une volonté toute puissante et souverainement sage : maintenant, un spectacle contraire, celui du désordre, de la confusion, de l'anarchie, semble attester que cette volonté est absente. La loi morale subit de continuelles atteintes. Or, comment Dieu, qui est la sainteté infinie, peut-il permettre que l'homme, sa créature, commette le mal? Et s'il le souffre, n'est-ce pas la marque évidente que l'intervention divine est nulle dans les affaires humaines?

Car non seulement le mal moral se produit, mais encore il se produit impunément. Que disons-nous? Il fait plus que de rester impuni : il triomphe. Tandis que le succès accompagne souvent la violation des règles de l'honnêteté, le malheur est le partage assez ordinaire de ceux qui demeurent fidèles à la vertu. S'il est difficile de concilier l'existence du mal avec l'idée de la sainteté infinie, on n'est guère moins embarrassé d'expliquer comment l'Être souverainement juste, assiste indifférent à l'insolente prospérité des méchants et à l'infortune imméritée des bons.

Nous venons de présenter dans toute leur force les objections que l'on élève contre la providence, en les tirant du mal moral. Sont-elles sans réplique? Nous l'allons voir.

Le mal moral est un fait indéniable, mais dont on infère des conséquences exagérées, quand on prétend s'en autoriser pour contester l'action providentielle. A quoi tient le contraste justement remarqué entre la nature et l'humanité, la première offrant le spectacle de l'ordre et de la régularité, la seconde livrée au désordre et au caprice? Cette différence vient de ce que le monde physique se compose de forces hétéronomes, tandis que, de tous les êtres de la création, l'homme seul possède le privilège de l'autonomie. Dieu qui a réglé les mouvements des astres aurait pu imposer à l'agent humain l'obligation de se mouvoir selon son orbite déterminée et invariable : c'eût été prévenir toute déviation, mais en même temps supprimer toute moralité, exclure toute responsabilité. Dieu ne l'a point fait. Au lieu de l'obéissance aveugle qui est le propre des êtres régis par la fatalité, il a préféré nous demander une obéissance consentie et intelligente. En nous laissant maîtres de nos actes, en nous mettant à même, par l'octroi du libre arbitre, de nous conformer à la loi ou de l'enfreindre, le Créateur a voulu que notre soumission eût une valeur morale ; il nous a rendus capables de mériter ou de démériter. La possibilité de mal faire étant impliquée nécessairement par celle de bien faire, on ne peut y puiser un argument contre la Providence.

L'autre objection, tirée de l'inique répartition des biens et des maux, n'est pas nouvelle, et nous la trouvons exprimée avec une vigueur singulière dès les premiers temps du monde. C'est elle, en effet, qui a inspiré une si véhémente protestation à l'auteur inconnu du Livre de Job. La vue du crime florissant et de la vertu malheureuse révolte tellement tous nos instincts de justice, qu'elle serait de nature à ébranler notre foi au gouvernement divin des choses humaines, si l'immortalité n'existait pas. Mais dès qu'on a admis cette consolante croyance à une vie future dans laquelle chacun sera récompensé selon ses actes, ce qui nous semblait un problème inquiétant tout-à-l'heure prend un sens clair et satisfaisant pour la conscience rassurée. Dans l'infortune du juste, on ne voit plus, comme dit Bossuet, que ce je ne sais quoi d'achevé que le malheur ajoute à la vertu ; dans la prospérité du coupable, on découvre plutôt un sujet d'épouvante qu'un sujet de scandale, car, ainsi que Platon le fait dire à Socrate, le plus grand malheur qui puisse arriver à un criminel, c'est l'impunité. Enfin, dans cette donnée, Dieu n'apparaît plus comme un témoin désintéressé du bien et du mal qui se font sur la terre : il se borne à suspendre l'accomplissement de sa justice. Il est patient, parce qu'il est éternel.

---

174. — La connaissance scientifique du monde diminue-t-elle notre admiration pour son auteur ?

De même qu'il s'est trouvé des hommes pour soutenir que la science moderne allait tuer la poésie en ôtant à la nature sa fraîcheur, son mystère et ses charmes, il s'en est trouvé aussi qui ont reproché à la science de diminuer notre admiration pour le créateur en nous expliquant trop clairement les lois de la création. Voyons en quelques mots sur quoi repose cette accusation étrange.

Dans les premiers âges de l'humanité, alors que l'homme enfant épelait à grand'peine les premières lettres de ce vaste livre de l'univers étendu sous ses yeux, tout était inexplicable pour lui. Les plus simples phénomènes de la nature devaient le frapper d'étonnement et de crainte. La terre, l'air et l'eau, tout était pour lui le théâtre de prodiges sans nombre, tout attestait un pouvoir étranger et supérieur à l'homme, une force souveraine dont il n'était que le jouet. Tout, depuis le gracieux murmure de l'aube naissante jusqu'à la voix terrible des tempêtes, de la foudre; tout, depuis l'éblouissante splendeur du soleil jusqu'à la pâle clarté des nuits pleines d'étoiles, toute la nature, pour employer l'expression d'un grand écrivain, disait à l'homme : Il y a un Dieu !

Peu à peu l'homme s'est habitué à ces grands spectacles. Il s'est expliqué, par des figures ou des hypothèses d'abord toutes grossières, les phénomènes qui se répétaient sans cesse de la même manière sous ses yeux. Dès lors, ce ne sont plus que les phénomènes extraordinaires, c'est-à-dire plus rares que les autres, qui conservent le privilège de l'effrayer et de lui représenter vivement la puissance divine : une éclipse, une comète, un tremblement de terre, l'éruption d'un volcan, l'apparition d'un météore, c'est-à-dire tous les faits qu'il ne s'explique pas encore, le font tomber à genoux et lui font dire en tremblant : Il est un Dieu.

Mais l'intelligence humaine grandit. Sans pouvoir encore tout expliquer, elle comprend que tout est explicable : elle entrevoit les lois constantes et éternelles qui gouvernent le monde physique, elle affirme que le désordre et le caprice n'y sont jamais qu'apparents, que tout y est soumis à une marche régulière et à un ordre fixe. Arrivé à ce degré de son développement, l'esprit humain a-t-il perdu par là même son admiration respectueuse et craintive pour la divinité? — Tout au contraire, c'est seulement alors qu'il commence à l'admirer dignement.

Sans doute l'éclair ou l'arc-en-ciel ne lui paraîtra plus une manifestation directe et exceptionnelle de la puissance divine; sans doute il ne cherchera plus Dieu dans tel ou tel phénomène plus saisissant que les autres; mais c'est en cela précisément qu'il a une idée plus juste de l'être infini. Ce n'est pas dans les accidents de la nature, c'est dans son ordre même, dans son harmonie éternelle que se manifeste la présence et l'action de Dieu.

La différence entre l'ignorance et la science est tout entière en ce que l'une saisit les accidents, les coïncidences, les singularités, et ne voit rien de plus ; l'autre au contraire s'attache aux rapports essentiels et permanents et travaille à comprendre l'admirable proportion des parties diverses dans l'unité de l'ensemble. Le monde vu avec les yeux de l'ignorance ou de l'imagination ne mène qu'à la superstition : étudié par la science, il conduit au véritable sentiment religieux. — L'homme qui n'a pas réfléchi, ne voit Dieu dans la nature que comme une force occulte, terrible, aveugle, devant laquelle il s'incline sans la comprendre, sans l'admirer, sans l'aimer. Voyez au contraire un Newton, pénétrant si profondément dans les lois de l'univers physique : chacune de ses découvertes est pour lui l'occasion d'un hymne au créateur. Chaque progrès de la science fait apparaître devant lui une nouvelle marque de la suprême sagesse et de la suprême bonté dont ce monde entier est l'ouvrage.

Prenez, des diverses parties de la science, celle que vous croyez la plus dangereuse pour la religion : vous n'y trouverez pas un détail qui ne serve directement à montrer l'ordre providentiel qui règne dans les choses. — Mais, dit-on, la physique réduit tous les phénomènes à un petit nombre de lois naturelles; la chimie fabrique à son gré tous les corps composés inorganiques et une partie même de ceux qui, jusqu'ici, n'avaient pu être produits que par la nature dans ses laboratoires vivants, l'animal ou la plante; la physiologie, l'anatomie et l'histologie expliquent dans les plus menus détails la structure et le jeu de presque tous les organes. — Sans doute. Mais quel est le résultat de toutes ces explications, sinon de nous faire davantage saisir les desseins et admirer les œuvres de Dieu. Demandez à un savant ce que c'est qu'un brin d'herbe, une feuille, un muscle, un organe. Il vous montrera dans chacun de ces objets des moyens si admirablement appropriés à leur but, des combinaisons si harmonieusement concertées en vue du plus grand bien, que vous serez, après l'explication, mille fois plus émerveillé qu'auparavant de l'infinie perfection des œuvres divines. Faites-vous exposer, par exemple, la structure de l'œil : la science vous y fera découvrir un agencement si merveilleux des plus délicates parties, une finesse et une puissance d'exécution si simple et si compliquée à la fois, que nos plus parfaits instruments d'optique ne sont que de grossières ébauches au prix de celui-là. Direz-vous qu'alors vous admirerez moins le créateur, parce que vous comprendrez mieux la beauté de son véritable ouvrage ?

Evidemment, plus on a d'admiration pour l'œuvre, plus on en a pour l'ouvrier; et si, à côté de l'intelligence parfaite et de la toute-puissance, cette œuvre décèle encore la bonté la plus tendre et la providence la plus paternelle, plus l'admiration raisonnée ira en grandissant, plus grandiront avec elle dans notre cœur la reconnaissance et l'adoration.

---

176. — Du mal physique.

L'optimiste qui trouve que tout est pour le mieux dans le meilleur des mondes est aveugle : hommes, plantes, animaux, tout souffre, tout meurt. La question du mal physique est une des plus graves qu'on puisse traiter. Elle a égaré et elle égare encore bien des hommes et des peuples qui n'ont pas compris qu'un Dieu parfait pût faire un monde imparfait. Nous voulons prouver que le mal physique se produit soit par l'ordre, soit avec la permission de Dieu.

1° En premier lieu, ce que nous appelons un mal peut être un bien et par conséquent ne se produire que par l'ordre de Dieu. La sagesse humaine, comme dit Bossuet, est toujours courte par quelque endroit; l'homme, qui ne peut se connaître tout entier, pénétrerait Dieu à fond! Un grain de sable l'étonne ou le tue : il ne sait pas ce qu'est un atome, et il saurait ce qu'est Dieu ! « C'est faute d'entendre le tout, dit Bossuet, que nous trouvons du hasard et de l'irrégularité dans les rencontres particulières. » — 2º Sans entrer dans les secrets de Dieu, l'homme, image du Tout-Puissant, peut entrevoir ses desseins; car, selon le mot d'un moderne, Dieu est comme un globe de lumière, dont une moitié serait tournée vers la terre, tandis que l'autre lui serait cachée. Dieu n'est jamais inactif, il crée sans cesse; sans cesse il dit aux animaux : Croissez et multipliez; il commande aux poissons de peupler la mer, aux plantes de pousser. La matière n'est pas non plus en repos. Ainsi de la mer s'élèvent des vapeurs qui seront tour à tour nuages, pluie, fleuve, et puis encore mer. De même que l'eau, qui s'est élevée de l'océan, y revient, la plante sortie du sol y retourne, l'animal, nourri des fruits de la terre, va la féconder. Sans la mort des animaux, la terre deviendrait stérile et serait bientôt encombrée ; la mort des êtres animés est la condition pour que la nature prodigue sans cesse la vie. La mort n'est donc pas un mal ; c'est une loi, et une loi divine. Mais, dira-t-on, s'il est nécessaire que les animaux meurent, il ne l'est pas qu'ils souffrent. Si la souffrance ne vient pas d'une autre cause que du dérangement des organes intérieurs ou extérieurs, fatigués, épuisés ou surmenés, elle est la condition nécessaire de l'exercice même de ces organes, et par conséquent des fonctions de la vie. — 3º Le monde doit finir lentement ; de là le mal physique, qui est comme la maladie du monde ; qui atteste que la nature souffre et est faible par conséquent, que, loin d'être Dieu, elle a été créée, est tourmentée et sera détruite, tandis que Dieu seul est immuable. Déjà des espèces d'animaux ont disparu, et leurs ossements disparaîtront ; le vieux laboureur de Lucrèce secoue la tête en soupirant chaque fois qu'il compare le présent avec le passé. — 4º Nos maux, nos douleurs sont souvent un châtiment de nos fautes ou des fautes de nos pères. Que de maladies sont la suite de nos excès, comme si la cohorte des fièvres n'était pas assez terrible! Il n'y a point, pour ainsi dire, de faute que ne suive la peine.

Dieu ne veut qu'en certains cas le mal physique; en d'autres le permet. 1º Comme le remarque Lucrèce, souvent la foudre, qui frappe l'innocent épargne le coupable,

Sæpe nocentes
Prætérit, exanimatque indignos inque nocentes.

Le débauché, une couronne sur la tête, la coupe à la main, crie et s'enivre à une table de festin ; l'honnête homme se tord sur un lit de mort. Sans être pessimiste, on doit reconnaître que l'homme de bien a sa part de maux. Mais ces maux sont des épreuves, dans lesquelles la vertu se montre et croît ; car la vertu c'est la force, et la force se développe par l'exercice.

Trop de bonheur n'est pas à souhaiter, c'est l'adversité qui fait l'homme ; il ne faut souvent pour renverser le sens que de longues prospérités. Quand la fortune nous sourit trop, nous nous fions trop à la fortune, et, comme elle fait tout pour nous, nous faisons tout pour elle. Ne nous plaignons donc pas des maladies qui nous avertissent que nous sommes mortels. 2° L'homme n'est pas fait pour ce monde ; la vie terrestre est une préparation à la vie céleste. Mais il faut mériter la récompense promise, une éternité de paix et la contemplation de Dieu. C'est par la vertu, qui grandit dans le malheur, que l'homme devient digne d'une si haute destinée. 3° Il y a dans la douleur je ne sais quelles délicates et sublimes jouissances, jouissances d'entendement plutôt que de cœur, parce que souffrir en homme, c'est remplir un devoir, et que la satisfaction de l'âme accompagne l'accomplissement du devoir. 4° Le bonheur est dans la conscience, non dans le corps. Dieu n'abandonne pas le juste ; il le soutient au dedans tandis qu'il l'éprouve au dehors, aussi le juste peut-il dire : Mal physique, tu es un bien. Reposons-nous donc en Dieu : que nous jetions les yeux sur l'univers ou sur un insecte, la Providence et la bonté du Créateur y apparaissent éclatantes. La maladie, les souffrances et la mort sont loi pour l'univers, châtiment pour le méchant, épreuve pour le juste.

177. — Quelle différence fait-on en théodicée entre le mal physique et le mal moral ? Réfuter les objections que l'on tire de l'un et de l'autre contre la Providence.

On appelle mal physique tous les inconvénients auxquels sont sujettes les créatures, et, à plus forte raison, les infirmités, les souffrances, la douleur et la mort. On résume les objections diverses sur ce sujet en demandant comment tout cela peut se concilier avec la toute-puissance d'un Dieu souverainement bon.

La réponse exige une remarque préliminaire. Quoique Dieu soit tout-puissant, il ne peut pas faire une chose qui serait contradictoire dans les termes, comme par exemple une créature infinie ; il est donc nécessaire qu'il y ait des imperfections dans les créatures, ce qui met la puissance de Dieu hors de cause, pour la question qui nous occupe.

Quant à sa bonté, elle n'est pas incompatible avec les maux physiques dont on fait l'énumération. En premier lieu, la plupart de ces maux qui atteignent les particuliers, tels que le froid, le chaud, les pluies, ne devraient pas s'appeler de ce nom, puisqu'ils constituent un bien relativement à l'ensemble, n'étant que le résultat de lois générales qui entretiennent la fécondité de la terre. En second lieu, combien de fois nos défauts, nos fautes et nos vices ne nous attirent-ils pas des maladies, des souffrances qu'il serait injuste de faire remonter à la Providence ?

Ne perdons pas de vue que l'ordre physique est essentiellement subordonné à l'ordre moral, à la fin dernière de l'homme. Nous ne serions fondés à appeler mal dans l'ordre physique que ce qui nous éloignerait de notre fin dernière, ou empêcherait que nous pussions l'atteindre. Or, cette fin dernière de l'homme étant non pas dans ce monde, mais dans l'autre, il faut juger dans son ensemble le plan de la Providence. Cette souffrance également répartie ici-bas entre le juste et l'injuste, ces misères et cette mort commune à tous les hommes s'expliquent suffisamment quand on sait que la vie n'est qu'un champ d'épreuves. Nous pouvons même changer les maux en biens ; chacune de nos épreuves peut devenir une occasion de mérite. De sorte que, au lieu d'être un obstacle, le mal physique se trouve être un moyen de plus ajouté à ceux qui nous serviront à atteindre notre fin dernière.

Le mal moral est une dérogation, quelle qu'elle soit, aux prescriptions de la loi morale. Dieu, dit-on, n'aurait pas dû donner à l'homme la liberté, surtout en prévoyant qu'il en abuserait.

Pour concilier la liberté de l'homme avec la Providence, on répond que la liberté étant incontestablement un bien, il ne répugne nullement que Dieu nous l'ait donnée ; c'est une perfection de plus qu'il a mise dans ses créatures. Pour la lui reprocher, il faudrait lui reprocher au même titre de nous avoir donné l'intelligence et la raison.

L'abus de la liberté n'est nullement imputable à la divinité. Il s'agit ici de cet abus qui consiste pour l'homme à donner la préférence au vice sur la vertu ; à voler au lieu de respecter le bien d'autrui ; à trahir sa foi, au lieu de garder son serment ; à nier le dépôt confié, au lieu de le rendre. Partout le fait de l'homme, nullement la *coopération* de la Providence, qui se borne à *permettre*. Mais elle pourrait empêcher ? — Empêcher un être libre de choisir, lui ôter cette possibilité du choix, ce serait faire un être libre et non-libre tout à la fois, ce serait faire une chose contradictoire ; ce serait faire le rien, ce qui n'est pas certes une preuve de puissance. Le moyen radical d'empêcher le mal, ce serait de supprimer l'homme. Il eût été bien plus simple de ne pas le créer. Ainsi l'objection irait jusqu'à refuser à Dieu la puissance de créer un être libre, capable, par conséquent, de délibérer et de choisir.

Mais, insiste-t-on, Dieu a prévu ce mauvais usage de la liberté ! D'abord, prévoir, voir ou connaître, ne seront jamais synonymes de faire. Ensuite, la liberté étant un bien, l'ordre général, qui permet d'acquérir le bonheur par le mérite, étant un bien également, si Dieu avait dû empêcher le mal, il faudrait dire aussi qu'il aurait dû empêcher le bien moral, impossible sans le mérite. Il suffit que l'homme ait été mis en état de faire son bonheur et d'éviter son malheur ; or, c'est à quoi la liberté a pourvu.

178 — Du progrès. — Vraie et fausse définition de ce mot.

Peu d'expressions dans la langue philosophique de nos jours sont plus fréquemment employées ; peu d'expressions, aussi, prêtent à de plus graves malentendus que ce mot de *progrès*, qui a été légué à notre siècle par le XVIIIe, et qui est aujourd'hui comme le nom propre désignant la marche même de l'humanité.

La plupart de ceux qui parlent du progrès s'en font une idée complexe et assez confuse. Ils entendent par là le développement général de l'homme et de la société, l'acheminement vers une amélioration indéfiniment croissante. Soit qu'ils supposent une chute originelle dont il nous faille réparer successivement les effets pour revenir comme par degrés à l'état primitif, soit qu'ils considèrent la marche du genre humain comme une évolution régulière, normale, sans accident tragique et sans perturbation extraordinaire, allant lentement du moins au plus, du pire au mieux, ils appellent progrès la direction générale qui fait avancer simultanément toutes les choses humaines vers un état meilleur. Cette définition est à la fois la plus juste et la plus incomplète : il reste en effet à déterminer avec précision la manière dont s'accomplit le progrès, et c'est là le point capital.

Le progrès est-il une évolution semblable à celle qui fait passer tous les êtres et toutes les choses de ce monde d'un état à un autre ? Est-ce une sorte de végétation qui, en vertu de je ne sais quelle sève cachée, fasse déployer tour à tour à l'arbre humain ses feuilles, ses fleurs et ses fruits ? Est-ce en un mot un accroissement nécessaire, fatal, inévitable, résultant d'un aveugle instinct ? ou bien est-ce une marche irrégulière, spontanée, tantôt plus lente et tantôt plus rapide, obéissant non aux lois de la matière, mais à celles de la liberté ? Est-ce le résultat d'une activité consciente, libre et volontaire ? Suivant qu'on adopte l'une ou l'autre de ces théories, on aboutit ou au fatalisme ou au spiritualisme.

Si l'on se représentait le progrès comme une force constante, invariable en son activité, sûre dans ses efforts, on rencontrerait dans l'histoire de l'humanité d'innombrables exceptions à cette prétendue loi. Il est impossible, par exemple, en suivant l'ordre chronologique des événements, de soutenir que chaque civilisation, chaque époque sociale soit de tout point supérieure à celle qui l'a immédiatement précédée. Il y a souvent progrès dans une voie, et mouvement rétrograde dans une autre. Le développement moral ne va pas toujours aussi vite que le développement intellectuel, le progrès des sciences est souvent ou plus lent ou plus rapide que celui des lettres ou des arts ; on peut citer des époques où l'industrie a créé des prodiges et où cependant l'état social, politique, moral ou religieux offrait le spectacle de la plus triste décadence. Aussi, ni dans le temps, ni dans l'espace, on ne peut dire que l'humanité fasse des progrès uniformes. L'expérience ne permet donc pas de définir le progrès sans tenir compte de ces variations et de ces inégalités très considérables dont son cours est marqué.

Il y a plus ; en supposant qu'on puisse méconnaître les lois de l'expérience, on arriverait encore à un pur non-sens par la définition que nous combattons. En effet, dire que le progrès se fait infailliblement, inévitablement, dire qu'il se produit toujours, partout, de la même manière, sans entraves possibles, c'est dire que le progrès n'est pas le progrès ; ce qui distingue le progrès humain du développement naturel des règnes inférieurs à l'humanité, c'est que le progrès est *voulu*, qu'il résulte du travail et de l'effort humain, qu'il est produit par l'initiative de l'activité humaine. Oter à cette activité sa liberté et ses variations, c'est ôter au progrès son caractère distinctif pour le ramener à n'être plus qu'un aveugle *processus*. Le progrès, s'il n'est pas actif et conscient, s'il n'est pas l'œuvre de l'homme lui-même, n'est plus qu'un mécanisme de la nature et se confond avec la force qui fait tomber la pierre et pousser l'herbe. On arrive donc tout simplement à nier le progrès quand on veut le faire absolu, infaillible et invariable. Il en est ici du progrès comme de tous les phénomènes où la liberté doit avoir un rôle : on ne peut les comprendre qu'en se rappelant que, si la liberté peut le bien, elle peut le mal ; si elle n'était pas susceptible d'erreur, de déviation, d'égarements de tout genre, elle ne serait plus la liberté. Il n'y aurait de même aucun progrès imputable à l'homme, s'il lui était fatalement imposé par une force toute puissante et extérieure à lui.

Ainsi, nous ne considérons pas le progrès comme une loi inflexible et inviolable. Quand nous disons que l'humanité marche de conquête en conquête, d'amélioration en amélioration, nous ne faisons que constater un fait, sans prétendre que ce fait n'eût pas pu se produire autrement. Le progrès est toujours libre. Seulement, puisqu'un Dieu créateur dirige le monde, puisque rien n'arrive qui ne rentre dans le plan universel de la Providence divine, nous ne pouvons considérer le progrès comme un pur hasard ; s'il nous apparait dans l'ensemble de l'histoire humaine, nous ne pouvons nous l'expliquer qu'en disant avec Bossuet : *l'homme s'agite, mais Dieu le mène*; l'humanité s'agite aussi, mais Dieu la mène. Le progrès n'est donc ni un fait exclusivement humain, ni une loi exclusivement divine. Il est, comme le bien, comme le devoir, *proposé* à la nature humaine, mais non *imposé :* ou du moins il ne s'impose que moralement ; aucun peuple, pas plus qu'aucun homme, n'est forcé de faire le bien, de se perfectionner ; et, comme il y a des hommes endurcis qui refusent d'obéir à la loi morale, il peut y avoir des peuples qui résistent à la loi sociale du progrès. Pour qu'il y ait une ascension, une marche en avant, il faut que l'humanité réponde et obéisse *volontairement* à la voix qui dans la suite des siècles lui crie : Marche ! Marche !

179. — Preuves de l'immortalité de l'âme.

L'âme est-elle immortelle ? Cette question est subordonnée à une question plus générale : comment peut-on connaître la destinée d'un être quelconque ?

Est-il possible de déterminer l'avenir réservé à un être fini et contingent ? Où et comment peut-on découvrir le sort qui l'attend ? Si difficile que semble le problème, il nous arrive tous les jours de le résoudre comme en nous jouant. Qu'on nous montre un animal naissant, nous saurons bien dire s'il volera, marchera, nagera, rampera. Qu'on nous montre un enfant au berceau, nous n'hésiterons pas à affirmer qu'un jour il aura la stature de son père. A la seule vue du gland, nous croyons déjà voir le chêne à venir, et l'inspection d'une machine au repos nous suffit pour prévoir les miracles qu'elle accomplira. Partout, en un mot, nous concluons assurément la destinée d'un être ou la destinationn d'un objet de sa nature même. Telle nature, telle loi, telle destinée : ces trois termes sont corrélatifs, et qui sait l'un devine les autres, sans peine et sans incertitude.

Etudions donc la nature de l'âme ; sa destinée en dépend immédiatement.

Il y a dans la nature de l'âme deux attributs saillants, deux traits caractéristiques : elle pense, elle veut. Penser et vouloir sont des actes souverainement simples, immatériels, indépendants du corps, quoique engagés pendant cette vie dans ses organes. Or, s'il est dans la nature du corps de se décomposer et de rendre à la terre les éléments dont il a été formé, rien ne nous conduit à découvrir, dans les conditions mêmes de la pensée ou de la volonté, la nécessité ni la possibilité d'une semblable désagrégation. Penser et vouloir ne sont pas des phénomènes soumis aux lois de la matière ; notre intelligence ne s'use pas en s'exerçant, nos actes n'épuisent pas notre volonté. Avec ou sans le corps, l'âme reste elle-même ; qu'importe qu'elle ait ou qu'elle n'ait pas un instrument de manifestation et de communication physique ? Sa nature reste sa nature, et c'est de là seulement, non de son union accidentelle avec le corps, qu'il faut tirer la prévision de sa destinée.

Mais ce n'est là que la preuve négative. Il n'y a rien, dans la nature de l'âme, qui s'oppose à l'hypothèse de son immortalité Est-ce tout ? La balance doit-elle rester en équilibre, et n'y a-t-il rien qui la fasse pencher du côté de cette hypothèse ?

Nous venons de voir que l'immortalité de l'âme est possible, admissible, par conséquent. Si nous venions à prouver qu'elle est réclamée, présupposée par tout un ordre de faits de la plus haute gravité, ne faudrait-il pas reconnaître à l'hypothèse quelque chose de plus que la simple possibilité ?

La conscience nous dit : Fais le bien et fuis le mal. Elle nous impose une obligation d'une nature toute spéciale qui s'appelle le *devoir*. Elle dit à l'honnête homme : Tu as bien mérité. Elle dit au méchant: Tu mérites d'être puni. Malgré toutes ces déclarations de la conscience, le méchant arrive souvent par force, par ruse ou par hasard, au but de ses désirs ; il obtient gloire, honneurs, richesses, estime : j'entends l'estime des autres, car la sienne lui est refusée. Il triomphe enfin, et le juste est mis en croix. La mort arrive, et, en les égalant dans le néant, consacre à toujours le bouleversement de la justice : l'erreur est irréparable, et chacun garde la part qui, équitablement, devait échoir à l'autre. Non, non, répond la conscience, cela n'est pas possible ! En face d'une pareille supposition, elle s'écrie comme l'héroïne de notre grand Corneille : Justice ! justice ! Le drame visible s'est brusquement interrompu ; mais il se continue derrière le rideau que la mort a soudain abaissé. Ces rôles intervertis ne le sont pas pour toujours, et une justice d'outre-tombe réserve à qui les mérite la peine et la récompense. C'est là le grand *postulatum* de la conscience: si on ne le lui accorde pas, qu'on ne parle plus de moralité ni de devoir. Le devoir n'est plus que la plus niaise illusion, et la morale qu'une des manières de faire des dupes.

Mais pourquoi se borner au témoignage de la conscience ? Tout en nous crie aussi haut qu'elle : le cœur qui veut retrouver ceux qu'il aime, l'âme qui veut posséder Dieu, l'intelligence qui poursuit d'une ardeur infatigable un Idéal qu'elle sait lointain, mais qu'elle ne désespère pas d'atteindre, tout notre être enfin qui s'écrie avec le grand orateur du moyen âge : *Mortem, mortem meam et meorum horreo!* Quand tant de voix sortent de notre âme pour protester contre le néant, pour demander l'immortalité ; quand, d'ailleurs, dans la nature de notre âme tout est capable d'immortalité, et incapable de mort, comment refuserions-nous de répéter avec les plus grands philosophes, et avec la conscience universelle du genre humain : L'âme ne meurt pas ?

---

180. — Prouver l'immortalité de l'âme.

A la mort, les diverses parties dont le corps était formé se désagrègent. On ne peut pas dire que les diverses parties de l'âme se désagrègent, puisqu'elle n'en a pas, puisqu'elle est simple, ainsi que le prouvent ses opérations.

L'âme ne meurt donc pas avec le corps ; par sa nature elle est immortelle. Dieu, qui l'a créée, ne l'anéantira-t-il pas ? Il le pourrait, sans doute ; mais des raisons invincibles nous garantissent qu'il ne le fera pas.

Il faut une sanction à la loi morale, une punition pour le coupable, une récompense pour le juste. Or, aucune des sanctions d'ici-bas n'est suffisante ; ni la sanction naturelle, puisqu'on voit les constitutions robustes résister à des habitudes vicieuses ou perverses ; ni les lois humaines, qui presque jamais ne récompensent la vertu, et, dans leurs dispositions générales, sont loin d'atteindre tous les crimes ; ni l'opinion de nos semblables, si sujette à s'égarer ; ni le témoignage de la conscience, dont quelquefois l'habitude étouffe les cris au point de nous *faire boire l'iniquité comme l'eau*. Le mérite constitue un véritable droit, une créance morale que la justice divine acquittera dans une autre vie, où, pour réparer la confusion présente, toutes choses seront remises en leur place.

Il ne serait pas pourvu d'une façon suffisante à cette nécessité d'une autre vie par le système de la métempsychose. Car, outre que la difficulté ne serait ainsi que reculée, ajournée et non résolue, que m'importerait une autre vie sans le souvenir de la vie présente? Puni ou récompensé, je n'apercevrais la raison ni du châtiment, ni de la récompense; la justice divine s'exercerait à mon égard en pure perte : hypothèse tout à fait inconciliable avec l'infinie sagesse. Il faut donc que je survive à ce monde et que j'aie la conscience de l'avoir traversé, c'est-à-dire que je conserve une personnalité.

C'est toujours en ce sens que le genre humain a entendu la survivance des âmes. Les Grecs, les Romains dans le culte des morts n'adressaient pas de stériles souvenirs à des personnages chéris, mais absents, disparus, à peu près comme nous penserions à un voyageur rencontré par hasard et que nous ne devons plus revoir, à une richesse perdue. L'horreur d'être privé de sépulture; Caron et sa barque; l'obole pour payer le passage ; la séparation du Tartare en deux séjours, celui des ombres et celui de la lumière ; les sacrifices aux mânes, tout indique des regrets et des vœux s'adressant à des êtres qui n'avaient fait que quitter leur enveloppe mortelle. Il n'y a pas de souffrance, il n'y a pas de séjour pour quiconque est retombé dans le néant : on ne tente pas d'apaiser ce qui n'est plus.

Notre intelligence est faite pour le vrai, notre volonté pour le bien. L'incertitude et l'ignorance nous tourmentent ici-bas; la vérité y est fugitive. Nous ne rencontrons pas davantage le bien, le bonheur complet : car, les biens physiques sont trop fragiles, les satisfactions intellectuelles ou morales trop imparfaites. Il répugne aux desseins d'une souveraine sagesse de créer un être capable de saisir la vérité, et qui pourtant ne fasse que l'entrevoir; capable de bonheur, et qui n'ait en partage que des épreuves. Nous aurons donc une autre vie où nous jouirons du vrai et du bien, sans crainte de les perdre, afin que le bonheur, pour lequel nous sommes nés, soit complet. Et cette vie durera autant que le vrai et le bien qui sont éternels.

181. — Exposer la preuve métaphysique de l'immortalité de l'âme. Montrer comment elle a besoin d'être complétée par la preuve morale.

La preuve métaphysique de l'immortalité de l'âme nous est fournie par sa propre nature. Elle s'expose en ces termes dans un épichérème :

Ce qui est simple ne peut pas périr par décomposition ;

Or, l'âme humaine est simple ;

Donc l'âme humaine ne périt pas par décomposition.

Quest-ce que la décomposition ? C'est la désagrégation des parties d'un tout. Il est trop clair que ce qui n'a point de parties ne peut pas se désagréger, se résoudre en parties.

Or, l'âme humaine n'a point de parties dans lesquelles elle se résolve, elle n'est point composée, elle est simple. L'impossibilité de concevoir l'âme autrement que comme substance simple, se tire de toutes les opérations intellectuelles, de tous les actes de la vie morale dont chacun réclame le concours des trois facultés. L'analyse d'un seul jugement suffit à la démonstration.

Tout jugement comparatif est l'affirmation d'une ressemblance ou d'une dissemblance entre deux objets ; si la substance qui doit comparer ces deux objets, au lieu d'être simple, était composée de parties, elle pourrait bien voir les deux objets à part, l'un après l'autre ; mais cela ne produirait que deux notions distinctes, séparées, sans liaison entre elles. Tant que cette liaison n'est pas aperçue, le jugement n'existe pas, puisque le jugement réside dans l'affirmation des rapports que les deux objets ont ou n'ont pas entre eux. Une pareille affirmation n'est rendue possible que par la vue, d'un seul coup d'œil, des deux objets à la fois, c'est-à-dire par une subtance non composée de parties, ou simple.

Donc, l'âme humaine est simple, donc elle ne périt pas par décomposition.

Toutefois, son immortalité ne pourrait se conclure de ce qui précède que si la décomposition était la seule manière dont un être pût cesser d'exister. L'âme ne s'en ira pas en poussière comme le corps ; mais Dieu qui l'a créée pourrait l'anéantir. Quelle garantie avons-nous qu'il ne le fera pas ?

C'est ici qu'apparait l'importance de la preuve morale que l'âme est immortelle.

L'homme libre a fait le bien ou s'est livré au mal. La pratique de la vertu donne naissance au mérite, ce droit véritable à une récompense de la part d'un Dieu souverainement sage et souverainement bon, qui ne peut voir d'un même œil l'honnêteté et l'injustice. D'un autre côté, le spectacle de ce monde, où triomphent trop souvent le vice et le crime, ne peut être le dernier mot de la providence. Une telle hypothèse renverserait toute notion de la divinité. Il y aura donc une autre vie où chacun sera rétribué selon ses œuvres ; la preuve morale complète ainsi la preuve métaphysique de l'immortalité de l'âme. Cette immortalité ne sera pas seulement celle de la substance, qui pourrait exister sans souvenir et sans conscience, mais l'immortalité de la personne.

Beraud

HISTOIRE DE LA PHILOSOPHIE

182. — Indiquer avec précision ce qu'il faut entendre par les sages, les philosophes et les sophistes.

Ces trois noms de *sages*, de *philosophes* et de *sophistes* sont des dates dans l'histoire de l'esprit humain. Ils correspondent aux trois âges de la pensée qui précèdent, dans le monde hellénique, la venue de Socrate. La Grèce a eu des poètes longtemps avant d'avoir des penseurs, antériorité qui ne doit point étonner si l'on songe que, chez les peuples comme chez les individus, l'imagination est la faculté qui se développe la première. C'est seulement au VI° siècle avant l'ère actuelle qu'on voit paraître ce groupe d'hommes illustres auxquels l'admiration de leurs contemporains a donné le nom de *sages*. Ils marquent une première étape dans l'odyssée de l'esprit scientifique : la réflexion, qui n'est pas encore la science, mais qui y prépare. A ce titre, ils ont pu arriver jusqu'à nous en conservant l'épithète de *sophoi*, ou savant, que leur époque dans son naïf enthousiasme leur avait décernée. Toutefois il n'y a point lieu d'assimiler en aucune manière Pittacus, Solon, Bias, etc. aux larges et puissantes intelligences qui se sont produites dans le siècle suivant. Pour la plupart législateurs ou chefs d'Etat, les sages ne sont en général rien moins que métaphysiciens ; ils n'ont point de corps de doctrines, n'écrivent pas, et professent à peine, dans le sens ordinaire du mot. Leur sagesse, toute pratique, puisée dans les voyages, dans l'expérience de la politique et des affaires, s'exprime en sentences auxquelles ils excellent à donner un tour vif, piquant et concis pour les graver aisément dans la mémoire. Plusieurs de ces maximes sont venues jusqu'à la postérité. La connaissance des hommes, le bon sens, la finesse qui s'y montrent, les rendent souvent remarquables.

Mais, à l'exception de Thalès que son génie hardi doit faire mettre à part, les ancêtres de la pensée hellénique ne semblent guère avoir le pressentiment des hautes questions qui seront abordées par leurs successeurs. Des règles de conduite, des préceptes de morale brièvement formulés, voilà à quoi se borne ce qu'on ose à peine appeler leur enseignement.

Dans l'âge suivant, la dénomination de *sages* est remplacée par celle plus modeste de *philosophes* ou amis de la sagesse. Ceux qui prennent cette dernière désignation sont d'audacieux chercheurs qui étudient le problème de l'origine du monde. La voie leur avait été ouverte déjà par Thalès, le seul de l'ancien cycle des sages, qui paraisse avoir eu l'esprit scientifique. A côté de l'école physicienne fondée par l'illustre Milésien, on voit naître les écoles Italique (Pythagore), Eléatique (Parménide) et Abdéritaine (Démocrite). Ces quatre sectes, malgré la diversité de leurs tendances, ont un caractère commun : la poursuite de la cause première. Quel est le principe des choses? Voilà ce que toutes se demandent. On le voit, en dépit de l'humilité relative que son nom semble impliquer, la philosophie manifeste tout d'abord une très haute ambition. C'est du reste le propre de la pensée scientifique à ses débuts, que d'être en quelques sorte enivrée d'elle-même et de se croire tout possible. Plus tard seulement, après les déceptions et les avortements, elle arrive à se convaincre qu'il faut en rabattre, elle perd cette naïve confiance dans ses forces et découvre que le champ de la connaissance humaine est limité. Assurément, les Physiciens, les Pythagoriciens, les Eléates et les Atomistes s'étaient proposé un objet fort au-dessus de leurs moyens, cependant leurs efforts ne sont pas restés inutiles. A une époque où la division du travail intellectuel n'existait point, plus d'une vérité particulière a été trouvée par ces hommes qui aspiraient à percer un mystère insondable. Ils ont enrichi le domaine des mathématiques et des sciences naturelles à peu près de la même manière que les alchimistes du moyen âge ont souvent découvert les propriétés cachées des corps en recherchant un secret chimérique.

Le spectacle de la contradiction des doctrines et de la rivalité des systèmes amène d'ordinaire avec lui le doute. Ce fut ainsi que le scepticisme naquit en Grèce à la suite des brillantes écoles que nous venons de nommer. Cette troisième évolution de la philosophie, qui faillit lui devenir si funeste, est marquée par l'apparition des *sophistes*.

Les dialogues de Platon nous font connaître ces orateurs subtils, diserts, et aussi présomptueux que la vraie science est modeste. Douteurs systématiques, ils se vantent de tout savoir et de parler pertinemment sur outes choses. Les plus célèbres d'entre eux sont Protagoras et Gorgias. Le premier appuyait son scepticisme sur le raisonnement suivant : Connnaître, c'est sentir; or la sensation affectant des variétés infinies, ce qui est vrai pour moi est faux pour vous, et nous avons le même droit, moi d'affirmer, vous de nier la même chose. Tout est également vrai et faux : d'où ce principe *l'homme est la mesure de tout* (*anthrôpos pantôn metron*). Ce que de tels paradoxes devaient faire courir de dangers à la société, on le devine sans peine : ils légitimaient le relâchement des mœurs, la versatilité des opinions, le mépris de tous les devoirs. Les sophistes, d'ailleurs, paraissent avoir prêché d'exemple : ils nous sont représentés comme des hommes avides de richesses et d'honneurs, qui plaident indifféremment le pour et le contre, et mettent leur éloquence au service de toutes les causes.

Voilà où en étaient les esprits les plus cultivés de la Grèce quand Socrate commença son enseignement. Compromise par d'aventureux amis, battue en brèche par l'effrontée négation des sophistes ses ennemis, la philosophie était dans une situation critique lorsque le fils de Sophronisque la sauva en lui indiquant son nouveau et légitime domaine : l'étude de l'homme moral.

183. — Résumer la philosophie de Socrate.

Socrate se livra d'abord aux études philosophiques telles que le passé les avait faites, cherchant, comme il le raconte lui-même, la cause de chaque chose, ce qui la fait naître et ce qui la fait mourir ; si c'est le sang, ou le feu, ou le cerveau qui produit la pensée ; soulevant enfin tous les problèmes auxquels le dogmatisme ancien avait donné hardiment des solutions. Mais il sentit bientôt le vide de ces recherches ambitieuses, dans l'état si imparfait de la science. Il lui sembla que, l'homme étant né pour agir, toute science doit avoir quelque utilité pratique. Or, pour savoir se conduire, l'homme doit d'abord se connaître lui-même et l'inscription célèbre du temple de Delphes, *Connais-toi toi-même*, prit à ses yeux une importance qu'on ne lui avait pas soupçonnée. Aussi substitua-t-il à la philosophie cosmologique de ses prédécesseurs une philosophie morale, sociale et humaine. Ce changement dans le point de départ de la science en amena un analogue dans la méthode.

Nous ne possédons aucune exposition faite par Socrate de la méthode qu'il suivait dans ses recherches philosophiques, mais sa pratique constante nous la révèle assez. Elle consiste dans l'observation fécondée par une induction sage et prudente et dominée par les principes éternels de la raison. Dans ses luttes avec les sophistes, il employait une ironie fine et délicate, jointe à une grande force de raisonnement. Il se présentait à eux feignant d'accepter les opinions qu'ils proposaient, et tout en leur demandant des éclaircissements, il combinait ses questions de manière à faire sortir de leurs doctrines des conséquences opposées à telle ou telle assertion de leur système, ou bien à l'évidence. Pour instruire ses disciples, Socrate se servait de ce qu'il appelait l'accouchement intellectuel (*maieutikê*) ; par des interrogations habilement ménagées, il tirait de la conscience de chacun d'eux les principes de la croyance naturelle, et conduisait pas à pas leur esprit du connu à l'inconnu.

Socrate n'ayant jamais exposé lui-même sa doctrine dans aucun ouvrage, on n'a pu la connaître que par le rapprochement et la combinaison des documents que Xénophon, Platon et Aristote nous ont transmis sur les opinions du maître.

La philosophie socratique est surtout morale. Socrate pensait que la science morale est la première de toutes les sciences; que les autres sont avec elles dans le rapport des moyens à la fin ; et que, comme la science morale a pour but de conduire l'homme au bonheur, au moyen de la vertu, toute science doit fournir à l'homme quelque secours pour lui faire atteindre ce but.

La destination de l'homme c'est de reconnaître le bien par la raison, de l'accomplir par la volonté (*eu prattein*). L'homme doit tendre sans cesse à se rendre semblable au type de tout bien, à la divinité. La bonne conduite (*eupraxia*) est constituée par deux éléments : 1° la sagesse qui consiste à savoir ce que l'on a à faire, et qui a la plus grande importance pour la moralité et pour le bonheur: car si l'on mène une mauvaise conduite, c'est parce que l'on n'est pas suffisamment éclairé; 2° l'habitude de se maitriser, en vertu de laquelle on opère facilement le bien. Cette habitude a deux éléments : 1° la tempérance, qualité par laquelle on résiste aux passions; 2° le courage, qui consiste à se porter avec énergie vers les voies du bien.

La conséquence du bien, c'est le bonheur véritable (*eudaimonia*); l'homme fait souvent le bien au hasard, il ne rencontre alors qu'un bonheur mensonger qui n'est qu'une espèce de bonne fortune (*eutuchia*).

Dans la sphère religieuse, Socrate s'attacha surtout à combattre les tendances athéistiques de son époque. Il sentit que pour lutter contre l'athéisme, il fallait attaquer le principe d'où il dérive, c'est-à-dire cette tendance à ne reconnaître comme réel que ce qui est visible, et à rejeter l'existence des choses qui ne tombent pas sous les sens, quoique ces choses soient d'une nature plus sublime. Le soleil ne se laisse pas regarder, disait-il, et cependant il n'en est pas moins réel, il est la source de la lumière et de la fécondité dans le monde ; de même, l'âme est le principe, le siège de ce qu'il y a de meilleur en nous, cependant l'âme n'est pas visible; Dieu n'est pas un être moins réel que le soleil, que l'âme; il suffit de nous renfermer au fond de notre conscience pour entendre la voix de Dieu qui nous excite à remplir nos devoirs; nous pouvons donc constater ainsi son existence. En outre, Dieu est providence : sa puissance, sa sagesse et sa bonté ne se manifestent pas uniquement par les lois générales; leur action se fait aussi sentir dans les individus. Dans ces limites, Socrate affirme avec assurance, mais il y avait une foule de questions relatives à la divinité qu'il considérait comme insolubles.

Un mot maintenant sur sa doctrine relativement à l'âme humaine. Selon lui, l'âme est le principe de la vie, mais l'âme a, elle aussi, un principe à la nature duquel elle participe. Elle possède à un degré inférieur la puissance, l'intelligence et la bonté de Dieu. Elle est une manifestation de la divinité, un principe de vie, et, à ce titre, elle est immortelle. Socrate disait encore pour prouver l'immortalité de l'âme : Sur la terre tout est borné ; l'âme faite pour développer ses facultés s'y trouve à l'étroit, elle ne voit rien qu'en raccourci ; gênée dans son vol, elle souffre d'un séjour qui est au-dessous d'elle, au-dessous de ses facultés. Or, Dieu étant providence ne peut pas avoir donné à l'homme des facultés si larges pour qu'elles restent sans emploi. Il faut donc qu'il y ait une vie ultérieure où l'âme pourra se développer librement. Quant à la nature de cette vie ultérieure, Socrate disait qu'il lui était impossible de la déterminer.

184. — Qu'est-ce que la méthode socratique? De quel usage peut-elle être encore aujourd'hui dans l'enseignement?

Socrate en rappelant l'homme à lui-même mit en pratique la vraie méthode de philosophie qui consiste à aller du connu ou du plus facile à connaître à l'inconnu ou au plus difficile. Mais c'est là un caractère trop général pour que Socrate puisse le revendiquer exclusivement.

La méthode socratique à proprement parler consiste dans un double procédé : l'un qu'on pourrait appeler de destruction, l'autre d'édification ou de reconstruction. Le premier, l'*ironie* ou interrogation, a été employé surtout contre les sophistes. S'avouant ignorant, mais de cette ignorance qui se connaît, Socrate pressait les sophistes de questions, les mettait en contradiction avec eux-mêmes, les forçait d'expliquer leurs grands mots, leurs grandes prétentions scientifiques, les réduisait à reconnaître qu'ils voulaient en imposer au lieu d'instruire, puisqu'ils étaient aussi ignorants que lui. L'ignorance qui a conscience d'elle-même est comme un malade qui connaît son mal ; elle peut espérer la guérison parce que, voyant la nécessité du remède, elle le cherchera avec prudence et circonspection dans une meilleure méthode.

Le second procédé, la *maïeutique* (au figuré l'accoucheuse des esprits) tient sans doute à cette théorie que les écrits de Platon nous autorisent à prêter à Socrate, à la préexistence des âmes : la science alors n'est plus que la réminiscence. Et pour que les âmes se souviennent, pour qu'elles retrouvent les *idées*, il suffit de les rappeler à elles-mêmes, de les faire réfléchir, de porter la lumière dans cette caverne du corps qu'elles habitent maintenant, de les aider, en un mot, à enfanter ces idées, à mettre au jour ces connaissances qui sont en elles sans qu'elles s'en doutent. L'art suprême du maître et tout son rôle se bornent à révéler aux disciples ces trésors cachés. Le maître n'aura rien appris, mais le disciple aura vu ; il n'en prendra que plus de goût à la science et retiendra d'autant mieux ce qu'il regardera comme sa propre acquisition.

Ce double procédé doit être d'un usage efficace aujourd'hui et toujours dans l'enseignement. Comment en douter? En l'absence de sophistes qui veulent tromper, il y a toujours des ignorants qui croient savoir. De même que deux interlocuteurs s'aperçoivent quelquefois qu'ils ont longtemps argumenté en vain, faute de s'être entendus sur les termes dès le principe, ainsi dans l'enseignement on s'expose à perdre bien des paroles pour faire entendre une question mal posée ou non suffisamment définie. Cela peut arriver soit par le défaut de celui qui parle et qui oublie qu'une question bien posée est à moitié résolue; soit par le défaut de ceux qui écoutent, et dont la présomption ne croit pas avoir besoin d'explications préliminaires. Il y a donc nécessité d'isoler le sujet de tout ce qui n'est pas lui, pour éviter toute confusion; de bien constater le point de départ, le degré d'ignorance, si l'on veut, afin de bien savoir comment et sur quoi il faut porter la lumière : les efforts alors ne seront pas stériles.

Sans admettre la préexistence des âmes, sans admettre non plus l'égalité universelle des facultés intellectuelles, rappelons-nous le commencement du *Discours de la Méthode*. Le sens commun est donné à tous les hommes ; c'est un fonds d'une richesse incalculable qu'il faut faire valoir par l'emploi des bonnes méthodes; c'est à la méthode qu'il faut souvent attribuer la différence entre le savant et l'ignorant. Il y a, du reste, en nous, des idées premières que l'expérience ni aucun maître ne peuvent nous donner. L'enseignement doit, en aidant la réflexion, dégager les conséquences de ces premiers principes. Ne voyons-nous pas la foule des théorèmes géométriques déduite de quelques axiomes? La mémoire serait bien insuffisante à retenir des démonstrations que le jugement n'aurait pas comprises. Les hommes, maîtres ou disciples, n'ont guère d'autre science que celle qu'ils se sont donnée à eux-mêmes sous une direction intelligente, c'est-à-dire par la mise en œuvre des dons personnels qu'ils ont reçus de la nature. La *maïeutique* était donc et n'a pas cessé d'être un procédé naturel, logique, puissant.

---

185. — De la méthode socratique.

Sous le nom de *méthode socratique*, on confond souvent deux parties bien distinctes de l'œuvre philosophique de Socrate. Les uns entendent les procédés dialectiques, telles que *l'ironie* et la *maïeutique*, dont Socrate se servait pour faire sortir la vérité de la bouche même de ses adversaires. Les autres ne s'attachant pas à la forme ou à l'expression dont se revêtait la pensée de Socrate, mais au fond même et à l'ensemble de cette pensée, appellent *méthode socratique* la méthode psychologique qui date de ce grand philosophe. Ce second sens est le seul qu'on doive adopter, et le mot *méthode* en philosophie s'applique, non pas à un ensemble de procédés ingénieux ou d'habiles opérations didactiques, non pas à un certain nombre de règles pratiques, utiles pour la réfutation ou la démonstration; mais bien à une direction générale, à une grande impulsion imprimée à la philosophie tout entière. Quand on dit que Socrate a créé une *méthode*, on veut dire qu'il a ouvert une route nouvelle à la philosophie, qu'il a transformé non pas telle ou telle partie, mais l'ensemble même et l'esprit de la science, qu'il a enseigné à la pensée humaine une nouvelle manière de philosopher.

En quoi consistait cette nouvelle méthode inaugurée par Socrate? Elle peut se résumer en une seule formule, celle que le maître lui-même lui donnait : *Connais-toi toi-même*.

Avant Socrate, la raison, disons mieux, l'imagination grecque, avait créé bien des systèmes. Si différentes que fussent les unes des autres les rêveries ioniennes et les théories italiques, deux traits sont communs à toutes ces philosophies : ce sont des romans, et tous ces romans ont pour sujet l'ensemble des choses.

Les uns avaient entrepris de *deviner* le vrai, de le représenter à l'aide des sens, de le créer de toutes pièces par la seule puissance de l'imagination. Les autres, déjà plus sagaces, avaient songé à le *déduire*, à le faire sortir logiquement de quelques principes absolus. Nul n'avait encore pensé que le vrai dût être *observé*, cherché et trouvé au terme d'une longue série d'investigations expérimentales. L'humanité n'était pas encore sortie de l'âge des hardiesses et des illusions illimitées ; pleine de foi en sa propre force, elle ne procédait que par intuition, par élans, par hypothèses. Cette absence de base positive et de certitude expérimentale est le premier caractère de toute philosophie antésocratique.

Le second, qui n'apparaît pas moins visiblement, c'est la prétention de résoudre d'un seul coup, et par une seule science, le problème de l'univers. Pas un traité qui soit un *péri phuséôs*, pas un philosophe qui ne se croie appelé à donner son avis sur l'ensemble des « *choses divines et humaines*. » Matière, esprit, homme, Dieu, tout fait partie de la « *science de la nature*. » È phusichê, c'est le nom de la philosophie avant Socrate, et les philosophes s'appellent *oi phusichoï*. Le plus grave inconvénient de cette extension de la science philosophique, c'est que le monde moral restait confondu avec le monde des sens. Le monde de l'esprit, de la conscience, ce second univers, comme on l'a si bien nommé, ne paraissait qu'enveloppé, étouffé dans le premier. L'homme était considéré et étudié non comme un *microcosme distinct*, non d'après des lois et par une méthode spéciale, mais comme une *partie du grand tout*, comme un phénomène perdu dans la foule des phénomènes physiques, comme un être chétif réduit à une bien petite place, et à un rôle bien humble sur le théâtre immense de la nature. La morale, la seule science de l'homme qui existât alors, car la psychologie n'était pas même connue, la morale devait se subordonner à la science générale de la nature, dont elle n'était qu'un chapitre.

On sait quels avaient été les fruits de cette philosophie à la fois naturaliste et hypothétique. L'impudence des sophistes mit au grand jour toutes les conséquences immorales de ces premières ébauches de la pensée grecque, encore étourdie et comme enivrée de la nature.

Ce sont les dangers d'une telle philosophie, pour la conscience et pour la moralité humaine, qui ont soulevé contre elle le noble cœur de Socrate ; c'est la haine des sophistes qui a été chez lui le commencement de la sagesse, et l'on a pu dire avec exactitude que c'est l'amour de la vertu qui lui fit mettre la philosophie sur le chemin de la vérité.

Avant tout, il ramène l'homme à lui-même ; il donne à la philosophie un objet plus restreint, semble-t-il, mais en réalité plus fécond. *Connais-toi toi-même* ; voilà désormais le but où doivent tendre les efforts de la pensée : *toi-même* ! Ne te confonds plus, dit-il à l'homme, avec la nature qui t'entoure ; étudie-la en toi et non toi en elle. Apprends à connaître tes propres lois, ta propre nature, tes propres facultés, ta destinée particulière ; c'est à travers toi-même que tu apercevras plus tard le reste de l'univers. Le problème des choses n'est que le second ; tu es le premier. Avant tout, connais-toi toi-même.

C'est ainsi que Socrate crée du même coup la psychologie et la morale, en dehors et au-dessus de la physique, et qu'il fonde la philosophie sur l'étude de l'*homme*, et non plus sur celle de la *nature*. C'est ainsi qu'il la fait non pas descendre, comme on l'a dit, des cieux sur la terre, mais monter, au contraire, du règne de la matière à celui de l'esprit, de l'ordre des choses à celui de la pensée et de la volonté, lui faisant franchir tout l'espace qui sépare la brute de l'âme humaine.

Mais ce n'était pas assez de déterminer de la sorte, pour tout l'avenir, la nature et les limites du problème philosophique, en lui donnant son vrai nom : problème *psychologique*. Le but connu, il fallait signaler la route qui peut y conduire.

Connais-toi, dit Socrate, c'est-à-dire observe-toi. Ne rêve plus, ne forge plus système sur système dans le vide de l'hypothèse ; considère, examine, observe, étudie, constate. *Connaître*, pour Socrate, c'est interroger la réalité ; c'est rentrer en soi-même pour analyser tous les faits que la conscience révèle. Au lieu de recourir tour à tour aux sens, à l'imagination, à l'analogie, aux images, aux hypothèses flottantes, aux synthèses prématurées, à de stériles déductions, à une sorte de divination poétique ou métaphysique, Socrate veut que la philosophie trouve l'instrument qui lui convient, et ne se serve jamais que de celui-là. Il augmente ainsi, en les concentrant et en les dirigeant sagement, les forces dont l'esprit humain dispose pour atteindre la vérité.

Son œuvre, son rôle dans le développement de la pensée humaine se borne à ces deux innovations : il a fixé, d'une part, l'objet de la philosophie, l'*âme humaine*, et, de l'autre, la manière de l'étudier, l'instrument pour la sonder, la *conscience*.

Il a enseigné l'art d'observer, inconnu avant lui, et il a circonscrit le sujet à observer. Il a fait de la philosophie une *science* en lui donnant un bon instrument de recherche, l'*expérience psychologique*; il en a fait une science morale en portant toute son attention sur l'homme. Double et immense service rendu à la science, et que la science reconnaissante appelle encore aujourd'hui du nom de celui à qui elle en est redevable, la *méthode socratique*.

---

186. — **Exposer et apprécier sommairement la *dialectique* de Socrate.**

Socrate n'est pas seulement l'auteur de la méthode immortelle qui a tiré la philosophie de ses ténèbres et de son impuissance. Il fut aussi grand novateur par la manière d'enseigner que par les choses même qu'il enseigna. Dans la lutte vigoureuse qu'il soutint contre les sophistes et dans la démonstration, nous allions dire dans la prédication de sa philosophie, il dut sa plus grande force et ses plus éclatantes victoires à une dialectique qui était née et qui est morte avec lui.

La *dialectique* de Socrate n'avait, à proprement parler, qu'un seul procédé, qu'on s'étonne de trouver si puissant et si fécond entre ses mains. C'était l'*interrogation*. Avec ses disciples, comme avec ses adversaires, Socrate se borne toujours à poser des questions; mais cette forme interrogative prend un caractère différent, suivant le but que se propose l'infatigable « questionneur, » et ses disciples ont distingué par deux noms célèbres le double emploi qu'il en faisait: *eirôneia* et *maïeutiké*.

L'*ironie* socratique, c'est l'interrogation dirigée contre un adversaire; c'est une suite de questions s'enchaînant par une logique subtile et serrée, qui amène peu à peu celui qui y répond à se condamner lui-même par ses réponses. Socrate rencontre Alcibiade impatient d'aller haranguer le peuple et de diriger la république; il l'en félicite d'abord, puis lui pose une question inoffensive: « Sur quoi veux-tu donc parler à tes concitoyens? sur un sujet sans doute que tu connais mieux qu'eux? Certainement, répond le jeune homme. — Mais si tu le sais, c'est que tu l'as appris? — Sans doute. — Alors tu veux leur parler d'un des arts que tu as appris dans ton enfance, de lecture, d'écriture, de grammaire, de musique et de gymnastique? — Tu te moques, Socrate. — De quoi donc parleras-tu? de la construction des vaisseaux? de l'art des fortifications? — Non, non, Socrate; je leur parlerai de leurs affaires, des affaires de la république, de la paix ou de la guerre. — Ah! très bien; mais n'y a-t-il pas un art qui donne les règles suivant lesquelles on doit faire la paix ou la guerre? Comment s'appelle-t-il, cet art? » Alcibiade en cherche en vain le nom. Socrate vient à son aide : « A la guerre, lui demande-t-il, que reprochons-nous à nos ennemis ? — C'est d'avoir violé la justice. — La justice, voilà donc l'art d'où dépendent toutes les délibérations politiques. Et tu l'as appris, n'est-ce pas ? — Non ; mais je le sais. Tout le monde le sait. — Mais alors, pourquoi tout le monde se dispute-t-il sur le juste et l'injuste ? Tu vas donc haranguer le peuple sur ce dont tu ne sais pas même les éléments ? » Alcibiade rougit, balbutie, et est bien forcé de se soumettre à la sentence qu'il vient de porter lui-même.

Fine, souriante, piquante avec sa bonhomie quand elle s'adresse à un jeune présomptueux qu'elle rend plus modeste, l'*eironeia* devient une arme terrible quand Socrate frappe l'orgueilleux sophiste, le rhéteur imprudent, le vil trafiquant de paroles. C'est le même procédé de réfutation de l'adversaire par lui-même, mais employé avec plus de rigueur. C'est l'interrogation pressante qui, avec une logique impitoyable, conduit à des conclusions écrasantes le bel esprit que la foule applaudissait tout à l'heure, et qu'elle va bafouer.

Tout autre est la *maïeutique*. Cette forme de l'interrogation n'est plus critique et polémique ; il ne s'agit plus de réfuter, mais d'instruire. Socrate ne disserte pas, il ne professe pas : il cause, et par une causerie pleine de grâce et de modestie, il invite, il sollicite l'esprit de ses disciples, ou plutôt de ses auditeurs, à réfléchir avec lui. Il leur demande leur avis, leur fait des questions ; car pour lui, il ne sait rien : il sait seulement qu'il ne sait rien. Peut-être pourront-ils l'aider à trouver la vérité, peut-être suffira-t-il de les interroger d'une certaine manière pour leur faire dire mille choses imprévues. C'est ainsi qu'il *accouche les esprits*. Voyez-le dans sa prison, quand Criton y arrive tout plein de l'idée de faire évader son maître. Criton ne manque pas d'arguments, Socrate ne refuse pas ; il demande seulement à Criton d'examiner avec lui ce qu'il convient de faire. Doit-on être juste ou injuste ? Rompre un engagement pris, est-ce être juste ? Doit-on tenir ses engagements, même envers une patrie ingrate et injuste ? Ainsi se suivent des questions de plus en plus précises, lumineuses, irrésistibles. Et quand l'entretien est terminé, ce même Criton, qui avait tout préparé pour la fuite, est obligé de déclarer lui-même à Socrate que son devoir est de rester et de mourir en prison. Telle est la puissance de la *maïeutique*.

Sous ses deux formes, l'une agressive, l'autre simplement instructive, l'interrogation de Socrate est un procédé qui lui appartient, et que nul n'a su rendre aussi parfait ni aussi original. Aristote a justement remarqué que *cet art de causer, dialegesthai*, contenait tous les germes d'une solide et savante dialectique. En causant ainsi, Socrate inventait deux des principaux instruments de la dialectique, la *définition* et l'*induction*,.

Ajoutons qu'une dialectique si simple, si peu scientifique en apparence, si dépouillée de formules pédantesques, et pourtant si forte, si nerveuse, si philosophique, est un phénomène unique dans l'histoire de la pensée. Elle ne s'est jamais développée qu'à Athènes, dans cette ville privilégiée où la logique elle-même sacrifiait si heureusement aux grâces, et par la bouche de cet homme incomparable, qui fut à la fois le père de la philosophie et le plus charmant causeur de l'antiquité.

---

187. — **Comment la dialectique de Socrate en nous apprenant à bien penser nous rend-elle meilleurs et plus heureux?**

Parmi les mots usités dans la langue philosophique, le mot de dialectique est un des plus complexes, un de ceux qui enferment les significations les plus différentes. Il importe, à cet égard, de distinguer entre Socrate et Platon. Pour celui-ci, la dialectique semble être tantôt un instrument de généralisation, tantôt et surtout un procédé d'induction, la voie par laquelle l'intelligence s'élève des choses sensibles aux *idées*. Dans Socrate, la dialectique paraît avoir un rôle plus modeste: c'est une simple méthode de discussion, une arme de polémique; elle a pour caractère d'être essentiellement critique et réfutative. L'illustre contradicteur des sophistes s'applique de préférence à éclairer la raison, à faire prévaloir les notions justes, ce qui ne se peut faire qu'en détruisant celles qui sont fausses. Aussi, son enseignement, quoique dogmatique au fond comme tout enseignement doit l'être, affecte-t-il la forme d'une controverse incessante. C'est la lutte du bon sens et de la vraie science contre le charlatanisme. Socrate a compris que l'erreur porte toujours en elle-même sa condamnation. Seulement il s'agit de l'en tirer, il s'agit de confondre l'adversaire par ses propres aveux, et, pour cela, de lui adresser une série d'interrogations auxquelles il ne peut répondre qu'en se mettant en opposition avec sa thèse. Tel est le trait distinctif de l'argumentation socratique: l'*ironie*.

Le lien qui unit la dialectique, ainsi entendue, à la morale n'est pas difficile à saisir. Epurer l'esprit, le débarrasser des erreurs, des préjugés, des illusions qui l'obstruent, ce n'est pas seulement rendre l'intelligence apte à la science; c'est, qui plus est, rendre la volonté capable de vertu. Presque toujours, en effet, à l'origine d'une mauvaise action on trouve une idée fausse, un point de vue erroné: il y a eu une lacune dans l'entendement du coupable. Pourquoi faisons-nous le mal? Parce que trompés par de vaines apparences, nous en attendons quelque chose d'avantageux, parce que nous le confondons avec le bien. Aux yeux de Socrate et de son école, le mal est une ignorance ou plutôt une méprise. Si l'on connaissait le bien, on le ferait, on serait vertueux. De là cet axiome fameux de la philosophie platonicienne: *Oudeis hakos ekôn*, nul n'est méchant volontairement. Cela posé, quelle doit être la tâche du moraliste? Comment faut-il s'y prendre pour améliorer les hommes? Le remède aux vices de l'humanité ne peut évidemment se trouver que dans une saine appréciation des choses, puisque c'est l'erreur sur le vrai bien qui entraine tant de gens à faillir. Formez donc des esprits justes, apprenez-leur à distinguer ce qui est désirable en soi d'avec les biens d'opinion, auxquels l'aveuglement du vulgaire attache du prix, et, ce faisant, vous aurez rendu à la morale le service le plus signalé. Socrate s'emploie sans relâche à ce travail; car, à côté du penseur dont la haute raison est froissée par le sophisme, il y a en lui l'honnête homme et le bon citoyen qui voit avec douleur dans le sophisme le principal élément de l'immoralité publique.

Pour montrer la dialectique socratique dans ce rôle d'ouvrière de la morale, nous pourrions citer de nombreux exemples; nous nous contenterons d'en emprunter deux au *Gorgias*. Polus, l'un des personnages de ce dialogue, vante la condition des orateurs influents: ils règnent dans la ville, ils sont maîtres de la liberté et de la vie de leurs ennemis; en un mot, ils font ce qu'ils veulent. — Non, reprend Socrate, ils ne font pas ce qu'ils veulent. Car que veulent-ils, ces hommes dont vous admirez la toute-puissance apparente? Ils veulent être heureux: or, comme ils ne savent point en quoi consiste le bonheur, il leur est impossible de le réaliser, il faut donc les plaindre plutôt que leur porter envie. Ailleurs, le même Polus prétend que le plaisir est le souverain bien et Socrate réplique: Le souverain bien est exempt de toute souffrance; le plaisir suppose un besoin; un besoin, avant de recevoir satisfaction, est une souffrance, donc le plaisir n'est pas le souverain bien. On voit le but où tendent ces diverses argumentations: le philosophe s'applique à détruire les notions fausses que la plupart se font du bonheur, et à prouver qu'il n'existe que dans le devoir.

L'homme formé par les leçons de Socrate sera en même temps plus honnête et plus heureux. En effet, ce qui empoisonne la vie humaine, c'est la poursuite des biens extérieurs, poursuite inséparable de mille tracas, de mille mécomptes, de mille déceptions. Heureux et sage à la fois celui qui s'est fait dans son âme un trésor inaccessible à la rouille et aux voleurs! celui-là ne connaîtra point les inquiétudes qui tyrannisent les existences frivoles; il sera à l'abri des coups du sort; car la Fortune qui dispose à son gré de la santé, de la richesse, de la réputation, du pouvoir, n'a aucune prise sur la sagesse.

188. — De la morale d'Epicure.

Epicure n'était pas ce qu'on appelle encore aujourd'hui un épicurien. Epicure lui-même fut non seulement un grave philosophe, mais un moraliste sévère en principes, et, ce qui vaut mieux encore, en conduite. D'où vient donc que son école ait bientôt servi d'asile à tous les voluptueux de Rome et d'Athènes, et qu'ont de commun la philosophie, la morale, les principes, avec ce troupeau d'élégants débauchés à qui Horace a donné un nom si énergique?

Epicure disait : « Le but de tous nos efforts est naturellement et doit être (qui le contesterait?) le bonheur. Etre heureux, c'est le besoin de tous les êtres, c'est le motif de toute activité, c'est l'aspiration légitime de toutes les âmes : la vie humaine n'a pas d'autre objet sérieux. Quelle règle de conduite doit-on donc proposer à l'homme, quelle direction faut-il imprimer à son activité? Que doit-on lui enseigner, sinon l'art d'atteindre le bonheur? Cherchons donc en quoi consiste le bonheur, à quelles conditions on peut l'acquérir. Le problème paraissait bien simple à Epicure : le bonheur consiste dans le développement normal de notre nature, dans la satisfaction des besoins du corps sans doute, mais aussi et surtout dans la satisfaction des besoins de l'âme. L'âme a faim et soif de justice, de sagesse, de tempérance, de vertu enfin, aussi impérieusement que le corps de nourriture, d'exercice et de sommeil. Cultivons donc avant tout notre âme; procurons-nous, avant les plaisirs du corps, les joies meilleures de l'esprit et de la conscience. Achetons-les même, s'il le faut, au prix de toutes les autres, et sacrifions de mesquines jouissances à celles qui valent le mieux.

De là la vertu d'Epicure, qui vivant, dit-on, de pain trempé dans l'eau, se sentait plus que dédommagé de ces privations par les délices intérieures qu'elles lui procuraient. Mais qu'importe l'application qu'a faite Epicure lui-même de son principe? Le principe était posé; chacun était libre de l'appliquer autrement que le maître, et on usa bien vite de cette liberté. De toute la philosophie d'Epicure, ses disciples ne retinrent que sa proposition essentielle : la recherche du bonheur est le seul objet de la morale. Se satisfaire, être heureux, voilà le seul but ; les moyens n'y font rien. Chacun, du reste, est juge souverain dans la question: Epicure était heureux en vivant comme un mendiant; un autre ne sera heureux qu'au milieu des fêtes, du luxe et des orgies. C'est affaire de goût. L'important est de réussir; et à qui se déclare heureux, satisfait et content, il n'y a ni question, ni reproche à faire : il a touché le but.

Tout le vice du système est donc dans le principe. Qu'importe qu'on puisse tirer de ce principe la morale la plus pure, si l'on peut aussi logiquement en tirer le contraire? Une morale vaut ce que vaut l'idée qui lui sert de base ; elle est mauvaise, si cette idée n'est pas la notion du devoir strict et inflexible. Tout autre principe, en effet, peut servir accidentellement la morale, mais il ne lui assure qu'une existence précaire ; il la livre au caprice des opinions. Il semble commode, facile, peut-être avantageux de tirer la morale du fond même de notre âme, et de l'identifier avec ce qu'il y a de plus intime et de plus naturel en nous, l'amour du bonheur, la recherche de l'intérêt propre. Mais la recherche, même la plus légitime, de la satisfaction personnelle n'a aucun rapport avec l'accomplissement du devoir, et l'on se trompe toujours quand on veut ôter à la morale ce qui en fait la difficulté, mais aussi la valeur. Sans cet énergique et souverain commandement : *Tu dois*, il n'y a plus de morale ; il ne reste qu'un calcul, une sorte d'examen comparatif des intérêts, des plaisirs, des profits. La conscience y est étrangère. Le signe propre de la morale, c'est d'être désintéressée. La vertu, c'est l'acte même dans lequel n'entre aucune considération de nos propres avantages présents ou futurs.

Le souverain bien, ce n'est pas le bonheur ; c'est le bien moral, c'est la volonté bonne, c'est en un mot le devoir. Toute la morale consiste dans la moralité de l'intention. Or qu'importe qu'Epicure soit sobre, courageux, juste, s'il ne l'est pas pour l'amour de la justice, du courage et de la tempérance, mais pour l'amour de lui-même, et dans l'intention de se procurer le plus grand bonheur possible. La vertu pratiquée par intérêt n'est plus qu'une spéculation heureuse ou malheureuse. La seule vertu digne de ce nom est celle qui a son but, comme son principe, en elle-même, celle qu'on cultive par devoir, non par intérêt, celle enfin dont on peut dire avec un ancien : *Virtutem amplectimur ipsam*.

189. — Du Stoïcisme.

Il n'y a pas dans l'antiquité de doctrine plus élevée que le Stoïcisme : on ne peut douter qu'un peuple de Stoïciens n'eût été le plus grand des peuples, le plus libre pendant la paix, le plus redoutable dans la guerre. Horace a beau les railler, il est comme contraint de les admirer :

> Justum et tenacem propositi virum
> Non civium ardor prava jubentium
> Non vultus instantis tyranni
> Mente quatit solida...
>
> . . . .
> . . . .
>
> Si fractus illabatur orbis,
> Impavidum ferient ruinæ.

Le Portique donnait pour fondement à la morale la vertu, et non le plaisir comme les Épicuriens ; il arrivait au même but, à la même fin que ces derniers, au bonheur, mais par un autre chemin, par la satisfaction de la conscience, et non par la satisfaction des sens. Entre les deux systèmes il n'est pas possible d'hésiter; l'homme n'est vraiment, n'est parfaitement heureux que quand il a suivi le précepte du poète :

Hic murus aheneus esto,
Nil conscire sibi, nulla pallescere culpa.

Fais ton devoir, telle est donc la maxime que Zénon eût pu faire inscrire sur le temple de Delphes, à côté du *Connais-toi toi-même*. Le sage est celui qui fait ce qu'il doit, le méchant est celui qui néglige ce qu'exige la vertu. Le sage est heureux, le méchant est malheureux, car l'un à la paix, l'autre le remords de l'âme. Voilà la doctrine; voyons les hommes, voyons surtout les Stoïciens de l'empire. Tandis que Rome et le monde, *Urbs et Orbis*, flattent et adorent César, seuls ils le bravent, seuls ils meurent en citoyens romains, seuls ils ne répètent pas comme l'aristocratie, comme le sénat : « Ave, Cæsar, morituri te salutant. »

On ne saurait nier l'incontestable grandeur du Stoïcisme : il y a pourtant dans la doctrine des imperfections : d'abord elle nous suppose non tels que nous sommes, mais tels que nous devrions être. Nous sommes des hommes ; on dirait qu'elle voit en nous des héros. S'il faut en croire Zénon, la douleur n'est qu'un mot, l'adversité n'a rien d'effrayant, la mort rien de terrible; la mère doit regarder sans larmes son enfant qui se plaint, qui agonise : car son devoir n'est pas de pleurer. Cicéron s'indigne de telles exagérations : sans doute il faut supporter la maladie et la mauvaise fortune avec courage, mais avec indifférence, non; c'est trop demander à la nature humaine. Quelques hommes d'élite peuvent goûter de tels enseignements, mais le peuple ne les comprend pas. On voudrait que « ni la goutte la plus douloureuse, ni la colique la plus aiguë » ne pussent arracher un cri au malade, « pendant que l'homme qui est en effet sorti de son sens crie, se désespère, étincelle des yeux et perd la respiration pour un chien perdu ou pour une porcelaine qui est en pièces. » (La Bruyère.)

D'autres points de détail doivent être repris avec sévérité, et particulièrement celui-ci : Toutes les fautes sont égales. Horace a fait la critique du *paria esse peccata* avec autant d'esprit que de sagesse. Il y a de la différence, suivant le poète, entre voler un dieu et voler un voisin, entre ravir un objet sacré et prendre un chou. Sans doute tout ce qui est mal est répréhensible, mais il l'est plus ou moins. S'il en était autrement, les lois n'existeraient pas; devant tout châtier, elles devraient tout permettre. Il n'y aurait plus un seul honnête homme, car le sage pèche sept fois par jour. Le bon sens et la raison ont fait justice d'une telle erreur.

Queis paria esse fere placuit peccata, laborant,
Quum ventum ad verum est : sensus moresque repugnant,
Atque ipsa utilitas, justi prope mater et æqui.

Le *paria esse peccata* est une erreur dangereuse, car il n'y aurait guère que des méchants, s'il était si difficile d'être vertueux. D'autres erreurs ne sont que plaisantes. Le sage est bon à tout faire, disent les Stoïciens ; il est à la fois roi et cordonnier, car il est aussi peu aisé de faire des lois que de faire des souliers. Nous croyons plus difficile de diriger l'état que de se servir du tranchet, et nous doutons que les Stoïciens eussent aussi bien manié la plume que la pioche, le pinceau que l'épée. Tous les hommes sont fous, dit encore le disciple de Zénon : nous pensons qu'il se trouve bien encore un peu de bon sens sur la terre, quand ce ne serait que dans le Stoïcisme.

Il y a donc dans l'école Stoïcienne beaucoup plus à louer qu'à blâmer : c'est après le christianisme la plus belle des doctrines, mais nous avons dû reprendre comme orgueilleuse cette maxime : *Douleur, tu n'es qu'un mot*; comme déraisonnable, ce mot, *paria esse peccata*; comme ridicules, ces pensées : *Le sage sait tout; Tous les hommes sont fous.* Quant à ceux qui, comme La Bruyère, ne voient dans le Stoïcisme « qu'un jeu d'esprit, » et dans les Stoïciens que des fantômes de vertu et de constance, qu'ils lisent Tacite : peut-être alors auront-ils moins de dédain pour une doctrine qui a fait de si grands hommes, et pour des hommes qui ont fait de si grandes choses.

190. — Qu'est-ce que les Stoïciens entendaient par les choses qui dépendent de nous et celles qui n'en dépendent pas?

La nature obéit, selon les Stoïciens, à des lois fatales, mais voulues par Dieu, ou par la raison suprême. Leur morale était d'accord avec leur physique. Ils définissaient la vertu ou la sagesse, condition unique du bonheur, la vie conforme à la nature, *vivere convenienter naturæ*. De là leur morale étroite, rigide et fière, qui reposait sur la distinction fondamentale des choses qui dépendent de nous et des choses qui ne dépendent pas de nous, et se résumait dans cette maxime célèbre : « Sustine et abstine. »

Cette distinction se trouve nettement marquée dans les premières pages du *Manuel* d'Épictète, comme on le verra par l'extrait suivant.

« Ce qui dépend de nous, ce sont nos pensées, nos résolutions, les mouvements par lesquels notre volonté se porte vers un objet ou s'en détourne; en un mot, tout ce qui est notre œuvre. Ce qui ne dépend pas de nous, c'est notre corps, c'est la richesse, c'est l'opinion d'autrui, c'est le pouvoir; en un mot, tout ce qui n'est pas notre œuvre.

« Les choses qui dépendent de nous sont libres par essence : elles ne peuvent être ni empêchées ni contrariées; celles qui ne dépendent pas de nous sont faibles, esclaves, incertaines, étrangères à nous.

« Souviens-toi de ceci : si tu crois libre ce qui, de sa nature, est esclave ; si tu crois pouvoir disposer de ce qui dépend d'une puissance autre que la tienne, tu seras entravé, affligé, troublé ; tu te plaindras des dieux et des hommes. Si, au contraire, tu regardes comme tien ce qui est véritablement tien, comme étranger à toi ce qui est étranger à toi, nul ne pourra te contraindre ou te faire obstacle, tu ne te plaindras de personne, tu ne feras rien malgré toi, personne ne te lésera, tu ne seras obligé de te plier à rien de fâcheux. »

De cette distinction découle toute la philosophie d'Epictète. Le but de la vie, pour le stoïcien, c'est l'ataraxie, l'absence de trouble, la complète possession de soi, la plénitude de cette liberté, que Dieu lui a donnée pour s'affranchir des liens de la matière et développer en lui cette perfection spirituelle qui l'égale à Dieu. Tout ce qui relève des forces naturelles, de cette fatalité divine à laquelle il n'y a rien à changer, le sage doit le subir et même le respecter. La mort, la souffrance, la pauvreté, le mépris, l'injustice, toutes ces choses ne relèvent pas de l'âme et ne sont pas véritablement des maux : le mal serait de ne pas savoir s'y résigner avec calme et dignité. La fortune, les faveurs, les hochets de l'orgueil et de l'ambition, la gloire, le pouvoir, même les joies pures de l'amitié et de la famille, ce sont là toutes choses indépendantes de nous et qui, n'étant pas à proprement parler des biens, doivent trouver le sage indifférent à leur possession ou à leur perte. En définitive, le malheur et le bonheur dépendent de nos opinions : ils ne sont pas dans les choses, dans les événements, mais en nous-mêmes. Le vrai bonheur est dans la noble jouissance qui naît de la tranquille possession de soi-même, et voilà pourquoi le sage, esclave patient de la nature, est toujours maître de son bonheur.

Est-il nécessaire d'ajouter que cette prétendue liberté du stoïcisme, qui n'existe qu'à la condition d'une soumission absolue à la fatalité, ne ressemble pas plus au libre arbitre que l'ataraxie ne ressemble au bonheur ? L'erreur des stoïciens est d'avoir confondu la nature avec Dieu ou la parfaite raison, cette même nature avec la fatalité pure et simple, et, sur cette conception élevée mais incomplète, d'avoir fait reposer tout l'édifice de leur morale.

B. P.

191. — Apprécier le caractère philosophique et moral des lettres à Lucilius, de Sénèque.

Les lettres de Sénèque à Lucilius ne sont ni un traité de philosophie *ex professo*, ni une correspondance franchement et sincèrement intime, écrite au jour le jour sans arrière-pensée et sans prévision de la publicité. Chacune de ces lettres, ou peu s'en faut, est une leçon : c'est une collection de petites thèses philosophiques, qui étaient à peu près pour le temps ce que seraient aujourd'hui des articles de revue.

Cette forme libre, fragmentaire, où les réflexions se suivent sans autre ordre que celui des hasards qui les ont provoquées, était celle qui convenait le mieux à l'esprit de Sénèque, disons même à sa philosophie.

On le sent bien à la simple lecture de ces lettres: Sénèque n'a pas une philosophie complète, systématique. Il touche à toutes les parties de la philosophie; il ne les combine pas. Parfois une grande finesse d'analyse; jamais la forte harmonie d'une synthèse. Des détails, et encore des détails, souvent vus et peints par un maître; mais l'ensemble manque. Sénèque n'est ni un grand métaphysicien, ni un logicien, comme l'étaient les premiers représentants du stoïcisme, ni un savant observateur de l'univers physique : Sénèque est presque exclusivement un moraliste. Il excelle à mettre au grand jour les replis de l'âme humaine. C'est là qu'il est original; tout le reste est d'emprunt chez lui. Aussi ne parle-t-il guère d'autre chose. Otez du recueil toutes les lettres qui traitent de l'amitié, du vrai bonheur, des devoirs du sage, du souverain bien, de la fragilité des choses humaines, de la fragilité plus grande encore de notre cœur, des mystères de la vie et de la mort, en un mot, des questions qui intéressent directement notre conduite ou notre destinée : il ne restera presque rien.

Tel qu'il est, et pris dans son vrai sens, ce livre, qui n'est pas un livre, est un de ceux qui nous font le mieux connaître la morale stoïcienne, modifiée à la fois par l'influence du caractère romain et par les progrès de la civilisation humaine. C'est là qu'apparaît, à travers les artifices d'un style souvent étudié, maniéré, brillanté, mais souvent aussi ingénieux, vif et concis, la vraie physionomie de ces stoïciens romains dont Sénèque fut sinon l'imitateur, du moins l'interprète le plus fidèle. C'est là qu'on peut sentir la grandeur et la faiblesse de cette doctrine, qui a pour premier précepte un héroïsme surhumain, et pour dernier mot le suicide. Il faut lire les lettres où Sénèque trace l'idéal du sage stoïcien : quelle fermeté, quelle fière vertu, quel défi jeté à la douleur, au mal, à la passion, quelle imperturbable assurance en face du destin, qu'il décore comme par ironie du nom de Providence! De toutes parts on y sent l'effort, la tension de la volonté qui se roidit; à chaque instant, le stoïcien s'affirme à lui-même, se démontre longuement qu'il est libre, qu'il peut tout ce qu'il veut, qu'il veut tout ce qu'il doit, qu'il est maître de lui-même, et pour ainsi dire de l'univers, que Jupiter lui-même ne lui fait ni peur ni envie, tant le sage est au-dessus des dieux! Voilà bien cette doctrine qu'on a nommée un *roseau peint en fer*.

Et malgré tout cet orgueil qui monte si haut pour tomber si bas, malgré cette prétention éternelle à l'impassibilité *(ataraxie)*, malgré cette idolâtrie de soi-même, seul culte du stoïcien, quelle sympathie et quelle admiration n'éprouve-t-on pas en contemplant dans cette correspondance les types du stoïcisme tantôt historiques, tantôt imaginaires, que nous présente Sénèque? C'est qu'en dépit d'eux-mêmes et de leur théorie, ces stoïciens étaient des hommes, et que leur grande âme était pleine d'un sentiment alors bien nouveau à l'humanité. Sénèque est le premier qui cite, pour en tirer toutes ses conséquences philosophiques, le vers célèbre de Térence :

Homo sum, et humani nihil a me alienum puto.

Il a donné lui-même à ce vers, dans une de ses plus belles lettres, un admirable commentaire : *Patria mea totus hic mundus est*, parole bien remarquable dans la bouche d'un Romain, qui a l'esprit assez large pour rêver quelque chose de plus que la grande patrie romaine. Enfin, et c'est à nos yeux son principal mérite et sa noble hardiesse, un des premiers dans le monde ancien il a songé aux esclaves, aux gladiateurs, à tous ces malheureux à qui la société d'alors ôtait les droits et le titre d'homme. Sénèque a pour eux plus que de la pitié ; il proteste, il les fait rentrer dans l'humanité. Peut-on lire sans émotion ce parallèle sublime (lettre XLVII), où il peint avec la vigueur d'une indignation généreuse, d'une part l'esclave qui essuie les crachats et reçoit comme une bête de somme les coups de son maître, et de l'autre l'élégant patricien qui se noie dans le luxe et l'orgie? Et ce n'est pas là un mouvement passager de vague philanthropie. Il y revient souvent, et toujours avec l'éloquence du cœur, et toujours pour conclure : « Sénateurs, esclaves ou chevaliers, nous sommes du même père. » (Lettre XXXII.)

N'y eût-il que deux paroles comme celles-là dans un livre, ce livre serait immortel ; et il y en a beaucoup dans Sénèque.

---

192 — Quelles sont les écoles de philosophie désignées par ces noms : l'Académie, le Lycée, le Portique? Caractères principaux de chacune de ces écoles.

Aucune de ces écoles ne présente dans les noms, tout accidentels, qu'elles portent une indication même incomplète de ce qu'elle est, de ce qui la caractérise soit pour les doctrines, soit pour la méthode.

L'Académie, fondée par Platon (né en 430, mort en 347 av. J.-C.), est ainsi appelée parce que Platon philosophait et réunissait ses disciples dans les jardins de l'athénien Académus. Platon eut pour disciples : Speusippe, son neveu (mort en 339 av. J.C.); Xénocrate (314); Polémon, d'Athènes; Cratès, d'Athènes; Crantor, de Soli en Cilicie, qui florissait vers l'an 300.

Le Lycée, fondé par Aristote (né en 385, mort en 322), a reçu son nom du temple d'Apollon Lycéen, parce que ce philosophe avait l'habitude de s'entretenir avec ses disciples en se promenant sous un portique situé près de ce temple ; cette manière d'enseigner en se promenant a fait encore appeler les disciples d'Aristote du nom de Péripatéticiens (*peripatéô*). Le principal disciple d'Aristote a été Théophraste, de Lesbos, l'auteur des *Caractères*.

Le Portique, fondé par Zénon, de Cittium en Chypre, mort 260 ans av.J.-C, s'appelle ainsi du portique le plus célèbre d'Athènes, le Pécile (*poihilé, poikilé stoa*, portique des tableaux), qui était le lieu de réunion de Zénon et de ses disciples. Les principaux de ces derniers furent, du vivant même de Zénon, Cléanthe, de Lycie ; Chrysippe, de Cilicie, surnommé la *colonne du Portique*. Plus tard vinrent Diogène, de Babylone ; Panétius, de Rhodes, dont il est question dans le *de Officiis* ; Possidonius, qui parla devant Annibal.

Ces trois écoles ont pour caractère commun d'avoir été suscitées par la grande révolution socratique, d'être nées de son influence.

Du reste, chacune a sa physionomie bien distincte : l'Académie et le Lycée, avec des différences profondes que nous allons faire connaître, sont plus spéculatives, comprennent un plus vaste ensemble de questions ; le Portique est plus pratique ; des diverses parties de la philosophie, il étudie surtout la morale.

Pour Platon, il n'y a pas de science du contingent, du particulier, du relatif; tout ce qui nous environne ne peut être pour nous qu'une initiation, une occasion saisie par notre âme pour s'élever à la véritable science, qui est celle du permanent, de l'universel, de l'immuable. Cette science, ou plutôt cette *réminiscence* par laquelle nous remontons aux idées, à l'être en soi, ne se fait pas au moyen des procédés de l'abstraction et de la généralisation ; elle se fait par l'intuition. C'est des lumières acquises dans la contemplation des idées que l'âme puise tout ce qui en nous mérite le nom de connaissance. La méthode platonicienne nous fait remonter aussitôt aux *idées*. De certains principes premiers elle fait sortir tout un système sur Dieu, source de toute vérité et de toute connaissance, qui est éternel, en face de la matière, éternelle aussi, non créée, mais façonnée par Dieu d'après les types fournis par les idées ; sur le monde, qui est un tout parfait, un *cosmos*, un instrument harmonieux ; sur l'âme, tombée dans le corps comme dans une prison ténébreuse ; sur l'homme, être doué de raison et fait pour la société. Les partisans outrés de Platon et ses ennemis l'ont représenté comme enseignant l'idéalisme ou la non-existence des corps ; c'est le père des spiritualistes.

Aristote compta pendant vingt ans parmi les auditeurs de Platon ; il s'en sépare sur bien des points. On ne doit pourtant pas, comme on l'a trop fait, opposer contradictoirement ces deux philosophes: Aristote ne nie ni Dieu, ni l'esprit, ni la raison. La grande différence réside dans la méthode et dans l'étude de la nature qui n'a guère été abordée par Platon. Aristote procède par l'expérience et l'analyse. Il a aussi le premier mis en lumière la preuve de l'existence de Dieu par la nécessité d'un premier moteur. On lui doit la législation du syllogisme. Comme on tombe toujours du côté où l'on penche, quelques expressions obscures ou mal comprises ont pu porter des matérialistes à se réclamer d'Aristote ; ils n'y étaient pas plus fondés que certains idéalistes à se réclamer de Platon.

D'après Zénon et son école, le sage doit tendre à la vertu, le seul bien, et fuir le vice, le seul mal : principe d'où vont découler des conséquences inattendues. En effet, le sage doit tendre à la vertu, en restant toujours *æquo animo*, sans se laisser détourner ou troubler par aucune préoccupation, par aucun spectacle ; la vertu du stoïcien ne sera donc pas très accessible à la pitié ; il gardera sa complète *ataraxie*. Si le vice seul est un mal, on ne peut donner ce nom à la peine, à la souffrance, aux plus vives douleurs, dût-on être broyé dans un mortier. Cette dernière conséquence surtout allait contre le but même que se proposaient les stoïciens, de pousser les hommes à la pratique de la vertu. Si la douleur n'est pas un mal, il n'y a aucune vertu à la braver. Que devient la constance dans l'adversité ? Que devient même la notion du mérite ? Heureusement, inconséquence ou non, il s'est toujours trouvé des stoïciens qui ont cru efficacement à la vertu. Le génie pratique de Rome, qui avait adopté cette doctrine, lui doit d'avoir sauvé ses plus illustres citoyens du despotisme et de la corruption, qui en est la conséquence ordinaire.

193. — Décrire l'honnête et le juste d'après Cicéron.

L'honnête qui parle si haut à toutes les consciences, l'honnête, que tout le monde se croit apte à discerner exactement, n'en est pas moins un des objets propres à la science philosophique. Demandez quels actes et quels hommes sont honnêtes : chacun le sait ou se pique de le savoir. Mais ce que l'honnête est en lui-même, indépendamment de ses diverses applications, ce qui fait l'honnêteté des choses honnêtes, ce qui les domine et les précède, le vulgaire l'ignore, les philosophes le cherchent et essayent de le définir.

Cicéron, dans son traité des *Devoirs*, assigne quatre sources à l'honnêteté : la prudence ou la sagesse, la justice, la force et la tempérance.

La sagesse, dit-il, *est un de nos besoins*.

Tous nous sommes attirés et conduits vers la science ; nous croyons beau d'y exceller ; nous trouvons mauvais et laid d'y échouer, de nous tromper, d'ignorer, de penser au hasard. Pourtant ce penchant si noble de notre nature a besoin d'être surveillé : il faut éviter de précipiter nos jugements, ou de donner trop de temps à des questions oiseuses ou difficiles.

La justice a pour complément nécessaire la bonté, qu'on peut aussi appeler douceur ou générosité. La justice est toute dans ces mots : *Ne faites pas de mal, si on ne vous en fait pas ; ne prenez que ce qui est à vous.* Elle a pour fondement la bonne foi. Cicéron s'étend, comme il est nécessaire, sur un objet si grave. Il dit quelles sont les différentes sortes d'injustice et leurs causes : la haine, la colère, l'ambition, la vanité, la méchanceté, la paresse ; il nous montre quelle est la mesure de notre devoir dans les hasards de la vie ; il nous rappelle que nous avons des obligations strictes même envers nos ennemis. Puis, s'élevant à des idées plus hautes encore, et devançant le temps où il vivait, il parle de la bonté. — Le Christ devait, peu de temps après, prononcer, pour en faire la règle de l'affection dévouée à tous, le mot touchant de *charité*. Cicéron, avec la même analyse patiente et délicate, nous apprend quand et comment il nous faut être bons ; nous devons aimer d'abord la patrie, puis la famille, puis les amis, et même tous les hommes, par ce motif seul qu'ils sont des hommes. La troisième des vertus qui constituent l'honnête, c'est la *force*, qui a pour effets la fermeté du caractère, le mépris du malheur, l'audace dans le danger, le courage et la constance. Ces belles qualités peuvent se développer dans la paix comme dans la guerre, chez le magistrat et chez l'homme privé comme chez le soldat. Enfin l'esprit de convenance et de politesse, la modération en toute chose, surtout dans la prospérité et dans le plaisir, constituent ce qu'on appelle la *tempérance*.

On le voit, presque rien ne manque à ce tableau de l'honnête et du juste ; après Cicéron, il reste peu de chose à écrire sur ce sujet, et le livre qu'il a fait est un de ceux qu'il n'est pas aisé de refaire. En se tenant toujours à la portée de tout le monde, et sans user jamais de grands mots abstraits ou difficiles à comprendre, il ne laisse rien dans notre esprit d'obscur et de douteux. Que dire des détails abondants, des exemples heureux, du style enchanteur qui enrichissent l'ouvrage ? Ce code philosophique et littéraire de nos devoirs nous fait aimer la vertu en même temps qu'il nous l'apprend, et ceux qui recherchent les idées élevées et les sentiments honnêtes, présentés sous une forme attrayante et splendide, doivent étudier, avec une respectueuse reconnaissance, ce monument précieux de la sagesse antique, que Cicéron semble n'avoir destiné qu'à son fils, et qui aujourd'hui encore peut servir à l'instruction de tous.

194. — De la scolastique. Valeur de cette philosophie

La scolastique n'est pas un système particulier de philosophie : elle n'est autre chose que la manière de comprendre et d'enseigner la philosophie, qui a été en honneur pendant tout le moyen âge. Aussi on peut distinguer plusieurs époques dans l'histoire de la scolastique ; elles ont chacune leur caractère distinctif, et on doit signaler d'importantes différences dans les opinions que les principaux docteurs ont défendues.

Ce qui distingue la première période, c'est que la philosophie est entièrement subordonnée à la théologie : elle porte le nom de *ancilla theologiæ*. Parmi les docteurs qui se signalèrent à cette époque, il faut citer : Scot Erigène, saint Anselme, Guillaume de Champeaux, Abeilard et Roscelin. C'est alors que commença la célèbre querelle des nominalistes, qui soutenaient que les idées générales n'ont aucune existence hors de l'esprit qui les conçoit, et ne sont que des noms (*nomina*), et des réalistes qui attribuent aux *universaux* ou idées générales une existence objective, indépendante de l'esprit qui les conçoit. Ajoutons que saint Anselme est resté célèbre pour avoir exposé la preuve ontologique de l'existence de Dieu, reprise plus tard par Descartes.

Dans la seconde période, la philosophie devient presque l'égale de la théologie : Albert le Grand, saint Thomas d'Aquin, Duns-Scot sont les plus célèbres docteurs. La querelle du nominalisme et du réalisme continue. En outre, l'art de l'argumentation, exercé par des maîtres habiles, fait de grands progrès, et la philosophie d'Aristote est mieux comprise et mieux expliquée par saint Thomas.

La philosophie se détache définitivement de la théologie pendant la troisième période. Occam et Pierre d'Ailly se montrent au premier rang. Grâce à leurs efforts, le réalisme presque triomphant au temps de Duns-Scot, est vaincu. De plus ces philosophes, en affranchissant la pensée, préparent l'œuvre que Bacon et Descartes accompliront après eux.

Malgré ces différences, les diverses périodes de la scolastique ont toutes un caractère commun : c'est la soumission à l'autorité. Aristote est le maître dont tous les philosophes du moyen âge sont les disciples ; c'est son nom qu'ils invoquent sans cesse, et toute opinion qui est en contradiction avec la doctrine de l'*Organon* est réputée fausse. De là vint aussi l'abus du syllogisme : étant donné un principe que recommandait l'autorité d'Aristote, on voulut en tirer les dernières conclusions et on ne recula pas devant les subtilités de la dialectique. Les philosophes accoutumés à ces spéculations minutieuses perdirent peu à peu le sens pratique ; ils négligèrent les connaissances positives et méconnurent les vraies sources de la science, c'est-à-dire l'expérience, l'histoire, l'étude des langues. Ainsi s'explique le peu de progrès accomplis par l'esprit humain pendant le moyen âge.

Cependant on a souvent trop rabaissé la scolastique : à côté des inconvénients que nous venons de signaler, il faut indiquer les avantages. Or il n'est pas douteux que la scolastique n'ait été très utile par l'exercice dialectique qu'elle donnait à l'esprit : on apprit à raisonner avec une rigueur qui n'est point à mépriser, et on parvint à expliquer les idées ontologiques avec une grande sagacité.

En résumé, si l'époque de la scolastique ne doit pas être comptée parmi les plus brillantes époques de la philosophie, il ne faut pas dire non plus qu'elle ait été stérile. Quelques vérités sont restées, qu'on démontra pour la première fois pendant le moyen âge ; et si la logique est aujourd'hui une de nos sciences les plus parfaites, c'est en grande partie à la scolastique qu'elle le doit.

Même sujet. — Seconde manière.

Le progrès ne pouvant guère s'établir que par la lutte, il y aurait naïveté à lui demander de se montrer juste envers ce qu'il est appelé à remplacer. Aussi le cartésianisme, vivement combattu à sa naissance par les tenants de la science officielle, s'est vengé de ses adversaires en les vouant à un mépris qui dure encore. Aujourd'hui même, quand nous voulons apprécier la philosophie du moyen âge, nous avons peine à nous défaire d'un préjugé enraciné dans les esprits depuis près de trois siècles. Est-il croyable cependant que les travaux d'hommes tels que St-Thomas d'Aquin, Abeilard, Vincent de Beauvais, etc., aient été de tout point stériles? Faut-il admettre que, durant un laps de temps si considérable, l'intelligence humaine se soit bornée à marquer le pas sans avancer? Jadis, au fort de la lutte, quand les deux partis étaient en présence, de pareilles assertions expliquées par la chaleur du combat ont pu se produire: aujourd'hui leur évidente exagération serait sans excuse. Du reste, il ne s'agit point ici de réviser un procès jugé ni d'essayer une réhabilitation à bien des égards impossible: nous voulons seulement plaider au profit de l'accusé les circonstances atténuantes que, selon nous, l'équité doit lui concéder.

D'abord, pour se prononcer impartialement sur la valeur de la scolastique, il importe de tenir compte de diverses conditions qui ont pesé sur elle et contribué à la faire ce qu'elle fut. Ces conditions peuvent se ramener à trois: 1° la domination du dogme; 2° les habitudes de l'enseignement; 3° l'insuffisance de l'initiation philosophique.

Nous n'avons pas à nous étendre sur le premier point. Tout le monde comprend en effet que la philosophie implique comme point de départ la liberté de penser. Dès que, sur les questions intéressant la métaphysique, on reçoit de l'Eglise des solutions toutes faites, la recherche n'a plus d'objet; elle se réduit alors à une gymnastique intellectuelle sans portée, ce qu'a été trop souvent la science à une époque où, suivant un mot connu, la philosophie était la servante de la théologie.

En second lieu, n'oublions pas qu'au titre de théologien les philosophes du moyen âge joignaient pour la plupart celui de professeur. Or la méthode de doctrine diffère sensiblement de la méthode d'invention; on ne trouve pas la vérité par les mêmes moyens qui servent à la démontrer. De plus, l'enseignement, surtout tel qu'il se pratiquait alors, semble peu propice à la vie de silence et de recueillement dont le penseur a besoin. Ce n'est pas en jetant sa parole à cinq mille auditeurs réunis au pied de la montagne Sainte-Geneviève, c'est en méditant dans son cabinet que Descartes a élaboré ses immortels ouvrages.

Un autre malheur est arrivé aux scolastiques. Dans l'immense naufrage que l'histoire appelle l'invasion des barbares, les livres de la sagesse antique avaient été engloutis. Pendant longtemps l'Europe occidentale ne connut de la philosophie grecque que les écrits d'Aristote et encore fort incomplètement.

De là une culture préalable insuffisante; car en telles matières on ne peut que s'égarer sur les pas d'un guide unique, ce guide fût-il d'ailleurs un maître éminent. L'influence du Stagirite fut trop exclusive pour ne pas devenir funeste. C'est à l'imitation d'Aristote que le moyen âge se prit d'un vif amour pour les *catégories* et multiplia ces vastes recueils tels que l'*Ars magna* de Lulle, où l'on prétendait renfermer toutes les combinaisons possibles de la pensée. Mais à côté de ces efforts malheureux et de cette science de mots, combien de discussions utiles, combien de travaux qui dénotent chez leurs auteurs l'intelligence très nette des vrais problèmes scientifiques! Il faut citer au premier rang la querelle fameuse des *réalistes* et des *nominalistes*, avec les innombrables volumes qu'elle fit éclore dans les deux camps. Les *genres* et les *espèces* existent-ils dans la nature ou bien n'y a-t-il que des individus? L'avenir tout entier des sciences physiques dépend de la solution qu'on donnera à cette question. Aussi ceux qui l'ont posée méritent-ils d'être regardés comme les dignes précurseurs de Bacon et de la philosophie naturelle.

Le reproche le plus sérieux qui puisse être adressé aux scolastiques est d'avoir obstinément fermé les yeux à toute autre évidence qu'à l'évidence démontrée et de n'avoir point donné à l'observation sa place légitime parmi les moyens de connaître. En effet, trop épris de l'*Organon* d'Aristote, ils n'ont guère cultivé en eux que la faculté logique. Qu'en est-il résulté? Deux inconvénients : d'une part, ils ont souvent appliqué le procédé déductif là où il n'avait que faire; d'autre part, comme l'abus du raisonnement mène à l'ergoterie, ces incomparables logiciens ont été plus d'une fois d'incomparables sophistes.

Beaucoup de beaux esprits se sont moqués du style barbare et pédantesque dans lequel sont écrits la plupart des ouvrages philosophiques du moyen âge. Nous ne répondrons pas à des plaisanteries démodées. Nous ferons seulement remarquer que la forme syllogistique, sobre par destination, ennemie née de la métaphore et de la périphrase, n'a pas été sans exercer une influence heureuse sur les langues modernes. En passant du latin dans les idiomes nouveaux, elle a donné à ceux-ci ce degré de rigueur et de précision qui fait leur supériorité sur les langues anciennes, et les rend éminemment propres à exprimer les vérités scientifiques.

---

195. — Comparer Aristote et Platon, Bacon et Descartes.

A ne considérer que le style d'Aristote et de Platon, sans entrer dans l'examen comparatif de leurs doctrines, on est déjà frappé des différences qui séparent ces deux philosophes. Lors même que les biographes de Platon ne nous apprendraient pas qu'il a été poète, nous le devinerions à la richesse d'imagination qu'il déploie dans ses ouvrages, au luxe de comparaisons et d'allégories qu'il y prodigue. Aristote, au contraire, semble l'un des premiers, chez les anciens, avoir pressenti la langue des sciences modernes avec son dédain des raffinements littéraires, son amour de l'exactitude, son impérieux besoin de rigueur et de précision; chez lui, en effet, point d'ornements poétiques : la pensée se présente nue, ou si l'on veut, parée de sa seule beauté métaphysique. L'auteur des *Analytiques* est bien un prosateur, ce n'est point dans ses écrits qu'on retrouve, comme dans ceux de son illustre rival, les membres épars d'un poète, *disjecti membra poetæ*.

Mais le contraste est bien plus marqué encore entre le fondateur de l'Académie et le fondateur du Lycée quand, laissant de côté la forme, nous examinons le fond de leur enseignement. De ces deux puissants esprits, l'un est le génie de l'idéal, de la spéculation pure; l'autre est le génie du réel, de l'expérience. Nulle part peut-être cette diversité de tendances n'est plus manifeste que dans la théorie qu'ils nous ont laissée des connaissances humaines. Que sont les idées pour Platon ? Subjectivement, les réminiscences d'une vie antérieure où l'âme humaine a contemplé la vérité face à face; objectivement, les types exemplaires des choses dont les objets extérieurs ne nous offrent qu'une imparfaite représentation. Que sera donc la science dans la philosophie platonicienne ? Un constant effort pour ressaisir à travers les imperfections de la réalité le plan idéal et divin, pour dégager du monde sensible le monde intelligible, pour s'élever graduellement du variable, du contingent, du relatif à l'invariable, à l'inconditionnel, à l'absolu. C'est cette marche ascendante de l'esprit que Platon appelle la dialectique.

On retrouve ici la doctrine de l'*innéité*, qui sera renouvelée plus tard avec certaines modifications par Descartes. Sous la forme, un peu inconsciente d'ailleurs, qu'elle revêt dans les écrits de Platon, cette doctrine donne matière à de graves objections. S'il y a des idées qui résident essentiellement dans l'esprit humain et qui correspondent à un objet éternel, il en est d'autres, et en bien plus grand nombre, auxquelles on ne saurait sans ridicule attribuer la même origine et le même caractère. C'est se moquer que de parler de la *tabléité*, de la *coupéité*, etc. Aristote, sous ce rapport, a parfaitement saisi le défaut de la théorie platonicienne, et les critiques qu'il lui adresse sont aussi fondées que piquantes. Mais lui-même ne tombe-t-il pas dans un autre excès quand il prétend faire dériver toutes nos connaissances de l'expérience sensible ? Le philosophe de Stagire ne méconnaît-il pas à son tour les droits de la raison, comme son devancier avait méconnu les droits de l'empirisme ? Le fameux principe des stoïciens, dont on a souvent fait honneur à Aristote parce qu'il résume assez fidèlement sa pensée, l'axiome : *Nihil est in intellectu quod non prius fuerit in sensu* n'est vrai qu'à la condition d'être amendé par la restriction de Leibnitz : *Nisi ipse intellectus*.

La querelle de l'Académie et du Lycée n'est pas un fait isolé, un accident fortuit de la polémique intellectuelle; c'est la querelle de la raison et de l'expérience, de l'idéalisme et du sensualisme; aussi à tous les âges de la pensée la voyons-nous reparaître, se personnifiant tantôt dans tels noms, tantôt dans tels autres. La philosophie grecque nous avait montré Aristote et Platon; la philosophie moderne nous montre Bacon et Descartes.

Il faut cependant prendre garde d'opposer d'une manière trop absolue l'auteur du *Novum organum* à l'auteur du *Discours de la méthode*. Ils ont entre eux plusieurs points de contact. Comme Bacon et Descartes se proposent la réforme du savoir humain, il s'agit d'abord pour eux de réparer l'instrument du savoir, c'est-à-dire l'entendement, d'y faire place nettement pour la vérité en le purgeant des erreurs, des préjugés, des notions fausses ou imparfaites qu'y avaient accumulées l'ignorance ou la demi-science de plusieurs siècles. De là pour les deux réformateurs une partie commune, la partie réfutative et critique. Sous ce rapport il est curieux de comparer le chancelier Bacon de Verulam au philosophe français, la *pars destruens* de l'un au doute *méthodique* de l'autre. Evidemment les *idoles* du premier sont les *idoles* du second, et l'on ne saurait dire lequel des deux les combat avec le plus de vigueur. Cette ressemblance entre deux génies, d'ailleurs si différents, n'est pas la seule qu'on puisse noter. Outre qu'ils préludent de la même façon à leur enquête philosophique, ils paraissent encore avoir poursuivi le même but : la conquête de la nature par la science et l'industrie, la double amélioration physique et morale du genre humain. Qu'on ne s'y trompe pas en effet : Descartes n'est pas le pur spéculatif que beaucoup imaginent enfermé dans l'étude désintéressée, jouissant solitairement de sa pensée sans souci aucun du monde extérieur. Au bout de ses recherches et comme prix de ses travaux, Descartes entrevoyait la possibilité de prolonger la vie de l'homme. C'était une illusion sans doute, mais c'était l'illusion d'un esprit pratique, non d'un simple rêveur idéaliste.

Là où ces deux hommes se séparent, c'est sur le choix des moyens à employer pour atteindre le but commun de leurs efforts. Bacon met toutes ses espérances dans l'observation, l'expérimentation et l'induction ; celles de Descartes reposent sur le raisonnement mathématique éclairé par l'intuition directe de l'esprit.

A la vérité, le baconisme et le cartésianisme, si on les considère chez leurs fondateurs, ne sont pas encore, l'un exclusivement sensualiste, l'autre exclusivement idéaliste. Mais une philosophie finit toujours par tomber du côté où elle penche. Après les maîtres viennent les disciples qui se chargent de pousser les systèmes à leurs dernières conséquences. En parlant de la sensibilité, Bacon avait dit : *Sensus à quo omnia in naturalibus petenda sunt, nisi forte libeat insanire*. Cette sage réserve : *in naturalibus*, ses successeurs l'oublièrent et ils aboutirent ainsi soit au sensualisme pur, soit au matérialisme. Descartes, sans nier le monde sensible, n'avait point accordé au témoignage des sens sa légitime importance. Ce dédain de la connaissance expérimentale engendra plus tard l'idéalisme mystique de Malebranche et l'idéalisme panthéistique de Spinosa,

---

196. — Comparer la méthode de Bacon et celle de Descartes.

Bacon avait été frappé de l'état déplorable où se trouvaient, de son temps, toutes les sciences, à l'exception des seules mathématiques. Il vit et montra la nécessité d'une réforme, non dans quelques détails, mais dans l'ensemble même des procédés de la science, c'est-à-dire dans la méthode. Il entreprit de poser lui-même les principes de cette *instauratio magna*, de donner à la pensée, à la philosophie un instrument meilleur, *novum organum*. La méthode baconienne part de cette simple idée qu'il ne faut pas inventer, mais observer; qu'il ne faut pas fonder la science sur des abstractions, mais sur des faits positifs; qu'enfin il faut découvrir ces faits à l'aide d'une induction, ou, pour mieux dire, d'une expérimentation sincère, profonde, persévérante et régulière, dont il détermina lui-même les règles avec tant de précision et de justesse, qu'il mérite d'être appelé le législateur de l'expérience.

Un peu plus tard, Descartes remarque l'infinie diversité d'opinions qui divise les hommes. Désireux de trouver assurément la vérité parmi tant de contradictions et d'incertitudes, il rejette toutes les idées qu'il a reçues de ses maitres, et de doute en doute arrive à rencontrer le seul fait qui ne supporte pas le doute, l'existence personnelle de l'âme humaine. Remarquant alors que ce n'est pas à la solution syllogistique, mais à une sorte d'aperception directe et intuitive, qu'il doit cette première de toutes les vérités, il établit sur ce seul fait toute une méthode : désormais, il reconnaitra pour vrai ce qui aura comme sa première proposition, le caractère de l'évidence. Le doute au début, au terme de l'évidence : telle est la méthode cartésienne.

Quelque différence que présentent le langage de Bacon et celui de Descartes, on reconnait, dès le premier examen, les analogies et la concordance générale des deux méthodes qu'ils ont inaugurées.

Tout d'abord, leur point de départ est le même : tous deux s'élèvent également contre les idées préconçues, contre les hypothèses et les abstractions de la scolastique. Tous deux veulent qu'on aille au fond des réalités, qu'on se défasse des explications traditionnelles, des solutions arbitraires, des entités fabuleuses, en un mot, de toute la science de convention dont s'était contenté le moyen âge.

Mais ce n'est pas seulement ce qu'ils repoussent et combattent, c'est aussi par le remède qu'ils proposent au mal, que Bacon et Descartes se rapprochent. S'ils sont d'accord pour prescrire le doute préalable, et l'examen à nouveau de toutes questions, ils ne sont pas moins d'accord pour conseiller un même procédé, l'expérience. Bacon veut qu'on interroge la nature, qu'on la scrute, qu'on lui arrache ses mystères par des moyens sûrs et légitimes. Descartes veut de même qu'on interroge cette seconde nature, ce second univers, l'âme humaine, et qu'on tire de là, et de là seulement, toute la philosophie. L'une et l'autre méthode est positive, expérimentale, analytique. Il ne s'agit, dans l'une comme dans l'autre, ni de rêver, ni d'imaginer, ni de supposer, ni de déduire le monde; il s'agit de l'analyser, de l'examiner patiemment. Bacon et Descartes reconnaissent le même criterium de la vérité : c'est l'évidence, c'est-à-dire l'apparition claire et simple du fait dont on ne peut pas douter, de la réalité découverte et non devinée.

D'où vient donc que ces deux méthodes, si semblables par leurs principes et par l'esprit qui les anime, ont si souvent été opposées l'une et l'autre par les disciples même de Bacon ou de Descartes?

C'est que, si elles s'accordent dans les procédés essentiels et par leurs caractères généraux, elles ne s'appliquent pas au même objet. Bacon a bien tracé les règles de l'expérience appliquée aux sciences physiques et naturelles, mais il a, systématiquement peut-être, écarté les problèmes psychologiques. Descartes, à son tour, a de nouveau tracé les règles de l'expérience mais en les appropriant particulièrement à l'étude de l'âme humaine. Réunies et combinées, les deux méthodes forment un tout complet : distinctes, l'une ne convient bien qu'aux sciences de la nature; l'autre, qu'à la science de l'âme. Il y a en effet deux modes d'expériences, comme il y a deux sortes de réalités. L'expérience externe, la perception faite par les sens s'applique au monde des sens; l'expérience interne, étudiant non plus la matière, mais l'esprit, a besoin d'autres instruments de perception, la conscience et la raison. La méthode baconienne s'est attachée à la nature, et par conséquent a relevé le rôle des sens qui la font connaître; la méthode cartésienne, s'enfonçant plus avant dans le monde de l'esprit, a dû relever, au contraire, l'expérience psychologique et les lumières supérieures de la raison.

Peu importent les débats et les malentendus prolongés qu'a soulevés cette divergence des deux méthodes; elles sont faites non pour s'opposer, mais pour s'ajouter l'une à l'autre.

197.— Quelles sont les maximes dans lesquelles consiste ce qu'on appelle la *morale provisoire* de Descartes?

Descartes, dans le *Discours de la Méthode*, trace le plan de sa philosophie et celui même de son existence. Nous le voyons tel en France, en Allemagne, en Italie, en Hollande et en Suède, qu'il se propose de l'être dans la troisième partie du *Discours*. Il a suivi toujours les règles de conduite qu'il s'était tracées ici, et sa morale provisoire reste la morale de toute sa vie.

Au moment où il allait jeter à bas le vieil édifice de la tradition, comme ce n'est pas assez, dit-il lui-même, avant de commencer à rebâtir le logis où l'on demeure, que de l'abattre et de faire provision de matériaux et d'architectes, mais qu'il faut aussi s'être pourvu de quelque autre où on puisse être logé commodément, pendant le temps qu'on y travaillera ; ainsi, afin de ne demeurer point irrésolu en ses actions, pendant que la raison l'obligerait de l'être en ses jugements, et qu'il ne laissât pas de vivre, dès lors, le plus heureusement qu'il pourrait, il se forma une morale par provision.

La première maxime était d'obéir aux lois et aux coutumes de son pays, retenant constamment la religion en laquelle Dieu lui avait fait la grâce d'être instruit dès son enfance, et se gouvernant, en toute autre chose, suivant les opinions les plus modérées et les plus éloignées de l'excès. Cette maxime, si conforme à l'esprit tranquille et prudent de Descartes, servait en outre à rassurer, sur le compte du novateur, la magistrature et l'Eglise, si souvent unies dans ce temps-là, et si susceptibles ; car le dix-septième siècle n'avait pas aboli la persécution, et on peut lire dans Guy Patin l'histoire de ce particulier que la Sorbonne exila de France pour avoir contredit Aristote.

La seconde maxime qu'adopta Descartes était d'être le plus ferme et le plus résolu en ses actions qu'il pourrait, et de ne suivre pas moins constamment les opinions les plus douteuses, lorsqu'il s'y serait une fois déterminé, que si elles eussent été très assurées ; car, les actions de la vie ne souffrant aucun délai, c'est une vérité très certaine que, lorsqu'il n'est pas en notre pouvoir de discerner les plus vraies opinions, nous devons suivre les plus probables. Cette maxime est utile non pas seulement à un philosophe, mais à tous les hommes, Descartes l'a prise dans l'expérience de la vie où il vaut encore mieux se tromper que de rester inactif.

Sa troisième maxime était de tâcher toujours plutôt à se vaincre que la fortune, et à changer ses désirs que l'ordre du monde, et généralement à s'accoutumer à croire qu'il n'y a rien qui soit entièrement en notre pouvoir que nos pensées. C'est là le secret du bonheur ; ne pas poursuivre des biens impossibles, ne pas se consumer en ambitions chimériques, ne pas courir après la fortune ou la gloire, voilà quelle doit être la maxime de celui qui veut être content. C'est ainsi qu'on se rend l'égal de ces stoïciens qu'on admire toujours malgré leurs erreurs, qui ont pu autrefois se soustraire à l'empire de la fortune, et, malgré les douleurs et la pauvreté, rivaliser de félicité avec leurs dieux. Mais il est besoin d'un long exercice et d'une méditation souvent réitérée pour arriver à ce calme de la philosophie.

Enfin, pour conclusion de cette morale par provision, Descartes fit une revue sur les occupations qu'ont les hommes en cette vie, pour tâcher de faire choix de la meilleure, et il résolut d'employer toute sa vie à cultiver sa raison, et à s'avancer autant qu'il pourrait en la connaissance de la vérité, suivant la méthode qu'il s'était prescrite. Il avait éprouvé de si extrêmes contentements, depuis qu'il avait commencé à se servir de cette méthode, qu'il ne croyait pas qu'on pût en recevoir de plus doux et de plus innocents en cette vie. Rien n'est plus beau que cet amour pur et désintéressé de la vérité, que cette vie tout entière mise au service de la raison.

C'est après s'être ainsi assuré de ces maximes, et les avoir mises à part avec les vérités de la foi, qui ont toujours été, dit-il, les premières en sa créance, qu'il jugea que pour tout le reste de ses opinions, il pouvait librement s'en défaire; c'est alors qu'à la place de la scolastique, il jeta les bases de la philosophie moderne.

198. — Exposer les principaux points de la philosophie de Descartes, d'après la quatrième partie du *Discours de la méthode*.

Dégager la philosophie de toutes les incertitudes et de tous les doutes, trouver quelques vérités que rien ne peut obscurcir ou ébranler, tel fut le but que se proposa Descartes. Il l'atteignit pleinement : c'est dans la quatrième partie du Discours sur la méthode qu'il a consigné les résultats de ses recherches.

Les sens nous trompent quelquefois : il y a donc lieu de douter des choses qu'ils nous apprennent. En raisonnant même sur les matières de la géométrie, on fait quelquefois des paralogismes : rejetons encore toutes les raisons qui passent pour des démonstrations. Je puis donc douter de tout ce qui m'est jamais entré dans l'esprit : puis-je douter que je pense? et si même j'en doute, n'est-ce pas encore penser? Voilà donc une première vérité incontestable : *Je pense, donc je suis.*

Je suis, mais que suis-je? Je puis bien feindre que je n'ai aucun corps; mais je ne puis feindre pour cela que je ne suis pas. Au contraire, et si je cesse de penser, tout le reste fût-il vrai, je n'ai aucune raison de croire que j'ai été. Je suis donc une substance dont toute la nature n'est que de penser; et cette âme par laquelle je suis ce que je suis est entièrement distincte du corps.

Voilà deux vérités dont je suis très certain. En quoi consiste la certitude? Si je suis certain de cette vérité : Je pense, donc je suis, c'est que je vois très clairement que pour penser, il faut être. Je puis donc prendre pour règle générale que les choses que nous concevons fort clairement et fort distinctement sont toutes vraies.

Mais je doute, et je vois très clairement que c'est une plus grande perfection de connaître que de douter. D'où ai-je appris à penser à quelque chose de plus parfait que je ne suis? Mes pensées, quand elles sont vraies, sont des dépendances de ma nature qui a quelque perfection; quand elles sont fausses, elles me viennent du néant parce que j'ai du défaut. Or, cette idée de perfection ne peut manifestement pas venir du néant; et, comme le plus parfait ne saurait venir du moins parfait, je ne puis la tenir de moi-même : il reste donc qu'elle ait été mise en moi par une nature plus parfaite, par Dieu. Dieu donc existe, et pour savoir ce qu'il est, je dois considérer de toutes les choses dont je trouve l'idée en moi, si c'est perfection ou non de les posséder. Toute composition témoigne de la dépendance, et la dépendance est manifestement un défaut. Dieu donc n'est pas composé ; mais s'il y a quelque corps ou quelque intelligence qui ne possède pas toute perfection, leur être doit dépendre de sa puissance.

Si l'on compare les vérités qui viennent d'être découvertes aux vérités qu'on regarde comme les plus certaines, celles de la géométrie, on voit bien que cette grande certitude est fondée sur la règle indiquée plus haut, c'est-à-dire que l'on conçoit ces vérités fort clairement ; mais rien ne nous assure de l'existence de leur objet. Ainsi, étant donné un triangle, il est bien certain que la somme de ses angles sera égale à deux angles droits : mais qui nous assure qu'il y ait des triangles ? Au contraire, considérez l'idée d'un être parfait : l'existence y est nécessairement comprise, et un être parfait qui n'existerait pas ne serait plus un être parfait. L'existence de Dieu ainsi démontrée par une nouvelle preuve (preuve ontologique) est donc pour le moins aussi certaine que les vérités mathématiques. Si elle paraît quelquefois moins claire, c'est que plusieurs personnes sont accoutumées à ne rien considérer qu'en l'imaginant. Mais il y a une autre faculté que l'imagination ; et même notre imagination ni nos sens ne nous sauraient jamais assurer d'aucune chose, si notre entendement n'y intervient.

Enfin l'existence de Dieu et de l'âme qui vient d'être si bien démontrée, est plus certaine que les choses dont nous nous croyons plus assurés. Cette règle que toutes les choses que nous concevons fort clairement, sont vraies, n'est certaine que si Dieu existe, et s'il est un être parfait. En effet, nos idées qui viennent de Dieu en tout ce en quoi elles sont claires et distinctes, ne peuvent être que vraies. Mais si nous ignorons que tout ce qu'il y a en nous de réel et de vrai vient d'un être parfait, en vain nos idées seraient-elles claires et distinctes : quelles raisons aurions-nous de les croire vraies ? Quand nous sommes certains de cette règle, nous pouvons toujours nous laisser persuader à l'évidence de notre raison. L'imagination peut nous tromper, surtout dans nos rêves ; mais la raison ne se laisse point ainsi égarer.

L'existence de l'âme, son immatérialité, l'évidence prise comme criterium de la certitude, l'existence de Dieu, telles sont les principales vérités que Descartes a établies, et il les a rendues aussi claires que celles dont on doute le moins. C'est ce qui a donné à son immortel *Discours de la méthode* une si grande importance ; c'est aussi ce qui a mérité à son auteur le nom de père de la philosophie moderne.

199. — Commenter à l'aide de Descartes cette parole de Pascal : « Je puis bien concevoir un homme sans mains, pieds, tête ;... mais je ne puis concevoir l'homme sans pensée.

I. — Il y a deux hommes dans Pascal, le philosophe, et le mystique : le cartésien, et le croyant sombre, farouche qui, torturé malgré lui par le doute et se défiant des *puissances trompeuses* de sa nature, se jette dans les bras de la religion, en criant à tous ceux qui comme lui cherchent sans trouver : « Écoutez Dieu ! » Si Pascal n'était pas devenu le mystique que nous connaissons, il serait resté ce qu'il a été d'abord un disciple de Descartes : un grand nombre de *Pensées* sont même inspirées incontestablement par la philosophie cartésienne, et nous trouvons en plus d'un endroit la trace du *Cogito, ergo sum*. Témoin le passage admirable du *Roseau pensant*, qui n'en est qu'un sublime commentaire ; témoin encore cette parole : « Je puis bien concevoir un homme sans mains, pieds, tête... » On ne peut donner plus exactement le sens et la portée de cette parole qu'en la commentant à l'aide de Descartes ; nous y verrons marqués les principaux traits de la psychologie du maître.

II. — 1° Cette parole suppose une distinction préalable de l'âme et du corps : « Je puis nier, dit Descartes, qu'il y ait au monde aucune chose étendue, et néanmoins je suis assuré que je suis, tandis que je le nie ou que je pense ; donc le moi n'appartient point à la connaissance que j'ai de moi-même. » (*Méditations*). Donc, « Je suis un être pensant — *Sum res cogitans*... — Toute l'essence ou toute la nature de l'esprit consiste seulement en penser. » La pensée n'est donc pas l'attribut essentiel de l'âme, elle est la substance même de l'âme, et ce serait folie d'imaginer un substratum de la pensée fermé lui-même à la pensée, un je ne sais quoi qui pense et ne se pense pas. La conscience ou le moi est donc le tout de l'âme. — Pascal voit bien toute la fécondité du *Cogito, ergo sum*, et y trouve « le principe ferme et soutenu d'une physique entière » (*De l'Esprit Géométrique*).

2° C'est pourquoi Descartes déclare que « l'âme est plus aisée à connaître que le corps. » En effet, je ne m'aperçois de l'existence de mon corps propre que parce que je le rattache à celle de l'âme qui est le fond de mon être, ou plutôt qui est tout mon être : mon corps n'est perçu par moi que comme un assemblage d'éléments étendus et résistants que je m'approprie, qui sont en quelque sorte à mon service. « L'homme est une intelligence servie par des organes » (de Bonald) ; mon corps n'est pas moi, il est mien ; le corps est « l'enclos de la personne » (Taine), il n'est pas la *personne* même. Cette *personne* psychologique, cette âme, ce moi, je le connais par une intuition directe.

L'âme est plus aisée à connaître que le corps : (a) dans son *existence*, car il m'est impossible de douter de ma pensée, tandis que je peux à la rigueur douter de la réalité des rapports entre mon corps et le monde extérieur. (Comment puis-je distinguer la veille des illusions du sommeil ? voy. *1re Méditation*). — (*b*) L'âme est plus aisée à connaître que le corps dans sa *nature* : les *qualités* du corps (saveur, odeur, couleur, son, étendue, résistance, mouvement) sont toutes *subjectives*, ou du moins relatives à moi (sensations); tandis que la sensibilité, l'intelligence, la volonté, sont bien des manières d'être réelles du moi.

3° En outre, si la pensée n'était qu'un attribut, cet attribut pourrait faire momentanément défaut sans que la substance, c'est-à-dire l'âme, cessât de penser; mais si la pensée est la substance même, il est clair que l'âme existe en même temps que la pensée. Donc « l'âme pense toujours. »

III. — Notre pensée est donc la réalité la plus assurée qu'il soit donné à l'homme de connaître, et l'écueil du scepticisme. Aussi le scepticisme de Pascal ne porte-t-il que sur la connaissance de Dieu : la pensée, en effet, dit-il, ne peut y suffire, il faut la *charité*, c'est-à-dire l'amour, car « la distance infinie des corps aux esprits figure la distance infiniment plus infinie des esprits à la charité : cela est d'un ordre infiniment plus relevé. » — Mais l'homme reste toujours pour lui un être dont « toute la dignité consiste en la pensée. « (*Pensées*, I, 6.)

E. G. D.

---

200. — **On sait que le grand philosophe Kant a intitulé ses deux principaux ouvrages :** *Critique de la raison pure* **et** *Critique de la raison pratique.* **Expliquer le sens qu'il a entendu attacher à ce mot** *critique.* **Expliquer le sens de chacune de ces deux autres expressions : raison pure et raison pratique.**

PLAN DÉTAILLÉ

I. *Du sens du mot Critique.* — Kant, d'abord dogmatique et disciple, par l'enseignement Wolfien, des doctrines de Leibnitz, dit lui-même qu'il a été réveillé du sommeil dogmatique par la lecture de Hume; mais le sophisme du philosophe anglais ne l'a pas plus satisfait que le dogmatisme, il lui a servi seulement à regarder de plus près à des affirmations qu'il avait prises jusque-là comme inébranlablement établies. De la rencontre des deux doctrines dans sa pensée sortit la préoccupation d'une philosophie nouvelle, juste milieu entre elles, c'est la *Critique* : entre les affirmations hasardées de l'une et les doutes injustifiés de l'autre, le plus sage est de réviser la connaissance tout entière par la *Critique*, c'est-à-dire par l'examen attentif et approfondi de la pensée, pour connaître à fond sa constitution et les limites de ses droits. Par là Kant opère, croit-il, une révolution dans la philosophie analogue à celle de Copernic en astronomie : Copernic a montré que le vrai centre de notre système planétaire est le soleil, Kant montre que le vrai centre de la connaissance est la pensée, c'est-à-dire le sujet.

II. *Raison pure, et raison pratique.* — Le sujet peut être étudié à deux points de vue : comme source de la connaissance théorique, c'est la Raison pure, ou faculté de la métaphysique ; — la Raison pratique, au contraire, nous fait concevoir les vérités de l'ordre pratique ou moral.

1° La Raison pure ne peut atteindre les réalités en soi ou *noumènes*, elle ne peut les connaître, parce qu'elle ne le pourrait qu'en faisant abstraction des lois de la pensée, ce qui est impossible ; mais elle affirme l'existence de ces réalités en soi (*ta noumena*), parce que les *phénomènes* (c'est-à-dire les apparences) que seuls elle peut connaître ne se comprennent que comme les diverses manières d'apparaître de réalités à la pensée, et selon les lois de la pensée. Les phénomènes sont d'abord connus par la *sensibilité* ou connaissance sensible (intuitions obtenues par les formes a priori du temps et de l'espace), ces intuitions sont ensuite réunies en jugements (a *priori* et a *posteriori*, analytiques et synthétiques, etc) par les *catégories* (cause, substance, fin,.. etc.) de *l'entendement* ou faculté discursive ; — enfin ces jugements à leur tour sont groupés, d'après leur nature, sous trois idées essentielles de la Raison pure : idée du moi ou idée *psychologique*, idée du monde ou idée *cosmologique*, idée de Dieu ou idée *théologique*.

Les formes, les catégories, les idées, ne sont que des lois de la pensée, subjectives et nécessaires, et la Raison pure tombe dans des *antinomies* ou contradictions dès qu'elle veut sortir du domaine subjectif pour formuler une affirmation sur la nature de la réalité objective.

2° La Raison pratique est celle qui nous donne les vérités de l'ordre moral : devoir, loi morale (impératif catégorique, nécessité consentie..) qui a pour conditions ou pour *postulats* indispensables la liberté, l'existence de Dieu comme législateur moral et auteur des sanctions, l'immortalité de l'âme pour que les sanctions soient complètes.

III. *Conclusion.* — Grands mérites de la *Critique* de Kant, importance de la connaissance approfondie du sujet comme base d'une théorie de la connaissance ; excès de la doctrine telle que Kant l'a faite, idéalisme transcendental, subjectivisme, relativité de la connaissance, dont s'inspire le positivisme en France et en Angleterre.

E. G. D.

FIN

TEXTES DES DISSERTATIONS PHILOSOPHIQUES

DONNÉES DEPUIS LA SESSION DE NOVEMBRE 1888

JUSQU'A LA SESSION DE NOVEMBRE 1892

AUX EXAMENS DE LA SECONDE PARTIE DU BACCALAURÉAT

DANS TOUTES LES FACULTÉS DES DÉPARTEMENTS

FACULTÉ D'AIX

1888

1. — Que savez-vous de la philosophie d'Épicure ? (25 octobre.) (*V. n° 188.*) (1).
2. — Exposer le rôle que joue l'habitude dans la vie morale de l'homme. (7 novembre.) (*V. n° 72.*)
3. — Des sciences mathématiques; en indiquer l'objet; en marquer le caractère propre; en exposer la méthode. (8 novembre.) (*C. n°s 92, 93, 96.*)
4. — Du raisonnement par analogie. Indiquer les services qu'il rend dans les recherches scientifiques et les erreurs qu'il entraîne trop souvent. (10 novembre.) (*V. n° 104.*)

1889

5. — Des sentiments du cœur. (8 avril.) (*C. n°s 126 et 127.*)
6. — Exposer et discuter la morale de la sympathie. (10 avril.) (*V. n°s 128 et 129.*)
7. — Du criterium de la certitude. (12 avril.) (*V. n° 150.*)
8. — La conscience morale est-elle un instinct, ou bien se forme-t-elle sous l'influence de l'habitude et de l'éducation ? (Juillet, 1re série.) (*C. n°s 117 et 120.*)
9. — De la science et de l'esprit scientifique. (Juillet, 2e série.) (*C. n°s 2 et 7.*)
10. — D'où vient que l'homme est responsable de ses actions, et quelles sont les circonstances qui font varier cette responsabilité ? (Juillet, 3e série.) (*V. n° 130.*)
11. — Des devoirs de justice. Les énumérer. En indiquer le principe et les caractères distinctifs. (28 octobre.) (*C. n° 133.*)
12. — Expliquer et commenter cette proposition de Bacon: *Veritas filia temporis, non auctoritatis.* (4 novembre.) (*C. n°s 152 et 153.*)

(1) Les numéros d'ordre qui suivent l'énoncé se rapportent à ceux des développements où le sujet se trouve traité en tout ou en partie (*V. — voir*) et ceux où l'on trouvera des idées pour la composition (*C. — Consulter.*)

13. — Du criterium de la certitude. (5 novembre.) (*V. n° 150.*)
14. — De la Providence. (25 novembre.) (*C. 175 et suiv.*)

1890

15. — Preuve physique de l'existence de Dieu ou argument des causes finales. (24 mars.) (*V. n° 164.*)
16. — Quels sont les devoirs du citoyen envers l'État et les diverses sortes de crimes envers la patrie? (26 mars.) (*C. n° 142.*)
17. — De l'amour-propre. En indiquer les principales formes et l'influence sur la conduite de l'homme. (28 mars.) (*C. n°* 22 et 26.)
18. — De la liberté morale. (7 juillet, Nice.) (*V. n°* 66 à 70.)
19. — Qu'est-ce que la philosophie et quelles sont les qualités de l'esprit philosophique ? (7 juillet, Aix.) (*V. n°* 6 et 7.)
20. — De l'abstraction et des idées abstraites. (2 juillet, Bastia.) (*V. n°* 43 et 44.)
21. — Qu'est-ce que le goût, le talent, le génie ? (25 juin, Ajaccio.) (*C. n°* 38 et 78.)
22. — De la comparaison et de son rôle dans l'acquisition des connaissances scientifiques. (8 juillet, Aix.) (*C. n° 104.*)
23. — Expliquer la devise du gouvernement républicain : *Liberté, Égalité, Fraternité.* (5 novembre.) (*C. 139 à 142.*)
24. — De l'existence de Dieu. (7 novembre.) (*V. 164, 165, 166.*)
25. — Qu'entend-on en économie politique par le *capital?* Quel rôle lui attribue-t-on dans la production de la richesse? (10 novembre).
26. — Devoirs de la vie de famille. (12 novembre.) (*V. n° 138.*)
27. — De l'immortalité de l'âme. (14 novembre.) (*V. n° 179.*)
28. — Philosophie de Platon. (17 novembre.) (*V. n°* 192 à 195.)
29. — De la vertu. Principales définitions. (19 novembre.)

1891

30. — Théorie de la table rase. (16 mars.) (*V. n° 60.*)
31. — De la méthode expérimentale dans les sciences physiques et naturelles (18 mars.) (*C. n°* 95 et suiv.)
32. — Le témoignage peut-il engendrer la certitude ? (24 juin.) (*C. 106 et 108.*)
33. — Sommes nous plus vertueux que nos pères et y a-t-il un progrès en morale ? (1er juillet.) (*C. n° 178.*)
34. — Discuter les arguments des apologistes et des adversaires du suicide (6 juillet.) (*C. n° 134.*)
35. — Qu'est-ce que l'homme ? (10 juillet) (*C. 158 et suiv.*)
36. — Expliquer et développer cette pensée de Condillac : « Les langues sont des méthodes analytiques. » (5 novembre) (*C. n°* 75 et 76.)
37. — En quoi consistaient les quatre vertus cardinales des anciens? Cette classification embrasse-t-elle toute la moralité humaine ? (9 novembre.) (*V. n° 136.*)
28. — Indiquer ceux des phénomènes psychologiques qui résultent immédiatement du fonctionnement des sens. (5 novembre.) (*C. n°* 26 à 29.)
39. — Montrer la place que tient le témoignage humain dans la formation de nos connaissances; exposer les raisons que nous avons d'en admettre la valeur et les conditions que nous devons exiger pour y croire. (11 novembre.) (*C. n° 106.*)
40. — Utilité de l'étude des langues et de la grammaire pour la psychologie. (12 novembre.) (*C. n° 76.*)

1892

41. — Sommes-nous libres ? (6 avril.) (*V. n° 66 et suivants.*)

42. — 1ᵉʳ *sujet.* — L'idée du moi ; en indiquer l'origine et les caractères. (*C. n°ˢ 18 et 19.*)

43. — 2° *sujet.* — Y a-t-il des idées innées ? (*V. n° 61.*)

44. — 3° *sujet.* — Comment se forme et se développe dans l'esprit l'idée de Dieu ? (Juillet, Aix.) (*C. n° 166.*)

45. — 1ᵉʳ *sujet.* — Part de l'expérience et de la raison dans l'induction (*C. n°ˢ 101 et 102.*)

46 — 2° *sujet.* — Des genres et des espèces. Valeur et portée des idées générales. (*V. n° 44.*)

47. — 3° *sujet.* — Définition de la science. Classification des sciences. (Juillet, Corse.) (*C. n°ˢ 1, 2 et 3.*)

ÉCOLE SUPÉRIEURE D'ALGER

1888

48. — L'intelligence et la volonté. Leur distinction et leurs rapports. L'intelligence intervient-elle dans la volonté, et la volonté dans l'intelligence ? Pour quelle part et dans quelle mesure ? (6 novembre.) (*C. n°ˢ 19, 63, 64.*)

1889

49. — La conscience psychologique : sa mesure, ses limites. Se confond-elle avec son objet : par exemple, la conscience de la pensée avec la pensée, du sentiment avec le sentiment ? Peut-il y avoir sentiment inconscient ? pensée inconsciente ? Marquer la portée de cette question. (8 avril.) (*C. n°ˢ 33 et 34.*)

50. — La propriété est-elle de droit civil ou de droit naturel ? Montrer la différence des conséquences selon que l'on admet l'un ou l'autre système. (Juillet.) (*C. n° 144.*)

51. — Les faits psychologiques et les faits physiologiques sont-ils les mêmes sous des aspects différents ? ou réductibles les uns aux autres ? ou explicables les uns par les autres ? Sont-ils d'un même sujet ou de deux sujets distincts ? — Quelle serait, dans ce dernier cas, la nature propre du sujet des faits psychologiques ? (Novembre.) (*V. n°ˢ 9 et 11.*)

1890

52. — La responsabilité morale. En établir le principe, les conditions, les conséquences. (24 mars.) (*V. n° 130.*)

53 — Destinée de l'homme Est-il un être mortel ou immortel ? Suivant qu'il est l'un ou l'autre, en résulte-t-il quelque différence pour la règle de sa conduite ? (5 juillet) (*C. n°ˢ 132, 160, 161.*)

54. — Solidarité des facultés de l'âme. La pensée est-elle possible sans le concours de la volonté, de la sensibilité et de l'organisme ? Faire la part de chacun de ces éléments. (5 novembre.) (*V. n° 19.*)

1891

55. — Sensation, perception, pensée. La pensée est-elle une sensation transformée ? la sensation un mouvement transformé ? Que signifient des expressions telles que celle-ci : transformation du mouvement en chaleur ? Chaleur, lumière, son au sens physique et au sens psychologique de ces mots. Conclure de cette discussion si l'âme peut ou non se ramener au corps. (16 mars.) (*C. n°ˢ 26, 27, 50.*)

56. — Influence de l'habitude sur le développement physique, intellectuel et moral de l'homme (3 juillet.) (*V. n°ˢ 71 et 72.*)

57. — Qu'est-ce que la raison? Faire la part de l'expérience et de la raison dans l'acquisition de nos idées. (4 novembre.) (*V. n° 50.*)

1892

58. — Influence des circonstances extérieures, du tempérament, des passions, des habitudes, sur l'activité humaine. Cette influence est-elle *incompatible* avec le libre arbitre? (5 avril.) (*C. n°⁸ 24, 63, 69.*)

59. — Montrer comment la culture esthétique de l'homme par les lettres et les beaux-arts peut contribuer à son perfectionnement moral. (1ᵉʳ juillet, Alger.) (*C. n° 80.*)

60. — Montrer, avec des exemples à l'appui, la double influence du physique sur le moral et du moral sur le physique; en tirer des conséquences. (1ᵉʳ juillet, Constantine.) (*V. n° 82.*)

61. — De la nature de l'âme; ses attributs, sa destinée. (1ᵉʳ juillet, Oran.) (*V. n°⁸ 161 et 179.*)

FACULTÉ DE BESANÇON

1888

62. — Expliquer comment Descartes ramenait tout l'univers à l'étendue et à l'espace. (26 octobre.)

63. — L'idée de justice peut-elle se ramener à celle d'utilité sociale? (6 novembre.)

64. — La croyance et la science; délimiter leur domaine en philosophie. (8 novembre.)

65. — De l'habitude; ses origines et ses lois. (10 novembre.) (*V. n°⁸ 71 et 72.*)

1889

66. — Que faut-il entendre par l'éducation des sens et à l'aide de quels procédés se fait-elle? (8 avril.) (*V. n° 27.*)

67. — De la nature des idées. Peuvent-elles se ramener à des images ou à des mots? (Juillet, 1ʳᵉ série.) (*C. n° 30.*)

68. — Exposer et juger la doctrine des postulats de la raison pratique d'après Kant. (Juillet, 2ᵉ série.)

69. — Comparer les règles de l'induction données par Bacon et par Stuart-Mill. (Juillet, 3ᵉ série.)

70. — L'âme dans Platon et Aristote. (Juillet, 4ᵉ série.) (*C. n° 195*).

71. — Que deviennent nos souvenirs quand nous n'en avons plus conscience? (Juillet, 5ᵉ série.) (*C. n° 34.*)

72. — Du fondement de l'obligation morale. (28 octobre.) (*V. n°⁸ 115 et 123.*)

73. — De la volonté et de l'éducation de la volonté. (5 novembre.) (*C. n°⁸ 63 et 64.*)

74. — Exposer et juger la théorie de la connaissance d'après Kant. (7 novembre.)

1890

75 — De l'analyse et de la synthèse. Leur nature et leur rôle. (24 mars.) (*V. n° 94.*)

76. — De l'idée de substance et de son rôle en philosophie. (15 juillet.)

77. — Tracer les limites de la connaissance humaine (17 juillet.)

78. — Comparer le panthéisme des stoïciens avec celui de Spinosa. (21 juillet.) (*C. n° 173.*)

79. — De la nature et de la valeur du principe de finalité. (23 juillet.)
80. — Nature et valeur des idées générales. (20 juillet.) (*V. n° 46.*)
81. — Exposer et discuter la théorie des catégories de Kant. (6 novembre.)
82. — De l'hérédité dans la vie intellectuelle et morale. (10 novembre.)

1891

83. — Des lois naturelles et des lois civiles. Indiquer leurs rapports. (16 mars.)
84. — Origine et nature de la volonté d'après la doctrine de l'évolution. (20 juillet.)
85. — Lois de l'acquisition et de la perte du souvenir (21 juillet.) (*C. n° 35.*)
86. — Que penser de cette maxime : « Il n'y a qu'une vérité absolue, c'est qu'il n'y a rien d'absolu » ? (27 juillet.)
87. — Des sensations musculaires et de leur rôle dans la perception. (29 juillet.) (*C. n° 27.*)
88. — Exposer et juger les principales objections faites contre la preuve dite *des causes finales* (5 novembre.) (*C. n° 164.*)
89. — Peut-on ramener la déduction à une induction renversée ? (9 novembre). (*C. n° 99.*)

1892

90. — Des perceptions du toucher et des connaissances qu'elles nous donnent. (4 avril.) (*C. n° 27.*)
91. — La liberté dans Leibnitz, dans Spinosa, dans Kant. (18 juillet).

FACULTÉ DE BORDEAUX

1888

92. — Du rôle de l'habitude dans la moralité. (25 octobre.) (*V. n° 72.*)
93. — L'imitation est-elle, comme on l'a soutenu, le principe de tous les arts ? (5 novembre.) (*C. 38 et 39.*)

1889

94. — Qu'est-ce que définir ? En quoi diffèrent les unes des autres les définitions géométriques et celles des sciences naturelles ? (8 avril.)
95. — Du rôle de la déduction dans les sciences de la nature. (Juillet.) (*C. n° 96.*)
96. — Pour quel système se pose, pour quels systèmes ne se pose pas la question de la manière dont s'unissent l'âme et le corps ? Principales solutions qu'a reçues ce problème dans les temps modernes. (28 octobre.) (*C. n° 81.*)
97. — Le précepte qu'il faut faire du bien à ses ennemis est-il absolu ? S'il ne l'est pas, les exceptions laissent-elles subsister la règle ? (4 novembre.)

1890

98. — Des rapports de la morale avec la métaphysique. (24 mars.) (*V. n° 114.*)
99. — Faiblesse théorique et inconvénients pratiques du pessimisme. (15 juillet.)
100. — Un philosophe contemporain a dit : « A proprement parler, l'homme est fou, comme le corps est malade par nature. La raison,

comme la santé, n'est en nous qu'une réussite momentanée, et un bel accident. »

Expliquer et apprécier la doctrine contenue dans cette phrase, en la rapprochant de ce passage du *Discours de la méthode* : « Pour la raison ou le sens, d'autant qu'elle est la seule chose qui nous rend hommes et nous distingue des bêtes, je veux croire qu'elle est tout entière en un chacun et suivre en ceci l'opinion commune des philosophes, qui disent qu'il n'y a du plus ou du moins qu'entre les *accidents*, et non point entre les *formes* ou *natures* des individus d'une même espèce. » (1 novembre.)

1891

101. — Y a-t-il des degrés dans la certitude scientifique? (16 mars.) (*V. nos 148 et 149.*)
102. — A quelles conditions la création d'une langue universelle est-elle possible? (16 juillet.)
103. — Montrer par des exemples ce qu'est la philosophie des sciences, et indiquer le rôle qu'elle joue dans l'ensemble de la connaissance. (3 novembre.)

1892

104. — Qu'est-ce que le spiritualisme? (11 avril) (*C. nos 162 et 173.*)
105. — *1er sujet*. — Apprécier cette phrase d'Helvétius : « Tous les hommes naissent égaux avec des aptitudes égales. L'éducation seule fait les différences ». (*C. nos 27 et 50.*)
106. — *2e sujet*. — De l'intérêt que peut offrir en psychologie l'étude de ce qu'on appelle l'inconscient. (*C. n° 34.*)
107. 3° *sujet*. — Comment se distinguent l'imagination et l'entendement? (18 juillet.) (*V. n° 41.*)

FACULTÉ DE CAEN

1888

108. — De la conscience morale. (30 octobre.) (*V. n° 117.*)
109. — Le plaisir et la douleur. (5 novembre.) (*V. n° 20.*)
110. — De la mémoire. (7 novembre.) (*V. n° 35.*)
111. — La volonté. (9 novembre.) (*V. nos 63 et 64.*)
112. — Pourquoi l'intérêt ne peut-il servir de fondement à la morale? (12 novembre.) (*V. n° 125.*)
113. — Faire connaître le principe de causalité. (14 novembre.) (*V. n° 53.*)

1889

114. — La volonté. (8 avril.) (*nos 63 et 64.*)
115. — Exposer sommairement l'association des idées, et chercher si ce fait peut expliquer les principes rationnels. (10 avril.) (*V. nos 36, 37, 58.*)
116. — Définir le langage et exposer ses rapports avec la pensée. (12 avril.) (*V. n° 75.*)
117. — Le plaisir et la douleur. (Juillet.) (*V. n° 20.*)
118. — De l'habitude. (25 octobre.) (*V. nos 71 et 72.*)
119. — Des inclinations. (11 novembre.) (*C. n° 22.*)
120. — Rapports du langage et de la pensée. (6 novembre.) (*V. n° 75.*)
121. — L'erreur et ses causes. (8 novembre.) (*V. n° 110.*)

FACULTÉS DES DÉPARTEMENTS 349

122. — Pourquoi le sentiment ne peut-il pas servir de fondement à la morale ? (13 novembre.) (*V. n° 128.*)

1890

123 — Définir la volonté et la distinguer de tout ce qui n'est pas elle. (26 mars.) (*V. n°s 63, 64.*)
124. — L'erreur et ses causes. (26 mars.) (*V. n° 110.*)
125. — En quoi se ressemblent et en quoi diffèrent les devoirs de justice et les devoirs de charité ? (28 mars.) (*V. n° 133.*)
126. — En quoi se ressemblent et en quoi diffèrent l'instinct et l'habitude? (17 juillet.) (*C. n°s 62 et 71.*)
127. — Comment connaissons-nous le monde extérieur ? (3 novembre.) (*V. n° 32.*)
128. — De l'associationisme. Exposer rapidement ce système et apprécier ses explications des idées universelles ou principes dits rationnels. (5 novembre.) (*C. n° 58.*)
129. — Quelles sont les conditions d'un acte de mémoire ? (7 novembre.) (*C. n° 35.*)
130. — Comparer la certitude des sciences inductives et déductives. (10 novembre.) (*C. n°s 99 et 101.*)
131. — Du fondement de la loi morale. (12 novembre.))*V. n° 115.*)
132. — Le Beau et le Bien doivent-ils être considérés comme des principes de raison? (14 novembre.) (*C. n° 135.*)

1891

133. — De l'habitude. Ses ressemblances et ses différences avec l'activité instinctive. (16 mars.) (*C. n°s 62 et 71.*)
134. — Quel rapport y a-t-il entre la perception interne ou externe et la mémoire ? (16 juillet.) (*C. n° 35.*)
135. — Quel rapport y a-t-il entre les sciences positives et la philosophie ? (3 novembre.) (*V. n° 92.*)
136. — Que savons-nous du monde extérieur ? (5 novembre.) (*C. n°s 31 et 32.*)
137. — Devoirs de l'homme envers la Société. (9 novembre.) (*C. n° 142.*)
138 — Rapports de la pensée et de la parole. (11 novembre.) (*V. n° 75.*)
139. — A quelles conditions le sentiment peut-il prendre place dans la morale ? (12 novembre) (*V. n° 129.*)
140. — Qu'est-ce que raisonner ? (16 novembre.) (*C. n°s 49 et 51.*)

1892

141. — Du fondement de l'obligation morale. (4 avril.) (*C. n° 115.*)
142. — La vérité et l'erreur. (6 avril) (*C. n°s 110 et 146*)
143. — *1er sujet.* — Liberté et déterminisme. (*V. n° 69.*)
144. — *2e sujet.* — Conditions de la responsabilité morale. (*V. n° 130.*)
145. — *3° sujet.* — Morale stoïcienne. (18 juillet.) (*V. n°s 116 et 139.*)

FACULTÉ DE CLERMONT
1888

146. — Vous distinguerez la mémoire imaginative de l'imagination créatrice. (2 novembre.) (*V. n° 38.*)
147. — Qu'entend-on par la philosophie de l'histoire, philosophie du droit, philosophie des beaux arts, philosophie des sciences, et,

en général, quel est le sens du mot philosophie dans toutes les expressions analogues? (5 novembre.)
148. — Quelle différence établissez-vous entre l'homme et l'animal? (7 novembre.) (*C. n⁰ˢ 83 et 84.*)

1889

149. — De la liberté et du déterminisme. (8 avril.) (*V. n° 69.*)
150. — De l'induction considérée comme procédé scientifique. (juillet.) (*V. n⁰ˢ 100, 101, 102.*)
151. — Des inclinations et des passions. (25 octobre.) (*V. n⁰ˢ 22 et 23.*)
152. — Y a-t-il entre les facultés de l'homme et de l'animal assez d'analogies pour permettre à l'observateur de fonder la psychologie comparée? Quelles sont ces analogies? Quelles sont les différences essentielles et irréductibles? (6 novembre.)
153. — Du rôle de l'intelligence dans les phénomènes volontaires Pourrait-il y avoir volonté sans raison? (8 novembre.) (*V. n° 83.*)
154. — En quoi la morale suppose-t-elle la psychologie? (11 novembre.)
155. — Vous exposerez et vous critiquerez les différentes formes du scepticisme. (13 novembre.) (*C. n⁰ˢ 154 et suiv.*)

1890

156. — Vous résumerez le *Discours de la méthode* et vous direz quelle est l'importance de cette œuvre. (24 mars.) (*C. n⁰ˢ 196 et suiv.*)
157. — Vous exposerez les règles de la critique historique. (26 mars.) (*V. n° 103.*)
158. — Des notions premières et de la raison. (25 juillet) (*V. n° 50.*)
159. — De l'autorité du témoignage des hommes et des règles de la critique historique.(5 novembre.) (*C. n⁰ˢ 106 et 108.*)
160. — De la conscience psychologique. (7 novembre.) (*V. n° 33.*)
161. — De la mémoire. (10 novembre.) (*V. n° 35.*)
162. — Du Beau, de l'Art. (12 novembre.) (*C. n⁰ˢ 78 à 80.*)
163. — De l'Imagination. (14 novembre.) (*V. n° 38.*)

1891.

164. — De la méthode en général et des méthodes particulières. (18 mars.)
165. — De la conscience psychologique. (20 mars.) (*V. n° 33.*)
166. — Des rapports de la philosophie avec les beaux-arts. (16 juillet.)
167. — Comment l'utilitarisme contemporain explique-t-il le sentiment de la responsabilité et de la croyance au devoir? Apprécier la valeur de cette explication. (11 novembre.) (*C. 124 et 125.*)
168. — Quel est le rôle de la déduction dans les sciences expérimentales? (13 novembre.)
169. — Quelle différence y a-t-il entre le relativisme et le scepticisme? (16 novembre.) (*C. n° 146.*)
170. — Déterminer le rôle de l'imagination dans la perception. (18 novembre.) (*C. n° 40.*)

1892.

171. — De la méthode déductive (1ᵉʳ avril.) (*C. n⁰ˢ 88 et suiv.*)
172. — Les sens et la conscience. (5 avril.) (*C. n° 18.*)

173. — *1er sujet*. — Vous donnerez une exposition et un examen critique du système de Spinosa. (*C. n° 173*).
174. — *2e sujet*. — Vous donnerez une analyse critique de la première partie du *Discours de la méthode de Descartes*.
175. — *3e sujet*. — Vous ferez connaître les grands traits de la philosophie de Kant, en insistant plus particulièrement sur la *Critique de la Raison pure*. (18 juillet.) (*C. n° 200*.)

FACULTÉ DE DIJON.

1888

176. — Examiner les différentes phases de la découverte scientifique et marquer celle où intervient l'imagination. (29 octobre.) (*C. nos 41 et 98*.)
177. — « Notre volonté ne se portant à suivre ni à fuir aucune chose que selon que notre entendement la lui représente bonne ou mauvaise, il suffit de bien juger pour bien faire et de juger le mieux, qu'on puisse pour faire aussi tout son mieux, c'est-à-dire pour acquérir toutes les vertus. » (Descartes, *Discours de la méthode*, III, § 5.) (14 novembre.)
178. — Des associations d'idées. Examiner les deux lois auxquelles on a prétendu les ramener toutes. Y a-t-il, outre les associations purement empiriques, des associations fondées sur d'autres principes que l'expérience? (16 novembre.) (*C. nos 36 et 58*.)

1889.

179. — Définir et expliquer ces trois termes : métaphysique, positivisme, criticisme. (8 avril.) (*C. nos 145 et 200*.)
180. — De la liberté humaine. Arguments pour et contre. Quelle idée peut-on s'en faire? (Juillet, 1re série.) (*V. nos 66 à 69*.)
181. — Du principe de causalité. Comment on l'applique dans les sciences physiques et aussi dans les sciences morales. Que penser de l'usage qu'on en fait en métaphysique? (Juillet, 2e série.) (*V. nos 52, 53*.)
182. — Analyser les moments successifs de la découverte dans les sciences et distinguer ceux où intervient l'imagination. (Juillet, 3e série.) (*V. nos 41 et 98*.)
183. — Énumérer et apprécier les différentes espèces de sanctions. (29 octobre.)
184. — De l'origine des principes rationnels. Importance de ce problème et des solutions diverses qu'on en a proposées. (13 novembre.) (*C. nos 55 à 60*.)
185. — Comparer ces divers principes qu'on a proposés pour la morale : l'intérêt; le devoir; le bien. (15 novembre.) (*V. nos 115, 123, 125, 128*.)

1890

186. — De la méthode en psychologie. — Qu'entend-on par psychologie expérimentale et psychologie rationnelle? (24 mars.) (*V nos 12 et suiv*.)
187. — On a dit : « La coutume ou l'habitude est une seconde nature. » Ne peut-on dire aussi bien : « La nature n'est qu'une première coutume », ou, tout ce qui nous apparaît maintenant comme instinct dans l'homme (principes intellectuels de la connaissance et principes moraux de nos actions) n'a-t-il pas été, à l'origine, une simple habitude transmise héréditairement? (21 juillet.) (*C. nos 59, 62, 71*.)

188. — Rapports de la généralisation et du langage, surtout chez les enfants. (28 juillet.) (*C. n°s 43 et 75.*)
189. — Responsabilité. — Ses conditions psychologiques. De quoi et devant qui est-on responsable? (29 juillet.) (*V. n° 130.*)
190. — Rapports de la justice et de la charité. La charité n'est-elle qu'une sorte de supplément indispensable à la justice, ou la justice, selon une définition de Leibnitz, serait-elle déjà elle-même « la charité réglée suivant la sagesse »? (30 juillet.) (*C. n° 133.*)
191. — Principes rationnels. Leur usage dans les différentes sciences et en métaphysique. (31 juillet.) (*C. n°s 92 et 93.*)
192. — A quelles conditions la psychologie peut-elle devenir une science, c'est-à-dire une analyse et une explication des faits de conscience et non pas seulement une description? Donner des exemples. (4 novembre.) (*V. n°s 12 et 13*)
193. — Choisissez parmi les preuves classiques de l'existence de Dieu celle que vous préférerez pour l'exposer et la discuter. (6 novembre.) (*V. n°s 164. et suiv.*)
194. — Qu'est-ce que la loi : dans la législation, dans la morale et dans la science? Donner des exemples. (10 novembre.)

1891

195. — Quels sont, au point de vue philosophique, les rapports de la morale et de la religion ? (16 mars.) (*C. n° 143.*)
196. — Analyse psychologique de la perception extérieure. Peut-on la définir une hallucination vraie? (8 juillet.) (*C. n°s 26 et 27.*)
197. — Des différentes sanctions. Leur utilité. Leur légitimité. (20 juillet.)
198. — Analyser les différences entre le rêve et la veille et distinguer ces deux états. N'y a-t-il pas des états intermédiaires ? (24 juillet.) (*C. n° 34.*)
199. — Apprécier cette pensée que, de considérer la morale comme indépendante de toute métaphysique, c'est considérer la pratique comme indépendante de toute théorie (25 juillet.) (*C. n° 114.*)
200. — Y a-t-il, au-dessus de toutes les sciences particulières, une définition générale de la science, et quelle peut-elle être? (16 novembre.) (*C. n°s 1 et 2.*)
201. — Double signification du mot *conscience* en philosophie; peut-on expliquer l'une par l'autre, et comment? (*C. n° 117.*)
202. — Qu'est-ce que la métaphysique et quel en est l'objet? (20 novembre.) (*C. n° 145.*)

1892

283. — Exposer, en allant du particulier au général, l'ordre de nos sentiments, et, parallèlement, l'ordre de nos devoirs ou les différentes parties de la morale pratique. (4 avril.) (*C. morale à partir du n° 134.*)
204 — *1er sujet.* — Expliquer cette pensée de Pascal : « Dans le *je pense, donc je suis,* de Descartes, on peut apercevoir une suite admirable de conséquences qui prouve *la distinction des natures spirituelle et matérielle,* et on peut en faire un *principe ferme et soutenu d'une physique entière* ».
205. — *2e sujet.* — Leibnitz s'appelait lui-même « le philosophe de l'harmonie préétablie. » — Expliquez le sens de cette formule et montrez-en les applications, non seulement aux rapports de l'âme et du corps, mais à ceux du règne des causes efficientes et du règne des causes finales, et à ceux du règne de la nature et du règne de la grâce.

206. — *3ᵉ sujet*. — A l'égard de quel ordre de vérités Kant a-t-il pù dire : « Il me fallait bien supprimer la science pour faire place à la croyance (ich musste das *Wissen* aufhebem, un zum *Glauben* Platz zu bekommen)? Expliquez cette formule et montrez qu'elle contient tout l'essentiel de la philosophie de Kant. (18 juillet.)

207. — *1ᵉʳ sujet*. — Rapports de la liberté morale avec l'habitude. A quelles conditions la liberté trouve-t-elle dans celle-ci une ennemie ou bien une alliée?(*V. nᵒˢ 71 et 72.*)

208. — *2ᵉ sujet*. — Preuves directes et indirectes qu'on donne de la liberté? Comment les adversaires de la liberté essaient de les interpréter? Ne peut-on leur répondre? (*C. nᵒˢ 66 à 70.*)

209. — *3ᵉ sujet*. — La liberté, incompatible avec un déterminisme ou mécanisme qu'on étend (peut-être sans raison suffisante) au monde moral comme au monde physique, l'est-elle de même avec la causalité propre au monde moral, c'est-à-dire la finalité? (*V. nᵒˢ 66 à 71.*) (20 juillet.)

210. — *1ᵉʳ sujet*. — Socrate et ses principes de philosophie. N'ont-ils pas encore toute leur valeur aujourd'hui? *(V. nᵒ 184.)*

211. — *2ᵒ sujet*. — Platon et sa théorie des idées. Sa valeur scientifique et morale. De l'idéal. (*C. nᵒ 192*).

212. — *3ᵉ sujet*. — Épicuriens et Stoïciens. Ressemblances et différences. Signification de ces deux termes dans notre langue. Lequel des deux vaut mieux pour la tranquillité et la dignité de la vie? (*C. nᵒˢ 188 et 189.*) (29 juillet.)

FACULTÉ DE GRENOBLE

1888

213. — De l'étude de l'âme humaine et des difficultés qu'elle présente. Comment peut-on les surmonter? (30 octobre.) (*C. nᵒˢ 9 et suiv.*)

214. — Étude comparative de l'imagination et de l'entendement. (5 novembre.) (*V. nᵒ 41.*)

215. — Toutes les preuves de l'existence de Dieu ont-elles la même valeur? Peut-on les ramener à une seule? (19 novembre.) (*C. nᵒˢ 164 et suiv.*)

216. — Exposer et expliquer les quatre règles de méthode données par Descartes. Suffisent-elles pour constituer une méthode générale complète? (23 novembre.) (*C. nᵒ 196.*)

1889

217. — De la réalité et de l'étendue de l'action providentielle. (8 avril, 1ʳᵉ série.) (*C. nᵒˢ 175 à 179.*)

218. — Qu'est-ce que la science? Donner une classification des sciences. (8 avril, 2ᵉ série) (*C. nᵒˢ 1, 2, 3.*)

219. — De la réalité de la Providence. Comment s'exerce l'action providentielle? (Juillet, 1ʳᵉ série.) (*V. plus haut*)

220. — Qu'est-ce que le sens moral? Est-il perfectible? Des meilleurs moyens de le rendre plus délicat et plus sûr. (Juillet, 2ᵉ série.) (*V. nᵒ 118.*)

221. — Réfuter ces propositions : « *Le moi est une collection de sensations.* » — « *Le moi est une collection d'états de conscience.* » — Quelle est la vraie nature du *moi*? (Juillet, 3ᵉ série.) (*C. nᵒˢ 18, 19, 159.*)

222. — Exposer et aprécier la morale des stoïciens. (Juillet, 4ᵉ série.) (*V. nᵒˢ 116, 189, 190.*)

223. — Des devoirs de justice et des devoirs de charité, comment ils se complètent. (Juillet, 5e série.)(*C. n*os *133 et 138*.)
224. — Du rôle du langage dans la formation et le développement de la pensée. (Juillet, 6e série.) (*V. n° 75*.)
225. — Vous ferez voir que l'état social est l'état naturel de l'homme. (Juillet, 7e série) (*V. n° 140*.)
226. — De l'attention, de sa nature et de ses effets. Comment on la fortifie et comment on la dirige. (28 octobre.) (*V. n° 42*.)
227. — Dans quel ordre convient-il d'étudier les différentes parties de la philosophie? (Novembre 1re série.) (*C. n° 86*.)
228. — Vous ferez voir que toutes nos idées ne viennent pas des sens. (Novembre, 2e série) (*V. n*os *54 à 58*.)
229. — Réfuter le pessimisme. — Quelle est la fin de la vie humaine? (Novembre, 3e série.)
230. — Distinguer le sentiment de la sensation. — Classer et définir les sentiments. (24 mars.) (*V. n° 21*.)
231. — Peut-on être matérialiste et croire que l'homme est un être raisonnable et libre? (17 juillet.) (*V. n° 162*.)
232. — Sur quels fondements repose l'état social? (22 juillet. (*C. n*os *139 à 142*.)
233. — L'homme et Dieu pensent-ils, connaissent-ils de la même manière? (24 juillet.) (*C. n° 170*.)
234. — Commenter au point de vue psychologique et au point de vue moral ce vers d'Ovide
...*Video meliora proboque,*
Deteriora sequor.
(26 juillet.) (*C. n° 63*.)
235. — La méthode générale. Ses règles. Ses procédés principaux. (29 juillet.)
236. — De l'idée de cause : dans la nature ; dans notre âme; en Dieu. (31 juillet.) (*V. n° 52*.)
237. — De la certitude propre à la conscience. La comparer aux autres sortes de certitudes. (Chambéry, 15 juillet.) (*C. n*os *148 et 149*).
238. — Rapports de l'imagination et de la raison. (Tournon, 21 juillet.) (*V. n° 41*.)
239. — Des différentes formes du scepticisme. A quelles conditions, dans quelles circonstances le doute est-il légitime? (5 novembre.)
240 — Du plaisir et de la douleur en eux-mêmes et dans leurs rapports avec la fin de l'homme. (19 novembre.) (*V. n° 20*.)
241. — Commenter ces deux vers de Molière :

Raisonner est l'emploi de toute ma maison,
Et le raisonnement en bannit la raison.

(24 novembre.) (*V. n° 51*.)

1891

242. — Exposer et apprécier le principe des philosophes sensualistes : *Nihil est in intellectu quod non prius fuerit in sensu*, avec la rectification de Leibnitz : *Nisi ipse intellectus*. (16 mars.) (*C. n*os *30 et 51, etc.,*.)
243. — Est-il possible de ramener à une seule toutes les preuves de l'existence de Dieu? (16 juillet.)
244. — Commenter ces maximes des Stoïciens : *Abstine, sustine*. — *Naturam sequere*. (17 juillet.) (*C. n*os *116, 189 et 190*.)
245. — Comment se forment nos pensées? De quels éléments elles se composent. (3 novembre.) (*C. n*os *25*.)

246. — De l'âme des bêtes. (8 novembre.) (*C. 83 et 62.*)
247. — De la nature et des lois de l'attention. De ses effets dans la philosophie et dans les sciences, dans la morale et dans la conduite de la vie. (18 novembre.) (*C. n° 42.*)

1892

248. — Expliquer et commenter les deux maximes qui sont le point de départ de la philosophie socratique : *Nosce te ipsum* et *Ne quid nimis*. Indiquer leurs principales applications à la philosophie et à la vie. (1 avril.) (*C. n°s 183 et suiv.*)
249. — *1er sujet*. — Lequel des deux est le plus facile à connaître du corps ou de l'âme ?
250. — *2e sujet*. — Pour *se connaître soi-même*, comment faut-il procéder ? Quelles règles faut-il suivre ? (*C. n° 14.*)
251. — *3e sujet*. — Rôle de l'imagination dans les sciences. (*C. n° 98.*) (juillet.)
252. — *1er sujet*. — Dieu est le principe de tous les principes. (Victor Cousin.)
253. — *2e sujet*. — Exposer et apprécier la doctrine du pessimisme.
254. — *3e sujet*. — L'homme et Dieu connaissent-ils de la même manière ? Comparer le savoir de l'homme et la science de Dieu. (juillet, Chambéry.)

FACULTÉ DE LILLE

1888

255. — Expliquer et apprécier cette formule d'Auguste Comte : « Je n'ai le droit que de faire mon devoir. » (30 octobre.) (*C. n° 135.*)
256. — Théorie sommaire de la perception extérieure. Étude spéciale des perceptions visuelles. (6 novembre.) (*C. n° 27*)

1889

257. — De la part de la volonté dans le jugement et dans nos croyances. (8 avril.) (*C. n° 63.*)
258. — Dans quels cas et à quelles conditions l'imagination, si décriée par quelques philosophes, peut-elle nous rendre de grands services ? Juillet.) (*C. n°s 32, 40, 98.*)
259. — Discuter l'opinion de la Rochefoucauld que l'amour-propre est l'unique mobile de nos actions. (28 octobre.) (*C. n°s 22 et 122.*)
260. — Développer cette pensée : *Le désintéressement est encore ce qui fait le mieux les affaires de l'intérêt*. (5 novembre.) (*C. n°s 124 à 130.*)

1890

261. — Le progrès scientifique et le progrès industriel peuvent rendre l'homme plus heureux. Le rendent-ils meilleur ? (24 mars.) (*V. n° 178.*)
262. — Quelles seraient dans les sciences et en morale les conséquences rigoureuses de l'empirisme ? (18 juillet.)
263. — De l'induction. En quoi consiste ce raisonnement et dans quelle mesure pouvons-nous en accepter les conclusions ? (4 novembre.) (*V. n° 101.*)

1891

264. — Quel est l'objet de la psychologie comparée ? Quels en sont les principaux résultats ? (16 mars.) (*C. n°s 9, 10, 11, 84.*)

265. — La liberté et la raison sont-elles également nécessaires pour constituer la personnalité ? (23 juillet.) (*C. n° 65*.)

266. — Peut-on expliquer par l'association des idées ce que les philosophes rationalistes appellent les principes premiers. (11 novembre.) (*V. n° 58.*)

1892

267. — A quelles conditions et jusqu'à quel point pouvons-nous nous fier à l'induction ? (2 avril.) (*C. n°s 101 et 102.*)

268. — 1er *sujet*. — Les perceptions acquises. Quel est le rôle dans la connaissance de cette sorte de phénomènes? (*C. n° 27.*)

269. — 2e *sujet*. — La mémoire. Théories proposées pour expliquer le souvenir. (*C. n° 35.*)

270. — 3e *sujet*. — L'imagination. Son rôle dans les sciences. (*C. n°s 39 et 98.*) (18 juillet.)

FACULTÉ DE LYON

1888

271. — Analyser les motifs de nos actions et déduire de cette analyse une classification des systèmes de morale. (25 octobre.) (*C. n°s 122, 125, 128.*)

272. — De l'usage et de l'abus du raisonnement par analogie dans les recherches scientifiques et dans nos relations avec nos semblables. (12 novembre.) (*C. n° 104.*)

273. — L'optimisme et le pessimisme : vous apprécierez les deux systèmes en critiquant les arguments essentiels sur lesquels ils s'appuient, et vous chercherez quelles sont leurs conséquences dans la pratique et pour la morale ? (13 novembre.)

274. — De la classification des sciences. (14 novembre.) (*V. n° 3.*)

1889

275. — Quels sont les rapports de la morale avec la psychologie et la métaphysique ? (8 avril, *1re série.*) (*C. n°s 114 et 115.*)

276. — Définissez l'imagination et montrez quels sont ses caractères, ses formes et ses rôles divers. (8 avril, *2e série.*) (*C. n°s 32 et 38.*)

277. — Quels sont les rapports de la volonté avec l'intelligence ou la pensée? (8 avril, *3e série.*)

278. — 1° Conditions et nature de la personnalité. 2° Maladies de la personnalité. (Juillet, *1re série.*) (*C. n° 65.*)

279. — Du syllogisme. (Juillet 1889, *2e série.*) (*V. 87 et 88.*)

280. — Expliquer la troisième maxime morale de Descartes : « *Tâcher toujours plutôt à me vaincre que la fortune, et à changer mes désirs plutôt que l'ordre du monde* », et chercher à quels philosophes de l'antiquité Descartes a pu l'emprunter. (Juillet, *3e série.*) (*C. n°s 190 et 197.*)

281. — 1° Retrouvez, par l'analyse, les éléments d'une passion (*perturbatio animi*) et montrez comment elle se forme. — 2° Est-elle toujours vicieuse ? (Juillet, *4e série.*) (*C. n°s 23 et 24*)

282. — Que pensez-vous de cette assertion de Spinosa : *La volonté et l'entendement sont une seule et même chose?* (Juillet, *5e série.*)

283. — Peut-on dire que l'imagination crée quelque chose ? En quoi consiste le travail créateur de l'art? (Juillet, *6e série.*) (*C. n°s 38 à 41.*)

284. — La société a-t-elle le droit de punir? En quel sens et dans quelles limites? (Juillet, 7° *série*) (C. n° *142*.)
285. — Les erreurs et l'éducation des sens. (Juillet, 8° *série*.) (C. n°s *28 et 29*.)
286. — Au lieu de dire, comme Aristote, que l'habitude est une seconde nature, faut-il penser, comme Pascal paraît le supposer, que la nature n'est elle-même qu'une première coutume? En d'autres termes, les analogies de l'habitude et de l'instinct autorisent-elles à supposer que l'instinct n'est que le résultat de l'habitude? (Juillet, 9° *série*.) (C. n°s *71 et 72*.)
287. — Rapports de la raison spéculative et de la raison pratique. (Juillet, 10° *série*.)
288. — Exposer sommairement la théorie des sentiments de l'âme ; — définition du désir ; — ce qui le distingue de la volonté. (Juillet, 11° *série*.) (V. n° *64*.)
289. — Les perceptions extérieures ne sont-elles pas des *rêves bien liés*, suivant l'expression de Leibnitz? (Juillet, 12° et 13° *séries*. (C. n°s *26 et 27*.)
290. — Que penser de ce paradoxe de J. J. Rousseau : « *L'homme qui médite est un animal dépravé* » ? (juillet, 14° *série*.)
291. — Les lois et les maladies de la mémoire. (28 octobre.)
292. — Le sommeil et les rêves. (11 novembre.)
293. — Théorie du droit de propriété. (12 novembre.) (V. n° *141*.)
294. — Quels sont les divers moyens que l'homme a à sa disposition pour exprimer sa pensée? (15 novembre.) (C. n°s *73 et 75*.)

1890

295. — La vertu peut-elle s'apprendre et s'enseigner? (24 mars. (V. n°s *120 et 121*.)
296. — De la personnalité humaine. (25 mars.) (V. n° *65*.)
297. — De l'État et de ses fonctions. (15 juillet.) (V. n°s *139 et 142*.)
298. — Analyse de l'idée de perfection. (16 juillet.)
299. — Du sens des mots *subjectif* et *objectif*, et des problèmes liés à l'opposition de ces deux termes. (17 juillet.) (V. n° *147*.)
300. — Quel est le sens du mot de Descartes : « *Le bon sens est la chose du monde la mieux partagée* » ? (18 juillet.)
301. — Qu'y a-t-il de vrai dans cette proposition socratique : « *Nul n'est méchant volontairement* » ? (19 juillet.)
302. — De la certitude morale. (21 juillet.) (C. n°s *148 à 150*.)
303. — Analyse de l'idée du moi. (22 juillet.)
304. — De la responsabilité morale et de la responsabilité légale. (23 juillet.) (V. n° *133*.)
305. — Qu'appelle-t-on le droit naturel? (24 juillet.)
306. — Les caractères essentiels du panthéisme. (25 juillet.) (V. n° *173*.)
307. — Commenter cette pensée de M. de Bonald : « *Il faut croire au bien pour le pouvoir faire* » ? (26 juillet.)
308. — Quel est le sens de l'aphorisme suivant : » *Nescire quædam magna pars sapientiæ* »? (28 juillet.)
309. — De la croyance et de la science. (29 juillet.)
310. — La preuve de l'existence de Dieu dite *du premier moteur*. (30 juillet.)
311. — De l'idée de progrès. (31 juillet.) (V. n° *178*.)
312. — Étudier les principaux rapports d'association de nos idées. Quelle place faut-il donner à l'association par ressemblance? (6 novembre.) (V. n°s *36 et 37*.)

313. — Exposer et discuter la théorie de la relativité de la connaissance. (11 novembre.)

1891

314. — Place de l'hypothèse dans le raisonnement inductif et rôle de l'hypothèse dans les sciences expérimentales. (17 mars). (*C. n° 98.*)
315. — Devoirs de justice et devoirs de charité. Leur distinction et leurs rapports. (19 mars.) (*C. n° 133.*)
316. — Commenter cette règle morale de Kant : « Agis toujours de telle sorte que tu puisses vouloir que la maxime de ton action soit une loi universelle. (17 juillet.) (*C. n° 123.*)
317. — Pourquoi un philosophe contemporain a-t-il donné le nom d'*inconnaissable* à l'absolu ? Quelle est la doctrine que laisse supposer cette dénomination ? (14 novembre.)
318. — La méthode expérimentale est-elle applicable à l'étude des faits psychologiques ? (17 novembre.) (*C. n°s 15 et 17.*)
319. — Expliquer cette pensée de Montesquieu : « Dire qu'il n'y a de juste et d'injuste que ce qu'ordonnent et défendent les lois positives, c'est dire qu'avant qu'on eût tracé de cercle tous les rayons n'étaient pas égaux.» (18 novembre.) (*C. n°s 115, 120, 121.*)

1892

320. — Qu'est-ce qu'une cause efficiente ? Qu'est-ce qu'une cause finale ? Les phénomènes de l'univers sont-ils exclusivement réglés par la loi des causes efficientes ou par la loi des causes finales ? Ou bien le sont-ils à la fois par l'une et par l'autre ? (5 avril). (*C. n° 165.*)
321. — 1er sujet. — Commenter le *Cogito ergo sum*.
322. — 2e sujet. — Expliquer le rôle de l'attention dans la mémoire en commentant cette pensée de Maine de Biran : « Ce que le *moi* a mis du sien dans une impression reçue peut seul revivre en lui sous forme de souvenir ».
323. — 3e sujet. — Quels sont les moyens dont dispose la psychologie pour compléter et confirmer les résultats de l'observation intérieure ? (*C. n° 17.*) (18 juillet.)

FACULTÉ DE MONTPELLIER
1888

324. — Justifier cette pensée de Voltaire : » Les jugements soudains, presque uniformes, que toutes nos âmes, à un certain âge, portent des distances, des grandeurs, des situations, nous font penser qu'il n'y a qu'à ouvrir les yeux pour voir de la manière dont nous voyons. On se trompe : il y faut le secours des autres sens. » (*Éléments de philosophie newtonienne*, ch. VII.) (25 octobre.) (*V. n° 27.*)
325. — Définir ce que l'on entend par les mots : *spiritualisme; matérialisme; panthéisme; criticisme*. Ne point parler des objections soulevées par ces différentes doctrines.) (3 novembre.)
326. — Distinguer le Bien du Beau. (6 novembre) (*C. n°s 78 et 79.*)
327. — Examiner, en s'appuyant sur la théorie de la mémoire et du souvenir, la pensée suivante : « Le meilleur moyen d'apprendre est d'enseigner ». (8 novembre.) (*C. n° 35.*)
328. — Part de l'induction et de la déduction dans la méthode historique. (10 novembre.) (*C. n°s 105 à 109.*)
329. — Que signifie la formule cartésienne : « *Cogito, ergo sum* »? (16 novembre.) (*C. n° 106.*)

330. — Des rapports de la logique avec la grammaire. (19 novembre. (C. n°⁸ 76 et 77.)

1889

331. — Que faut-il penser des erreurs des sens? (8 avril.) (V. n° 28.)
332. — La charité est obligatoire comme la justice. — Dire comment et en quelle mesure. (10 avril.) (V. n° 133.)
333. — Montrer l'importance de la loi de l'association des idées. (12 avril.) (C. n°⁸ 36 et 37.)
334. — Que pensez-vous de l'argument des pessimistes : *En ce monde la somme des maux surpasse de beaucoup celle des biens.* (Juillet.) (V n° 177.)
335. — Montrer pourquoi la logique doit être étudiée après la psychologie (25 octobre.) (V. n° 86.)
336. — Quelle est l'influence exercée par l'opinion sur les mœurs? Faut-il la respecter ou réagir contre elle ? (4 novembre.)
337. — Rechercher dans quelle mesure la volonté a une influence sur l'association des idées. (6 novembre.)
338. — De l'amour-propre. — Ses effets sont-ils toujours funestes ? (8 novembre.) (V. n° 126.)
339. — De l'utilité des passions. (9 novembre.)
340. — Est-il permis de dire que la mémoire est nécessaire à la connaissance du présent? (12 novembre.)
341. — Déterminer la part de vérité et la part d'erreur qui se trouvent dans cette proposition socratique : *Nul n'est méchant volontairement.* (15 novembre.)

1890

342. — Peut-on démontrer le libre arbitre ? (24 mars.) (C. n°⁸ 66 à 70.)
343. — Résumer la cinquième partie du *Discours de la méthode.* (26 mars.)
344. — Rôle de l'imagination dans les découvertes scientifiques. (28 mars.) (C. n°⁸ 40 et 98.)
345. — De la formule kantienne : *Tu dois, donc tu peux.* L'apprécier au double point de vue de la valeur psychologique et de la portée morale. (17 juillet.)
346. — Du rôle de la définition dans les sciences mathématiques et dans les sciences naturelles. (5 novembre.)
347. — Quel parti le psychologue peut-il tirer de l'étude des historiens? (7 novembre.) (V. n° 16.)
348. — Influence de l'habitude sur la sensibilité. (10 novembre.) (V. n°⁸ 71 et 72.)
349. — La vertu est-elle, comme l'a dit Aristote, un milieu entre deux excès extrêmes ? (11 novembre.)
350. — Dans quelle mesure la politesse est-elle un devoir ? (12 novembre.)
351. — Influence de l'imagination sur la perception. (18 novembre.) (C. n°⁸ 32 et 38.)

1891

352. — Définir ce que l'on entend par *libre arbitre* sans entrer dans les objections du déterminisme. (16 mars.) (C. n° 66.)
353. — Devoirs de l'homme envers son âme. (18 mars.) (C. n° 134.)
354. — Si la vertu est une habitude, si, d'autre part, toute habi-

tude est automatique, d'où vient qu'on attache du mérite à la vertu? (16 juillet.) *(C. n° 72.)*

355. — Démontrer que la morale, bien qu'elle soit essentiellement une science rationnelle, ne saurait se passer des lumières de la psychologie. (3 novembre.)

356. — Du sens des mots analyse et synthèse dans les sciences mathématiques. (7 novembre.) *(C. n° 94.)*

357. — De la maxime « *La fin justifie les moyens* » (10 novembre.) *(V. n°s 124 et suivants.)*

358. — Est-il vrai que le déterminisme supprime toute distinction entre le bien et le mal? (19 novembre.) *(C. n° 70.)*

1892

359. — Qu'est-ce que l'hérédité? (2 avril.) *(C. n°s 58 et 59.)*
360. — Qu'est-ce que la logique? (4 avril.) *(C. n° 85.)*
361. — Apprécier cette pensée d'un contemporain : « La philosophie est moins une science à part qu'une face de toutes les sciences. » (6 avril.) *(C. n° 6.)*
362. — Démontrer que la tolérance n'est autre chose que le respect de la personne dans ses opinions et ses croyances. (8 avril.)
363. — 1er sujet. — Expliquer ce mot de Schopenhauer : *Le devoir c'est ce qui est contraire à la nature.*
364. — 2e sujet. — L'ordre universel peut-il servir de base à l'établissement d'une morale?
365. — 3e sujet. — Que penser de cette maxime : « *La fin justifie les moyens* »? *(C. n°s 124 et suivants.)* (18 juillet.)

FACULTÉ DE NANCY
1888

366. — La critique du témoignage et la critique historique. (3 novembre.) *(V. n° 108.)*
367. — Faire la critique de la morale utilitaire ou morale de l'intérêt. (6 novembre.) *(V. n°s 124, 125, 127.)*
368. — Définir les différentes sciences qui composent la philosophie et indiquer leurs rapports mutuels. (8 novembre.) *(C. n°s 3 et 6.)*

1889

369. — Le raisonnement inductif ou induction. Son origine psychologique. Sa valeur logique. (8 avril.) *(V. n° 101.)*
370. — Esquisser la théorie du syllogisme. (Juillet, 1re *série.)* *(V. n° 88.)*
371. — Comment la plupart des philosophes modernes ont-ils été amenés à douter provisoirement ou définitivement de l'existence du monde extérieur? Comment peut-on sortir de ce doute? (Juillet, 2e *série*) *(C. n° 198.)*
372. — Démontrer que l'homme a des devoirs envers lui-même et les énumérer. (Juillet, 3e *série.*) *(V. n° 134.)*
373. — Théorie philosophique de la matière. Insister sur les atomes dans les systèmes de Démocrite et d'Épicure et dans la science moderne. (Juillet, 4e *série.*)
374. — L'association des idées. (Juillet, 5e *série.*) *(V. n° 36.)*
375. — Le devoir et le droit; leurs rapports. (Juillet, 6e *série.*) *(V. n° 135.)*
376. — La moralité est l'imitation de Dieu. Expliquer cette opinion de plusieurs philosophes anciens et modernes. (Juillet, 7e *série.*)

377. — Théorie psychologique des sentiments. (Juillet, 8ᵉ série.) (*C. n° 21.*)
378. — Définir et distinguer le spiritualisme, le panthéisme, le matérialisme. (4 novembre.) (*C. nᵒˢ 162 et 173.*)
379. — La volonté. — Par quels faits de l'âme et sur quels organes du corps son pouvoir s'exerce-t-il? (6 novembre.) (*C. nᵒˢ 63, 64, 19 et 42.*)
380. — Quel est l'objet de la logique? Est-elle une science purement spéculative ou une science pratique? (8 novembre.) (*C. nᵒˢ 85 et 86.*)
381. — Rôle de la déduction dans les différentes sciences. (11 novembre.) (*C. nᵒˢ 93, 96 et 99.*)

1890

382. — Le principe de causalité. — Son origine. — Son rôle dans l'activité intellectuelle. (24 mars.) (*V. n° 53.*)
383. — Origine des notions de cause et de loi; leurs rapports. (16 juillet.) (*V. n° 52.*)
384. — L'idée du moi et son origine. (17 juillet.) (*C. n° 18.*)
385. — Qu'est-ce que se contredire? Le principe de contradiction et les principes analogues. Les antinomies de K.... -t-il des vérités établies qui soient contradictoires avec le libre arbitre humain? (18 juillet.)
386. — *Connais-toi toi-même.* Quel sens avait cette maxime dans la bouche de Socrate? Quel sens prend-elle chez les philosophes modernes qui la présentent comme résumant la méthode de la psychologie? (19 juillet.) (*C. nᵒˢ 11, 12, 17.*)
387. — Le jugement et ses différentes espèces. (21 juillet.) (*V. n° 47.*)
388. — Théorie du langage. (22 juillet.) (*C. nᵒˢ 73 à 77.*)
389. — L'observation et l'expérimentation, leur rôle dans les sciences. — Sciences d'observation et sciences expérimentales. (23 juillet.) (*V. n° 97.*)
390. — A quoi servent la déduction et le syllogisme? (24 juillet.) (*C. nᵒˢ 93, 96, 99.*)
391. — Comparer entre elles la méthode des sciences mathématiques et la méthode des sciences physiques. (28 juillet.) (*C. nᵒˢ 91 à 100.*)
392. — Distinction des sciences et des arts. — Définition de la science. — Classification des sciences. (4 novembre.) (*C. nᵒˢ 1 à 5.*)
393. — Sur quelles raisons se fonde la distinction de l'âme et du corps? (6 novembre.) (*V. n° 158.*)
394. — Qu'est-ce qu'une cause seconde et une cause première? Sur quelles raisons se fonde l'esprit humain pour affirmer l'existence de la cause première? (8 novembre.) (*V. nᵒˢ 165 et 52.*)

1891

395. — L'hypothèse et ses variétés. Son usage dans les sciences. 17 mars.) (*C. n° 98.*)
396. — La méthode expérimentale et la méthode historique. Leurs rapports et leurs différences. (18 juillet.) (*C. nᵒˢ 105 et 108.*)
397. — Le spiritualisme et le panthéisme. Indiquer les rapports et les différences de ces deux systèmes de métaphysique. (20 juillet.) (*C. n° 173.*)
398. — L'association des idées. Peut-elle être ramenée à l'habitude, comme un cas particulier à une loi générale? (22 juillet.) (*C. n° 37.*)

399. — Qu'est-ce que la charité? Dans quelle mesure est-elle obligatoire? (*C. n° 133.*)
400. — La raison selon Leibnitz et la raison selon Kant. Marquer les différences des deux théories. (27 juillet.)
401. — Que connaissons-nous par la conscience? (28 juillet.) (*C. n° 33.*)
402. — Vous caractériserez la philosophie anglaise, et vous présenterez, dans l'ordre chronologique, ses principaux représentants. (3 novembre.)
403. — Que nous ordonne la loi morale? (5 novembre.) (*C. n° 155.*)
404. — Objet, nature, méthode des sciences dites historiques. Par quels caractères se distinguent-elles des sciences proprement dites? (mathématiques, physiques, etc.)? (7 novembre.) (*C. n° 108.*)
405. — Définir la substance et le phénomène. Distinguer les phénomènes physiques et les phénomènes psychiques. Qu'ont pensé de la substance Descartes, Spinosa, Berkeley, Hume? (10 novembre.)

1892

406. — Origine des idées de cause et de loi. Leurs rapports. (2 avril.) (*C. n° 52.*)
407. — *1er sujet.* — Le sentiment de l'effort.
408. — *2e sujet.* — Les méthodes de la psycholgie. (*C. n°s 12 à 17.*)
409. — *3e sujet.* — Le langage. (*C. n° 75.*) (18 juillet.)

FACULTÉ DE POITIERS

1888

410. — A quelle occasion Leibnitz a-t-il écrit ses *Nouveaux essais sur l'entendement humain* et sa *Théodicée?* Quel est le fond de la polémique qu'il soutient dans ces deux ouvrages? (26 octobre.)
411. — Apprécier le jugement que porte La Fontaine dans les vers suivants sur le stoïcisme :

> . . . . . . Ils retranchent de l'âme
> Désirs et passions, le bon et le mauvais,
>   Jusqu'aux plus innocents souhaits;
> Contre de telles gens, quant à moi je réclame;
> Ils ôtent à nos cœurs le principal ressort;
> Ils font cesser de vivre avant que l'on soit mort.

(6 novembre.) (*C. n°s 116, 189 et 190.*)

1889

412. — Dans quel sens Platon, Descartes, Kant, Herbert Spencer ont-ils dit qu'il y a quelque chose d'inné dans l'esprit de l'homme? (8 avril.) (*C. n° 61.*)
413. — De la sanction légale de la morale. Quelle est l'origine du droit de punir exercé par la société? Quelle est sa raison d'être? Quelles sont ses limites? — La peine de mort. (Juillet.)
414. — Cicéron a dit : *Omni in re consensio omnium gentium lex naturæ putanda est.* On appréciera cette pensée en expliquant le rôle du consentement commun en philosophie et sa valeur, surtout comme criterium de la vérité. (28 octobre.) (*V. n° 151.*)
415. — Raisons pour lesquelles la philosophie de Descartes reçut l'accueil le plus favorable et conquit vite une influence prépondérante au dix-septième siècle, puis fut à peu près abandonnée et

remplacée par la philosophie de Condillac au dix-huitième siècle. (7 novembre.)

1890

416. — Expliquer et apprécier cette maxime : *Virtus propter se amplectanda.* (24 mars.) (*C. n*os *115 et 131.*)

417. — Le principe de l'honneur et de la dignité personnelle fournit-il à la morale une base suffisante? (17 juillet.) (*C. n*os *122 et suivants.*)

418 — Leibnitz écrivait ses *Essais de Théodicée* pour répondre aux attaques de Bayle contre la Providence. On exposera les objections de Bayle et les réponses de Leibnitz, et on appréciera cette polémique. (6 novembre.)

1891

419. — Quelles sont les principales théories proposées par les philosophes pour expliquer l'union de l'âme et du corps? (16 mars.) (*C. n*os *81 et 158.*)

420. — Du rôle des sens et de la raison dans la connaissance du monde extérieur. (18 mars.) (*V. n*° *31.*)

421. — Discuter la valeur du témoignage de la conscience et montrer la part qui lui revient dans l'acquisition des idées. (20 mars.)

422. — Plusieurs philosophes prétendent que la mémoire n'est qu'un cas de l'habitude. On examinera cette théorie en l'appliquant successivement à l'acquisition, à la conservation et au rappel des connaissances, ainsi qu'aux maladies de la mémoire. (16 Juillet.)

423. — De l'expérimentation. Son importance, ses règles d'après Bacon et Stuart-Mill. (6 novembre.) (*C. n*os *95 et suiv.*)

1892

424. — La satisfaction des tendances égoïstes doit-elle être considérée comme la règle suprême de la morale? (2 avril.) (*C. n*os *125 et suiv.*)

425. — Quels sont les principes du droit? Est-il vrai que la force prime le droit? (19 juillet.) (*V n*° *135.*)

FACULTÉ DE RENNES

1888

426. — De la généralisation. Définir la généralisation ; énumérer les opérations qui la préparent et montrer comment elle intervient, à son tour, dans certains procédés logiques. Terminer par quelques réflexions sur l'importance et les inconvénients des idées générales. (25 octobre.) (*C. n*os *43, 45, 46.*)

427. — Exposer et apprécier le système de l'harmonie préétablie de Leibnitz. (5 novembre.)

1889

428. — Exposer et discuter les principaux arguments que le matérialisme oppose à la doctrine de la spiritualité de l'âme. (8 avril.) (*C. n*os *160 et 162.*)

429. — Expliquer et critiquer le doute cartésien ou doute méthodique. (9 avril.) (*C. n*° *198.*)

430. — Exposer et résoudre l'objection sceptique tirée de la diversité des opinions humaines. (10 avril.) (*C. n*os *155 et 156.*)

431. — Expliquer les rapports de la philosophie et de l'histoire et montrer l'influence que les idées philosophiques de l'historien exercent nécessairement sur son œuvre. (11 avril.) (*C. n⁰ˢ 8 et 16.*)

432. — Montrer que la méthode tracée par Descartes (*Deuxième partie du discours de la Méthode*) a le caractère de généralité et de simplicité que ce philosophe regrettait de ne pas trouver dans les méthodes antérieures. (12 avril.)

433. — 1⁰ Montrer la part faite à l'activité de l'esprit dans la méthode des sciences physiques.
2⁰ François Bacon a-t-il compris ce caractère actif de la méthode scientifique, ce rôle de la pensée dans l'étude de la nature? (18 juillet.) (*C. n⁰ˢ 195 et 196.*)

434. — Examiner le système de morale fondé sur le sentiment. (25 octobre.) (*V. n⁰ˢ 128 et suivants.*)

435. — Après avoir distingué l'intelligence de la volonté, montrer comment elles s'unissent dans la vie psychologique. (4 novembre.) (*V. n⁰ 19.*)

1890

436. — Énoncer et discuter les objections psychologiques contre le libre arbitre. (24 mars.) (*C. n⁰ˢ 66 à 70.*)

437. — Montrer que la question de la nature de l'âme ne peut être résolue qu'avec le concours de la psychologie et de la métaphysique. (25 mars.) (*C. n⁰ˢ 158 à 162.*)

438. — Quelle est la méthode applicable à la morale? (26 mars 1890.) (*C. n⁰ˢ 114 et 115.*)

439. — Le Beau peut-il être substitué au Bien comme règle de morale? (27 mars.) (*C. n⁰ 117.*)

440. — Exposer et apprécier la psychologie de Platon. (28 mars 1890.) (*C. n⁰ˢ 183 et 192.*)

441. — Prouver par le raisonnement et par l'histoire de la philosophie qu'une psychologie défectueuse conduit à de graves erreurs en morale. (17 juillet.) (*C. n⁰ˢ 116, 120, 188.*)

442. — Exposer et discuter les arguments matérialistes tirés de l'influence du physique sur le moral et des conditions physiologiques de la pensée. (3 novembre.) (*C. n⁰ˢ 81 et 82.*)

1891

443. — Du droit de propriété. Est-ce un droit naturel? Quel en est le principe? Quelles sont les choses appropriables? (16 mars.) (*C. n⁰ 144.*)

444. — Exposer et discuter les objections sceptiques tirées de l'erreur en général, du rêve et de la folie. (17 mars.) (*C. n⁰ 155.*)

445. — Des lois psychologiques. — Les faits psychologiques sont-ils soumis à des lois? Les lois psychologiques sont-elles de même nature que les lois logiques et morales? (18 mars.) (*C. n⁰ˢ 12, 14 et 15.*)

446. — La croyance à l'immortalité de l'âme chez les Grecs et les Romains. Son caractère, son histoire depuis les temps les plus reculés jusqu'au triomphe du Christianisme. — Idées des Gaulois, au temps de César, sur l'immortalité de l'âme. (17 juillet.)

447. — Comparer le « *Connais-toi toi-même* » de Socrate et le « *Je pense donc je suis* » de Descartes. (3 novembre.) (*C. n⁰ˢ 183 et 198.*)

1892

448. — Discuter cette maxime de Descartes : « L'âme est plus aisée à connaître que le corps » (*Discours de la Méthode, 4º partie.*) (2 avril.) (*C. nº 33.*)

449. — Discuter cette assertion de Condillac : « Une science n'est qu'une langue bien faite ». (4 avril.) (*C. nº 76.*)

450. — Exposer les preuves les plus décisives de l'immortalité de l'âme. (4 avril.) (*V. 179 à 181.*)

451. — Qu'est-ce que l'argument de saint Anselme reproduit par Descartes ? Quelles sont les objections qu'il soulève ? En supprimant cet argument, peut-on donner d'autres preuves de l'existence de Dieu ayant la même portée sans avoir les mêmes défauts ? (4 avril.) (*C nºˢ 165 et 181.*)

452. — *1ᵉʳ sujet.* — La psychologie est-elle une science d'observation ou une science de raisonnement ? (*V. nº 13.*)

453. — *2ᵉ sujet.* — Exposer la doctrine de l'épreuve. Montrer combien la vie morale de l'homme serait incomplète sans la douleur, la peine et le travail. (*C. nº 20.*)

454. *3ᵉ sujet.* — Qu'est-ce qu'un platonicien, un péripatéticien, un pyrrhonien, un épicurien, un stoïcien, un néoplatonicien? (*C. nº 192.*) (18 juillet.)

FACULTÉ DE TOULOUSE

1888

455. — Qu'est-ce que le bien moral ? Est-il la même chose que l'utile ? Est-il indifférent de prendre l'utile ou le bien moral pour règle d'action ? (25 octobre.) (*V. nº 127.*)

456. — L'amour du soi est-il inséparable de tout principe d'action ? Quel est son rôle légitime en morale ? (5 novembre.) (*V. nº 126.*)

1889

457. — Y a-t-il dans l'esprit humain des idées innées ? Quel sens doit-on attacher à cette expression ? (8 avril.) (*V. nº 61.*)

458. — Discuter le mot de Pascal : *Vérité en deçà des Pyrénées; erreur au delà.* (Juillet.) (*C. nº 119.*)

459. — Tous les sentiments du cœur humain se réduisent-ils à l'amour-propre comme l'a prétendu La Rochefoucauld ? (Octobre.) (*C. nº 122.*)

460. — Distinguer les sensations des sentiments ; vérifier cette distinction en étudiant tour à tour chacun des sentiments principaux. (5 novembre.) (*V. nº 21.*)

1890

461. — Dans le langage courant on emploie fréquemment l'un pour l'autre le mot *désirer* et *vouloir*. Que faut-il penser de cette confusion au point de vue du langage philosophique ? (24 mars.) (*V. nº 64.*)

462. — Peut-on dire que l'imagination crée quelque chose ? Quel est son rôle dans le travail créateur de l'art et en quoi consiste ce travail ? (17 juillet.) (*C. nºˢ 38, 39 et 40.*)

463. — L'idée de liberté, pour être appliquée à la société, ne doit-elle pas d'abord se fonder en métaphysique ? (5 novembre.) (*C. nºˢ 66 à 70.*)

1891

464. — Indiquer quels rapports existent entre la mémoire et l'association des idées. (16 mars.) (*C. n°s 36 à 38.*)

465. — Exposer et juger la doctrine qui fait reposer toute la morale sur le sentiment. (16 juillet.) (*V. n° 128.*)

466. — Peut-on toujours commencer à traiter une matière par la définition? Que penser de cette proposition d'un jurisconsulte : « Commencer par définir, c'est commencer par conclure »? (5 novembre.)

1892

467. — La sensibilité est-elle appelée à régler nos actions? Quel est son rôle légitime en morale? (2 avril.) (*C. n° 129.*)

468. — Que faut-il penser de cette idée exprimée par un philosophe : « On ne se souvient pas des choses, on ne se souvient que de soi-même ». (19 juillet.) (*C. n° 35.*)

TABLE DES MATIÈRES

Avertissement v

INTRODUCTION

Pages

1. — Expliquer et apprécier cette proposition de Socrate et de ses successeurs : *qu'il n'y a de science que du général.* 1
2. — Quel est le sens de cet aphorisme de Bacon : « *Vere scire per causas scire* » 3
3. — De la classification des connaissances humaines chez les anciens et les modernes 4
4. — Que doit-on entendre par l'expression *sciences morales*, et en quoi les sciences morales diffèrent-elles des *sciences physiques* ? 7
5. — Même sujet. — Seconde manière 9
6. — Déterminer exactement l'objet de la philosophie et sa place parmi les sciences 11
7. — Indiquer et décrire quelques unes des qualités que l'étude de la philosophie fait acquérir à l'esprit . 12
8. — Quels sont les rapports de la philosophie et de l'histoire ? 14

PSYCHOLOGIE

9. — Par quels caractères se distinguent les phénomènes psychologiques des phénomènes physiologiques ? 17
10. — Décrire l'impression et le mouvement organique, et les comparer 18
11. — Établir la légitimité de la distinction entre la psychologie et la physiologie 20
12. — De la science psychologique. Rapports et différences de la méthode psychologique avec la méthode des autres sciences. 21
13. — La psychologie est-elle une science d'observation ou une science de raisonnement ? 25
14. — En quoi consiste la méthode de la psychologie ? Qu'a-t-elle de commun et de différent avec la méthode des sciences physiques ? 26
15. — Comparer l'expérience en physique et l'expérience en psychologie. Montrer les analogies et les différences 28

TABLE DES MATIÈRES

	Pages
16. — Avantages que le psychologue peut retirer de la lecture des historiens	30
17. — De l'expérimentation en psychologie	31
18. — Déterminer les principaux caractères des facultés du Moi et montrer comment chacune d'elles se distingue des autres	32
19. — Après avoir distingué les trois facultés principales de l'âme, *sensibilité, entendement, volonté,* montrer comment elles s'unissent et s'associent pour former l'unité de la vie morale	34
20. — De l'utilité du plaisir et de la douleur	35
21. — Quelle différence y a-t-il entre une sensation et un sentiment ?	37
22. — L'amour de soi est-il le principe de toutes nos inclinations ?	38
23. — Faire voir, avec Bossuet, que toutes les passions dérivent de l'amour et de la haine	39
24. — De l'influence des passions sur l'entendement. Erreurs qui en dérivent	41
25. — Tableau raisonné des facultés, des opérations et des procédés de l'intelligence	42
26. — Caractériser, par une analyse psychologique, la différence entre les sensations et les perceptions	44
27. — En quoi consiste la différence des perceptions naturelles et des perceptions acquises ? De l'éducation des sens par l'esprit	45
28. — Exposer et juger ce qu'on appelle les erreurs des sens	47
29. — Des erreurs des sens et des moyens d'y remédier	49
30. — Qu'est-ce que la théorie des idées-images. Discuter cette théorie	51
31. — Comment arrivons-nous à la connaissance de la matière ? Cette connaissance est-elle, à proprement parler, une perception ou une conception ?	51
32. — Quelle est la part de la mémoire, de l'imagination et de l'induction dans la connaissance que nous avons du monde extérieur ?	54
33. — De la conscience psychologique	55
34. — Des phénomènes appelés inconscients. Peuvent-ils être classés parmi les phénomènes psychologiques ?	57
35. — De la mémoire	58
36. — Quels sont les rapports sur lesquels sont fondées les principales associations d'idées ?	60
37. — Des différents rapports par lesquels s'enchaînent nos idées	62
38. — De l'imagination	64
39. — Montrer la part de la mémoire dans l'imagination. Étudier le rôle de l'imagination dans la composition d'une tragédie, en prenant pour exemple *Athalie*	65
40. — Du rôle de l'imagination dans la vie humaine	67

		Pages
41.	— Distinguer l'imagination de l'entendement.	68
42.	— Distinguer par de nombreux exemples l'attention de la réflexion ; indiquer les modifications subies par les organes pendant ces deux opérations.	70
43.	— Expliquer l'origine des idées abstraites et des idées générales.	72
44.	— Comment se forment les idées abstraites de genres et d'espèces ? Définir ces deux termes. Qu'entend-on par extension et compréhension ?	73
45.	— Définir ce qu'on entend par *universaux*.	75
46.	— Des idées générales. Comment se forment-elles et qu'elle en est la valeur ?	77
47.	— Du jugement et de ses différentes espèces.	79
48.	— Du jugement. — Tous les jugements sont-ils, comme on l'a prétendu, le résultat d'une comparaison ?	81
49.	— Qu'est-ce que le raisonnement ? Analyse psychologique et logique de ce procédé.	82
50.	— Part de l'expérience et part de la raison dans l'acquisition des connaissances humaines.	84
51.	— Montrer en quoi diffèrent la raison et le raisonnement.	86
52.	— Origine psychologique de l'idée de cause. Ses rapports avec le principe de causalité.	87
53.	— Du principe de causalité. Sa vraie formule. Dérive-t-il de l'expérience ?	89
54.	— Les idées ont-elles toutes une origine commune ?	91
55.	— Nature et origine des idées de temps et d'espace.	93
56.	— Des idées de temps et d'espace.	94
57.	— L'idée d'infini peut-elle être tirée de l'expérience ?	96
58.	— Les idées universelles et nécessaires peuvent-elles s'expliquer par l'association des idées ?	97
59.	— La théorie de l'évolution rend-elle suffisamment compte de ce qu'on appelle les principes innés de la connaissance ?	99
60.	— Qu'entend-on par la théorie des idées innées et par celle de la table rase ?	99
61.	— Qu'y a-t-il de vrai et de faux dans la théorie des idées innées ?	101
62.	— Comparer l'instinct et la raison.	102
63.	— Rapports de la sensibilité et de la volonté.	105
64.	— Distinction du désir et de la volonté.	107
65.	— De la personnalité. Caractères essentiels d'une personne.	109
66.	— Preuves de la liberté humaine.	111
67.	— Même sujet — Seconde manière.	112
68.	— Des divers phénomènes moraux par lesquels se manifeste la croyance universelle des hommes à l'existence du libre arbitre.	114
69.	— Exposer et discuter les objections des déterministes contre l'existence du libre arbitre.	115

	Pages
70. — Montrer que nier le libre arbitre c'est nier la volonté.	117
71. — De l'habitude dans la vie intellectuelle.	119
72. — Influence de l'habitude sur le développement intellectuel et moral de l'homme.	124
73. — Examiner les différentes formes du langage naturel. En quoi diffère-t-il du langage artificiel ?	126
74. — Exposer et critiquer les théories les plus récentes sur l'origine du langage.	128
75. — Du langage en général et de la parole humaine. Rapports de la parole et de la pensée.	129
76. — Quelle est l'acception philosophique du mot langue ? Quels sont les avantages d'une langue bien faite et les inconvénients d'une langue mal faite ?	131
77. — Bien marquer les caractères des langues analytiques et des langues synthétiques. — Donner des exemples empruntés aux langues classiques et aux langues modernes.	132
78. — Du vrai, du beau et du bien.	134
79. — Caractériser et comparer les idées du vrai, du beau et du bien et les rattacher à leur premier principe.	135
80. — De la moralité dans l'art.	136
81. — Quelles sont les lois de l'union de l'âme et du corps ?	137
82. — Exposer les principaux faits dans lesquels se manifeste l'influence du physique sur le moral et, réciproquement, l'empire du moral sur le physique.	138
83. — De l'intelligence des animaux.	140
84. — Développer cette pensée de Bossuet dans le *Traité de la connaissance de Dieu et de soi-même* : « Les animaux n'inventent rien. La première cause des inventions et de la variété de la vie humaine est la réflexion, la seconde cause est la liberté ».	142

LOGIQUE

85. — Prouver par des vérités d'expérience que la logique est une science.	144
86. — Montrer pourquoi l'étude de la logique doit être précédée de celle de la psychologie.	145
87. — Déterminer ce qu'on appelle en logique compréhension et extension d'un terme.	146
88. — Théorie du syllogisme.	149
89. — Qu'appelle-t-on en logique les dilemmes ? — Donner des exemples ?	151
90. — Qu'entend-on par dilemme, sorite, enthymème, épichérème, prosyllogisme ? — Qu'est-ce qu'un argument ad hominem, un argument a fortiori, une réduction à l'absurde ? — Donner des exemples.	152
91. — Établir, à l'aide d'exemples, la différence de l'en-	

	Pages
thymème, du dilemme, de l'épichérème et du sorite. — Emprunter des exemples à la *Logique* de Port-Royal.	154
92. — Rapports de la philosophie et des sciences exactes.	156
93. — Du raisonnement et de la démonstration.	158
94. — De l'analyse et de son usage.	158
95. — En quoi la méthode expérimentale diffère-t-elle de l'empirisme ?	160
96. — Distinguer la méthode démonstrative et la méthode expérimentale. De l'union de ces deux méthodes dans les diverses sciences.	162
97. — Distinguer l'observation et l'expérimentation.	164
98. — Des hypothèses.	166
99. — Distinguer par des traits précis l'induction et la déduction	167
100. — Importance de l'induction. — Montrer qu'elle est aussi nécessaire dans la vie humaine que la mémoire?	169
101. — Du raisonnement inductif. Donner par des exemples une idée nette de la nature de cette opération ; du genre de certitude qu'elle comporte ; des conditions requises pour qu'elle soit scientifiquement correcte.	171
102. — Du fondement de l'induction.	174
103. — Les lois de la nature sont-elles contingentes ou nécessaires ?	175
104. — De l'analogie.	176
105. — Comparer la méthode des sciences physiques à la méthode des sciences morales.	178
106. — Le témoignage devant la justice et dans la vie privée.	179
107. — Des rapports de l'histoire avec la philosophie.	181
108. — Du témoignage et de la critique historique. Principales sources des erreurs en histoire ; règles à observer pour s'en défendre.	183
109. — L'erreur est-elle dans l'idée ou dans le jugement ?	185
110. — Nature et causes générales de l'erreur.	187
111. — Des sophismes. Quelle en est la source? Exemples.	188
112 — Des différentes espèces de sophismes. Citer des exemples.	190
113. — Examiner le sophisme de logique qui consiste à supposer vrai ce qui est en question, ou *pétition de principe*. Donner des exemples de ce genre de sophisme.	192

MORALE

114. — La morale est-elle dépendante de la théodicée ?	194
115. — Des fondements de la morale.	196
116. — Est-il vrai de dire avec les stoïciens que le premier principe de la morale est de vivre conformément à la nature ?	197

117. — Qu'est-ce que la conscience morale ? Faut-il la rapporter à la sensibilité ou à la raison ?........	199
118. — Apprécier la valeur de ce terme : le sens moral. .	200
119. — De l'universalité des notions morales ; discuter les objections des sceptiques................	202
120. — Réfuter l'opinion suivant laquelle la distinction du bien et du mal n'est qu'un résultat de la coutume et de l'éducation..................	203
121. — Peut-on expliquer par l'éducation et la coutume l'origine des idées morales dans l'humanité ?.....	205
122. — Établir que les motifs de nos actions ne peuvent être ramenés à un seul................	206
123. — De l'obligation morale. En quoi elle consiste, et ce qu'elle produit en nous...............	208
124. — De l'utile et de l'honnête. En exposer les différences......................	209
125. — Que l'intérêt ne peut être le fondement de la loi morale......................	211
126. — Bons et mauvais effets de l'amour de soi......	212
127. — A supposer que l'intérêt bien entendu produise les mêmes résultats que le motif du devoir, est-il important de maintenir la distinction théorique entre ces deux motifs?...................	214
128. — Exposer et réfuter la doctrine qui fait reposer toute la morale sur le sentiment............	216
129. — En quoi consiste la doctrine morale qu'on appelle du sentiment ? quels en sont les mérites et les défauts ? En quoi diffère-t-elle de la doctrine utilitaire et de la doctrine du devoir?................	217
130. — De la responsabilité morale : son principe, ses conditions, ses conséquences............	219
131. — La vertu suffit-elle au bonheur sur cette terre ?. .	221
132. — La croyance à l'immortalité de l'âme enlève-t-elle à la vertu son désintéressement et son mérite ?	223
133. — Qu'entend-on par devoir positif et devoir négatif? En donner des exemples soit dans la morale individuelle, soit dans la morale sociale, soit dans la morale religieuse....................	224
134. — L'homme a-t-il des devoirs envers lui-même? . .	225
135. — Du droit en Morale. Dans quel rapport sont entre elles selon vous les notions du droit et du devoir ? Donner des exemples................	227
136. — Quelles sont, et en quoi consistent les quatre vertus considérées comme fondamentales par les anciens philosophes?...................	230
137. — Expliquer et développer par quelques exemples, le maxime latine : *Summum jus, summa injuria*. . . .	232
138. — Exposer quels sont les devoirs de l'homme dans la famille.....................	233
139. — Définir chacune de ces expressions : *Société, État,*	

Pages

    Patrie, Gouvernement. — En montrer les rapports et les différences. 234
140. — Montrer que l'homme est pour la société 236
141. — Rapports de la politique et de la philosophie . . . 238
142. — Quels sont les droits respectifs de l'État et des individus dans la morale sociale ? 239
143. — De la morale religieuse ou des devoirs de l'homme envers Dieu. 241
144. — Définir le droit en général et le droit de propriété en particulier. Origine philosophique de ce dernier et sa nécessité sociale. 243

MÉTAPHYSIQUE

145. — Qu'est-ce que la métaphysique ? Montrer que la philosophie, comme la plupart des sciences, a un côté spéculatif et un côté pratique : établir cette distinction par des exemples 245
146. — Que doit-on entendre par les différentes expressions : *certitude, doute, opinion, erreur, science ?* En quoi consistent le *dogmatisme*, le *scepticisme*, le *probabilisme ?* 247
147. — Expliquer le sens des termes : *contingent* et *nécessaire*, *relatif* et *absolu*, *concret* et *abstrait*, *objectif* et *subjectif* 249
148. — Caractère de la certitude. — Facultés qui la donnent 251
149. — Quelle est la valeur de la distinction qu'on établit ordinairement entre l'évidence immédiate et l'évidence médiate ? 253
150. — Criterium de la certitude. Quels sont les différents principes auxquels on attribue le rôle de criterium ? 254
151. — Du consentement universel ; ses principales applications aux diverses questions philosophiques ; appréciation de la valeur de cet argument 256
152. — L'antiquité et la généralité des opinions doivent-elles servir de règle à notre raison dans les sciences physiques et mathématiques ? Quelle est sur ce point l'opinion de Pascal exposée dans le fragment : *De l'autorité en matière de philosophie* ?...... 258
153. — Que vaut l'autorité en matière de philosophie ? Quelle est, sur cette question, l'opinion de Pascal ? . 260
154. — Rapports et différences du scepticisme et du mysticisme ? 262
155. — Exposer et réfuter les objections des sceptiques contre la certitude de la connaissance humaine . . . 264
156. — Même sujet. — Seconde manière 265
157. — Le principe de la vie est-il le même que le principe de la pensée ? Quelles raisons peut-on donner pour ou contre cette théorie ? 267

		Pages
158.	— Etablir la distinction de l'âme et du corps d'après les attributs essentiels de ces deux substances	268
159.	— Démontrer l'unité et la simplicité du *moi* par l'analyse des opérations intellectuelles	270
160.	— Spiritualité de l'âme	271
161.	— Énumérer les diverses preuves de la spiritualité de l'âme et en former une démonstration régulière	273
162.	— Réfuter les erreurs des matérialistes	274
163.	— Des rapports de l'âme avec le corps	276
164.	— Exposer, avec précision, la preuve de l'existence de Dieu, dite des causes finales	277
165.	— Les causes secondes suffisent-elles à expliquer l'origine et le développement du monde	279
166.	— Indiquer quels éléments de la connaissance de Dieu nous avons puisés dans la connaissance de nous-mêmes	280
167.	— Des attributs de Dieu	281
168.	— Même sujet	283
169.	— Établir à quel point il est contraire à toutes les règles d'une juste induction de supposer des êtres intelligents qui n'auraient pas une cause intelligente	284
170.	— Exposer les principaux attributs de Dieu. Insister principalement sur l'intelligence et la justice divines	286
171.	— Quelle est la meilleure méthode à suivre dans la détermination des attributs moraux de la Divinité ?	288
172.	— La conscience dans l'homme prouve la conscience dans Dieu	289
173.	— Définir le panthéisme et le réfuter	291
174.	— La connaissance scientifique du monde diminue-t-elle notre admiration pour son auteur ?	294
175.	— De la Providence dans ses rapports avec le mal moral	293
176.	— Du mal physique	296
177.	— Quelle différence fait-on en théodicée entre le mal physique et le mal moral ? Réfuter les objections qu'on tire de l'un et de l'autre contre la Providence	298
178.	— Du progrès. Vraie et fausse définition de ce mot	300
179.	— Preuves de l'immortalité de l'âme	302
180.	— Prouver l'immortalité de l'âme	303
181.	— Exposer la preuve métaphysique de l'immortalité de l'âme. Montrer comment elle a besoin d'être complétée par la preuve morale	305

HISTOIRE DE LA PHILOSOPHIE

182.	— Indiquer avec précision ce qu'il faut entendre par les sages, les philosophes et les sophistes	307
183.	— Résumer la philosophie de Socrate	309
184.	— Qu'est-ce que la méthode socratique ? De quel	

TABLE DES MATIÈRES

Pages

usage peut-elle être encore aujourd'hui dans l'enseignement ? 311
185. — De la méthode socratique. 312
186. —. Exposer et apprécier sommairement la *dialectique* de Socrate. 315
187. — Comment la dialectique de Socrate en nous apprenant à bien penser nous rend-elle meilleurs et plus heureux ?. 317
188. — De la morale d'Épicure. 319
189. — Du stoïcisme. 320
190. — Qu'est-ce que les stoïciens entendaient par les choses qui dépendent de nous et celles qui n'en dépendent pas ?. 322
191. — Apprécier le caractère philosophique et moral des *Lettres à Lucilius* de Sénèque 323
192. — Quelles sont les écoles de philosophie désignées par ces noms : l'Académie, le Lycée, le Portique ? Caractères principaux de chacune de ces écoles . . . 325
193. — Décrire l'honnête et le juste d'après Cicéron. . . 327
194. — De la scolastique. — Valeur de cette philosophie 328
195. — Comparer Aristote et Platon, Bacon et Descartes. 331
196. — Comparer la méthode de Bacon et celle de Descartes. 334
197. — Quelles sont les maximes dans lesquelles consiste ce qu'on appelle la *morale provisoire* de Descartes ? 335
198. — Exposer les principaux points de la philosophie de Descartes, d'après la quatrième partie du *Discours de la méthode*. 337
199. — Commenter à l'aide de Descartes cette parole de Pascal : « Je puis bien concevoir un homme sans mains, pieds, tête.... mais je ne puis concevoir l'homme sans pensée ». 339
200. — On sait que le grand philosophe Kant a intitulé ses deux principaux ouvrages ; « Critique de la raison pure et Critique de la raison pratique. Expliquer le sens qu'il a entendu attacher à ce mot *critique*. Expliquer le sens de chacune de ces deux autres expressions : *raison pure* et *raison pratique* 340

TEXTES DES DISSERTATIONS

DONNÉES DEPUIS LA SESSION DE NOVEMBRE 1888
JUSQU'A LA SESSION DE NOVEMBRE 1892

Dans toutes les Facultés des Départements

Faculté d'Aix. 343
Ecole supérieure d'Alger 345

	Pages
Faculté de Besançon.	346
Faculté de Bordeaux.	347
Faculté de Caen	348
Faculté de Clermont.	349
Faculté de Dijon.	351
Faculté de Grenoble.	353
Faculté de Lille.	355
Faculté de Lyon.	356
Faculté de Montpellier.	358
Faculté de Nancy.	360
Faculté de Poitiers.	362
Faculté de Rennes.	363
Faculté de Toulouse.	365

Imprimerie ACHARD, 10, rue de Flandres, Dreux.

Documents manquants (pages, cahiers...)
NF Z 43-120-13

www.ingramcontent.com/pod-product-compliance
Lightning Source LLC
Chambersburg PA
CBHW060607170426
43201CB00009B/932